정신분석학적 인문사회연구

김용신(yongshin-kim@hanmail.net)
미국 조지워싱턴대학교(GWU)에서 공산주의 연구로 정치학 석사학위를 받고, 한국인 최초로 '정신분석학적 정치·사회이론'을 전공하여 미국 메릴랜드주립대학교(UMCP)에서 정치철학 박사학위를 취득하였다.
현재: 단국대학교 행정법무대학원 석좌교수

| 주요 저서 |

The Ego Ideal, Ideology, and Hallucination (New York and London: University Press of America, 1992)
The Letters Between Toegye and Gobong on Four Virtues and Seven Passions
(退溪, 高峰 四七理氣 往復書 영역, 대우재단, 1995)
문명비판 (I) 증보판: 정치철학과 정신분석학의 만남 (명상, 2000)
문명비판 (II): 한국인의 잠재의식과 정치병리 (명상, 2000)
성리학자 기대승 프로이트를 만나다 (예문서원, 2002)
보수와 진보의 정신분석 (살림출판사, 2008)
예술의 정신분석학적 해석 (나남출판사, 2009)
書의 미학 (시담, 2010)
심리학 한국인을 만나다 (시담, 2010)
나는 누구인가: 일반인을 위한 정신분석학 (살림출판사, 2013)
한국사회 빈부의식은 어떻게 변했는가 (살림출판사, 2015)
지도력의 허상 (아카원, 2016)
Salpuri-Chum, A Korean Dance for Expelling Evil Spirits (공저)
(Lanham • Boulder • New York • Toronto • Plymouth, UK: Hamilton Books, 2017)
우리는 왜 싸우는가 (NOSVOS, 2018)

정신분석학적 인문사회연구

2019년 10월 5일 초판 인쇄
2019년 10월 9일 초판 발행

지은이 _ 김용신
펴낸이 _ 김수복
기 획 _ 김남필
제 작 _ 성두현
마케팅 _ 김민배
펴낸곳 _ 단국대학교출판부
등 록 _ 1968.2.27 : No. 제03-00095호
주 소 _ 경기도 용인시 수지구 죽전로 152
전 화 _ 031-8005-2405
팩 스 _ 031-8021-7154

값 45,000원

ISBN 978-89-7092-730-5 93180

정신분석학적
인문사회연구

김용신 지음

nosvos

머리말

세월이 빠르다는 것은 잘 알고 있었다. 그러나 이렇게 빨리 가는지는 미처 몰랐다. 내가 벌써 세는 나이로 70이 되었으니 말이다. 나는 어려서 조부님으로부터 "1자나 되는 벽옥이 보배가 아니요. 한 치의 광음이 더 보배이니 시간을 다투어 공부해야 한다."는 "척벽비보 촌음시경尺璧非寶 寸陰是競"이란 글귀를 귀 아프게 듣고 그 문구를 붓글씨로도 자주 썼다. 그런데 지금에 와서야 그 참의미를 뼈저리게 느끼고 있다.

나는 나름대로 열심히 공부했다. 5세부터는 붓글씨를 배우기 시작하여 지금까지 쉬지 않고 공부하고 있다. 대학 졸업 후에는 내가 관심을 가지고 있었던 정치학과 역사학 그리고 철학 공부를 열심히 했다. 그런데 어느 날 나는 프로이트의 정신분석학을 접하고 비로소 내가 평생 연구해야 할 공부의 방향을 잡게 되었다. 그것은 바로 정신분석학의 지식을 활용하여 인문학과 사회과학 전반의 문제들을 살펴보는 일이었다.

우리 사회에서는 정신분석학이 일반인들에게는 다소 생소한 분야로 알려져 있다. 정신분석학이 그간 정신이상을 치료하는 데 초점을 두고 있다고 인식되었기 때문이다. 그러나 인간 행동의 근본 동기가 무의식에 있다는 것을 인정하는 한, 무의식의 동적 양상을 연구하는 정신분석학은 정신이상의 치료적 목적에만 활용되지는 않는다. 따지고 보면 정신분석학이란 인간의 행동 및 인간이 만들어가는 모든 일들을 분석하는 데 중요한 단서들을 제공하고 있음을 부인할 수 없다. 따라서 나는 정신분석학적 입장에서 세상과 인간의 행동을 살펴보는 일에 흥미를 갖게 되었다.

내가 좋아서 선택한 길이지만 막상 나서고 보니 공부해야 할 주제들이 너무나 많았고, 그것은 나에게 벅찬 일이기도 하였다. 하지만 용기를 가지고 약 70세쯤 되면 나름대로 학문의 성과가 있을 것이라는 기대를 하면서 지금까지 이 길을 걸어왔다. 그런데 어찌된 일인지 70세가 되고 보니 그간 안 것보다 모르는 것이 더 많아졌다는 생각을 떨칠 수 없다. 다시 한 번 학문의 길이란 끝이 없다는 말을 실감하고 있다.

그렇다고 이대로 가만히 있을 수는 없지 않은가? 나는 다시 용기를 내어 이 책을 쓰기로 하였다. 그것은 비록 부족할 지라도 일단은 나의 학문을 한번 정리해야 겠다는 생각 때문이다. 그리고 추가하자면 우리 사회에는 아직도 생소한 정신분석학 지식을 활용한 인문학 및 사회과학 연구의 활성화를 위해 선도적 역할을 해야 겠다는 생각 때문이기도 하다. 나이가 많아지면 미래를 모르니 우선 가능할 때 해야 한다는 강박증이 발동한 것이다.

나는 앞으로도 움직일 수 있는 한 열심히 공부할 것이다. 그리고 이 책에서 논의된 것들 중 문제를 발견하면 즉시 고칠 것이며, 계속하여 보완해 갈 것이다. 욕심을 부리자면 여기에서 논의되지 않는 여타 분야들도 깊이 공부하여 나름의 논리를 개발하려고 한다. 학문이란 끝없는 창조의 길을 걷는 일이기 때문이다.

끝으로 이 책을 읽을 독자들께 감사의 말씀을 미리 전하는 바이다.

2019년 9월

然怡書廊에서 怡堂 金容新

차 례

제2부 정신분석학과 인문학

제3부 정신분석학과 사회과학

제1부

정신분석학의 이해

정신분석학적 지식을 활용하여 인문학 및 사회과학 분야에 대한 연구를 하기 위해서는 무엇보다도 먼저 정신분석학의 핵심 논리들을 이해하여야 한다. 정신분석학은 그 역사는 비록 짧다하더라도 그간 100여 년에 걸쳐 많은 연구가 진행되어 왔다. 특히 인간 무의식의 동적 양상을 연구하는 정신분석학은 그 범위가 매우 넓고 내면이 복잡하기 때문에 모든 내용들을 전부 이해한다는 것은 쉬운 일은 아니다. 그럼에도 불구하고 새롭게 대두되고 있는 정신분석학적 인문 사회 연구를 위해서는 가장 기본이 되는 기초 이론이라도 이해하여야 될 것이다.

그간 정신분석학은 크게 두 가지 방향으로 연구되어 왔다. 그 중 하나의 분야는 정신이상의 원인과 그 치료를 위한 연구이다. 그리고 다른 하나는 인간 무의식의 동적 양상을 비교적 넓은 의미에서 이해하려고 하는 작업이었다. 전자의 경우는 뇌 과학의 발달로 인해 과학적인 지식의 발견들과 함께 그간 매우 다양하고 복잡한 실험들과 연구들이 진행되어 왔다. 그리고 후자의 경우는 철학 및 사회 이론들과 함께 연결되어 연구되어 왔다. 따라서 제1부에서는 후자의 연구에 기초하여 인문학과 사회과학적 연구와 긴밀히 연결될 수 있는 정신분석학의 기초 논리들을 설명하려고 한다. 참고로 여기에서 논의된 내용들은 2013년 출판한 『나는 누구인가: 일반인을 위한 정신분석학』을 기초로 하였음을 밝힌다.

제1장

정신분석학의 연구 대상으로서 무의식

정신분석학은 무의식의 동적 양상을 연구하는 학문이다. 그렇다면 무의식이란 어떤 것인가를 분명히 이해해야 정신분석학의 원리를 이해할 수 있다. 무의식이라는 개념이 등장하기 전 인간의 행동은 주로 의식하는 바에 따라 결정된다고 믿어 왔었다. 그러나 무의식의 개념이 정립되고 이의 동적 양상을 구체적으로 연구하는 정신분석학이 다양한 지식들을 발견하게 되자, 인간 행동 연구를 위해서 정신분석학의 지식들이 넓게 활용되고 있다. 따라서 이번 장에서는 무의식의 개념에 대한 기본 논리들을 설명하는 데 초점을 두었다.

1. 무의식의 의미

무의식이란 무엇인가? 우리도 알지 못하는 우리 마음의 내부에 존재하는 어떤 욕구나 욕망들을 통틀어 의미하는 말이다. 그런데 무의식이라는 한국어 자체가 조금은 혼동을 주고 있다. 무의식이란 의식이 없다는 의미를 내포하고 있기 때문이다. 따라서 이번에는 인간의 마음에 무의식이라는 영역이 존재한다는 사실을 인정하게 된 경위부터 설명하려고 한다. 그리고 그 용어의 핵심적 의미와 인간의 마음에 대한 본질적 구조에 대한 정신분석학의 기본 논리들을 설명할 것이다.

1) 무의식의 발견

나도 모르는 또 다른 무엇이 내 마음 속에 있는 것인가? 인간들은 고대로부터 이러한 의문을 지울 수가 없었을 것이다. 인간은 때때로 의식적으로는 이해할 수 없는 자신의 행동들을 발견하기 때문이다. 동서양을 막론하고 고대 사회에서 무속적Shamanistic인 의식을 행해 왔다는 사실 그 자체는 바로 자신도 모르는 또 다른 자신에 대한 의문과 이를 풀어보려는 노력이 인간 사회에 있었음을 보여주는 증거일 것이다. 의식적인 추론으로는 도저히 이해 할 수 없는 마음의 고통이 있을 때 이는 분명 어떤 악령Evil Spirit이 나의 마음속에 들어왔기 때문이라고 믿어 이를 몰아내려는 무속적인 의식을 행했다는 사실이 대표적인 사례이다. 우리 사회에서 오랜 전통을 가진 “살풀이굿”도 따지고 보면 자신도 모르게 자신의 마음속에 들어와 자신을 괴롭히는 귀신 혹은 악령을 쫒아내서 마음의 평온을 유지하기 위한 무속적 행위이다. 이는 나의 마음속에 나도 모르는 그 무엇이 존재할 수 있다는 것을 전제로 한다.

무속을 떠나 종교적인 입장에서도 자신도 알지 못하는 자신의 마음에 대한 논의는 오랜 역사를 가지고 있다. 기원전 1000년 경 인도에서 발생한 힌두교Hinduism 경전인 "베다Veda"에서는 인간 마음을 "현시적Manifest"인 것과 "잠재적Potential"인 이중적 구조로 설명하고 있다.[1] 뿐만 아니다. 우리가 잘 아는 불교에서도 자신도 모르는 자신의 마음에 관한문제를 지적하고 있다. 불교의 인간관에 의하면 인간의 마음은 "안식眼識," "이식耳識," "비식鼻識," "설식舌識," "신식身識," "의식意識," "말나식末那識," "야뢰야식阿賴耶識"이라는 8가지로 구성되어 있다. 그리고 그중 8식인 야뢰야식은 인간 마음의 가장 근원적인 것으로 의식적으로는 알 수 없는 어떤 상태라고 설명하고 있다.[2] 나는 이 야뢰야식이야말로 무의식적인 의미를 다분히 가지고 있다고 보고 있다.

서양 사회에서도 무속이나 종교적인 입장을 떠나 자신도 모르는 또 다른 자신의 문제에 대한 문제는 문학이나 예술 분야에서 지적되어 왔다. 예를 들면 영국 출신으로 영문학을 연구하고 독일에서 철학을 공부한 딘크그라프Daniel Meyer–Dinkgrafe는 한 논문에서 16세기 말과 17세기 초 영국의 대문호 세익스피어William Shakespeare, 1564~1616도 그 작품 중에 자신도 모르는 자신의 잠재적인 마음에 대한 역할을 묘사하고 있다고 주장하고 있다.[3] 즉 세익스피어도 무의식의 의미를 문학적으로 설명했다는 것이다.

이러한 무의식에 대한 문제는 17~19세기에 이르러 서양의 많은 철학자들에 의해 구체적으로 연구되기 시작하였다. 우리 사회에도 잘 알려진 스피

1 J. C. Chatterji, *The Wisdom of the Vedas* (Wheaton IL, U.S.A. and Chennai, India, 1992), Part I (특히 pp.21~26), 참조.

2 "야뢰야식," 민족문화대백과사전, daum 백과. (http://100.daum.net/encyclopedia/view/14XXE0034267

3 Daniel Meyer–Dinkgraaf, "Hamlet's Procrastination: A Parallel to the Bhagavad–Gita," in *Hamlet East–West*, Edited by Marta Gibinska and Jerzy Limon (Gdansk, Poland: Theatrum Gedenese Foundation, 1998), pp.187~195, 참조.

Baruch Spinoza, 1632~1677

Arthur Schopenhauer, 1788~1860

Friedrich Wilhelm Nietzsche, 1844~1900

Karl Robert Eduard von Hartman, 1842~906

노자Baruch Spinoza: 1632~1677, 쇼펜하우어Arthur Schopen-hauer, 1788~1860, 그리고 니체Friedrich Wilhelm Nietzsche, 1844~1900 등도 인간의 마음을 이해하는데 무의식의 존재를 인정하고 이를 부분적으로라도 설명하고 있다.[4] 그런데 독일의 철학자인 쉘링Friedrich Wilhelm Joseph Schelling, 1775~1812이 처음으로 인간은 자신도 의식하지 못하는 비의식의 세계가 있는데 그 자체를 "무의식The Unconscious"이라고 명명하였다.[5] 이후 1869년에는 독일의 철학자 하트만Karl Robert Eduard von Hartman, 1842~906이 『무의식의 철학*Philosophy of the Unconscious*, 독일어 원제목: *Philosophie des Unbewussten*을 출판하여 보다 체계적으로 우리가 의식하지 못하는 무의식의 세계를 설명하였다.[6]

---

4 H. Ellenberger, *The Discovery of the Unconscious: The History and Evolution of Dynamic Psychiatry* (New York: Basic Books, 1970) 참고. 그리고 Friedrich Nietzsche, *The Gay Science*, Translated by Walter Kaufmann (New York: Vintage Books, 1974), 참고.

5 "The Unconscious," Christopher John Murray, *Encyclopedia of the Romantic Era, 1760~1850* (England: Talyor & Francis, 2004), pp.1001~2, 참조.

6 본 책자는 1869년 독일 Duncker에서 출판되었는데, 영어판은 William Chatterton Coupland (1838~1915) 번역으로 1884년 New York, Macmillan에서 출판되었다.

물론 근대에 들어서서 철학을 연구하는 데 고대의 추상적 방법론을 부정하고 경험적 방법론을 강조한 프랑스의 데카르트Rene Descartes, 1597~1650와 그를 추종하는 일련의 철학자들은 무의식을 인정하고 있지 않았다. 이들에게는 당연히 자신도 의식하지 못하는 손에 잡히지 않는 잠재적인 자신의 마음에 대한 개념은 부정될 수밖에 없었을 것이다. 대표적으로 독일의 철학자 브렌타노Franz Brentano, 1838~1917는 1874년 발행된 『경험적 관점에서 본 심리학*Psychology from an Empirical Standpoint*』에서 무의식The Unconscious이라는 개념을 부정하고 있다.[7]

Rene Descartes,
1597~1650

Sigmund Freud,
1856~1936

그럼에도 불구하고 19세기에 이르러서는 무의식의 존재는 대체로 인정되는 경향을 보이고 있었다. 특히 오스트리아 출신 프로이트Sigmund Freud, 1856~1939가 1900년 전후하여 소위 정신분석학Psychoanalysis을 성립시키면서 자신도 모르는 잠재적인 자신의 마음을 의미하는 무의식이 본격적으로 연구되기 시작하였다. 앞서도 언급하였듯이 무의식은 프로이트에 의해 최초로 거론된 것은 아니다. 특히 프로이트가 설명하고 있는 무의식은 니체가 설명한 것과 여러 가지 면에서 유사성이 있다.

---

7 Franz Brentano, Psychology from an Empirical Standpoint, Translated by Antos C. Rancurello, D. B. Terrel and Linda L. McAlister, Edited by Linda L. McAlister with a New Introduction by Peter Simons(London and New York: Routledge, 1974), 참고.

따라서 프로이트의 이론은 니체로부터 많은 영향을 받았다고 보는 학자들도 있다.[8]

니체는 프로이트보다 12살밖에 많지 않기 때문에 두 사람은 비슷한 지역에서 동 시대를 살았다. 때문에 각기 서로의 주장을 알았을 확률이 높다. 그럼에도 불구하고 프로이트는 평소 니체의 글을 결코 읽은 적이 없다고 말하고 있다.[9] 사실 따지고 보면 프로이트가 니체의 영향을 받았는지 아닌지, 나아가 프로이트가 니체를 언급하였지 아닌지는 그렇게 중요한 사항은 아니다. 여기에서 내가 주장하고 싶은 더욱 중요하고 분명한 것은 무의식 문제를 하나의 학문 영역으로 끌어올린 최초의 학자는 프로이트라는 점을 부정할 사람은 없을 것이라는 점이다. 이야말로 인류의 지성사에서 프로이트가 이루어낸 엄청난 학문적 업적이라고 해도 과언은 아닐 것이다.

2) 무의식의 한국어 번역의 문제

여기에서 잠시 한마디 짚고 넘어가야 할 것이 있다. 그것은 바로 무의식이라는 우리말 번역이다. 영어로는 무의식을 "The Unconscious"라고 표기하고 있다. "비의식적Unconscious"이라는 형용사에 정관사 "The"를 부쳐서 추상명사화한 용어이다. 영어에 "Un"이라는 접두어는 우리말로는 "아니다"이며, 한자로는 "비非"라는 뜻이므로 "의식적이 아닌 것"

8 A. H. Chapman and Mirian Chapman-Santana, "The Influence of Nietzsche on Freud's Ideas," in *British Journal of Psychiatry*, Vol. 166, Issue 2(Feb. 1995), pp.251~253, 참조.

9 *Ibid.* 참조. 앞의 주석에 게재한 "프로이트 생각들에 대한 니체의 영향(The Influence of Nietzsche on Freud's Ideas)"이라는 논문을 쓴 저자들(Chapman A. H, and Mirian Chapman-Santana)은 프로이트가 결코 니체의 책을 읽은 적이 없다고 스스로 말하고 있음을 지적하고 있다.

즉 "비의식적인 것"이 바로 "The Unconscious"의 참 의미이다.

독일어로도 마찬가지이다. 프로이트가 1915년에 발표한 "무의식"이라는 글의 타이틀은 "Das Unbewusste"[10]로 되어있는데 "무의식적"이라는 형용사 "Unbewusst"에 주격 정관사 "Das"를 써서 중성인 추상명사로 표기했다. 다만 "Das"가 요구하는 "e"를 "Unbewusst"뒤에 부친 것이다. 하트만이 『무의식의 철학*Philosophie des Unbewussten*』이라는 책 제목에서는 소유격 정관사 "des"가 요구하는 "en"을 "Unbewusst"의 말미에 부친 것이다. 물론 독일어의 "Un"도 영어와 같이 "아니다"라는 부정의 의미이지 "없다"는 의미는 아니다. 그러니 독일어로도 비의식적 것이라는 의미를 가지고 있는 것이다.

그런데 우리 말로 누가 이 단어를 무의식이라고 번역했는지 상당한 혼동을 초래하고 있다. 이 때 "무"자는 "없을 무無"자임으로 그대로 직역하면 의식이 없는 것을 의미하고 말기 때문이다. 의식이 없는 상태는 죽음을 의미한다. "The Unconscious" 란 우리가 의식하지 못하고 있는 어느 부분을 가리키는 것이지, 의식이 없는 상태를 말한 것은 아니다. 무의식을 영어로 직역하면 차라리 "The Nonconscious"가 되어야 할 것이다. 영어로 없다는 것을 말하려면 "Un" 대신 "Non"을 부치는 것이 보다 정확하기 때문이다.

영어의 "Unconscious"에 대한 명사형은 "Unconsciousness"인데 이

10 "The Unconscious" in *The Standard Edition of the Complete Psychological Works of Sigmund Freud(SE)*, Translated from German into English under the General Editorship of James Strachey, in Collaboration with Anna Freud, Assisted by Alix Strachey and Alan Tyson (London: Hogarth Press, 1953~74), Vol.14, pp.159~204, 참고. 단행본으로는 Sigmund Freud, *The Unconscious*, Translated by Graham Frankland (New York: Penguin Classics, 2005), 참고.

는 "혼수상태" 혹은 "정신이 나간 상태"를 의미한다. 그래서 굳이 "Unconscious"라는 형용사에 "The"를 부쳐서 추상명사를 만든 것이다. 그런데 가끔 무의식이라는 단어를 검색해보면 영어로 "Unconsciousness" 라고 표기한 곳[11]도 상당수 보이는데 이는 분명히 잘못된 번역이라고 할 수 있다. 이처럼 그 의미에 대한 혼동이 있기 때문에 혹자는 "...의 아래"를 의미하는 "Sub"이라는 접두어를 활용하여 "The Subconscious" 혹은 "Subconsciousness"라고 표기하기도 한다. 이러한 표현은 우리 말로는 "잠재의식"이라고 할 수 있다. 의식은 의식인데 우리가 인식하지 못하고 마음속에 잠재해 있는 의식이라는 말이다. 이와 같은 의미는 무의식의 의미를 보다 정확히 묘사하고 있다고 보아야 할 것이다.

이쯤 설명하면 속칭 무의식의 의미가 무엇인지 보다 알기 쉬워질 것으로 믿는다. 다만 다수의 사람들이 무의식이라는 용어를 계속 사용하고 있다는 데 문제가 있다. 그럼에도 불구하고 무의식을 잠재의식으로 이해하고 사용하면 큰 문제가 없을 것으로 본다. 특정 개념을 이해하는 것은 문자적 의미보다는 의미하는 바 그 내용을 제대로 파악하는 것이 중요하기 때문이다. 나도 일일이 글자의 뜻을 헤아려 문제를 제기하기보다는 "무의식"이라는 용어를 "잠재의식"과 동일어로 이해하고 이 책자에서도 우리가 지금까지 사용해 왔던 "무의식"이라는 단어를 그대로 사용할 것이다. 여기에서 이 문제를 지적한 이유는 무의식의 참 의미를 보다 명쾌하게 밝히기 위한 것일 뿐이다.

---

11 예를 들면, 총 31권으로 되어있는 『동아원색세계대백과사전(Dong-A Encyclopedia)』, 12권 (서울: 동아일보사, 1988), p.330에 있는 "무의식"은 영어로 "Unconsciousness"로 표기되어 있다.

2. 프로이트가 설명한 무의식

구체적으로 정신분석학의 창시자라고 볼 수 있는 프로이트는 인간의 마음을 어떻게 이해하고 있었는가? 그는 근본적으로 의식과 전의식 그리고 무의식이라는 개념을 통하여 이를 설명하려고 하였다. 따라서 이번에는 프로이트가 설명하는 의식과 전의식 그리고 무의식의 개념을 먼저 살펴볼 것이다. 동시에 프로이트가 강조하고 있는 무의식의 기본 요소로서 '리비도Libido'의 문제도 설명하려고 한다. 프로이트는 인간의 마음을 움직이는 기본 인자로서 리비도를 언급하고 있기 때문이다. 그리고 말미에는 무의식 연구와 정신분석학의 관계를 간단하게라도 설명하려고 한다.

1) 의식과 전의식 그리고 무의식

프로이트는 구체적으로 인간 마음의 본질을 설명하는 데 일차로 크게 의식과 무의식으로 구분하고 그 중간 단계로서 전의식The Preconscious, Das Vorbewusste이라는 개념을 사용하고 있다. 그에 따르면 인간의 마음은 인간 스스로가 인식하고 있는 의식의 세계가 있는데, 실은 이 부분은 인간 마음의 극히 일부분에 해당한다고 한다. 그리고 더 많은 부분이 자신도 의식하지 못하는 무의식으로 채워져 있다는 것이다. 그는 빙산을 예로 들면서 인간 마음의 구조를 설명하고 있다. 구체적으로 그는 의식의 부분은 물 위에 떠있는 눈에 보이는 빙산의 일부와 비교되며, 무의식이란 수면 아래 있어서 보이지는 않지만 실로는 보이는 부분보다 훨씬 많은 부분을 차지하고 있는 빙산과 비교하여 설명하고 있다. 그리고 전의식이란 현재는 의식하고 있지 못하지만 어떤 경우에 의식으로 떠오를 수 있는 마음이라는 것이다.

의식이란 긴 설명이 필요 없이 말 대로 우리가 자각하고 있는 모든 정신적 활동을 움직이는 요소이다. 프로이트가 말하고 있는 전의식과 무의식의 문제는 프로이트가 1915년에 펴낸 『무의식*The Unconscious, 독일어: Das Unbewusste*』과 주로 1916–17년 비엔나Vienna에서 정신분석학에 대한 강의를 담고 있는 『정신분석학에 대한 일반적인 소개*A General Introduction to the Psychoanalysis* 독일어 원제목: *Vorlesungen zur Einfuhrung in die Psychoanalyse*』12에서 구체적으로 설명되고 있다. 상기 2권의 책에서 설명된 부분을 나름대로 요약하면 아래와 같다.

전의식이란 의식의 바로 밑에 자리하고 있으며 무의식의 위에 자리하고 있는 중간 단계이다. 프로이트는 이를 무의식에서 의식으로 가는 하나의 대기소 같은 것으로서 어떤 경우 의식의 눈을 매료시킬 때 의식으로 연결되는 마음이다.13 일반적으로 현재는 의식하지 못하는 비교적 가벼운 경험들은 전의식의 상태에 머물러 있을 수 있다. 그리고 어떤 경우 의식으로 되살아 날 수 있는 것, 그것이 바로 전의식이라고 보면 큰 무리가 없을 것이다. 꿈이란 바로 의식으로 전환되지 못한 마음의 표현이다. 그러나 언제나 의식화할 수 있는 전의식의 상태를 나타내는 하나의 신호라고 해석할 수도 있다.

실로 우리에게는 전의식의 방에 들어가지도 못하고 무의식의 방에 머물러 있는 수많은 "억압된 욕망Repressed Desire"들이 있다. 억압이라는

12 Sigmund Freud, "The Introductory Lectures on Psycho-Analysis" In *SE*, Vol. 15~16, pp.15~463, 참고. 단행본으로는 Sigmund Freud, *A General Introduction to Psychoanalysis*, Authorized English Translation of the Revised Edition by John Riviere, With a Preface by Ernest Jones, M.D. (New York: Pocket Books, 1975: The 26th printing), 참고.

13 Sigmund Freud, *A General Introduction to Psychoanalysis*, p.306.

개념은 프로이트의 정신분석학에서 매우 중요한 자리를 차지하고 있다. 프로이트의 정신분석학에 따르면 인간은 근본적으로 기쁨을 확대하고 슬픔을 줄이려는 본능적 정서를 가지고 있다. 그런데 기쁨만을 따르면 원활한 현실 생활을 유지하기 어려울 때가 많다. 예를 들면 지극히 미운 사람을 죽이고 싶은 것이 기본적인 마음일지라도 현실에서 살인을 하면 그에 상응한 형벌을 받아야 하기 때문에 죽이고 싶은 감정을 억눌러야 한다. 사랑도 마찬가지이다. 현실 속에서는 특히 문명사회에서는 아무나 사랑할 수 없다. 따라서 문명이 허락하지 않은 사랑의 감정은 억눌려야 원활한 현실생활이 가능하다. 이처럼 현실이 절대적으로 거부하는 감정은 현실의 생존을 위해 억압할 수밖에 없다. 한마디로 문명의 현실 속에서 매우 충격적이고 부정적인 감정은 아예 전의식의 방에 들어가지도 못하고 무의식의 상태에 마물러 있게 된다. 프로이트는 이러한 마음의 상태를 "기쁨의 원리Pleasure Principle"와 "현실의 원리Reality Principle"라는 개념으로 자세히 설명하고 있다.[14]

Thomas Hobbes, 1588~1679

감정의 억압에 관한 문제는 반듯이 문명의 질서 아래에서만 작동되는 것은 아니다. 문명 이전, 홉스Thomas Hobbes, 1588~1679가 주장한 "만인에 대한 투쟁All against All"[15]만이 존재하는 "자연 상태State of Nature"에서도 존재한다. 아무리 힘이 센 사람도 인간은 도구를 사용하고 높은 지능을 가

14 Sigmund Freud, "Beyond the Pleasure Principle," in *SE*, Vol 18, pp.1~64, 참조. 단행본으로는 Sigmund Freud, *Beyond the Pleasure Principle*, Translated by James Strachey (New York: W. W. Norton & Co., 1990), 참고

15 Thomas Hobbes, *Leviathan*, Selected by Richard Peters and Edited by Michael Oakeshott (New York: Collier Books, Macmillan Publishing Company, 1962), 참고.

지고 있기 때문에 마음대로 자신의 감정을 들어낼 수 없다. 즉 인간이란 문명사회 이전에도 기본적인 본능인 "자아보존Self-Preservation"을 위하여 자신의 감정 중 일부는 억눌러야 할 수밖에 없다. 그런데 이처럼 억눌려진 감정은 우리의 마음에 있으면서도 표현되기가 어렵다. 따라서 우리는 억눌려진 감정을 무의식의 본질이라고 말할 수 있다.

2) 리비도와 무의식

한편 무의식은 프로이트가 강조하고 있는 개념 중 하나인 리비도libido의 본거지라고 볼 수도 있다. 리비도는 라틴어로 갈망envie, 성적 욕망desir amoureux, 민감sensualite를 의미하는데[16] 프로이트가 인간을 움직이는 기본적인 욕구를 설명하기 위해 차용한 단어이다. 프로이트는 1905년 "성 이론에 대한 세 편의 에세이Three Essays on the Theory of Sexuality"[17]에서 리비도란 육체적인 성적 흥분을 야기하는 본질적 욕구라고 설명하고 있다.

자세히 살펴보면 이러한 성적 욕망은 문명 전이든 후이든 현실 생활 속에서 "근심걱정Anxiety"을 야기하기 일쑤이다.[18] 왜냐하면 현실에서는 자신의 성적 욕구가 마음대로 펼쳐지기는 어렵기 때문이다. 그리고 이러한 근심걱정은 현실생활의 부담이 될 수 있다. 이 경우 리비도는 원활한 현실 생활을 위해서 억압되어 마음속에 숨어 있게 된다. 이러하니 리비도는 무의식의 중요한 요소가 된다.

프로이트가 초기 정신분석학에서 성적 본능을 인간 무의식의 핵심으

16 "리비도(Libido)," 네이버 블로그, Google, 참조.
17 Sigmund Freud, "Three Essays on the Theory of Sexuality," in *SE* Vol 7, pp.123~243, 참조.
18 Sigmund Freud, *A General Introduction to Psychoanalysis*, pp.408~417, 참조.

로 이해하고 있음을 부정할 수는 없다. 이러한 이유로 프로이트 정신분석학을 따르던 몇 몇 학자들은 그에게 등을 돌리기도 하였다. 대표적인 사람은 바로 스위스의 정신분석학자인 칼 융Carl Gustav Jung, 1875~1961이다. 융은 30세 이후부터 프로이트와 함께 정신분석학을 연구하였다. 그러나 결국은 헤어지게 되었는데 그 핵심은 프로이트가 육체적인 성적 욕구를 너무나 강조한다는 데 있었다는 점은 이미 널리 알려진 사실이다. 그는 리비도란 단순한 육체적인 성적 욕구가 아닌 하나의 "환상적 이미지Fantasy-Image"로 봐야 한다고 주장하였다.[19] 나아가 동양사상, 특히 역경易經에 상당한 영향을 받은 융은 리비도를 인간을 움직이게 하는 심리적인 "에너지Energy"로까지 확대 해석하였다.[20]

Carl Gustav Jung, 1875~1961

그런데 흥미로운 점은 융의 영향 때문인지는 모를 일이지만 프로이트도 결국 리비도에 대한 해석을 조금 확대시키고 있다. 그는 1921년 "집단심리와 자아의 연구Group Psychology and the Analysis of the Ego"라는 글에서 리비도를 사랑의 욕구를 담은 하나의 에너지라고 말하고 있다.[21] 우리 사회에서는 리비도를 "성애性愛"라고 번역하여 일반적으로 육체적인 성적

19 Carl Jung, *The Collective Works of C. G. Jung(CW)*, Edited and Translated by Gerhard Adler and R. F. C. Hull (Princeton: Princeton University Press, Retrieved 2014), Vol. 7, Paragraph, p.345.

20 *Ibid.*, Vol 4, Paragraph 567.

21 Sigmund Freud, "Group Psychology and the Analysis of the Ego," *SE*, Vol. 18, pp. 223~232. 참조. 단행본으로는 *Group Psychology and the Analysis of the Ego*, Edited and Translated by James Strachey (New York: W. W. Norton & Co., 1959), pp.43~48, 참조. D. P. Schultz and S. E. Shultz, *A History of Modern Psychology* (Belmont, CA: Thomson and Wadsworth, 2004), 참고.

욕구로만 이해되고 있다. 물론 그렇다고 말할 수도 있다.

그러나 나는 프로이트의 후기 생각을 따라 리비도를 넓은 의미로 인간 내부에 존재하는 원초적인 사랑의 에너지라고 감히 해석하고 있다. 인간은 밥만 먹고 사는 동물이 아니라 이성간의 육체적 사랑을 넘어서서 정신적인 사랑도 먹어야 살 수 있는 동물이다. 그런데 정신적인 사랑의 감정일지라도 문명 시대든 아니면 그 이전 자연 상태에서도 앞서 말한 대로 경우에 따라서는 생존을 위해 억압해야 한다.

3) 무의식 연구와 정신분석학

그런데 리비도의 개념에 대한 논쟁을 떠나 더욱 중요한 것은 마음의 내부에 자신도 모르게 자리하고 있는 무의식적인 욕망은 그냥 그대로 있는 것이 아니라는 점이다. 그리고 자신도 모르게 자신의 행동에 강력한 영향을 미치고 있다는 것이 프로이트 정신분석학의 핵심이다. 따라서 프로이트는 1895년 그의 동료인 브로이어Joseph Breuer, 1842~1925와 함께한 『히스테리의 연구*Studies of Histeria*, 독일어: *Studien über Hysterie*』22에서 이러한 문제의 답을 나름대로 제시하고 있다. 즉 히스테리의 치료를 위해서는 환자 자신도 모르는 환자의 무의식을 분석하여 병을 야기한 원인을 찾으면 그 치료 방법이 생긴다는 점을 강조하였다.

대개의 프로이트 연구가들은 본 히스테리의 연구를 시발로 프로이트가 무의식의 문제를 중심 주제로 다루는 정신분석학이 성립되기 시작하였다고 보고 있다. 그리고 정신분석학은 비단 정신이상 치료에 국한

22 Sigmund Freud and Josef Breuer, *Studies on Hysteria*, Translated and Edited by James Strachey (New York: Basic Books, 2000: Reissue Edition), 참고.

되지 않고 인간 행동 연구를 위하여서도 다방면으로 활용되기 시작하였다. 한 사람의 행동을 정확하게 분석하기 위해서는 그 사람을 그 사람도 모르게 움직이고 있는 그 사람의 무의식의 동적 양상을 살펴보아야 하기 때문이다.

따라서 정신분석학은 무의식의 존재를 인정하고 그 동적 양상을 밝히는 학문이라고 할 수 있다. 정신분석학은 넓은 의미로는 프로이트가 초기에 창안한 심리학Psychology의 한 분야라고 할 수도 있다. 그러나 보다 구체적으로 설명하면 심리학이란 의식과 행동의 연관성을 살피는 데 그친다고 하면, 정신분석학은 무의식의 동적 양상을 살피는 것으로서 그 경계가 분명하게 다르다고 보아야 한다.[23] 이러한 정신분석학은 프로이트가 처음 시도한 대로 정신이상을 치료하는 방안으로서 시작되었음을 부정할 수는 없다. 그러나 무의식의 존재를 인정하고 그 자체가 자신도 모르게 자신의 행동에 절대적 영향을 미친다면 정신분석학이란 비단 정신이상 치료를 넘어서 인간 행동을 연구하는 기본적인 학문임에는 틀림이 없다는 점을 다시 한번 강조하고 싶다.

23 김용신, 『나는 누구인가: 일반인을 위한 정신분석학』 (서울: 살림, 2013), p.3.

제2장

무의식의 형성에 대한 정신분석학 이론의 변화

인간의 행동은 무의식의 절대적인 영향권 안에 있다. 그러면 이러한 무의식은 어떻게 형성되는 것인가? 정신분석학의 핵심을 이해하기 위해서는 상기 질문에 대한 나름대로의 답을 가지고 있어야 한다. 따지고 보면 그간 정신분석학의 주된 이론들의 흐름은 이러한 무의식의 형성에 대한 시각의 차이에 따라 변화를 가져 왔다. 따라서 이번에는 본능과 무의식 그리고 무의식의 형성에 따라 변화되었던 정신분석학의 흐름에 관하여 설명하려고 한다. 이러한 점을 이해하는 것은 현대 정신분석학의 본질적 의미와 그 연구 방향을 이해하는 데 필수적인 작업이다.

1. 프로이트의 본능이론Drive or Instinct Theory

프로이트는 초기 정신분석학의 논리들을 전개할 때 인간의 본능에 초점을 두었다. 모든 생명체에는 본능이 있고 그 본능이 그 생명체의 행동을 유인하는 기본적인 요소라고 믿었기 때문이다. 이러한 본능에 대한 프로이트의 논리는 초기와 그 이후의 주장으로 나누어 설명할 수 있다. 이번에는 이러한 점을 염두에 두고 프로이트가 주장하는 본능에 관한 논리를 요약 설명할 것이다.

1) 프로이트의 초기 본능이론

프로이트는 인간 무의식의 가장 중요한 부분에는 본능이 자리하고 있다고 믿었다. 무의식이 인간 마음을 움직이는 근본적인 힘이라고 하면 본능이야말로 인간 행동을 유발하는 본질이 된다는 것이다. 이런 이유로 우리는 초기 프로이트 정신분석학을 "본능이론Instinct Theory, or Drive Theory"이라고 부르고 있다. 프로이트는 인간 본능의 핵심은 기쁨을 확대하고 고통을 줄이려는 것이라고 주장하고 있다. 물론 이러한 논리는 프로이트에 의해 처음 제기된 것은 아니다. 주지하는 바와 같이 고대 그리스의 철학자 에피쿠로스Epicurus, 341~270 BC는 인간이란 기쁨Pleasure과 고통pain이라는 두 가지의 감성에 지배당하고 있다[1]고 말하고 기쁨을 확대하자는 주장을 펼쳤다. 따라서 프로이트의 본능이론은 에피쿠로스의 "향락주의Epicureanism"와도 일부 연결이 된다고 볼 수 있다.

Epicurus, 341~270 BC

기쁨을 확대하고 고통을 줄이려는 인간의 마음

1 Richard L. Gregory (Editor), *The Oxford Companion to the Mind* (London: Oxford University Press, 1987), p.308.

에는 또 하나의 본능이 존재하고 있다. 그것은 바로 생존에 대한 욕구이다. 따지고 보면 모든 살아 있는 것들은 죽게 되어 있다. 그럼에도 불구하고 모든 생명체는 계속 살기를 원한다. 어찌 보면 모순적인 모습이다. 따라서 프로이트는 에피쿠로스의 단순한 향락주의를 넘어서서 인간 마음의 두 가지 본능적 요소를 제시하고 있다. 그것은 바로 "성적 욕구Sexual Instinct"와 "자아 생존Self Preservative Ego Instinct"의 본능이다. 그에 따르면 성적 욕구는 기쁨의 원리를 따르려는 본능이며, 자아 생존은 현실의 원리를 따르려는 본능이라는 것이다.[2] 여기에서 성적 욕구란 다분히 앞서 설명한 리비도와 깊은 연관성을 가지고 있다. 그리고 앞서 지적한 대로 생존을 위해 성적 욕구가 억압당하는 것은 바로 현실의 원리를 따르려는 본능적 욕구에 기인한다는 것인데, 이는 앞서 설명한 홉스의 자아 보존이라는 개념과 맥락을 같이한다고 볼 수 있다.

그런데 후일 프로이트는 상기 두 가지의 원리로는 설명하기 어려운 인간 행동들을 발견하게 된다. 그것은 바로 "불쾌한 경험의 강박적 반복Compulsive Repetitions of Unpleasant Experiences"과 "가학증Sadism" 그리고 "스스로를 파괴하려는 행동들Self-Destructive Actions"이다. 그렇다! 기쁨을 확대하고 고통을 줄이려는 것이 본능이라면, 또 생존에 대한 욕구가 절실하다면 왜 불쾌한 일들을 반복하고, 상대에게 고통을 주는 행위를 하며, 또한 스스로 목숨을 끊는 일이 일어나는가? 이 질문의 답을 위하여 프로이트는 인간 행동의 본질적 동기에 대한 새로운 본능의 체계를 개발하게

2 Sigmund Freud, "Beyond the Pleasure Principle," *SE*, Vol. 18, pp.1~64 참조. 단행본으로는 *Beyond the Pleasure Principle*, Translated James Strachey (New York: W. W. Norton & Co., 1990), 참고.

된다. 그것은 바로 삶과 죽임이라는 상반된 본능의 구조이다.

2) 사랑과 죽임의 본능

1929년에 이르러 프로이트는 그의 대표작 중 하나인 "문명과 그 불만족Civilization and Its Discontents"이라는 글을 쓰게 된다. 그는 여기에서 구체적으로 상기의 문제를 풀 수 있는 두 가지 본능, 즉 "사랑Eros"과 "죽임Thanatos"을 제시하였다. 삶의 본능은 삶을 연장하고 그 가치를 높이는데 목적을 두는 것인데 이야말로 "사랑Love"과 연결되므로 "에로스"라고 명명하였다. 그리고 불쾌한 일들의 반복이나 스스로를 파괴하고 타인에 대한 가학적 행위를 설명할 수 있는 본능을 "타나토스"로 명명하였는데, 이는 그리스 신화에서 죽음의 의인擬人 이름을 차용한 것이다.

일반적으로 타나토스를 죽음의 본능이라고 말하고 있는데 나는 굳이 여기에서 "죽임"이라는 용어를 쓴 것은 혼동을 피하기 위함이다. 그리스 신화에서 타나토스는 우리식으로 말하면 "저승사자"라고 말할 수 있다. 우리가 잘 알고 있는 시시포스Sisyphus의 신화[3]에 따르면 시시포스는 교활하기로 이름이 난 코린토스Corinth의 왕이다. 그는 어느 날 제우스Zeus가 강River의 신인 아소포스Asopus의 딸 아이기나Aegina를 유괴하여 어느 섬으로 데려가는 것을 보았다. 그리고 이를 아소포스에게 말함으로써 제우스가 분노하여 저승사자인 타나토스를 그에게 보내 저승으로 데려가도록 했다. 그런데 시시포스는 어찌나 교활하던지 오히려 타나토스를 토굴에 감금해 버렸다. 따라서 결국 제우스가 전쟁의 신인 아레스Ares를 보내서

3 "시시포스," NAVER 지식백과, 참조.

타나토스를 풀어 주자 타나토스가 비로소 시시포스를 저승으로 데려갈 수 있었다. 그리고 제우스의 형벌로 시시포스는 저승에서 무거운 돌을 산 위로 올리는 형벌을 받게 된다. 그 형벌이란 무거운 돌을 산 정상으로 올려놓으면 그 돌이 다시 밑으로 굴러 떨어지게 함으로써 영원히 무거운 돌을 산 위로 올리는 고통을 말한다. 그런데 흥미로운 것은 타나토스가 시시포스에게 감금된 동안에는 죽은 사람이 없었다는 것인데 이는 분명 타나토스가 저승사자임을 증명하고 있다. 따라서 프로이트는 타나토스라는 개념의 본 의미란 죽임 혹은 공격이나 파괴Aggression or Destruction의 본능이라고 분명히 설명하고 있다.[4]

프로이트가 풀지 못했던 자살이나 가학증은 인간에게 죽임 혹은 공격 내지는 파괴의 본능이 있다면 얼마든지 가능한 일이다. 그런데 이러한 죽임의 본능은 부정적인 면만 있는 것은 아니다. 따지고 보면 공격의 본능은 우리의 생존을 위해 중요한 역할을 한다. 만약 공격의 본능이 없다면 인류는 이미 다 멸망하고 말았을 것이다. 우리는 먹어야 산다. 그리고 그 먹이를 위해 사냥을 하고 수렵생활을 해 왔다. 한마디로 다른 생명체를 죽여 이를 먹이로 우리는 생명을 유지하는 것이다. 그러려면 당연히 인간에게는 공격성이 필요하다.

뿐만 아니다. 같은 인간끼리도 본인의 생명에 위기가 닥치면 타인을 공격하게 되는 것이며, 이야말로 자아보존을 위한 공격적 본능이 작동하기 때문이다. 우리는 흔히 인간을 만물의 영장이라고 말하고 있다. 이

4 Sigmund Freud, Civilization and Its Discontents, *SE*, Vol. 21, pp.64~145, 참조. 단행본으로는 *Civilization and Its Discontents*, Translated by James Strachey (New York: W. W. Norton & Co., 1961), pp.58~9, 69 and 71, 참조.

역시 따지고 보면 인간이야말로 모든 생명체 중 가장 높은 지능을 가진 공격적 본능에 기인된 결과라고 해도 과언은 아닐 것이다.

한 가지 재미있는 사실은 인간은 그 본능을 발휘할 때 기쁨을 느끼도록 구조되어 있다는 점이다. 먹어야 하는 것은 생존 본능에 기인한 것이며 이를 위해 우리는 타 생명체를 죽이게 되는데 이 때 우리는 기쁨을 느낀다. 생존을 위한 문제를 넘어서서 사냥이나 수렵은 현대에 이르러서는 우리에게 즐거움을 주는 하나의 스포츠로까지 이해되고 있다. 뿐만 아니다. 모든 운동 특히 격투기 등은 우리의 공격적 본능에 기인한 것이며, 이를 보고 즐거움을 느끼는 것 역시 공격적 본능에 기인한 것이라고 할 수 있다.

사랑도 마찬가지이다. 성적 욕구도 이를 충족했을 때에는 기쁨을 느끼도록 되어 있다. 성적 욕구는 조금 깊이 들어가면 자신은 죽어야 하는 운명을 타고 났지만 적어도 자신의 DNA를 계속 물려주기 위한 자손 번식 욕구와 직결되므로 생존과도 깊은 연관성을 가지고 있다. 또 더 넓게 보면 단순한 육체적 욕구를 떠나 타인을 사랑할 수 있다는 것은 사회적 동물로서 인간이 평화로운 삶을 살아가는 데 필수적인 요소이기도 하다. 한마디로 사랑과 죽임의 본능이야말로 인간이 생명을 유지하고 그 속에서 즐거움을 느끼도록 하는 원동력이다. 따라서 프로이트는 본능을 따르려는 욕구를 기쁨의 원리로 설명하고 있다.

프로이트는 사랑과 죽임이라는 양대 본능을 인간 개인 행동의 동기로뿐만 아니라 인간이 만들어가는 문명의 과정을 설명하는 데까지 확대하여 사용하고 있다. 그는 문명은 각 개인들을 하나의 집합체로 묶어가는 것인데 이야말로 사랑의 본능에 기인한 것이라고 말하고 있다. 또한 이와는 반대로 역사 속에서 수많은 투쟁들은 공격적 본능에 기인한 것이라고

Albert Einstein, 1879~1955

주장하고 있다.[5] 그렇다고 보면 인류의 역사 혹은 문명이란 삶과 죽임의 본능 간에 야기되는 갈등의 결과라고 볼 수 있다. 그는 1932년 자신과 같은 유태인으로서 독일 출신 물리학자인 아인슈타인 Albert Einstein, 1879~1955에게 보낸 편지에서 이러한 의미의 역사관을 피력하고 있다. 그는 역사를 지배계급과 피지배계급 간의 투쟁 과정으로 보고 "인간들 간에 이해에 따른 갈등은 폭력 사용을 통해 조정된다conflicts of interest between men are settled by the use of violence"고까지 말하고 있다.[6]

프로이트에 따르면 인간 무의식의 핵심에는 본능이 있고 그 본능이야말로 인간 행동의 근본 동기라는 것이다. 우리는 이러한 주장을 프로이트의 본능이론이라고 부르고 있다. 나중에 설명하겠지만 프로이트는 후일 다양한 인간 무의식의 동적 양상을 설명하면서 초기 사랑과 죽임의 양대 본능만으로는 설명의 한계가 있다는 것을 인지하게 된다. 그리고 이를 보완하기 위하여 "세 가지의 정신적 대리 요소Three Mental Agencies"로서 "이드Id"와 "에고Ego" 그리고 "초자아Superego"라는 개념을 동원하여 조금은 복잡한 논리를 전개하고 있다. 그러나 프로이트가 사망하기 7년 전인 1932년 아인슈타인에게 보낸 편지를 보면 그의 속마음을 조금 알 수 있다. 즉 그는 말년까지 인간 무의식의 본질로서 행동의 근본적 동기가 되는 양대 본능에 대한 주장은 계속 유지하였다고 볼 수 있다.

5 *Ibid.*, 단행본 p.69.

6 Sigmund Freud, "Why War?" in *The Dynamics of Aggression*, Edited by Edwin I. Megargee and Jack E. Hokanson (New York: Harper & Row, Publisher, 1973), p.13.

2. 대인정신분석학

프로이트의 본능이론은 후일 심한 비판을 받게 된다. 인간의 모든 행동들이 꼭 본능에만 의존하지는 않는다는 논리가 힘을 얻었기 때문이다. 이러한 주장은 정신분석학에서도 제기되어 소위 인간의 행동을 좌우하는 무의식이란 환경의 영향을 받는 바가 크다는 이론들이 새롭게 제기되었다. 이러한 논리의 출발은 대인정신분석학Interpersonal Psychoanalysis이라는 새로운 정신분석학의 흐름을 만들게 되고, 한 동안 정신분석학계에 큰 영향을 미쳤다. 따라서 이번에는 대인정신분석학과 이에 파생된 신프로이트학파의 주장들을 설명할 것이다.

1) 프로이트 본능이론의 반동으로서 대인정신분석학

Harry Stack Sullivan, 1892~1949

프로이트의 초기 본능이론에 따르면 본능이야말로 인간 마음을 움직이는 본질적인 요소이기 때문에 한 개인이 접하게 되는 환경이나 대상은 심리적 충동을 유발하지 못한다고 할 수 있다. 따라서 본능이론에서는 무의식을 형성하는데 문화적 역할은 상대적으로 줄어들 수밖에 없었다. 그런데 이후 인간의 행동 연구가 활기를 띠면서 일부 학자들은 프로이트의 본능이론은 인간 무의식의 형성에 문화 혹은 사회적 영향을 간과하고 있다고 비판하기 시작하였다. 이러한 비판의 중심에는 미국의 정신분석학자 설리번Harry Stack Sullivan, 1892~1949이 있었다.

설리번은 『정신병리학의 대인관계이론*Interpersonal Theory of Psychiatry*』에서

프로이트는 본능을 너무나 강조함으로써 문화나 사회적 요인이 인간 심리 현상에 미치는 영향을 과소평가했다고 주장하고 나섰다. 그리고 인간이 생후 처음 만나는 대상이나 또 자라면서 영향을 받는 문화적 요인을 인간 심리 변화의 중요한 요인으로 강조하게 된다. 그에 따르면 막 태어난 어린이는 스스로 삶을 유지하기 어렵기 때문에 그를 보살피는 대상이 필요한데 그 양육의 행태가 문화나 사회적인 요소에 절대적으로 영향을 받게 된다는 것이다.[7]

이러한 주장의 핵심은 문화에 영향을 받은 양육의 행태가 그 어린이의 무의식 형성에 큰 영향을 미친다는 점이다. 이는 인간은 특정 문화 및 사회적 환경 속에서 다른 사람과의 관계를 통해 자아를 형성하게 된다는 것을 의미한다. 이러한 설리번의 주장은 당시 미국의 정신분석학계에 큰 영향을 미치게 되었다. 설리번의 주장을 따르는 사람들을 우리는 소위 "문화양식Culture Pattern"학파라고 부른다. 그들은 인간 무의식의 환경적 영향을 강조하면서 프로이트는 "서구 유럽 문화 패턴Western European Culture-Pattern"의 인간을 "보편적 인간Universal Man"으로 규정하는 오류를 범했다고 비판하였다.[8]

2) 문화양식학파 및 신프로이트학파

문화 및 사회적 요인을 인간 무의식에 근거한 성격 형성의 중요한 변수로 간주하는 정신분석학을 "대인정신분석학interpersonal Psychoanalysis,"

---

7 Harry S. Sullivan, *The Internal Theory of Psychiatry* (New York: W. W. Norton & Co., 1953), p.37.

8 Harry Guntrip, *Personality Structure and Human Interaction* (New York: International University Press, 1961), p.82.

그리고 이를 따르는 학자들을 우리는 "문화양식학파Culture-Pattern School"라고 부른다. 이러한 주장은 프로이트 이후에 새롭게 나타난 정신분석학이라는 점에서 "신프로이트학파New-Freudian School"라고 부르기도 한다. 실제로 대인정신분석학 혹은 문화양식에 따른 인간 성격 형성에 대한 연구는 미국을 중심으로 활발하게 진행되어 수많은 새로운 정신분석학적 이론들을 창출해 내기도 하였다. 특히 본 이론들은 다양한 사회학적 연구와 함께 진행되기도 하였다. 사회학 자체가 인간은 사회적 동물로서 사회적인 영향을 면할 길이 없다는 전제를 가지고 있기 때문이다.

우리 사회에도 사회학자로 널리 알려진 프롬Erich Seligmann Fromm, 1900~1980의 『자유로부터 도피*Escape from Freedom*』나 리스만David Riesman, 1909~2002의 『고독한 군중*The Lonely Crowd*』 등도 따지고 보면 신프로이트학파적 관점에서 인간 행동을 분석하였다고 할 수 있다. 프롬은 『자유로부터 도피』에서 자본주의는 독일의 중산층에게 무력감을 주었으며 이는 그들에게 강해지고 싶은 욕구를 불러일으킴으로써 소위 나치(Nazi)가 탄생하여 지도자와 대중에게 '가학-피학적Sado-Masochistic' 퇴행성이 만연하게 되었음을 지적하고 있다.[9] 1950년에 발표된 『고독한 군중』은 과학기술의 발달로 인한 현대 자본주의하에서 인간은 소외감을 느끼고 이에 따른 고독감을 느끼게 되었다는 점을 지적

Erich Seligmann Fromm, 1900~1980

9 Erich Fromm, *Escape from Freedom* (New York: Farra & Rinehart Co., 1941), 참고. 또한 김용신, 『나는 누구인가: 일반인을 위한 정신분석학』, p.12.

하고 있다.[10] 한마디로 이들은 인간의 행동은 사회적인 변화에 따라 크게 영향 받는다는 점을 전제로 문화 및 사회적 상황에 따른 인간의 심리적 상태를 분석하였다.

문화적 영향 이론을 조금 확대 해석하면 1923년 독일의 "프랑크푸르트Frankfurt 혹은 Goethe"대학교에 설립된 "사회연구소Institut fur Sozialforschung"를 중심으로 활동한 "프랑크푸르트학파Frankfurt School"의 연구까지를 포함시킬 수 있다. 본 연구소 소속의 대표적인 학자들로서 호르카이머Max Horkheimer, 1895~1973, 마르쿠제Herbert Marcuse, 1898~1979, 아도르노Theodor Adorno, 1903~1969, 하버마스Jurgen Habermas, 1929~ 등은 인간의 행동이나 성격 형성에 있어서 프로이트의 본능이론을 전혀 무시하고 있지는 않지만, 대체적으로 문화적 영향에 더 초점을 두고 있다고 볼 수 있기 때문이다.

한마디로 요약한다면 이들은 인간들이 스스로의 비판 정신을 상실한 채 끌려가고만 있게 유도하고 있는 자본주의 혹은 산업사회의 문화적 형태를 비판하고 있다. 따라서 우리는 이들을 "비판이론가Critical Theorist"들이라고 부르기도 한다. 한편 비판이론가들은 문화적 양상의 문제를 마르크스Karl Marx, 1818~1883가 주장한 인간 소외 문제와 연결하여 분석하고 있다는 점에서 "문화적 마르크스주의자Cultural Marxist"들이라고 칭하기도 한다.[11] 실제로 이들 주장에는 자본주의의

Karl Marx, 1818~1883

10 David Riesman, *The Lonely Crowd* (New Haven and London: Yale University Press, 1961) 참고. 김용신, 『나는 누구인가: 일반인을 위한 정신분석학』, p.12.

11 김용신, 『나는 누구인가: 일반인을 위한 정신분석학』, p.13.

산업 구조 하에서 인간은 스스로 인간성을 상실한 채 소외되고 있음이 강조되고 있다.

실제로 신프로이트학파적 입장을 유지한 연구들은 1980년대까지도 나타나고 있었다. 그 대표적인 연구로는 핸슨의John H. Hanson이 1984년 발표한 "나치문화"라는 논문을 들 수 있다. 그는 환상Phantasy, or Fantasy이라는 독특한 관점에서 나치문화를 분석했다. 그러나 그 내용은 인간 성격의 사회문화적 영향을 강조하는 쪽으로 기울고 말았다. 그에 따르면 자본주의를 통한 정치 경제적 어려움이 독일 국민에게 걱정을 안겨주었고, 그 걱정을 환상 속에서 해결하려고 한 결과 나치문화가 형성되었다는 것이다. 그리고 그는 결론으로 이 과정에서 독일 국민들은 죄의식을 상실한 채 그들의 붕괴된 자아는 강력한 권위를 추구함으로써 그 정당성을 찾으려고 했다[12]고 주장하고 있다.

3) 심리학적 입장에서의 대인정신분석학

한편 프로이트의 본능이론을 비판하고 신프로이트학파를 따르는 연구들은 심리학 분야에서도 많이 나타났다. 그 대표적인 사례는 '사회적 학습이론Social earning Theory'이다. 이 이론의 핵심은 인간의 행동은 본능보다는 사회적인 학습을 통하여 그 특징이 좌우될 수 있다는 것이다. 이는 바로 설리반 등이 주장하는 행동에 대한 외부 환경의 영향을 잘 대변해주는 논리라고 볼 수 있다. 이러한 논리는 한때 심리학계에 큰 영향을

12 John H. Hanson, "Nazi Culture: The Social Uses of Fantasy as Repression," in *Psychoanalytic Reflections on the Holocaust: Selected Essay*, Edited by Luel and Marcus (New York: Holocaust Awareness Institute, Center for Judaic Studies, University of Denver and Ktav Publishing House Inc. 1984), pp.35~69, 참조. 또한 김용신 『우리는 왜 싸우는가』, p.47.

Albert Bandura, 1925~

미쳤으며 지금까지도 일부 연구들은 인용되고 있는 실정이다.

대표적인 예로는 캐나다 출신 미국 심리학자 반두라Albert Bandura, 1925~를 들 수 있다. 그는 그의 동료들과 함께 저술한 『공격성: 사회적 학습 분석*Aggression: A Social Learning Analysis*』을 통해 폭력을 유발하는 동기로써 사회적인 학습의 의미를 강조하고 나섰다. 이들 주장에 따르면 한 사람의 행동 양상은 타인들의 행동에 대한 경험이나 관찰에 큰 영향을 받는다는 것이다.[13] 즉 사회적인 학습과정이 인간 행동에 상당한 영향을 미친다는 것이니 본능의 역할을 축소 해석한 것이다.

구체적으로 텔레비전이나 영화를 통해 폭력 행위를 모방하려는 경향도 이들이 주장하는 사회적인 학습이론의 전형적인 예라고 볼 수 있다. 지금도 우리 사회에서는 어린이들이 영화 속의 내용을 아무런 비판 없이 따라할 수 있다는 우려를 하고 있다. 이러한 이유로 영상물에 대하여 관람할 수 있는 나이를 제한하고 있는데 이야말로 사회적 학습이론의 논리를 일부 받아들인 결과라고 할 수 있다. 인간의 행동이 환경의 영향을 결코 받지 않는다고는 말할 수 없다. 문제는 어느 쪽을 보다 강조하느냐에 달려 있다.

따라서 나는 사회적 학습이론은 행동에 대한 환경적 요인을 보다 강조하고 있기 때문에 이를 신프로이트학파로 분류한다. 그런데 반두라와

13 Bandura, Albert. *Aggression: A Social Learning Analysis* (NJ: Prentice-Hall, Inc., 1973). 참고. 또한 김용신, 『우리는 왜 싸우는가』, pp.36~42, 참조.

그의 동료들의 연구에서도 가정에서 엄격한 통제를 받는 어린이들은 그렇지 않은 어린이들보다 사회적인 학습의 영향을 덜 받는다는 결론이 도출되고 있다. 이는 통제가 가해지면 사회적인 학습이 행동에 미치는 영향이 축소된다는 것을 말한다. 그렇다면 이들의 논리는 설리번의 대인 정신분석학의 한계를 일부 인정한 꼴이라고 분석할 수도 있다.

3. 대상관계이론

프로이트의 본능이론에 반기를 들고 나타난 대인정신분석학도 결국은 새로운 도전을 받게 된다. 그 핵심 이유는 바로 무의식의 형성에 외부 환경적 요소를 너무나 과대하게 강조하고 있다는 점이다. 그리고 여기에 더하여 프로이트가 주장했던 인간의 본능적 요소를 너무나 도외시했다는 이유에서이다. 이러한 주장을 하는 사람들은 새로운 정신분석학의 흐름을 견인했는데 그 결과 대상관계이론Object Relation Theory이 탄생하게 되었다. 이러한 대상관계이론은 현대 정신분석학의 주류적 입장에 있다고 해도 과언은 아니다. 따라서 이번에는 대상관계이론의 핵심 논리들을 나름대로 설명하려고 한다.

1) 대인정신분석학의 반동으로서 대상관계이론

프로이트는 본능의 중요성을 끝내 부정하지는 않았지만 말년에 "대상object"이라는 개념에 대해서 자기 의견을 일부 개진하였다. 그는 이를 통해 그의 본능이론이 내포하고 있는 부족한 점을 일부 보완할 수 있다고 생각했던 것 같다. 그는 1923년 앞서 잠깐 언급한 세 가지의 정신적 대리 요소들이드, 에고, 초자아에 대한 개념들을 설명하였다. 그런데 그 중 특히 자아와 초자아의 진화 과정을 설명하면서 대상이 심리 구조를 특징지우는 데 일정 역할을 한다는 점을 지적하였다. 물론 이때 대상이란 넓은 의미로는 어린아이가 처음 만나는 세상의 환경적 요소를 말한다. 그러나 좁게는 자기가 처음 만나는 자신을 보살펴주는 사람을 의미한다고 할 수 있다. 따라서 프로이트의 의미를 곱씹어보면 그는 말년에 처음 만나는 사람, 그리고 환경이 자아와 초자아의 형성 및 진화에 일련의 영향을 미칠 수도 있다는 생각을 추가하였다고 볼 수 있다.[14]

프로이트가 운을 띄운 대상의 문제는 설리번에 와서 크게 강조되었고, 결국은 대인정신분석학을 형성하게 되었다는 점은 이미 밝힌 바 있다. 그런데 문제는 대인정신분석학 혹은 신프로이트학파는 프로이트의 본능이론을 너무나 무시하고 자아형성에 영향을 주는 문화적 입장에서의 대상만을 강조한 면이 있음을 부정할 수는 없다. 따라서 많은 정신분석학자들은 대인정신분석학을 비판하기 시작하였는데 그 선두에는 영국의 정신분석학자인 건트립Harry Guntrip, 1901~1975이 있었다.

Harry Guntrip, 1901~1975

건트립은 "문화양식 이론은 인간의 성품을 오직 문화양식의 압력에 의해서만 결정되는 것으로 간주함으로써 결과적으로 프로이트에 의해 이루어진 많은 본질적인 발견들을 잃고 말았다"고 주장하고 나섰다.[15] 이는 대인정신분석학 혹

14 Yong Shin Kim, *The Ego Ideal, Ideology, and Hallucination* (New York and London: University Press of America, 1992), p.3.

은 신프로이트학파의 이론들은 프로이트가 본능 이론에서 제시한 인간 무의식의 본질적 작용들을 무시하고 자아 형성에 있어서 오직 외부적인 환경적 영향만을 강조하고 있다는 점을 비판한 것이다. 따라서 또 하나의 정신분석학 이론이 나타나기 시작하였는데, 이는 자아의 형성을 이해하기 위해서는 프로이트의 본능이론과 대인정신분석학의 문화적 영향을 동시에 보아야 한다는 입장이라고 요약할 수 있다. 이처럼 자아의 형성을 입체적으로 분석하는 최초의 연구는 오스트리아 출신으로 영국에서 활동한 여류 정신분석학자인 클라인Melanie Klein, 1882~1960에 의해 시작되었다. 그리고 후일 클라인의 연구는 그를 따르는 학자들에 의해 보다 정교하게 보완되어 소위 "대상관계이론Object Relation Theory"이라는 정신분석학의 새로운 흐름을 형성하였다.

Melanie Klein, 1882~1960

2) 클라인의 대상관계이론

클라인은 설리번과는 달리 대상을 본능과 분리하지 않았다. 그러나 그가 의미하는 본능은 프로이트가 말한 꼭 그런 의미는 아니다. 다시 한번 강조하자면 프로이트는 대상이라는 개념을 일부 설명했지만 본능의 역할을 부정하지는 않았다. 프로이트에 따르면 대상이란 신체Body 내의 긴장으로부터 야기된 본능에 의해 만들어지는 것[16]이라 볼 수 있다. 그런데 클라인은 신체를 본능의 근원으로 보고 있지는 않는다. 그는

15 Harry Guntrip, *Personality Structure and Human Interaction*, p.30.
16 Yong Shin Kim, *The Ego Ideal, Ideology, and Hallucination*, p.4.

본능을 프로이트와는 달리 외부 환경 혹은 다른 사람들을 향한 감정 Emotion, 혹은 Passion으로 재해석하고 있다. 그는 구체적으로 "대상이란 단순한 본능적 목적Simply an Instinctual Aim이 아니라 어린아이의 감정들 Emotions, 공상들Phantasy, 두려움들Anxieties, 그리고 방어적 요소들Defenses을 포함한 어떤 것Something"이다[17]고 주장하고 있다.

상기의 전제 아래 클라인은 대상을 '좋은good' 그리고 '나쁜Bad' 것으로 양별하여 설명하고 있다. 그는 어린아이는 태어나면서부터 좋고 나쁨을 식별할 수 있다는 전제하에 자신의 이론을 펼쳐가고 있다. 따라서 처음 자신을 돌봐주는 대상이 좋게 느껴지면 그 대상을 사랑하게 되고, 나쁘게 느껴지면 그 대상을 미워하게 된다는 것이다. 이는 바로 "사랑love"과 "미움Hate"이 대상과의 관계에서 나타나는 근본적인 인간의 양대 감정임을 의미한다. 그에 따르면 부러움Envy, 감사함Gratitude, 고민Grief, 슬픔 Mourning 등은 사랑과 미움이라는 양대 감정의 다른 형태들이며 혹은 이 두 가지 감정이 뒤섞여 있는 감정이라는 것이다.[18] 따라서 우리는 클라인은 프로이트가 주장한 사랑과 죽임이라는 양대 본능을 대상과의 관계에서 생성되는 사랑과 미움이라는 양대 감정으로 재해석하였다고 볼 수 있다.

클라인의 또 다른 발견은 "내적 대상Internal Object"이라는 개념이다. 지금까지 설명한 대로 대상이란 프로이트의 본능이론에서는 본능적인 만족의 경험으로부터 그 특징이 지워진다. 그리고 설리번의 대인정신

17 Melanie Klein, "The Origin of Transference," in *The Writings of Melanie Klein* (London: The Hogarth Press, 1975), Vol. 3, p.51.

18 Fred Alford, *Melanie Klein and Critical Social Theory* (New Haven: Yale University Press, 1989), p.8.

분석학에서는 대상이란 본능과 일련의 연결을 가진다해도 자아에 영향을 미치는 외부적 환경을 의미하는 바가 더 크다. 이는 바로 프로이트나 설리번 둘 다 대상을 자아의 밖에 있는 것으로 이해하고 있음을 의미한다.

그러나 클라인은 대상의 개념을 자아 내부의 이미지로까지 확대 해석하고 있다. 한마디로 어린아이는 그 몸 자체에서도 부분에 따라 좋고 나쁜 이미지를 갖게 되는데 이것이 바로 자신의 내적 대상에 대한 감정이라는 것이다.[19] 예를 들면 어린 아이가 자신의 손가락을 자주 빠는 현상은 그 부분에 대한 사랑의 감정이 있기 때문이라고 보면 이야말로 인간에게 스스로의 내적 대상이 존재함을 증명하는 것이라고 할 수 있다. 실로 대상을 외적 대상과 내적 대상으로 구별한 논리는 후일 인간의 내적 무의식의 동적 양상과 외부적인 문화적 영향을 연구하는 데 매우 유용한 설명의 자료를 제공하였다.

3) 대상관계이론의 핵심과 철학적 의미

이쯤해서 우리는 다시 한 번 본능이론과 대인정신분석학 그리고 대상관계이론의 특징들을 보다 분명히 정리할 필요가 있다. 대인정신분석학은 자아를 형성하는 데 외부의 환경 즉 문화적 요인을 강조했다는 점은 프로이트의 본능이론 및 클라인의 대상관계이론과 본질적으로 다른 점이니 쉽게 이해가 된다. 그런데 프로이트가 말한 본능이 대상을 규정한다는 의미와 어린아이가 대상을 향해 가지는 사랑과 미움의 감정이라는

19 *Ibid.*, p.52.

의미는 약간 혼동이 되기도 한다.

프로이트가 말한 대로라면 본능이 대상의 성격을 규정하기 때문에 사랑과 죽임의 본능 중 어느 한 쪽에 따라 대상의 이미지가 형성된다고 볼 수 있다. 그런데 클라인은 어린아이가 처음 만나는 대상에 대해 좋은 감정을 가지면 그를 사랑하게 되고 미운 감정을 가지게 되면 그를 미워한다고 하는데, 이 때 좋아지는 감정과 미워지는 감정은 어디서부터 야기되는 것인가? 만약 그 감정들이 프로이트가 말한 양대 본능적 요인에 근거한 것이라면 이야말로 대상은 본능이 대상을 향해 발산하는 반응에 따라 그 성격이 규정된다고 볼 수 있다. 그렇다면 클라인의 이론과 프로이트 이론 간에는 무슨 차이가 있는가?

이 차이는 다음과 같이 요약될 수 있다. 프로이트는 오직 본능의 발산만을 통한 자아의 형성을 강조하였다. 그리고 대인정신분석학은 외부 대상이 자아에 미치는 영향만을 강조하였다. 그런데 클라인은 외부의 대상이 자아에 미치는 영향뿐만 아니라 본능이 외부를 향해 쏘아대는 반응이 합해져서 자아의 무의식이 형성됨을 강조했다고 보면 크게 틀리지는 않을 것이다. 따라서 대상관계이론은 우리의 무의식은 자아와 대상 그리고 외부 환경 간의 '내사Introjection'와 '투사Projection'를 통하여 형성된다고 주장하고 있다.

이때 내사란 대상 혹은 외부 환경이 자아에 미치는 영향을 의미하며, 투사란 자아가 대상 혹은 외부 환경을 향해 쏘아대는 반응으로 이해하면 크게 문제가 없을 것이다. 그렇다! 우리의 무의식은 오직 본능의 투사적 행위만으로 이루어진 것도 아니고, 오직 외부 환경의 내사적 요인들에 따라서만 형성되는 것도 아니다. 이 두 가지 요소들이 서로 복합적으로 작용하여 이루어지는 것이다. 같은 환경에서 자랐어도 각기 그 성격이 다르고, 그 삶의 방향이 다른 이유는 바로 투사의 의미가 각기 다르게 작용되기 때문이다.

대상관계이론의 의미를 철학적으로 해석한다면 인간은 환경적 요인에 영향을 받는 '결정적 존재Determinated Being'이기도 하지만 거꾸로 외부 환경을 향해 쏘아대는 투사를 통해 새로운 세상을 만들어가는 '창조적 존재Creative Being'이기도 하다. 이와 같이 내사와 투사의 과정을 동시에 살피는 대상관계이론은 실제로 현대 정신분석학의 주류로 그 적용 범위를 확대시켜 가고 있다. 정신분석학은 처음 정신이상의 문제를 해결하기 위하여 무의식의 문제를 풀어보고자 출발하였다. 그러나 프로이트의 본능이론과 대인정신분석학을 거쳐 대상관계이론에 이르러서, 정신분석학이란 단순히 개인의 정신이상을 치료하기 위한 개인 무의식의 연구를 넘어서고 있다. 즉 인간의 모든 행동들에 대한 분석은 물론 사회적 현상까지를 분석하는 데 유용한 지식들을 제공하고 있다고 해도 과언은 아니다.

제3장

무의식의 동적 구조에 대한 이해

지금까지는 무의식의 의미와 그 형성에 대한 이해의 차이에 따라 정신분석학의 흐름이 변하여 왔다는 점을 설명하였다. 그렇다면 이번에는 보다 구체적으로 무의식의 동적 구조에 대한 내용을 살펴보고자 한다. 이를 위해서는 무의식을 이루고 있는 핵심적 요소들에 대한 의미와 역할을 이해해야 한다. 그 핵심 요소들은 '이드Id'와 '에고Ego' 그리고 '초자아Superego'와 '자아이상Ego Ideal'이다.

이러한 개념들에 대한 이해가 중요한 이유는 프로이트의 주장과 현대대상관계이론 간의 사이에 약간의 차이가 발견되고 있기 때문이다. 실로 프로이트의 주장은 아직도 우리 사회에서 널리 활용되고 있다. 그러나 나는 대상관계이론에 기초하여 나름대로 프로이트의 설명과는 조금은 다른 이해를 하고 있다. 따라서 이번에는 이러한 점에 초점을 두어 내가 이해하는 인간 무의식의 내적 요소들에 대한 나름대로의 논리를 펼쳐보고자 한다.

1. 이드, 에고, 그리고 초자아

1923년 프로이트는 "에고와 이드The Ego and The Id"라는 글을 발표하여 자신의 본능이론을 보완하기 위한 세 가지의 정신적 대리 요소들의 역할과 기능을 설명하였다는 점은 이미 지적한 바와 같다. 그렇다면 본능과 관련하여 이 세 가지 요소들은 어떤 작용을 하는가? 이는 바로 무의식의 동적 양상을 보다 구체적으로 이해하는 프로이트식의 논리라고 볼 수 있다. 따라서 이 세 요소들을 설명하면 프로이트가 주장하고자 하는 무의식의 동적 양상에 대한 핵심을 알 수 있다. 프로이트가 상기 글에서 설명한 내용과 기타 자료들을 간추려 요약하면 다음과 같다.

1) 이드

먼저 그가 제시한 이드Id라는 용어는 라틴어에서 차용한 것인데 독일어로는 "에스Es," 영어로는 "잇트It"를 의미한다. 그러니 우리말로는 "그것"이라는 의미인데, 그 내용은 우리도 알지 못하는 우리 마음 내부에 가장 깊이 자리하고 있는 무엇을 의미한다. 구체적으로 말하면 원초적Primitive이고 본능적Instinctual인 무의식적 마음을 가리킨다. 그러니 당연히 프로이트가 항상 강조한 원초적인 마음의 에너지로서 리비도를 포함한 에로스와 공격적인 요소Thanatos, 그리고 현실에서 억압받은 숨겨진 기억들을 포함하고 있다.

이러한 점에서 이드는 우리 말로는 많은 사람들이 "원초아원초적 자아"로 번역하고 있다. 그렇다면 이 원초아는 바로 본능의 다른 말이라고 해도 크게 틀리지 않을 것이다. 또한 프로이트의 설명대로 본능은 기쁨의 원리에 근거한 것이기에 이드 또한 기쁨의 원리에 근거한 것으로 볼 수 있다.

1932부터 1936년까지 프로이트의 강의들을 담은 "정신분석학에 대한 새로운 기본 강의들 및 기타 연구들New Introductory Lectures on Psychoanalysis and others"에서 이드는 무의식 내에 숨겨져 있어 가끔은 꿈을 통해 나타나기도 한다고 설명하고 있다. 꿈이란 나중에 설명하겠지만 자신이 소망하는 바의 표현이다. 따라서 프로이트의 설명은 이드가 우리의 정신적 만족을 위하여 본능적 요소를 전달하는 기능을 한다는 것을 의미한다.

2) 에고

그러면 에고Ego독일어: Ich란 무엇인가? 에고는 우리 말로 자아라고 번역되는데, 프로이트에 따르면 에고란 이드의 한 부분으로서 외부 세계의 영향에 따라 이드적 요소를 일차 수정하여 분출하는 기능을 한다.[1] 이 말은 에고는 근본적으로 기쁨의 원리를 추구하고 있지만 때로는 현실에서의 문제점을 해소하기 위하여 일부 현실의 원리를 따라 전략적으로 자신을 보호하는 역할을 한다는 것이다.

따라서 프로이트는 이드를 말Horse로 그리고 에고는 말을 탄 사람으로 비교하고 있다. 말은 기본 동력이지만 그 움직임은 말을 탄 사람의 조종에 달려 있기 때문이다. 그리고 만약 에고가 이드가 원치 않은 현실을 맞아 그 대응을 제대로 하지 못할 경우는 근심Anxiety이 야기되며 이를 완화시키기 위하여 계속적으로 새로운 대응 전략을 세우는 역할을 한다.[2] 이 과정 속에서 다양한 자기 방어적 논리방어기제: Defence Mechanism를 활용하기도 한다. 방어기제의 종류 및 특징에 대해서는 차후 별도로

1 Sigmund Freud "The Ego and The Id," *SE*, Vol. 19 (pp.1~66), p.25.
2 *Ibid.*, p.15.

설명하기로 한다.

3) 초자아

에고에 더하여 프로이트는 또 하나 중요한 개념을 제시하고 있는데 그것은 바로 "초자아영어: Superego, 독일어: Uber-Ich" 이다. 에고의 위에 있다는 뜻으로 영어로는 "Super"라는 접두어를 사용했는데 우리말로는 이를 "초월할 초超"로 해석하여 초자아로 번역하였다. 아무튼 초자아란 절대적으로 현실의 원리를 따르려는 정신적 혹은 심리적 욕구로서 문화적 양식이나 사회적인 도덕 혹은 법률 등을 고려하여 에고가 이드를 그대로 반영하는 것을 억제시키는 역할을 한다.[3]

프로이트는 초자아는 주로 생후 자신을 돌봐주는 부모의 도덕관을 제일 먼저 받아들이고 후일 사회생활을 통해 자신이 존경하는 사람이나 교사 등의 도덕적 가치에 큰 영향을 받는다고 한다.[4] 그렇다면 이는 자아를 초월한다기보다, 기쁨의 원리에 경도되려는 에고를 현실에서 작동되는 도덕률에 따라 억제하는 역할을 한다고 말하는 것이 보다 분명하다. 따라서 나는 초자아를 "자아 억제"라는 용어로 바꾸어 쓰기도 한다. 그러나 한국 사회에서 보편적으로 초자아라는 용어를 사용하고 있으므로 그 참 의미만 정확히 이해한다면 초자아라는 용어를 굳이 거부할 필요는 없다.

---

3 Jean Laplanche and Jean-Bertrand Pontalis, *The language of Psycho-analysis* (Reprint, Revised Edition), New York: Worth Publishers, 1988, pp.89~90, 참조.

4 Sigmund Freud, *On Metapsychology: The Theory of Psychoanalysis: 'Beyond the Pleasure Principle,' 'The Ego and the Id' and Other Works*, Edited by Angela Richards (New York: Penguin Books, 1991), 참고.

지금까지의 프로이트의 설명들을 요약하면 인간의 마음은 의식과 전의식, 그리고 무의식으로 구성되어 있다. 그리고 그 동적 양상은 이드와 에고 그리고 초자아의 기능과 역할에 따라 결정된다. 그에 따르면 문명사회에서 인간의 정상적인 행위란 이드와 에고 그리고 초자아가 적절한 조화를 이루고 있을 경우에 근거한 것으로 볼 수 있다. 반면 이 세 요소들 중 어느 한 요소가 과도하게 강하여 다른 요소들의 욕구를 무시하거나 거절할 경우는 비정상적인 행동들이 유발된다는 것이다. 이러한 프로이트의 논리는 인간의 성격과 행동을 분석하는 데 많은 유용한 도구로 사용되었음을 부정할 수는 없다.

2. 자아이상과 초자아

프로이트 정신분석학에서는 에고와 초자아Superego를 대칭적으로 설명하고 있다. 그리고 이러한 논리는 지금도 일부 활용되고 있는 실정이다. 그런데 나는 조금은 다른 해석을 하고 있다. 즉 초자아의 대칭 개념은 에고가 아니라 자아이상Ego Ideal이라고 보고 있다. 그렇다면 자아이상과 초자아라는 두 욕구들의 관계를 보다 구체적으로 논의해야 할 것이다. 자아이상과 초자아의 대칭성을 밝히는 일은 정신분석학의 새로운 흐름을 이해하는 데서도 매우 중요하다.

1) 자아이상

위에서 설명에도 불구하고 프로이트가 제시한 무의식의 동적 양상에 대해서는 여전히 몇 가지의 문제점들이 노출되고 있다. 그 핵심에는

"자아이상Ego Ideal"이라는 개념이 자리하고 있다. 프로이트는 1923년 "에고와 이드"라는 글을 쓰기 2년 전 "집단심리와 자아의 분석Group Psychology and the Analysis of the Ego"이라는 글을 발표했는데, 여기에서 자아이상이라는 개념을 조금 독특하게 설명하고 있다. 그에 따르면 에고가 현실에서 그 욕구가 충분히 충족되지 못할 경우 에고의 내부 한쪽에 남아서 계속적으로 이드의 욕구를 충족하려는 욕구가 있는데 그것이 바로 자아이상이라는 것이다. 따라서 프로이트는 한마디로 자아이상이란 "어린 시절 자아의 충족을 만끽하게 했던 본질적인 자아도취Original Narcissism의 상속자Heir이다"[5]고 규정하고 있다.

프로이트의 설명에 따르면 에고란 본질적으로 기쁨의 원리에 근거한 이드를 발현하는 작용을 하는데 원만한 현실 생활을 위하여 때로는 현실의 논리를 따라가게 된다. 그런데 에고가 현실 적응에 스스로 불만을 느낄 때 에고는 둘로 나뉘어져 현실을 따르려는 에고에 저항하여 이드의 뜻을 계속 받고 싶은 욕구가 생성되는데 이것이 바로 자아이상이라는 말이다.[6] 그렇다면 자아이상이야말로 어린아이가 어머니 배 속에서 느꼈던 "원초적인 자아도취적 완전성Primary Narcissistic Perfection"의 계승자 역할을 한다고 볼 수 있다. 프로이트는 "자아도취에 대하여One Narcissism" 라는 글에서 인간이란 "어린 시절 느꼈던 자아도취적 완전성을 결코 포기하지 않으려고 하는데" 자아이상이야말로 "잃어버렸던 어린 시절 자아도취의 대리자이다"[7]라고 분명히 말하고 있다.

---

5 Sigmund Freud, *Group Psychology and the Analysis of the Ego*, Translated and Edited by James Strachey (New York: W. W. Norton and Co., 1959), p.42.

6 Yong Shin Kim, *The Ego Idal, Ideology, and Hallucination*, p.43.

7 Sigmund Freud, "On Narcissism," in *A General Selection from the Works of Sigmund Freud*

2) 초자아와 자아이상의 관계

그런데도 불구하고 프로이트는 때때로 자아이상을 초자아와 연결하여 설명하기도 하였다. "일반인의 분석적 의문Question of Lay Analysis"이라는 글에서 "초자아는 우리가 양심Conscience이라고 말하는 현상을 반영하고 있다"[8]고 했다. 그리고 "에고와 이드"에서는 초자아란 에고와의 관계에서 어린이가 아버지를 이상화Idealization하는 데 부정적 및 긍정적 의미를 동시에 가지고 있다.[9] 이 두 가지 설명들을 함께 요약하면 다음과 같은 해석이 가능하다. 즉 초자아란 현실의 논리 중 특히 문명의 도덕률이나 법을 따르려는 욕구이면서 동시에 현실과는 좀 동떨어진 어린이의 이상화 과정에서 나타난 현상까지를 포함하고 있다는 것이다. 이상화 과정에서의 긍정성이란 이상화를 대변하는 자아이상의 욕구와도 일련의 연결성을 가지게 된다. 그렇다면 초자아와 자아이상은 어떤 구체적 관계가 있는 것인가?

미국의 심리학자인 홀Calvin S. Hall, 1909~1985은 『프로이트 심리학 입문서 *A Primer of Freudian Psychology*』에서 프로이트가 자아이상을 초자아와 연결시키는 데 중점을 둔 매우 흥미로운 해설을 하고 있다. 그는 기본적으로 초자아를 양심Conscience과 자아이상이라는 두 개의 개념으로 나누어 보고 있다. 그에 따르면 양심이란 어린아이가 자기의 부모들이 나쁘다고 생각한 것을 하지 않으려는 욕구이며, 자아이상은 그의 부모가 도덕적으로 좋다고 생각하는 바를 따르려는 욕구라는 것이다.[10] 이는 바로 자아이상

(New York: Doubleday Anchor Books, 1989), p.116.

8 Quoted in Nandor Fodor, ed., *Freud: Dictionary of Psychoanalysis* (Westport, Connecticut: Greenwood Press, 1975), p.180.

9 Yong Shin Kim, *The Ego Ideal, Ideology, and Hallucination*, p.44, 참조.

을 초자아의 하위 개념으로 이해하는 설명이라고 할 수 있다. 그런데 이러한 홀의 해석은 후일 많은 학자들로부터 부정당하고 말았다. 그 가장 큰 이유는 자아이상이 프로이트가 말한 대로 어린 시절의 자아도취적 완전성을 유지하려는 욕구라고 한다면 현실의 도덕률을 따르려는 초자아와는 근본적으로 그 발원이 다를 수밖에 없기 때문이다.

독일의 정신분석학자인 미체를리히Alexander Mitscherlich, 1908~1982는 『아버지 없는 사회*Society without the Father*』에서 홀과는 완전히 다른 해석을 하고 있다. 그에 따르면 초자아란 "사회적인 요구에 의해 형성되며," 자아이상이란 "개인의 자아 존중Self-Respect적 마음을 만족"시키려는 욕구라고 설명하고 있다.[11] 자아이상이 자존감을 충족시키기 위한 것이라면 이는 분명 기쁨의 원리에 근거한 것이며, 또한 원초적인 자아도취의 완전성을 찾으려는 욕구임에 분명하다. 따라서 그의 설명은 자아이상은 사회적인 도덕률을 따르려는 초자아와는 본질적으로 그 근원이 다른 것이라는 점을 강조하고 있다.

이후 자아이상과 초자아에 대한 개념은 프랑스의 여류 정신분석학자인 샤스귀에르 스미젤Janine Chasseguet-Smirgel, 1928~2006에 의해 보다 명쾌히 규정되었다. 그에 따르면 자아이상이야말로 잃어버린 완전성을 찾으려는 원초적 자아도취의 계승자요, 초자아는 오이디푸스 콤플렉스Oedipus Complex 과정에서 소위 프로이트가 말하는 "거세 콤플렉스Castration Complex"로부터 유래한다고 그 한계를 분명히 하고 있다. 한마디로 그는

---

10 Calvin S. Hall, *A Primer of Freudian Psychology* (New York: The World Publishing Co., 1953), p.26.

11 Alexander Mitscherlich, *Society without the Father* (New York: A Hellen and Kurt Wolff Book, Harcourt, Brace & World, Inc., 1963), pp.126~127.

프로이트가 앞서 주장한 자아이상이란 자아도취의 상속자라는 점에 초점을 두고 있다. 따라서 그는 "초자아란 어린이를 어머니로부터 떼어내는" 역할을 하며, 자아이상은 "어린이를 어머니와 결합시키는" 역할을 한다고 강조하고 있다.[12]

이 말은 초자아란 어린아이가 오이디푸스 콤플렉스를 거치면서 자신이 사랑한 어머니의 사랑의 대상은 자신이 아니라 아버지임을 현실적으로 이해하게 하는 역할을 하며, 자아이상은 그럼에도 불구하고 계속 어머니와의 분리를 생각하지 않고 원초적 자아도취의 완전성에 머무르려는 욕구임을 의미한다. 그러하니 당연히 초자아는 현실의 원리를 따르려는 욕구이며, 자아이상은 기쁨의 원리를 추구하는 욕구라는 것이다.[13] 이러한 샤스귀에르 스미젤의 해석은 그 후 많은 정신분석학자들로부터 호응을 얻게 된다. 실로 그의 이론은 프로이트가 분명하게 설명하지 못한 에고와 초자아 그리고 자아이상의 의미를 보다 구체적으로 설명할 수 있는 길을 열었다고 할 수 있다.

3. 이드 · 에고 · 자아이상 · 초자아

프로이트가 설명하고 있는 인간 무의식의 구조를 새롭게 이해하기 위해서는 그 핵심 개념인 이드와 에고 그리고 자아이상과 초자와 간의 관계를 보다 명쾌히 설명할 필요가 있다. 따라서 이번에는 프로이트가

12 Janine, Chasseguet-Smirgel, "Some Thoughts on the Ego Ideal," *The Psychoanalytic Quarterly* (July 1976), p.347. 또한 Chasseguet-Smirgel, *The Ego Ideal* (New York: W. W. Norton & Co., 1975), 참고.

13 Yong Shin Kim, *The Ego Ideal, Ideology, and Hallucination*, p.45.

이해하는 심리구조에 대한 한계를 설명하고 이에 따라 상기 요소들 간의 새로운 관계를 나름대로 기술하려고 한다. 이러한 설명은 무의식의 구조를 새롭게 이해하는 데 매우 유용하게 작용한다.

1) 프로이트의 무의식 구조에 대한 한계

프로이트가 이드와 에고 그리고 초자아라는 개념으로만 설명했던 무의식의 동적 양상에 초자아와 대칭적 의미를 가진 자아이상을 첨가하면 인간의 정서적인 동적 구조는 어떻게 설명해야 하는 것인가? 이 문제는 현대 정신분석학의 핵심을 이해하는 데 있어서 매우 중요한 의미를 가지고 있다. 왜냐하면 자아이상이라는 개념을 첨가하면 프로이트가 이드와 에고 그리고 초자아로만 설명했던 무의식의 동적 구조는 새롭게 이해되어야 하기 때문이다. 특히 우리 사회에서는 아직도 자아이상이라는 개념을 홀이 주장한 초자아의 하위 개념으로 이해하는 경향이 있다. 따라서 초자아와 대칭적 개념으로서 자아이상의 의미를 분명히 하는 일은 매우 중요하다.

프로이트의 설명에 따르면 이드는 당연히 기쁨의 원리를 따르려는 원초적인 본능을 의미한다. 그리고 에고는 이드의 대변자이면서도 한편으로는 그 본능적 요소를 현실에 접합시키려고 한다는 점에서 현실의 원리를 일부 받아들이는 역할을 한다. 그리고 초자아는 사회적인 도덕률을 따르려는 것이니 당연히 현실의 원리를 전폭적으로 따르려는 욕구라고 말할 수 있다. 따라서 초자아는 에고가 이드의 요구만을 따르려는 욕구를 억제시키는 역할을 한다고 볼 수 있다.

이러한 해석은 몇 가지의 의문을 가져오게 만든다. 이드의 현실적

적응성을 추구하는 에고의 노력과 사회적인 도덕률을 따르려는 초자아의 욕구와는 무슨 차이가 있는 것인가? 그리고 에고는 스스로 이드가 현실에 적응될 수 있도록 일차적인 역할을 하며 이차적으로 현실의 원리만을 전폭적으로 따르려는 초자아의 억제를 받는 것인가? 또한 새로운 개념으로서 자아이상은 에고와 초자아 사이에서 무슨 역할을 하는 것인가? 상기의 질문에 대한 답을 하지 않고는 무의식의 동적 양상을 이해하는 데는 혼란을 가져올 수밖에 없을 것이다.

2) 무의식의 구조에 대한 새로운 해석

프로이트가 계속적으로 주장했던 인간의 무의식적인 양대 원리로서 기쁨의 원리와 현실의 원리를 기반으로 하고, 샤스귀에르 스미젤이 설명한 초자아의 대칭 개념으로서 자아이상을 인정한다면, 상기의 질문에 대한 답은 다음과 같이 정리될 수 있다. 즉 인간의 마음은 크게 무의식과 의식으로 구별되어 있으며 그 사이에 전의식이 존재 한다. 그리고 의식도 따지고 보면 무의식의 한 표현이다. 이와 같은 설명은 정신분석학의 기본 전제이다.

이러한 무의식의 구조를 동적인 면에서 좀 더 구체적으로 보면 다음과 같이 설명할 수 있다. 무의식의 맨 바닥에 이드라는 본능적 욕구가 자리하고 있으며 이를 계속 실현하려는 욕구가 자아이상이다. 그리고 초자아는 원만한 현실 생활을 위해 자아이상의 욕구를 억제하는 역할을 한다. 내가 앞서 초자아를 자아 억제라고 표현할 수 있다고 한 것은 바로 이 때문이다. 따라서 자아이상과 초자아가 적절한 조화를 이루면 이것이 바로 정상적인 상태라고 볼 수 있다. 그러나 자아이상이 초자아의 요구를 완강히 거부한다면 비현실적인 혹은 비정상적인 행동을 유발하게 된다.

자아이상을 초자아의 대칭적 의미로 간주하면 인간 무의식의 동적 양상을 상기와 같이 설명할 수밖에 없다. 그런데 이와 같은 해석을 하고 보면 프로이트가 말한 에고는 설 자리가 없어지고 만다. 나는 지금까지 여러 책들을 통해서 넓은 의미로 에고는 말 그대로 자아 전체를 의미하며 좁게는 이드의 뜻을 현실화하려는 역할을 하고 있다는 점에서 자아이상과 비슷하다는 식으로 간략하게 설명하여 왔다.[14] 그런데 이러한 요약은 거두절미하고 그대로 읽게 되면 약간의 오해와 혼동을 초래할 수 있기 때문에 이번에는 좀 더 자세한 설명을 추가하고 있는 것이다.

실로 나는 샤스귀에르 스미젤이 주장한 자아이상의 개념을 전폭적으로 받아들이고 있다. 그리고 이러한 자아이상의 개념을 근거로 하여 "자아이상과 이념 그리고 환상The Ego Ideal, Ideology, and Hallucination"이라는 제목의 박사학위논문을 썼으며 이는 바로 단행본으로 미국에서 출판되기도 하였다.[15] 그런데 국내에서는 나의 자아이상에 대한 해석이 매우 생소한 의견으로 받아들여지고 있으며, 아직도 홀의 설명에 따라 자아이상을 초자아의 하위 개념으로만 이해되는 분위기가 더 강하다는 느낌을 받았다.

따라서 나는 다시 한번 나의 주장을 요약하고자 한다. 인간의 무의식은 크게 자아이상과 초자아의 양대 욕구로 구별된다. 자아이상은 기쁨의

---

14 김용신, 『나는 누구인가: 일반인을 위한 정신분석학』, pp.27~31 참조. 김용신, 『지도력의 허상』 (서울: 아카원 2017), pp.26~29, 참조, 김용신, 『우리는 왜 싸우는가』 (서울: NOSVOS, 2018), pp.25~26, 참조.

15 Yong Shin Kim, *The Ego Ideal, Ideology, and Hallucination*. 참고,

원리를 따르려는 욕구이며, 초자아는 현실의 원리를 따르려는 욕구이다. 그리고 프로이트가 설명하고 있는 에고란 우리 자신 전체를 의미한 바가 더 크다고 할 수 있다. 어느 의미로는 '자신Self'이라는 개념과 더욱 많은 관련성이 있다고 볼 수 있다. 왜냐하면 에고 자체가 일부는 이드의 뜻을 받으려고 하고, 또 일부는 현실의 원리를 따르려기 때문이다. 따라서 나는 에고가 이드의 욕구를 따르려는 것을 자아이상으로 이해하고, 한편으로 이드의 욕구를 현실에 적응시키려는 요소는 초자아의 욕구와 동일하게 인식하고 있다. 그리고 인간의 마음은 언제나 자아이상과 초자아의 갈등 속에 있으며 그 갈등의 결과가 행동으로 연결되고 있다.

샤귀에르 스미젤에 따르면 초자아는 오이디푸스 콤플렉스를 거치면서 생성되는 욕구라고 했는데 여기에도 약간의 추가 설명이 필요하다. 이러한 해석은 얼핏 초자아는 후천적으로 생성되는 것이기에 이드와는 전혀 관계가 없는 것으로 이해될 수 있다. 그런데 곰곰이 따져보면 이 역시 본능적 욕구에 뿌리를 두고 있다고 할 수 있다. 왜냐하면 이드는 기쁨의 원리를 추구하지만 동시에 자아보존적 욕구도 가지고 있기 때문이다.

살아 있다는 것은 우리에게 기쁨을 준다. 따라서 생존 욕구를 의미하는 자아보존이야말로 기쁨의 원리에 속하고 있는 것이다. 다만 현실 속의 원만한 삶을 위해 현실이 인정하고 있지 않는 이드의 욕구를 견제한다는 점에서 현실의 원리를 따르는 것으로 말하고 있는 것이다. 때문에 나는 무의식의 맨 밑에는 이드가 있고 이드를 포함한 무의식의 전체는 자아이상과 초자아로 나뉘어져 서로 갈등하고 있는 것이 바로 우리 마음의 동적 양상이라고 이해하고 있다.

제4장

자아이상의 진행 방향에 대한 이론

자아이상과 초자아가 갈등하고 있다면 그 갈등의 방향을 이해하는 일은 우리 마음과 행동을 이해하는 데 결정적인 열쇠를 제공한다. 이 점에 있어서 샤스귀에르 스미젤은 자아이상의 욕구가 진행되는 방향에 대하여 매우 흥미로운 설명을 하고 있다. 그것은 바로 '점진적인 경로evolutionary Route'와 '급진적 혹은 최단 경로The Shortest Route'이다.[1] 이러한 샤스귀에르 스미젤의 이론은 무의식의 동적 양상을 구체적으로 이해하는데 큰 역할을 하였다고 해도 과언은 아니다. 따라서 그의 이론은 인간 행동을 연구하는 데 매우 유용한 정신분석석학의 논리를 제공하게 되었다. 실로 나는 본 이론에 절대적인 동의를 하고 있으며, 나의 인간 행동에 대한 정신분석학적 설명은 이 논리에 의존한 바가 크다.

1 Janine Chasseguet-Smirgel, *The Ego Ideal* 과 "Some Thoughts on the Ego Ideal," 참고. 또한 Yong Shin Kim, *The Ego Ideal, Ideology, and Hallucination*, pp.46~50, 참조.

1. 점진적 경로

자아이상이 점진적 경로Evolutionary Route를 택한다는 것은 무엇을 의미하는가? 그리고 이 경우 인간 행동은 어떠한 양상을 띠게 되는가? 이러한 질문의 답은 인간 행동의 본질적 의미를 이해하는 데 필수적이다. 따라서 이번에는 상기 질문에 대한 답을 나름대로 요약 설명할 것이다.

1) 초자아와의 적절한 타협

어린이는 남아든 여아든 처음 막 태어났을 때는 어머니와 자신을 구별하지 못한다. 그리고 현실 적응에 있어서 모든 문제들은 어머니가 다 해결해 준다. 그러니 자연히 어린아이의 사랑의 대상은 어머니일 수밖에 없다. 이러한 분석은 정신분석학의 기본 입장이다. 그런데 어린이들은 만 2-5세를 넘어서면서 현실을 파악해 갈 때 하나의 커다란 정신적 충격을 얻게 된다. 그것은 바로 자신의 사랑의 대상이라고 여겼던 어머니의 사랑의 대상은 자신이 아니고 아버지라는 사실이다. 이것은 어린이가 세상에 나와 최초로 느끼는 좌절감이라고 할 수 있다.

샤스귀에르 스미젤에 따르면 이 경우 어린이의 자아이상은 두 가지의 길을 생각하는데 그 하나가 바로 점진적인 길이다. 자아이상이 점진적인 경로를 택한다는 것은 남아의 경우 나도 자라서 아버지처럼 어른이 되면 어머니 같은 여성과 결혼을 할 수 있다는 기대감을 가지고 지금의 좌절 혹은 슬픔을 참고 기다리는 것을 말한다. 이처럼 어린아이가 오이디푸스 콤플렉스의 과정에서 지금의 좌절을 딛고 내일을 기약하면서 성인이 되기를 기다리는 경우를 샤스귀에르 스미젤은 자아이상이 점진적 경로를 택한 것으로 설명하고 있다.

이것은 바로 자아이상이 초자아와 적절한 타협을 하는 길이라고도 할 수 있다. 자아이상이 원초적 자아도취의 완전성으로 회기하려는 욕망인 데 반해 초자아는 현실의 원리를 따라 자아이상의 비현실적인 욕구를 억제하는 역할을 한다. 원초적인 욕망은 어머니를 계속 자신의 사랑의 대상으로 삼고 싶다. 그러나 오이디푸스 콤플렉스 과정을 거치면서 현실을 원리를 따르려는 초자아가 형성되면 무모한 자아이상의 욕구를 억제시키려고 한다. 그 결과 자아이상은 초자아의 욕구를 받아들여 성인이 될 때까지 기다리려는 타협안을 도출하게 되는 것이 바로 자아이상이 점진적 경로를 택하게 되는 경우이다.

2) 여아의 경우

프로이트의 이론에 따르면 어린 여아는 처음 자신의 클리토리스 Clitoris를 남아의 성기와 혼동하여 그것이 아버지의 성기처럼 자라기를 기다린다고 한다.[2] 그런데 자신의 클리토리스가 본질적으로 남자의 성기와 다르다는 것을 알면 어떻게 되는 것인가? 여기에 대해 프로이트는 시원한 대답을 하지 못하고 있다.

Sandor Ferenczi, 1873~1933

이 문제에 대하여 헝가리 출신 정신분석학자인 페렌치Sandor Ferenczi, 1873~1933는 매우 흥미로운 설명을 하고 있다. 그는 『탈라사: 성기에 관한

2 Yong Chin Kim, *The Ego Ideal, Ideology, and Hallucination*, p.47.

이론Thalassa: A Theory of Genitality』에서 여아의 경우 자신의 클리토리스가 남아의 성기와 근본적으로 다르다는 것을 안 이후의 문제를 성관계 그리고 임신이라는 측면에서 분석하고 있다. 그에 따르면 여아는 엄마와 같이 성인이 되어 임신을 함으로써 엄마와 일체감을 느낄 수 있다는 생각을 갖게 되는데, 이는 바로 아버지의 성기를 받아들일 만큼 커야 되겠다는 생각을 유도한다는 것이다.[3]

그리스 신화에 따르면 올림포스Olympus 12신 중 주신인 제우스Zeus의 아버지인 크로노스Cronus는 자신이 천하를 지배하고자 하늘의 신으로서 자신의 아버지인 우라노스Uranus의 성기를 잘라 바다에 던졌는데, 바다의 여신인 탈라스가 그 피를 받아 미와 사랑의 여신인 아프로디테Aphrodite를 낳았다고 한다.[4] 크로노스는 자신의 아버지를 제거하고 왕좌에 올랐는데 그도 결국은 그의 아들인 제우스에 의해 왕좌에서 밀려나게 된다. 본 신화의 맨 밑바탕에는 아버지를 죽이고 그의 어머니와 결혼하게 된 오이디푸스의 신화적 의미가 깔려 있다. 그런데 특히 페렌치는 아버지의 성기를 잘라버린 크로노스와 그 피를 받아 아프로디테를 잉태한 탈라사의 이야기 속에서 어린 여아가 아버지의 성기를 받아들일 수 있도록 커야 되겠다는 생각을 가질 수 있다는 설명을 찾아 낸 것이다. 즉 남아 중심적인 오이디푸스의 신화가 설명하지 못한 여아의 문제를 탈라사의 신화 속에서 찾은 것이다.

3 Sandor Ferenczi, *Thalassa: A Theory of Genitality* (New York: W. W. Norton and Co., 1967) 참고. 또한 Yong Shin Kim, *The Ego Ideal, Ideology, and Hallucination*, p.47.

4 "탈라사." NAVER 지식백과, 참조.

2. 급진적 경로

자아이상이 급진적인 경로The Shortest Route를 택한다는 것은 무엇을 의미하는가? 또 그 결과 행동에는 어떠한 양상이 나타나는가? 이에 대한 답을 얻는 것 역시 인간 행동에 대한 정신분석학적 설명을 위해서 필수적이라고 볼 수 있다. 따라서 이번에는 자아이상이 급진적 경로를 택할 때 나타나는 현상들을 구체적으로 설명하고자 한다.

1) 자아이상이 초자아의 욕구를 거절하는 경우

자아이상이 급진적인 경로를 택한다는 것은 무엇을 말하는가? 이는 한마디로 자아이상이 초자아의 요구를 완전히 거절하는 경우를 말한다. 이 경우는 어머니의 역할이 일부 작용된다. 샤스귀에르 스미젤에 의하면 "만약 어머니가 비록 성적으로 미숙하지만 자신의 사랑의 상대가 될 수 있다는 믿음을 그 어린 아들에게 심어주면 그는 더 이상 아버지를 부러워하지 않게 된다"[5]는 것이다. 이 말을 다른 면으로 풀어서 설명하면 어머니와 어린 아들의 애착 관계가 계속되면 그가 자신의 사랑의 대상으로서 어머니를 포기하지 않을 수도 있다는 것이다. 이 경우는 당연히 자아이상이 초자아의 욕구를 거절하게 될 것이다. 따라서 자아이상이 급진적 혹은 최단 경로를 택한다는 것은 바로 자아이상이 초자아의 욕구를 완전히 집어삼켜버리는 것을 의미한다.

그러면 여아의 경우는 어떠한가? 샤스귀에르 스미젤의 여아의 경우가 급진적 길을 택한 데 대한 설명은 그리 명확하지 않다. 그러나 이 경우도

5 Janine Chasseguet-Smirgel, "Some Thoughts on the Ego Ideal," p.357.

페렌치의 견해를 따르면 나름대로 답을 얻을 수 있다. 즉 여아가 이미 자신이 아버지의 성기를 받아들일 만큼 성숙했다는 환상을 가지면 더 이상 기다릴 필요가 없음을 느끼게 될 것이다. 즉 초자아의 요구를 받아들일 필요가 없어진다는 것이다. 물론 여아의 경우 이러한 환상을 갖게 되는 데는 남아의 경우처럼 어머니의 도움이 필요할 수도 있다. 예를 들면 어머니가 어린 딸에게 너는 매우 훌륭하고 이미 어른처럼 의젓하다는 긍정적 마음이 들도록 행동한다면 그녀는 더 이상 어른이 되기를 기다릴 필요를 크게 느끼지 못할 수도 있기 때문이다.

또 한 가지 매우 중요한 문제는 자아이상은 초자아를 완전히 집어삼켜버릴 수 있지만 초자아는 어떠한 경우라도 자아이상의 욕구를 완전히 거절할 수는 없다는 것이다. 자아이상이야말로 인간의 가장 본질적인 완전성을 찾으려는 욕구이기 때문이다. 따라서 설령 경우에 따라 초자아와 일련의 타협을 통해 그 욕구를 억제한다 하더라도 자아이상의 욕망은 계속 마음의 내부에 잠재적으로 남아 언젠가는 다시 그 실현을 꿈꾸게 된다.[6] 이러한 자아이상의 본질을 이해하는 것은 우리 무의식의 동적 양상을 이해하는 데 제일 중요한 요소이다. 다만 원활한 현실생활을 위해 무의식의 바닥에 숨겨 둘 뿐 어떠한 경우에도 자아이상의 욕구를 버릴 수 없는 것, 그것이 바로 인간의 마음이다.

2) 급진적 경로가 가져오는 퇴행성과 창조성

이처럼 자아이상이 초자아의 요구를 전면적으로 거부한다면 당연히

6 Yong Shin Kim, *The Ego Ideal, Ideology, and Hallucination*, p.45.

그 행동은 퇴행적으로 나타날 수밖에 없을 것이다. 따라서 샤스귀에르 스미젤은 자아이상이 점진적 경로를 택한 경우를 정상 혹은 긍정적인 경우로 설명하고, 급진적 경로를 택한 경우를 퇴행적Regressive으로 설명하고 있다. 따지고 보면 한 인간은 자신의 이상도 중요하지만 현실에서 전혀 이해될 수 없는 이상만을 추구한다면 이는 분명 비정상적인 행동만을 유발할 것이기 때문이다.

정신분석학에 있어서 퇴행적이란 비현실적임을 의미하며 결국은 비정상을 의미한다고 할 수 있다. 물론 정신분석학에 있어서 정상과 비정상이라는 의미는 철학적으로 옳고 그름과는 다른 차원의 문제이다. 다만 자아이상을 실현하기 위하여 반문명적 혹은 반사회적 행위를 한다는 것은 큰 문제라고 하지 않을 수 없다.

그럼에도 불구하고 자아이상이 현실의 원리에 근거한 초자아의 요구를 거절하더라도 퇴행적이 아닌 창조적 의미를 창출할 수도 있다는 점을 우리는 알아야 한다. 곰곰이 따져보면 자아이상이 현실의 논리를 부정한다는 점은 새로운 창조를 이끌어내는 원동력이 되기도 한다. 자아이상의 본질은 자아도취적 완전성을 다시 추구하려는 것이기 때문이다.

이러한 점에서 샤스귀에르 스미젤과 학문적 교류를 하고 자아도취주의 연구에 큰 업적을 낸 그런버거Bela Grunberger, 1903~2005와 정신분석학적 사회이론 분야에 많은 저서들을 발표하고 있는 알포드Fred Alford는 자아도취에 대한 이중적 의미를 지적하면서 이야말로 때로는 창조적 업적을 이루는 기본 동력을 제공한다고 주장한다.[7] 이

Bela Grunberger, 1903~2005

말은 자아도취에 근거한 자아이상은 급진적 경로를 택했을 때 현실을 부정한다는 점에서 퇴행적일 수 있지만, 새로운 현실을 창조할 수도 있다는 점에서 긍정적인 면을 가지고 있다는 점을 암시하고 있다.

지금까지 인류는 자아이상을 통하여 당시에는 비현실적이라고 했던 꿈들을 과학기술로 해결하여 왔다. 또한 당시의 현실을 완전히 부정한 혁명 등을 통해 새로운 세상을 만들어 왔다. 따지고 보면 학문과 예술을 포함한 인간의 모든 행동들은 그 밑바탕에 자아이상의 실현이라는 욕구가 깔려 있다고 해도 과언은 아니다.

그리고 설령 초자아의 요구를 뿌리치고 계속 공상적인 꿈을 가졌더라도 후일 인류의 발전에 기여한 많은 업적들을 우리는 수 없이 목격하여 왔다. 그렇다면 자아이상이 급진적인 경로를 택한 것을 모두 창조적이라고 볼 수 있는가? 물론 그건 아니다. 따라서 우리는 자아이상이 급진적인 경로를 택한 경우도 두 가지 경우를 생각할 수 있다. 그 하나는 바로 퇴행적인 행동을 유발하는 것이요, 다른 하나는 창조적 업적을 이루는 것이다.

그러면 무엇이 퇴행적이고 무엇을 창조적이라고 할 수 있는가? 그 판단의 객관적 기준은 존재할 수 없다. 절대적 진리를 부정하고 있는 정신분석학의 입장에서 본다면, 다만 문명이 인정하는 결과를 내면 그것을 창조적이라고 하고, 반문명적 결과를 초래한다면 퇴행적이라고 말할 수밖에 없을 것이다. 우리 사회에도 잘 알려진 쿤Thomas Samuel Kuhn,

7 Bela Grunberger, *Narcissism: Psychoanalytic Essays*, Translated by Joyce S. Diamanti, (New York: International University Press, 1979), 참고. 그리고 Fred Alford, "Eros and Civilization After Thirty Years: A Reconsideration in Light of Recent Theories of Narcissism," *Theory and Society* (Sept. 1988), pp.335~379, 참조.

1922~1996이 『과학혁명의 구조*The Structure of Scientific Revolution*』에서 언급했듯이 오늘의 신화가 내일의 진리가 될 수 있고, 오늘의 진리가 내일의 신화가 될 수 있다는 상대적 의미를 되새기면[8] 그 객관적 기준을 말할 수 없게 될 것이다. 그러나 기어이 쿤의 논리에 따라 조금 자세히 설명한다면 퇴행적이냐 창조적이냐는 문제는 결국 소위 "패러다임Paradigm"의 변화에 따라 다르게 평가될 수 있다.

Thomas Samuel Kuhn, 1922~1996

3) 전 생애를 통한 자아이상과 초자아의 갈등

자아이상과 초자아가 갈등 속에 있다고 한다면 이러한 갈등은 단순히 오이디푸스 콤플렉스 기간 동안만 유효한 것은 아니다. 샤스귀에르 스미젤은 자아이상과 초자아의 갈등은 인간의 전 생애에 걸쳐 지속된다고 강조하고 있다. 그 이유는 자아이상은 원초적 자아도취의 만족을 다시 얻으려는 욕망으로서 우리의 비 자족성을 해결하고 만족을 얻으려는 "기대감Sense of Expectation," "희망Hope," 그리고 무엇을 이루겠다는 "약속Promise"을 불러일으키기[9] 때문이다. 그렇다! 자아이상이 있는 한 인간은 끊임없이 자신의 만족을 위한 행위를 계속할 수밖에 없다. 그래서 자아이상은 우리에게 꿈을 주고 야망을 주고 또 이를 이루려는 용기를 주고 있다.

---

8 Thomas Kuhn, *The Structure of Scientific Revolution* (Chicago: Chicago University Press, 1962), pp.1~9 그리고 pp.160~170, 참조.

9 Janine Chasseguet-Smirgel, "Some Thoughts on the Ego Ideal," p.350.

그런데 이러한 자아이상이 항상 초자아와의 타협만을 통해서 현실에 안주하고 있다면 어떻게 되겠는가? 이 경우 개인의 발전과 또 사회의 변화는 어렵게 되고 말 것이다. 그렇다면 자아이상이 초자아의 요구를 전면 거부하고 급진적 길을 택한 것을 모두 퇴행적이라고 말할 수 있는가? 우리는 개인적으로 오늘보다 더 나은 내일을 위해 계속 우리의 꿈을 포기할 수 없다. 꿈이 없고 내일에 대한 기대가 없다면 인생은 무슨 의미가 있겠는가?

사회도 마찬가지이다. 보다 나은 세상을 만들기 위해서는 끊임없이 현실을 비판하고 문제점들을 개선해 나가야 한다. 이러한 점에서 자아이상이 초자아를 완전히 집어삼켜버린 상태를 꼭 부정적으로만 볼 수는 없다. 다만 자아이상이 꿈꾸는 바가 반문명적이라면 이는 분명 퇴행적 행위를 불러오게 된다고 말할 수 있을 뿐이다.

제5장

오이디푸스 콤플렉스에 대한 문제와 재해석

프로이트가 전개하고 있는 정신분석학학의 논리들 중에 오이디푸스 Oedipus Complex 콤플렉스가 핵심적 개념임을 부정할 사람은 없을 것이다. 어린아이들이 이 세상에 나와서 처음으로 현실의 원리를 이해하고 기쁨의 원리와 갈등을 거치면서 정신적으로 성장하기 때문이다. 프로이트는 이러한 어린이 정서의 발달 과정을 설명하기 위해서 그리스 신화인 오이디푸스 왕의 이야기를 차용하였다.

그런데 이러한 프로이트의 설명은 여러 측변에서 비판을 받기도하였다. 따라서 프로이트가 주장하는 오이디푸스 콤플렉스의 개념과 이후 나타난 비판의 논리들을 이해하는 것은 정신분석학 전반을 이해하는 데도 매우 중요하다. 이러한 점을 염두에 두고 나는 정신분석학에서 오이디푸스 콤플렉스를 어떻게 이해해야 할 것이냐는 새로운 의견까지를 제시하려고 한다.

1. 오이디푸스 콤플렉스

프로이트가 주장하는 오이디푸스 콤플렉스에 대한 기본 개념을 이해하기 위해서는 그가 활용한 소포클레스의 "오이디푸스 왕Oedipus the Rex"이라는 신화에 대해 구체적인 이해가 필요하다. 신화란 현실과 동떨어진 이야기이지만 그 속에는 인간의 본성을 나타내는 많은 암시들이 내재되어 있다. 이러한 이유로 프로이트는 어린이의 정서 발달을 신화 속의 이야기를 통해 밝히려고 했다. 프로이트가 주장하는 오이디푸스 콤플렉스 개념의 핵심을 이해하는 것은 인간 무의식의 동적 양상을 이해하는 데 필수적인 요소이다.

1) 프로이트의 발상

프로이트는 1897년 처음으로 오이디푸스 콤플렉스에 대한 언급을 하였는데 그 핵심에는 인간의 원초적인 '죽임에 대한 욕구Death Wish'가 자리하고 있었다.[1] 그는 이러한 죽임의 욕구를 설명하면서 어린아이가 현실을 알아갈 즈음 남아는 아버지를 미워하며 딸은 어머니를 미워하게 된다는 점을 들고 있다. 프로이트는 그의 동료인 플리쓰Wilhelm Fliess, 1858~1928에게 보낸 편지에서 "나는 내가 어린 시절 어머니를 사랑하고 아버지를 시기했는데 이야말로 어린아이가 겪는 일반적인 현상이라는 것을 발견했다"[2]고 말하면서, 오이디푸스 왕 이야기를 언급하고 있다.

오이디푸스 콤플렉스라는 용어를 사용하기 전 프로이트는 아버지를 죽이고 싶은 욕구를 소포클레스Sophocles, BC497, 496, 495~BC 406가 쓴 『오이

1 Yong Shin Kim, *The Ego Ideal, Ideology, and Hallucination*, p.66.
2 Sigmund Freud, *SE*, Vol. 1, p.255.

디푸스 왕Oedipus the King』의 비극을 염두에 두고 "오이디푸스적 욕구Oedipal Wish"로 설명하였다. 그는 "꿈의 해석The Interpretation of Dreams"에서 우리는 모두 오이디푸스의 운명 같은 것을 느끼고 있다고 하면서, "그것은 바로 어머니를 향한 우리의 처음 성적 충동이며 아버지를 향한 처음 느끼는 증오Hatred, 그리고 살해 욕구Murderous Wish이다"[3]고 말하고 있다. 이러한 표현은 그가 『오이디푸스 왕』의 이야기를 통하여 우리 모두에게 존재하고 있는 원초적인 사랑과 죽임의 본능이 발현되는 상황을 설명하려고 하였음이다. 실로 프로이트는 인간의 마음을 오이디푸스 왕의 이야기로부터 찾아낸 최초의 철학자라고 할 수 있다.

2) 오이디푸스 왕 이야기

『오이디푸스 왕』은 널리 알려진 이야기지만 다시 한 번 요약을 하자면 다음과 같다.[4] 그리스 도시 국가인 테베Thebe에 라이우스Laius라는 왕이 살았는데 그의 아내는 조가스타Jocasta, Iocaste, or Epicaste였다. 그런데 어느 날 델피Delphi에 있는 예언자 아폴로Apollo로부터 아들을 낳으면 그에게 죽임을 당할 것이라는 말을 듣게 된다. 이 말을 듣고도 라이우스 왕은 크게 걱정하지는 않았다. 왜냐하면 그는 동성애자로서 그 아내와 잠자리를 하지 않고 있었기 때문이었다.

다만 어느 날 술에 취해 자신도 모르게 아내와 동침을 하게 되었는데 공교롭게 아이가 생겨 오이디푸스가 태어나고 말았다. 아이가 태어나자

3 Sigmund Freud, "The Interpretation of Dreams," *SE*, Vol. 4, pp.262~263.

4 김용신, 나는 누구인가: 일반인을 위한 정신분석학, pp.33~34 참조. Sophocles, *Oedipus the King*, Translated by Bernard M. W. Knox (New York: A Washington Square Press Publication of Pocket Book, 1959), 참고.

아폴로의 예언이 생각난 라이우스는 하인을 시켜 그를 바로 산에 버리라고 명령하였다. 그의 하인은 오이디푸스를 산에 버리려고 갔으나 그 옆 나라인 코린스Corinth의 폴리부스Polybus 왕이 아이가 없다는 소문을 듣고 비밀리에 오이디푸스를 폴리부스에게 주고 말았다. 따라서 오이디푸스는 죽지 않고 폴리부스의 아들로 잘 자라고 있었다.

그런데 청년이 되자 자신이 폴리부스의 친자가 아니라는 소문이 나돌았고 이에 오이디푸스는 그 진위를 묻기 위해 델피의 아폴로를 찾아가게 되었다. 그런데 아폴로는 그 진위는 말을 안 한 채 자신은 아버지를 죽일 운명을 가지고 태어났다는 말만 하게 된다. 실망한 오이디푸스는 코린스로 돌아가면 혹시 자신이 자신의 아버지라고 믿었던 폴리부스를 죽일 수도 있겠다는 마음에서 어디론가 반대 방향으로 가고 있었다. 어디 쯤 갔을 때 좁은 길목에 도달하였는데 반대편에 마차가 나타나 서로 길을 비키라는 다툼이 벌어졌다. 그렇지 않아도 화가 나있던 오이디푸스는 그 마차에 탄 사람을 죽여 버리고 테베 성문 앞에 도달하게 되었다.

당시 테베에는 스핑크스Sphinx라는 괴물이 나타나 성문 앞에서 자신이 낸 수수께끼를 풀지 못하면 테베를 멸망시키겠다고 으름장을 놓고 있었다. 그 수수께끼는 오전에는 네 발로 걷고 점심때는 두 발로 걸으며 저녁에는 세 발로 걷는 짐승이 무엇이냐는 것이었다. 오이디푸스는 자연스럽게 사람이라고 대답했다. 어릴 때는 네발로 기다가 성인이 되면 두발로 걷고 늙어지면 지팡이에 의지해 걷는 것이 인간이기 때문이다. 그러자 스핑크스는 스스로 자멸하고 말았으며 겁에 질려 있던 테베 사람들은 오이디푸스가 자신의 나라를 구한 영웅이라고 크게 대접을 하였다.

그때 사람들은 라이우스 왕을 찾았는데 그가 죽었다는 소식을 듣게 된다. 그러자 사람들은 오이디푸스를 왕으로 모시자고 의견 일치를 보았으며 전통에 따라 현 왕비인 조카스타는 오이디푸스의 새로운 아내가 되었다. 이것이 바로 자신의 생부를 죽이고 자신의 생모와 결혼하게 된 오이디푸스 왕의 이야기 골자이다.

사실 라이우스는 스핑크스가 낸 수수께끼의 답을 알고자 몰래 성문을 빠져나와 델피의 아폴로에게 답을 물어보려고 가는 중 자신의 친 아들인 오이디푸스에게 목숨을 잃게 된 것이다. 결국 라이우스가 오이디푸스의 생부인지는 당시에는 아무도 몰랐으니, 오이디푸스는 조카스타가 자신의 생모인줄도 모르고 아들딸 낳고 잘 살았다. 그런데 말년에 모든 사실을 알아버린 오이디푸스는 죄의식에서 스스로 송곳으로 눈을 찔러 장님이 되어 콜로누스Colonus로 돌아가 떠돌이 신세가 된다. 소포클레스의 또 다른 비극 『콜로누스에서의 오이디푸스Oedipus at Colonus』는 오이디푸스가 실명한 후 콜로누스에서의 생활을 묘사한 글이다.

여기에 조금 의아한 일이 하나 있다. 그것은 아무리 전통이 그렇다 하더라도 20세도 안 되는 오이디푸스가 약 20세나 많은 조카스타를 아내로 맞이할 수 있겠느냐는 것이다. 그런데 여기에는 약간의 설명이 필요하다. 테베 왕국을 설립한 1세 왕 카드무스Cadnus는 제우스의 추천으로 아프로디테의 딸인 하모니아Harmonia를 아내로 맞이하게 되는데 이를 축하하기 위해 그리스 신들이 그녀에게 영원히 늙지 않은 목걸이를 선물하였다. 그리고 그 목걸이는 대를 이어 테베의 왕비들에게 물려졌는데 조카스타도 이 목걸이 때문에 늙지 않고 결혼 당시의 모습으로 계속 있었던 것이다. 그러니 오이디푸스도 그녀의 나이를 알 수 없었을 것이

요, 젊은 여인으로 생각하고 결혼하게 되었을 것이다. 이 이야기는 우리 사회에는 잘 알려지지 않았기에 여기에 굳이 한마디를 덧붙인 것이다.

3) 오이디푸스 콤플렉스 개념의 핵심

프로이트는『오이디푸스 왕』의 이야기 속에서 인간은 알지 못하면 자신의 부모도 죽일 수 있고 자신의 부모와 결혼도 할 수 있다는 원초적인 사랑과 죽임의 본능적 요소를 발견했다. 원초적 자아도취의 시기에 어린아이는 성적인 구별을 하지 못한다. 그러나 점점 자라면서 성적인 차별을 알아갈 때 성이 다른 부모는 자신의 사랑의 대상Love Object이 되는데, 이야말로 "자기애Auto-Eroticism"가 타인을 사랑하는 것으로 변화하는 최초의 상황이다.

그리고 여기에 더하여 성이 같은 부모를 미워하는 마음도 동시에 생겨나는 것이니 이는 인간이 태어나서 사랑과 미움의 마음을 동시에 가지게 되는 최초의 경험이라고 할 수도 있다. 그런데 불행하게도 이 두 개의 감정들은 모두 현실적으로 실현이 매우 어렵게 되어 있기 때문에 이 속에서 어린아이가 콤플렉스를 가지는 것은 당연하다. 프로이트는 이를 바로 어린이들이 보편적으로 겪게 되는 오이디푸스 콤플렉스라고 명명하였다.

오이디푸스 콤플렉스는 앞서 언급한 바와 같이 자아이상과 초자아의 갈등 관계로도 설명이 가능하다. 그리고 그 양상은 크게 두 가지 양상으로 설명할 수 있다. 그 하나는 어린아이가 현실의 원리를 나름대로 받아들여 자신의 사랑의 대상을 포기하고 어른이 될 때까지를 기다리는 경우는 자아이상이 점진적 진로를 택한 경우이다. 그리고 다른 하나는 반대로 자아이상이 계속하여 처음으로 가지게 되는 성이 다른 부모를 향한 사랑의 마음을 포기하지 않는다면 이는 바로 자아이상이 급진적 경로를 택한 경우이다.

이는 바로 오이디푸스 콤플렉스의 양상도 결국은 자아이상의 태도에 달려 있다는 것을 의미한다. 물론 초자아의 요구를 일부 받아들여 사랑의 대상을 포기하는 경우 성이 다른 부모를 오히려 존경함으로써 그 콤플렉스를 원활히 해소할 수는 있을 것이다. 그러나 초자아는 자아이상을 완전히 집어삼킬 수 없기 때문에 성이 다른 부모에 대한 본질적 사랑의 마음을 앗아갈 수는 없다고 보아야 한다.

2. 프로이트 주장에 대한 문제 제기

프로이트의 오이디푸스 콤플렉스 개념은 어린아이가 세상에 처음 태어나서 부모와의 관계 속에서 갖게 되는 최초의 정서적 반응을 설명하는 개념이다. 이러한 프로이트의 이론은 현대 정신분석학에도 큰 영향을 미치고 있다고 해도 과언은 아니다. 그럼에도 불구하고 몇 가지 점에서 프로이트의 오이디푸스 콤플렉스 개념은 끊임없는 비판을 받아오고 있다는 것도 사실이다. 따라서 본 개념의 본질과 그 비판에 관한 논리를 살펴보는 것은 정신분석학을 이해하는 데 매우 중요한 부분이다.

1) 프로이트의 남아 중심 이론에 대한 비판

프로이트를 비판하는 주장들 중에 제일 먼저 등장한 논리는 프로이트의 오이디푸스 콤플렉스는 남아 중심적 분석이기 때문에 여아들에게 적용하기는 어렵다는 것이다. 따라서 융은 엘렉트라 콤플렉스Electra Complex라는 새로운 개념을 제시하였다. 이 역시 소포클레스의 비극 중 하나인 『엘렉트라Electra, or Elektra』에서 차용한 개념이다. 이 이야기는 트로이Troy 전쟁의 영웅 아가멤논Agamemnon과 그의 아내 클리템네스트라Clytemnestra, 그리고 이 둘 사이에 태어난 딸인 엘렉트라에 얽힌 이야기인데 그 핵심은 아래와 같다.[5]

아가멤논은 그의 아내와 사이가 별로 좋지 않았고 카산드라Cassandra라는 애첩이 있었다. 그리고 클리템네스트라는 아가멤논의 사촌인 아이기스토스Aegisthus와 사랑을 나누고 있었다. 아가멤논은 트로이 전쟁에 참가할 때에도 그의 애첩을 데리고 갔고, 또 떠나기 전 승리를 위해 클리템네스트라와의 사이에 태어난 또 다른 딸인 이피게니아Iphigenia를 신의 제물로 희생시켰다.

이러한 일련의 사태를 명분삼아 클리템네스트라는 그의 정부인 아이기스토스와 공모하여 아가멤논과 카산드라를 살해한다. 이를 안 엘렉트라는 자신의 생부를 죽인 자신의 생모 클리템네스트라를 미워하게 되고 결국은 그녀의 남자 쌍둥이 오레스테스Orestes와 함께 그녀의 생모를 살해하고 만다. 따라서 융은 자신의 생모를 죽인 엘렉트라 이야기를 자신의 생부를 죽인 오이디푸스 이야기와 대칭적 의미로 생각하여 소위 엘렉트라 콤플렉스라는 개념을 제시하였다.

5 "Electra Complex," *Urban Dictionary* in Google, 참조. 또한 김용신, 『나는 누구인가: 일반인을 위한 정신분석학』, pp.37~39, 참조.

2) 부자간의 살해 욕구에 대한 문제

다음으로 등장된 비판의 논리는 프로이트가 소포클레스의 비극을 잘못 이해하고 있다는 지적이다. 그 비판 내용의 핵심은 부자간에 어느 쪽이 먼저 적대감을 가지게 되는가라는 점이다. 오이디푸스 왕의 이야기에 따르면 아버지인 라이우스가 먼저 그의 아들인 오이디푸스를 죽이려고 했음이 분명하다. 그렇다면 아들이 아버지를 죽이려고 한 것이 인간이 최초로 느끼는 살해 욕구라고 볼 수 없는 것이 아닌가?

심지어 어떤 학자는 좁은 길에서 라이우스와 오이디푸스가 만났을 때 라이우스가 먼저 오이디푸스에게 무력을 행사하려고 했음을 지적하고 있다.[6] 이는 아버지의 살해 욕구가 더 먼저라는 점을 강조함으로써 프로이트가 『오이디푸스 왕』 이야기를 잘못 이해했다는 점을 부각시키기 위한 것이라 볼 수 있다. 또한 아버지에 대한 두려움이 아들에게 아버지를 제거하려는 욕구를 야기한다고[7] 말함으로써 아버지의 아들에 대한 적대감이 먼저라는 점을 간접적으로 말하기도 한다.

나아가 소포클레스의 다른 극인 『콜로누스에서의 오이디푸스』와 『안티고네Aneigone』에서는 아버지가 자식을 죽이는 내용이 묘사되어 있으므로 아버지가 아들을 향한 적대감이 먼저라고 주장할 수도 있다.[8] 주지하는 바와 같이 『콜로누스에서의 오이디푸스』에서는 오이디푸스와 조카스타 사이에서 태어난 두 아들이 서로 권력을 잡으려고 싸우고 있을 때

6 Leon S. Sheleff, *Generations Apart: Adult Hostility to Youth* (New York: McGraw Hill, 1981), p.18.

7 Dorothy Bloch, "Fantasy and the Fear of Infanticide," *Psychoanalytic Review*, LVI (1974), pp.5~31 참조.

8 Yong Shin Kim, *The Ego Ideal, Ideology, and Hallucination*, p.71.

오이디푸스는 그 두 아들들을 저주하였다. 또한 『안티고네』에서는 오이디푸스의 외삼촌이기도 하며 처남이기도한 조카스타의 남동생 크레온Creon이 오이디푸스와 조카스타의 사이에서 태어난 딸인 안티고네를 죽이게 된다. 크레온은 안티고네의 약혼자였던 그의 아들 해몬Haemon이 안티고네의 목숨만은 살려주자고 애원했으나 이를 거절하였고, 해몬은 결국 자살하고 만다.

이에 대해 프롬은 앞서 논의한 소포클레스의 테베 3대 비극들은 모두 아버지와 아들의 갈등에 초점을 두고 있는데, 프로이트는 오이디푸스 왕 이야기에서 아버지와 아들의 갈등을 오직 아들의 어머니에 대한 "근친상간 욕구Incestuous Wish"와 연결하여 해석하는 오류를 범했다고 지적하고 있다. 구체적으로 프롬은 "만약 오이디푸스 왕 이야기를 3부작의 종합적 관점에서 해석한다고 하면 오이디푸스 왕 이야기의 핵심 이슈는 근친상간의 문제가 아니라 아버지와 아들의 갈등이라고 보는 것이 보다 타당하다"[9]고 강조하고 있다. 이러한 프롬의 비판 속에는 본 3개의 비극들에서는 아버지와 아들의 갈등에서 아버지의 승리가 더 많다는 것까지를 내포하고 있다고 보아야 한다. 이는 아버지의 아들에 대한 적대감이 더 원초적이며 강하다는 점을 암시하기도 한다.

나아가 일부 학자들은 프로이트가 오이디푸스 콤플렉스 개념을 통해 어린아이가 성이 다른 부모에게 최초로 근친상간 욕구를 느낀다는 점이 현실과는 다르다는 점을 내세워 프로이트를 비판하고 있다. 이들은 실제로 현실에서 나타난 근친상간의 욕구는 따지고 보면 부모가 자녀에게

9 Erich Fromm, "The Oedipus Complex and the Oedipus Myth," in *The Family: Its Function and Destiny*, Edited by Ruth Nanda Anshen (New York: Harper and Row, 1959), p.426

먼저 가지는 경우가 보다 일반적이라는 점을 강조한다. 어른의 아이들에 대한 적대감이 먼저라고 주장한 쉘레프Leon S. Sheleff는 많은 근친상간에 관한 자료들을 증거로 제시하면서 "부모와 자녀간의 성적 관계는 주로 부모들로부터 주도되며, 특히 아버지의 딸에 대한 성적 행위는 가끔은 강제적으로도 이루어 진다"[10]고 주장하고 있다. 이야말로 프로이트가 오이디푸스 왕 이야기를 통해 인간이 최초로 느끼는 성적 욕구는 성이 다른 부모에 대한 성적 욕구라고 주장한 것이 문제가 있다는 점을 암시하고 있다.

프로이트의 오이디푸스 콤플렉스를 비판하는 또 다른 논리는 동서양을 막론하고 아들이 아버지를 죽이는 설화 못지않게 아버지가 아들을 죽이는 설화도 존재한다는 것이다. 그렇다면 프로이트가 내세운 오이디푸스 이야기를 일반화하기는 어렵게 되고 만다. 실제로 동서양을 통틀어 아버지가 아들을 죽이는 신화는 많이 발견되고 있다. 서양 사회에서 대표적인 사례는 성경에 나와 있듯이 아브라함Abraham이 그의 아들인 이삭Isaac을 하느님의 제물로 바치려고 한 점이다.

아브라함의 이야기와 오이디푸스의 이야기를 종합적으로 분석한 웰리쉬Erich Wellisch, 1894~1954는 그의 유명한 저서, 『이삭과 오이디푸스: 이삭의 희생에 대한 성서적 심리학에서의 연구*Issac and Oedipus: A Study in Biblical Psychology of the Sacrifice of Issac*』에서 인간의 역사를 세 단계로 구분하는 흥미로운 해석을 하고 있다. 그에 따르면 그 첫째 단계는 유아 살해에서 나타난 부모의 공격, 둘째 단계는 오이디푸스 콤플렉스에서 나타난 부모

10 Leon S. Sheleff, *Generations Apart: Adult Hostility to Youth*, p.75.

와 자녀간의 갈등, 그리고 세 번째 단계는 상호 사랑을 통한 부모와 자녀 간의 화해라고 주장하고 있다.[11] 이러한 해석은 프로이트가 인간의 본질적인 정서로서 오이디푸스 콤플렉스를 설명하는 것에 대한 일련의 부정적 해석이라고 볼 수 있다. 마지막 단계로서 부모와 자식의 화해를 지적하고 있기 때문이다.

3) 동양 사회의 대칭적 오이디푸스 콤플렉스

동양 사회에서는 부모가 자식을 죽이는 경우가 훨씬 많이 나타나고 있다. 멀리 갈 것도 없이 신라 시대 에밀레종을 만들기 위해 어린 아이를 희생시켰다는 설화이다. 에밀레종은 신라 경덕왕재위: 742~765이 선왕인 제33대 성덕대왕의 업적을 기리기 위하여 봉덕사에 걸어 놓으려고 제작을 시작하였다. 그런데 한참을 만들어도 소리가 경덕왕의 마음에 들지 않아 다음 왕인 혜공왕 때까지 완성을 못하고 있었다고 한다.

따라서 봉덕사의 스님들은 종을 잘 만들려고 노심초사하고 시주를 받으러 다녔다. 이 과정에서 어느 아낙이 자신의 아들을 시주로 바치자 이 아이를 종을 만드는 뜨거운 쇳물에 넣었더니 드디어 아름다운 소리를 내는 성스러운 종이 만들어 졌다는 것이 에밀레종의 설화이다. 본 종의 원명은 성덕대왕 신종이며, 봉덕사에 있다고 하여 봉덕사의 종이라고 불리는데 특히 그 종소리가 엄마를 부르는 소리와 비슷한 "에밀레"라고 들렸다고 하여 에밀레종이라 부르기도 한다.

---

11 Erich Wellisch, *Isaac and Oedipus: A Study in Biblical Psychology of the Sacrifice of Isaac* (London: Routledge, 1954) 참고. 또한 Leon S. Sheleff, *Generations Apart: Adult Hostility to Youth*, pp.28~28, 참조.

조선 시대 영조 대왕1694~1776, 재위 1724~1776이 자신의 아들인 사도세자思悼世子, 1735~1762를 죽인 것도 아버지가 아들을 죽인 대표적인 사례이다. 이것은 설화가 아니라 역사적인 사실이라는 점에서 에밀레종의 설화보다는 더욱 실감이 난다. 유교사상에서 아들은 아버지의 말에 무조건 복종해야 한다는 의미가 있어서인지 조선 시대 유학이 지도 이념이었을 때 아버지의 뜻을 따르지 않는다는 것은 최고의 불효였다.

따라서 사도세자가가 영조에게 죽임을 당한 데는 여러 가지 이유가 있을 수도 있겠지만 그 핵심에는 사도세자가 아버지인 영조의 뜻을 거슬렀기 때문이라는 점은 부정할 수 없다. 영조는 그 아들을 뒤주 안에 가두어 죽였다. 사도세자가 죽임을 당한 때는 그의 나이 만 27세였으며, 당시 영조는 만 68세였다.

지금의 중동 지역인 페르시아Persia 지방의 이야기 속에도 아버지가 아들을 죽인 설화가 있다. 그 대표적인 것은 러스텀Rustum 장군과 그의 아들 소랍Sohrab 간에 얽힌 이야기이다.[12] 러스텀은 무사였는데 자신의 아이를 임신한 아내를 두고 전쟁터로 나갔다. 그는 아내에게 자기의 팔찌를 주면서 만약 아들이 태어나면 자신의 아들임을 증명하기 위하여 그 팔찌를 전해주라고 말하였다. 그 아내는 드디어 사내아이를 낳았는데 그 이름을 소랍이라고 짓고 그 아버지의 팔찌를 채워 주었다.

그런데 그 아이도 자라서 자기 아버지처럼 무사가 되었다. 그리고

12 Kenneth Allott, ed., *The Poem of Matthew Arnold* (London: Longmans, 1965), pp.302~330, 참조. Anne Terry White, ed., *Myth and Legends* (London: Paul Mamlyn, 1964, 참고. John D. Yohannan, *A Treasury of Asian Literature* (New York: Mentor, 1956), pp.108~130, 참고. E. G. Brown, *Literacy History of Persia* (Cambridge: Cambridge University Press, 1956), 참고. Jan Rypka, *History of Iranian Literature* (Dordrecht, Holland: D. Reidal, 1968), 참고.

드디어 청년이 되어 전쟁터로 나가 열심히 싸우다 어느 강적을 만났다. 그와 겨루다 결국은 힘에 밀려 상대의 칼에 찔리게 되는데, 그 때 그는 나의 원수는 나의 아버지 러스텀 장군이 갚아 줄 것이라고 외쳤다. 이 소리를 들은 상대 장수는 이윽고 그의 팔찌를 발견했는데 그 것은 바로 자신이 자신의 아들에게 주라고 했던 그 팔찌였다. 그러나 이미 때는 늦었다. 아버지가 자신의 아들인 줄 모르고 죽이게 된 안타까운 이야기이다.

중국에도 이와 유사한 이야기가 있다. 그것은 당나라 설인귀薛仁貴, 614~683 장군에게 얽힌 설화이다. 설인귀 장군은 당唐 태종太宗 이세민李世民, 599~649과 함께 고구려를 침공한 장수이기 때문에 우리 사회에도 널리 알려져 있다. 그런데 그가 그의 아들을 죽이게 된 이야기는 많은 사람들이 모르고 있는 것 같다. 설 장군이 자신의 친 아들을 죽이게 된 이야기를 요약하면 아래와 같다.[13]

설 장군은 변방 생활을 마치고 18년 만에 고향으로 돌아오게 되는데 황하黃河에서 기러기를 사냥하는 활 솜씨가 예사롭지 않은 청년을 발견하게 된다. 설 장군은 그 청년에게 나는 한 개의 화살로 기러기 두 마리를 동시에 잡을 수 있으니 너도 그럴 수 있느냐고 물었다. 그 청년도 나도 그렇게 할 수 있다고 하자 설 장군은 내기를 청한다. 이에 응한 그 청년은 먼저 활을 쏘아 두 마리의 기러기를 동시에 잡았다. 이윽고 설 장군의 차례가 되었는데 그는 활을 기러기 쪽으로 겨냥한 듯 하더니 갑자기

13 A. C. Scott, *An Introduction to the Chinese Theater* (Singapore: Donald Moore, 1958), 참고. Richard Solomon, *Mao's Revolution and the Chinese Political Culture* (Berkeley, CA: Berkeley University of California Press, 1971), pp.28~38, 참조. 김용신, 『나는 누구인가: 일반인을 위한 정신분석학』, pp.41~42, 참조.

그 청년을 향해 활시위를 당겨 그 청년을 죽여 버렸다. 자신보다 활을 잘 쏘는 사람은 존재해서는 안 된다는 생각 때문이었다.

이 후 집에 도착한 설 장군은 아내와 재회하게 되는데 댓돌에 놓인 성인 남자의 신발을 보고 이게 누구의 것이냐고 물었다. 그의 아내는 자신이 떠난 후 태어난 아들의 것이며 지금 황하에 기러기 사냥을 갔으니 곧 돌아올 것이라고 말했다. 그 때서야 설 장군은 방금 전 자신이 활로 쏘아 죽인 그 청년이 바로 자신의 아들이었다는 것을 알아차리게 된다.

실제로 러스텀과 설인귀 장군의 이야기는 아버지가 아들을 죽이게 된 경우 실제로 자신의 친아들임을 모르고 죽였다는 점은 아들인줄 알고 죽인 경우와는 상당한 차이가 있다. 프로이트가 무의식의 의미를 강조하면서 오이디푸스 왕 이야기를 끄집어 낸 데는 모르고 자신의 생부를 죽였다는 데 핵심이 있다. 이런 점에 초점을 둔다면 러스텀 장군과 설인귀 장군 이야기는 오이디푸스가 자신의 생부인지 모르고 라이우스 왕을 죽이게 되었다는 내용과 대칭적 의미를 가질 수 있다. 따라서 일부에서는 이러한 경우를 "대칭적Counter 오이디푸스 콤플렉스"라는 개념으로 이해하려고 한다.

Gilles Deleuze, 1925~1995

4) 반 오이디푸스 콤플렉스

마지막으로는 오이디푸스 콤플렉스 자체를 부정하는 학자들도 있음을 논의하지 않을 수 없다. 그 대표적인 주장은 프랑스의 철학자인 들뢰즈Gilles Deleuze, 1925~1995와 가타리Fellix Guattari, 1930~1992가 중심이 되어 펴낸 『반 오이디푸스: 자

Fellix Guattari, 1930~1992

본주의와 정신분열증*Anti-Oedipus: Capitalism and Schizophrenia*』이라는 흥미로운 책에 잘 나타나 있다.[14] 이들은 인류의 역사를 미개시대, 군주제, 그리고 자본주의시대로 구분하고 자본주의는 모든 욕망이 분출되는 시기로 분석하고 있다. 소위 '후기근대주의Post Modernism'라는 이념을 강조한 이들은 욕망이 한없이 분출되는 자본주의 하에서 근친상간에 근거한 오이디푸스 콤플렉스적 감성 교류는 그 양상을 달리한다고 전제하고 있다. 그리고 그들은 가족 구조에 기초한 프로이트 정신분석학은 더 이상 유효하지 않다고 선언하고 있다.

한 마디로 이들은 인간 욕망의 발현을 가족 내부가 아닌 사회적 차원에서 분석하려고 하였다. 따라서 후기 근대주의적 사회에서 가족 구성원들 간의 감성 교류는 한 인간의 정서적 특징을 결정짓는 절대적인 요인으로 작용될 수가 없다는 점을 지적하고 있다. 결국 이들은 자본주의는 인간 욕망의 생산적 역량을 억압하여 유순한 인간을 만들어내고 있다고 비판하고 있다.

또한 반 오이디푸스 콤플렉스를 주장하는 사람들은 자본주의의 권위를 파괴하여 인간의 참 주체성을 확립해야 한다고 주장한다. 이러한 주장은 정신분석학을 이해하는 데 새로운 파문을 던진 것만은 사실이다. 프로이트의 오이디푸스 개념에 대한 부정은 가족 구조가 해체되어 가고 있는 후기 근대사회에서 얼마든지 제기할 수 있는 일이기 때문이다.

---

14 Gilles Deleuze, Felix Guattari, and Others, *Anti-Oedipus: Capitalism and Schizophrenia* (New York: Penguin Classics, 6th Printing Edition, 2009), 참고.

3. 오이디푸스 콤플렉스 개념에 대한 재해석

프로이트의 오이디푸스 콤플렉스를 제대로 이해하기 위해서는 우선 왜 그가 그러한 개념을 등장시켰는가라는 점을 이해할 필요가 있다. 두말할 필요 없이 프로이트는 인간 무의식의 동적 양상을 설명하기 위하여 오이디푸스 콤플렉스 개념을 사용했음을 부정할 수 없다. 그는 이 개념을 통하여 인간이 어린 시절 느끼게 되는 자신과 성이 다른 부모에 대한 사랑의 감정 그리고 자신의 사랑을 앗아가고 있는 성이 같은 부모에 대한 미움을 표현하려고 하였다. 그리고 그것은 의식이 아닌 무의식의 감정이기에 자신의 생부인지도 모르고 아버지를 죽이고, 생모인줄 모르고 어머니와 결혼한 비운의 오이디푸스 왕 이야기를 차용한 것이다.

1) 프로이트 이론에 대한 비판의 문제점들

이러한 점을 염두에 둔다면 융이 제시한 엘렉트라 콤플렉스는 상기 두 가지 요소들을 모두 결핍하고 있다. 즉 안티고네는 자신의 어머니를 알고 죽인 것이며, 또한 그 살해가 아버지와의 사랑과 연결되지 않고 있다. 따라서 비록 오이디푸스 왕 이야기가 결핍하고 있는 여아의 문제를 다루었다는 점에서는 일부 이해가 되나 오이디푸스 왕 이야기와 같은 맥락에서 어린이의 심리를 묘사할 수는 없다. 이러한 점 때문인지 엘렉트라 콤플렉스 개념은 융 이후 크게 활용되지 못하였다. 여아의 어린 시절 정서 문제는 오히려 앞서 설명한 페렌치의 주장을 따르는 것이 보다 설득력이 있다.

다음으로는 부모가 자식에게 가진 적대감이 더 먼저라는 주장도 곰곰이 따져보면 문제가 있다. 라이우스가 오이디푸스를 죽이려고 한 이유는 아들에게 죽임을 당할 것이라는 아폴로의 예언에 근거한 것이다. 그렇다면 오이디푸스 왕 이야기 속에서 아버지가 아들에 대한 적대감이 먼저라고 보는 것은 문제가 되고 만다. 물론 프로이트도 어린 시절 남아들이 가지게 되는 "거세 공포Fear of Castration"를 말함으로써 아버지의 적대감을 무시하지는 않았다. 특히 그는 『우상과 금기*Totem and Taboo*』라는 글을 통해 아버지에 대한 아들의 공포를 언급하였다.

그러나 한편으로는 인간의 원죄로서 아들의 아버지 살해 이야기를 내 놓고 있다. 이는 바로 그가 기독교적 사고에 근거하여 아버지를 하느님과 연결하여 이해하고 있음을 반영한다. 즉 인간의 원죄로서 인간이 하느님에 대한 저항을 아들이 아버지에 대한 저항으로 이해하려고 하였던 것 같다. 따라서 그는 인간의 원죄란 바로 아들이 아버지를 살해한 것이라고 주장하면서 문명이란 바로 아들이 아버지를 죽이는 것에서 출발함을 지적하고 있다.[15] 그렇다면 프로이트가 인간으로서 최초로 느끼게 되는 성이 같은 부모에 대한 살해 욕구는 그의 설명에 있어서 모순적인 부분이라고 말하기는 어렵다.

근친상간의 경우 부모가 먼저 주도적으로 행하게 된다는 사실은 현실적으로 많이 발견되고 있다. 프로이트 역시 『정신분석학에 대한 입문 강의*Introductory Lectures on Psychoanalysis*』에서 부모가 자녀를 성적으로 유혹할 수 있음을 지적하고 있으나 그 유혹은 바로 어린아이에게 오이디푸스적인 태도를 일깨워 주는 역할도 한다는 점을 지적하고 있다.[16] 이는

15 Sigmund, "Totem and Taboo," *SE*, Vol. 13, pp.1~161, (특히 p.154), 참조.
16 Sigmund Freud, *Introductory Lectures on Psychoanalysis*, Translated by James Strachey

바로 부모의 성적 유혹 속에서 어린아이는 기분 좋은 환상을 추구할 수 있다는 의미를 내포하고 있다. 특히 프로이트가 사랑과 죽임이라는 양대 무의식적인 감정을 논하기 위해 오이디푸스 콤플렉스 개념을 들고 나왔다는 점을 주목하면 그의 주장을 무조건 거부할 수는 없다. 이 말은 죽임과 근친상간의 욕구를 분리하여 따로따로 이해하는 것은 인간 무의식의 원초적인 양대 감성을 이해하는 데는 크게 도움을 주지 못한다는 것이다.

무의식이라는 점을 강조할 때 동양의 러스텀이나 설인귀 장군이야기는 아버지의 아들에 대한 적대감 혹은 죽임의 욕구를 설명하는 데 일부 도움을 주고는 있다. 왜냐하면 그들 모두 자신의 친아들인줄 모르고 자신의 아들을 죽였기 때문이다. 그런데 여기에도 문제는 있다. 즉 아버지가 아들을 죽인 내용이 자신의 아내와 관련되어 있지 않기 때문이다. 즉 아들이 어머니를 사랑해서 죽인 것이 아니라는 것이다.

오이디푸스 콤플렉스의 핵심은 프로이트가 차용한 오이디푸스 왕이 가지고 있는 두 개의 문제, 즉 무의식적으로 성이 다른 부모에 대한 근친상간과 성이 같은 부모에 대한 적대감을 동시에 표현하는 것이다. 이런 점에서 본다면 프롬의 비판은 합리성을 잃고 만다. 한 마디로 프롬이 오이디푸스에 관련된 3개의 테베 비극들의 핵심이 아버지와 아들의 갈등에 맞추어져 있으므로 프로이트가 오이디푸스 왕 이야기를 오독했다는 논리는 큰 설득력을 얻지 못할 것이기 때문이다.

(New York: W. W. Norton & Co., 1966), p.333.

2) 오이디푸스 콤플렉스에 대한 새로운 이해

그렇다면 프로이트의 오이디푸스 콤플렉스 개념은 어떻게 이해해야 할 것인가? 이 물음에 대한 나름대로의 답을 가진다는 것은 정신분석학의 전체를 이해하는 데 매우 중요한 요소가 된다. 그런데 앞서 논의한 대로 프로이트에 대한 많은 비판들에도 불구하고 나는 어린아이가 세상에 나와 부모와의 관계에서 느끼는 최초의 감성적 변화를 이해하는 데 오이디푸스 콤플렉스의 개념은 매우 유효하다고 생각하고 있다.

물론 반 오이디푸스 콤플렉스의 개념과 의미는 일부 이해할 만하다. 그러나 아무리 후기 근대주의에 들어왔다고 해도 가족 구조가 완전히 해체된 것은 아님을 우리는 잘 알고 있다. 그렇다면 이들의 주장 역시 한계를 가지고 있음은 분명하다. 그리고 현대사회에서 부모의 역할이 감소되었다하더라도 오이디푸스 콤플렉스가 가지는 기본적인 의미는 크게 변하지 않는다. 왜냐하면 클라인의 주장대로 가정이 아니면 어린이를 처음 보살피는 사람과의 관계 속에서 어린아이가 사랑과 미움의 양대 감정을 가지게 될 수 있기 때문이다. 결국 어린이들이 처음으로 가지게 되는 정서적 변화야 말로 근본적으로는 오이디푸스 콤플렉스와 밀접한 관련을 가지게 됨을 부인할 수는 없다.

다만 프로이트가 여아의 문제를 구체적으로 논의하지 않고 있다는 점은 계속 문제로 남을 수 있다. 그러나 이 문제도 페렌치의 설명을 곁들이면 나름대로 해결이 된다. 다만 프로이트가 빠트린 점은 오이디푸스 콤플렉스의 양상이 문화권에 따라 다양한 형태로 나타날 수 있다는 점이다. 프로이트는 서양문화의 입장을 세계적인 보편적 상황으로 간주함으로써 문화권에 따라 다양한 오이디푸스 콤플렉스 양상들이 존재할 수 있다는 점을 간과한 것 같다. 좀 더 구체적으로 말한다면 같은 남성 중심적 사회에서도 문화에 따라 그 양상이 달라질 수 있다는 것이다. 이 문제는 다음에 논의할 한국적 오이디푸스 콤플렉스를 살펴보면 보다 분명해질 것이다.

제6장

한국적 오이디푸스 콤플렉스

한국 사회는 유교 전통을 지도 이념으로 하고 있던 조선왕조를 벗어난 지 이제 겨우 120여 년을 맞이하고 있다. 그리고 35년간의 일제강점기를 지나 독립을 하였고, 또 6·25라는 동족 상쟁의 뼈아픈 전쟁도 경험하였다. 이후로도 상당 기간의 군사독재체제를 경험하였기에 민주화를 이룩한 지는 그리 길지 않다. 더욱이 지난 4~50년간 세계 역사에서 유례가 드물 정도의 급속한 산업화 과정을 거치면서 한국의 문화는 엄청난 변화를 가져왔다.

따라서 정신분석학적으로 어린이들이 자라면서 느끼는 부모와의 감성적 교류의 양상도 큰 변화를 일으켰다고 보아야 할 것이다. 이런 점에서 나는 한국적 오이디푸스 콤플렉스 양상을 크게 전통 사회의 양상과 산업 사회 진입 이후의 양상으로 구별하여 설명하고자 한다. 이와 같은 한국적 오이디푸스 콤플렉스의 변화 양상을 살펴보는 일은 프로이트 정신분석학의 보편성을 지적할 수 있는 좋은 자료를 제공할 것이다.

1. 전통적 양상

오이디푸스 콤플렉스의 양상은 문화적 환경에 상당한 영향을 받는다고 볼 수 있다. 따라서 프로이트가 말하는 전형적인 오이디푸스 콤플렉스 현상을 보편화된 내용으로 받아들이는 것은 본 개념을 정신분석학적으로 이해하는 데 문제가 있다. 특히 한국 전통 사회의 상황을 돌이켜보면 프로이트의 논리는 적용되기 어렵다는 점을 이해하게 된다. 이러한 점에서 이번에는 한국 전통 사회에서 오이디푸스 콤플렉스의 양상은 어떻게 나타났는가를 살펴볼 것이다.

1) 엄격한 아버지

유교적 전통 사회에서 가장 강조되는 요소는 효孝였다. 그러니 자녀들은 부모를 하늘처럼 모셔야 하는데 특히 아버지에 대해서는 무조건의 복종을 요구받았다. 유교의 도덕관 중 근본이 되는 삼강오륜三綱五倫은 따지고 보면 인간관계의 기본을 설정해 주는 논리이다. 개인주의에 근거한 서양철학에서는 혼자서도 선을 행할 수 있다. 그러나 유학에서는 선한 행위는 언제나 나 혼자가 아닌 타인과의 관계 속에서 이루어지는 것으로 설명이 되고 있다.

유교에서 강조하는 삼강오륜이란 바로 이러한 선을 위한 인간관계의 기본 지침이다. 그런데 이 논리를 자세히 살펴보면 인간관계가 평등적이라기보다는 오히려 수직적 구조를 가지고 있음을 발견하게 된다. 이러한 논리에 따르면 왕과 스승 그리고 아버지는 '군사부일체君師父一體'라고 하여 수직적 입장에서 최고의 존경심을 가지고 대해야 하는 상대이다.

전통 사회의 가옥 구조도 바로 이러한 삼강오륜 혹은 군사부일체의 정신을 본받고 있다. 아버지는 사랑채에 기거하고 아이들은 어머니와 같이 안채에 기거하도록 되어 있다. 아버지는 사랑채에서 손님들과 담소를 나누고 아무도 모르는 늦은 밤 안채로 와서 어머니와 동침을 하게 된다. 식사도 자녀들은 아버지와 겸상을 할 수가 없다. 오직 어머니와 같이 할 뿐이다. 절을 할 때도 자녀들은 아버지가가 계신 방 안이 아니라 방 밖 마루에서 하도록 되어 있다. 그리고 경우에 따라서는 아버지에게 회초리까지 맞아가며 훈육을 받아야 했으니 아버지의 권위란 이루 말할 수 없이 높고 높았다.

이러한 상황에서 어린이들은 아버지를 바로 쳐다볼 수도 없었으니 두려움의 대상이 되었음을 부인할 수 없다. 어떤 형태로든지 아버지에게 저항할 엄두조차 내지 못하였다. 서양 사회에서는 아버지와 아들의 갈등이라는 표현을 쓰는데 유교적 전통 사회에서는 부자 갈등이란 용어 자체가 용납되지도 못하였다. 아버지를 거역하는 일이야 말로 불효의 첫 걸음이요, 불효야말로 인간이 아님을 선언하는 일이기 때문에 누구도 제대로 된 사람이면 아버지에게 저항적 행동을 할 수 없었다.

나는 근대사회 이전 서양의 왕조에 비해 동양의 왕조가 상대적으로 기간이 길었던 이유도 바로 이러한 저항 정신의 결여에 있었다고 감히 생각하고 있다. 동양 사회에서는 반란을 일으키기가 매우 어렵다. 그 아들을 알려면 아비를 알라는 유교의 가르침 때문에 반란을 하려면 먼저 아버지를 거역해야 한다. 그리고 설령 아버지를 거역했다하더라도 반란을 하면 3족이 멸하기 때문에 문중에서 제압을 한다. 따라서 문중까지 제압하고 중앙정부의 왕에게까지 저항을 한다는 것은 보통 어려운 일이 아니었을 것이다.

이러한 상황을 이해한다면 서양 학자들이 산업 사회의 오이디푸스 콤플렉스 양상에 대한 주장들은 설득력을 잃고 만다. 이들은 주로 아버지 권위의 상실은 어린이에게 비판 정신을 앗아간다는 주장을 하고 있다. 그런데 아버지의 권위 상실과 어린이들의 비판 정신에 관한 문제는 유교적 전통 사회에의 양상을 보면 받아들이기 어려운 논리가 되고 만다.

프랑크푸르트학파의 선두주자인 호르크하이머Max Horkheimer, 1895~1973는 "권위와 오늘날 가족Authority and Family Today"이라는 글에서 산업 사회에서 가정의 파괴는 아버지의 역할을 감소시킴으로써 어린이들이 아버지를 이상화하지 못하기 때문에 비판 정신이 상실되고 있다고 주장하고 있다.[1] 같은 프랑크푸르트학파인 아도르노Theodor Adorno,1903~1969 역시 아버지 권위의 상실은 "좋은 에고Good Ego"를 배양하지 못하므로 어린이들의 독립성을 방해한다고 주장하고 있다.[2] 역사학자로 출발하여 정신분석학적 사회이론가로 변신한 미국의 래쉬Christopher Lasch, 1932~1994도 『무정한 세계에서의 안식처*Haven in a Heartless World*』에서 아버지 권위의 상실은 아이들에게 옳고 그름의 판단 의식을 육성하지 못한다고 주장하고 있다.[3] 이들 모두의 주장들 속에는 아버지가 이상화될 경우 그 권위는 아이들에게 비판 정신을 함양시킨다는 의미를 내포하고 있다.

그런데 앞서 언급하였듯이 유교적 전통 사회에 있어서 아버지의 권

1 Max Horkheimer, "Authority and Family Today," in *The Family: Its Functions and Destiny*, Edited by Ruth Nanda Anshen (New York: Harper and Brothers, 1949), pp.359~374, 참조.
2 Jessica Benjamin, "The End of Internalization: Adorno's Social Psychology," in *Telas*, Vol. 32(1972), p.54.
3 Christopher Lasch, *Haven in a Heartless World* (New York: W. W. Norton & Co., 1977), pp.184~185, 참조.

위는 자녀들에게 비판 정신을 배양한 것이 아니라 오히려 소멸시켰다고 볼 수 있다. 너무나 엄격하고 무서운 아버지는 그에 대한 저항을 불가능하게 했기 때문이다. 이러한 경우 자아이상이 나름의 편안함을 찾으려면 초자아로서 그 무서운 아버지를 이상화할 수밖에 없다. 초자아의 욕구를 일부라도 거절하면 너무나 무서운 형벌이 기다리고 있기 때문이다.

프랑크푸르트학파들은 아버지가 이상화되는 것이 어린이들의 비판 정신을 함양한다고 보았다. 그런데 한국의 전통 사회에서는 아버지의 이상화는 사회적인 가치 판단의 기준 역시 아버지의 가치 기준에서 벗어날 수 없게 만들었다. 그 아버지의 가치 판단 기준은 당연히 유교 정신이다. 그렇다면 이처럼 과도한 아버지의 권위는 오히려 어린아이들에게 아버지의 기준을 넘어선 비판 정신을 앗아가고 만 것이다. 따라서 상기 학자들의 논리는 아버지를 이상화할 때에도 오직 적절한 권위만이 비판 정신을 함양하는 것이라고 바꾸어 이해할 수밖에 없다. 한마디로 이들 학자들은 권위의 강도에 대한 의미를 간과한 면이 있다.

2) 어머니와 아들의 애착 관계

유교적 전통 사회의 또 다른 특징은 어머니와 자녀 특히 남아의 애착 관계이다. 아이들은 어머니와 같은 이불을 덮고 함께 잠을 잔다. 어머니의 젖을 만지고 어머니의 품에 안겨 잔다. 또 어머니는 아이들을 등에 업고 다닌다. 이러한 육체적 밀착은 어머니와 자녀들(특히 남아)과의 관계를 더욱 강화시키게 된다. 따라서 아버지는 두려움의 대상이지만 어린이들은 어머니의 보살핌을 통해 그 두려움을 나름대로 극복하는 환상을 맛보게 되는 것이다. 유교의 가정교육 논리에 엄부자모嚴父慈母라는 말이 있다. 이는 아버지의 엄격한 문제를 어머니의 자애로 일부 해소시킬 필요가 있음을 지적하는 것이라고 이해할 수 있다. 물론 이 때에도 아버지의 권위가 너무나 강하다면 어머니의 자애만으로는 이를 완전히 해소하지 못할 것이다.

어머니와 어린이특히 남아의 애착 관계는 여자의 의미를 규정하는 유교적 전통에서도 찾을 수 있다. 농경문화에 바탕을 둔 동양 사회에서 한 여인의 혼인은 꼭 사랑에만 근거한 것은 아니었다. 잘 알려진 내용이지만 노동력 확보를 위해 나이 어린 남자와 성숙한 여인이 결혼하는 경우도 많았다. 이 경우 그 여성은 나이 어린 남편에게 성적 만족을 얻기 어려울 수도 있었을 것이다.

또 한편 여성은 남아를 생산함으로써 비로소 진정한 여인으로 거듭날 수 있었다. 만약 시집을 가서 아들을 생산하지 못한다면 이는 여성이 행하는 칠거지악七去之惡 중의 하나가 되어 경우에 따라서는 시집에서 쫓겨나는 신세가 되기도 하였다. 이러한 상황에서 여인이 아들을 출산하는 것은 스스로 진정한 여인이 되는 길이다. 그러니 그 아들은 그 어머니에게 큰 만족을 주게 되어 있다. 따라서 어머니는 그 아들을 더욱 사랑하게 되는 것이며 이야말로 어머니와 특히 아들의 애착 관계를 부추기게 된다.

상기의 논의를 조금 깊이 새겨보면 유교적 전통 사회에서는 서양의 오이디푸스 왕 이야기와는 색다른 관계가 성립할 수 있다. 오이디푸스 콤플렉스는 어머니를 사이에 두고 아버지와 아들이 갈등하는 양상이다. 그런데 유교 사회에서는 아들을 사이에 두고 어머니와 며느리가 갈등하는 관계가 성립하고 있다. 자신이 진실로 사랑하는 아들이 어느 처녀와 결혼하게 되는 것은 매우 축하할 일이며 즐거운 일이다. 유교 사회에서 모든 어머니들은 의식적으로는 그렇게 느끼려고 애를 썼을 것이다. 자손을 번식시키는 일이야말로 유교 사회의 중요한 덕목이기 때문이다.

그러나 무의식적으로는 자신이 사랑하는 아들을 며느리에 빼앗겼다는 상실감을 채울 수가 없었다. 그리하여 갓 시집온 며느리에게는 소위 시집살이라는 고통이 존재했던 것이다. 내가 듣기로도 어떤 시어머니 특히 홀시어머니는 자신의 자식과 며느리가 한방에 자는 꼴도 보지 못했다고 한다. 서양의 경우와 대비되는 흥미로운 가족 간의 정서적 양상이라고 할 수 있다. 나는 여러 곳에서 이야말로 동서양의 정서적 차이라고 이야기 한 바 있다.[4]

결론적으로 나는 유교적 전통 사회에 있어서 한국적 오이디푸스 콤플렉스는 아버지에 대한 과도한 두려움 그리고 어머니에 대한 퇴행적 애착이 교차하는 양상을 보여주고 있다고 분석한다. 이러한 경우 어린이는 과도한 초자아의 욕구에서 벗어나지 못하기 때문에 그들의 자아이상은 초자아와 타협조차 못하고 다시 수면 아래로 내려가 환상 속에만 머무를 확률이 높아진다. 그러니 당연히 자아이상이 초자아를 완전히 집어삼키는 일은 더욱 어렵게 되고 말 것이다. 다만 환상 속에서 자아이상의 기쁨을 느낄 수밖에 없다.

따라서 나는 유교 사회에서 한 사람이 독립적인 자아를 형성하기 위해서는 먼저 아버지의 권위를 나름대로 승화시키고 마지막에는 어머니와

4 김용신, 『문명비판 1: 정치철학과 정신분석학의 만남』 (서울: 명상, 2000), pp.55~58, 참조.

의 애착 관계를 건전하게 풀어가야 했다고 믿고 있다. 물론 무의식의 동적 양상은 개인별 차이가 심하기 때문에 유교적 전통 사회의 모든 사람들이 건전한 자아를 갖지 못했다고는 볼 수 없다. 우리는 그러한 상황 하에서도 창조적 자아를 개발한 수많은 사람들이 있었음을 잘 알고 있다. 그럼에도 불구하고 유교적 전통 사회가 서양에 비해 동적이지 못했다는 점을 인정한다면 그 핵심 이유는 지금까지 설명한 전통적 오이디푸스 콤플렉스 양상에서 찾을 수 있을 것이다.

2. 현대적 양상

그러면 현대 한국 사회에서 오이디푸스 콤플렉스는 어떤 양상을 보이고 있는가? 우리는 이에 대한 답을 논의함으로써 오이디푸스 콤플렉스의 내용은 문화에 따라 차이를 두고 전개된다는 사실을 알게 될 것이다. 특히 한국의 전통 사회와 현대사회에 나타난 양상의 차이는 한국적 정신분석학 논리를 새롭게 정리하는 데도 큰 도움을 줄 것이다. 우리 사회는 그동안 서양의 정신분석학 이론에 너무나 의지하고 있었다고 해도 과언은 아니다. 그러나 정신분석학이 인간 무의식의 동적 양상을 밝히는 작업인 이상 그 양상은 문화적인 양상과도 일부 관련이 있다. 대상관계 이론적 입장에서 보더라도 자아와 환경 간의 내사와 투사를 통해 무의식이 형성되기 때문이다.

1) 아버지의 역할 축소

지난 3~40년간 한국 사회는 크게 변하였다. 과거 농경 문화에 근거한 유교적 가치가 많이 약화되고 산업 사회의 속성에 따라 남녀평등 정신은 크게 함양되었다. 이러한 가치의 변화에 따라 가족 구성원 간의 감성적 교류의 양상도 크게 변하였다. 이러한 변화 중 가장 핵심적 요소는 아버지의 역할 축소와 어머니의 영향력 강화라고 볼 수 있다. 산업 사회에서 아버지는 더 이상 전통적인 유교적 아버지가 될 수 없었다. 아버지는 가족들을 보살피기 위해 아침 일찍부터 일터로 나가야 했고 자녀들에 대한 교육은 전적으로 어머니가 도맡아야 했다.

미체를리히는 『아버지 없는 사회Society without the Father』에서 서양의 산업 산회에서는 아버지와 어머니의 역할이 동시에 약화됨으로써 어린이들은 부모로부터 어떤 상징적 의미를 배우지 못하고 "익명의 기능Anonymous Function"에 의한 영향만을 받게 된다고 주장하고 있다.[5] 그런데 한국의 산업 사회에서는 초기에는 아버지의 역할은 현저히 감소하였지만 어머니의 역할은 오히려 강화되었다고 볼 수 있다. 전통 사회에서는 아버지가 가정의 경제적인 문제는 물론 자녀의 교육까지를 전체적으로 책임지고 있었기에 어머니는 아버지의 명령을 따를 뿐이었다.

그러나 산업 사회로 진입하면서 한국의 어머니는 아이들의 교육 문제를 전적으로 책임지게 된 것이다. 아버지는 경제를 책임지기 위해 해가 뜨기 전 출근하고 별을 보고 퇴근하기 때문에 자녀들과 만날 시간조차도 거의 없었다. 주말에는 아버지가 휴식을 취해야 하므로 아이들과 놀아 줄 시간마저 없었다. 그러니 당연히 어머니가 아이들과 하루를 보내면서 교육을 도맡을 수밖에 없었다. 한국의 산업화 과정 초기에는 여성은

5 Alexander Mitscherlich, *Society without the Father*, pp.269~270, 참조. 김용신, 『나는 누구인가: 일반인을 위한 정신분석학』, p.48.

직장을 가지는 일이 거의 없었기에 아버지는 돈을 벌고 어머니는 집에서 자녀들을 돌보는 임무를 부과 받은 것이다.

나는 한국인의 한을 말할 때 자주 3가지 점을 거론하곤 한다. 그 하나는 가난의 한이요, 둘째는 못 배운 한이며, 셋째는 권력에 의한 억압의 한이다. 한국인의 가난은 어제오늘의 일이 아니었다. 산업화로 풍요의 시대를 맞이하기 전까지 대다수 한국인들은 가난을 숙명으로 받아들이고 살았다. 이러한 가난 속에서 일반인들은 교육받을 기회마저 크게 열려 있지 않았으니 이에 대한 한이 어찌 없었겠는가!

나아가 과거 일반인들은 왕조시대 양반들과 지주들의 권세 앞에 숨죽여야 했고, 일제강점기 시절에는 총독부의 권력에 숨죽여야 했으며, 해방 이후에는 민주주의 국가라고 떠들어 댔지만 군사독재의 억압을 피할 길이 없었다. 조금 따지고 들어가면 가난하니 교육을 받을 수 없었고, 교육을 못 받았으니 권력의 상징이 되는 관직에 오를 수 없었다. 따라서 이 세 가지 한들은 서로 깊은 관련성을 가진 것이라고 볼 수 있다.

현대 산업 사회로 진입하면서 한국 사회에 이제 양반과 상놈은 없어졌다. 누구나 돈을 벌면 양반이 되게 되었으니 아버지들은 그저 돈을 벌기에 모든 힘을 쏟았던 것이다. 돈을 벌어야 자식을 교육시킬 수 있고, 교육을 받아야 소위 출세의 길을 걸을 수 있기 때문이었다. 나는 비록 가난하여 교육을 받지 못하고 민초로 살 수밖에 없었지만 내 자식만은 그러한 굴레에서 벗어나게 하고 싶었던 것이 부모들의 마음이었다.

그러니 아버지들은 가정에서 아버지의 역할이 얼마나 중요한지는 알면서도 여기에 집중할 수 없었고, 돈만 잘 벌어주면 아내가 자식 교육을 잘 시킬 것으로 믿었다. 이에 어머니들은 자신은 못 먹고 못 입을지라도 아이들만은 잘 먹이고 잘 입히려는 욕망이 앞섰기 때문에 아이들은 이러한 영문도 모른 채 비록 가난하더라도 별 어려움이 없이 어린 시절을 보내게 된 것이다. 특히 서구 사회의 평등적 인간 관계가 강조되면서 여권이 신장되자 어머니들은 상대적으로 가정에서 큰 힘을 발휘하면서 남편의 의견보다는 자신의 소신에 따라 아이들을 양육하려는 경향이 일반화되었다.

2) 어머니의 역할 강화

어머니의 역할 강화에 따라 아버지는 가정에서 오히려 약자가 되는 경우도 허다했다. 현대 한국 사회에서 아내 이기는 남편을 찾기 어렵기 때문이다. 요즈음 소위 "고개 숙인 남자"라는 말은 이를 잘 표현해 주고 있다. 이러한 상황에서 어린이들의 초자아는 형성되기가 어려웠고, 어머니를 통한 자아이상은 더욱 강화될 수밖에 없었다. 그리고 어느 면으로는 초자아의 문제까지 어머니로부터 유입되는 꼴이 되고 만 것이다.

따라서 엄격한 어머니를 두지 못한 아이들의 자아이상은 별 제약을 받지 않았다고 볼 수 있다. 이 경우 아이들의 자아이상은 급진적인 길을 택하기 쉬운데 그 중에서도 창조적인 면보다는 퇴행적인 면이 더 드러나게 된다. 많은 사람들이 요즈음 아이들은 과거에 비해 버릇이 없다고 말하는데 이는 바로 자아이상을 억제할 초자아의 기능이 배양되지 못하였기 때문이라고 분석할 수 있다.

또 한 가지 첨가할 것은 자아이상과 초자아가 적절한 조화를 이루지 못할 때, 나아가 자아이상이 퇴행적인 길을 걷게 되면 자아의 현실적

독립성이 결여된다는 점이다. 자아이상이 초자아를 완전히 집어삼키면 환상 속에서 나름의 만족을 얻을 수는 있다. 그러나 실제의 현실 생활에서는 자신의 정체성을 가지고 독립적 판단 아래 행동하기가 어렵게 된다. 모든 것을 어머니가 책임을 지니 자신은 어머니 말만 따르면 별 이상이 없게 된다.

산업 사회 이후 한국의 어머니들은 자녀의 대학 진학 시 전공을 선택하는 일도, 자녀들의 결혼 시 배우자를 선택하는 일에도 강력한 영향력을 미치려고 한다. 실로 사서 고생하는 꼴인데 요즈음은 결혼 후에도 반찬까지 공급하고 손주들을 보살피는 일까지 맡아하려고 한다. 그러니 자녀들은 성인이 된 후에도 정신적으로 혹은 물질적으로까지 완전한 독립을 못하게 된 것이다. 이런 점에서 나는 오늘날 젊은이들은 자아가 매우 약하다고 보고 있다.

요즈음 후기 산업 사회에 들어와서 한 가지 변한 것이 있다. 그것은 대개의 경우 어머니들도 직장생활을 한다는 점이다. 이제 남편 혼자 벌어 서는 원활한 경제생활이 어렵기 때문에 어머니들도 일을 하려고 한다. 일면 여성들이라고 집에만 있을 수 없다는 여권 신장의 결과이기도 하다. 이런 상태에서 오늘날 가정에서는 아버지와 어머니의 역할이 동시에 감소되었다고 하는 미체를리히의 주장은 충분히 이해할 만하다. 어린이들은 어린이집에서 많은 시간을 보내고 오후 늦게 어머니나 아버지의 품으로 돌아간다. 한 마디로 어린이들의 교육에 어린이집의 역할이 커지고 있다. 미체를리히 주장대로 현대 산업 구조 하에서 어린이들은 익명의 기능에 큰 영향을 받고 있다.

다만 한 가지 첨언하자면 그럼에도 불구하고 아직까지 우리 사회에서는 서양 산업 사회에 비해 어머니의 역할이 현저히 감소되지는 않은 것 같다. 오늘날 한국의 어머니들은 비록 직장생활을 하더라도 자녀들의 정서 발달에 막강한 영향력을 미치고 있다. 아직도 매사에 간섭하는 경우가 아주 많기 때문이다. 이러한 간섭이 긍정적으로 작용하기 위해서는 먼저 맹목적인 어머니의 자녀 사랑이 보다 건전한 사랑으로 바뀌어져야 한다. 지금까지 서양의 정신분석학에서는 사랑의 결핍이 어린이들의 건전한 자아형성에 가장 큰 문제라고 지적되어 왔다. 그런데 나는 너무나 많은 사랑은 오히려 건전한 자아의 형성을 해친다고 보고 있다.

아무리 산업 사회에서 가정 구조가 파괴되었다고 하더라도 부모의 역할을 완전히 무시할 수는 없다. 어린이들이 부모의 보살핌보다 제3의 양육자로부터 보살핌을 받는 시간이 더 길다 하더라도 부모와의 정서적 교감을 완전히 벗어날 수는 없다. 아침과 저녁을 같이 먹고 또 함께 잠을 잔다는 것 자체가 부모와 자녀들의 정서 교감의 핵심이 될 수 있기 때문이다. 따라서 프로이트의 오이디푸스 콤플렉스를 통한 어린이들의 사랑과 미움의 정서 발달은 현대사회에 있어서도 전적으로 무시될 수 없는 논리이다. 다만 앞서도 이야기했지만 그 양상이 문화의 차이에 따라 다양하게 나타날 뿐이다.

제7장

집단무의식에 대한 이해

프로이트의 정신분석학에서는 "집단무의식Collective Unconscious"이라는 개념이 구체적으로 논의되고 있지 않다. 프로이트는 집단심리Group Psychology의 연구 속에서 특정 집단의 구성원들이 보이는 무의식적 반응만을 언급했을 뿐이다. 집단무의식이라는 용어는 오히려 융에 의해 제기되었고 연구되었는데, 융은 이를 프로이트의 개인적인 무의식과는 구별하여 설명하였다.

그렇다면 융의 집단무의식은 무엇을 말하는가? 이는 프로이트가 제시한 집단 구성원들의 무의식과는 어떤 차이가 있는가? 나아가서 현대 정신분석에서 집단무의식은 어떻게 이해될 수 있는가? 이러한 질문들에 대한 나름대로 답을 찾아보는 일은 현대 정신분석학의 전반을 이해하는 데 매우 중요한 일이다.

1. 융의 집단무의식

프로이트는 집단심리를 설명하면서 집단무의식의 의미를 간접적으로 설명하고 있다. 집단무의식에 대한 논의는 프로이트보다는 스위스 정신분석학자인 융에 의해 많이 연구되었다. 그러나 정신분석학적 입장에서 집단의 심리를 보다 체계적으로 연구하기 위해서는 집단심리라는 개념과 그 의미를 보다 명백히 밝힐 필요가 있다. 이번에는 이러한 작업의 전제로 우선 융이 주장하는 집단무의식에 대한 의미를 요약하고자 한다.

1) 동양사상의 영향

융은 원래 프로이트의 후계자로까지 지목되었던 학자이다. 그러나 프로이트의 리비도에 관한 문제에 대해 다른 의견을 내 놓았다. 이로 인해 그가 독자적인 노선을 걷게 되었다는 점은 앞서 이미 지적한 바 있다. 프로이트와 헤어진 후 융은 자신의 정신분석학을 세워가면서 제일 먼저 들고 나온 개념이 소위 집단무의식The Collective Unconscious, 독일어: Kollektives Unbewusstes이다. 이러한 개념을 주장하게 된 데는 융이 동양의 철학에 큰 영향을 받은 것으로 알려졌다.

Richard Wilhelm,
1873~1930

융은 실제로 당시 동양철학을 독일어로 번역하면서 이를 독일사회에 소개하려고 노력한 빌헬름Richard Wilhelm, 1873~1930과 깊은 학문적 교류를 하였다고 한다. 빌헬름은 중국에서 약 25년간 생활함으로써 중국어를 완전히 소화할 수 있었기에 『역경易經: *I Ching or Books of Change*』을 위시한 몇 개의 동학철학서를 독일어로 번역한 사람이다. 융과 매우 깊은 학문적 교류를 했다는 증거는 빌헬름이 번역한 역경과 그가 쓴 중국 도교의 정신을 설명한 『황금 꽃의 비밀: 생명에 대한 중국의 책*Secret of the Golden Flower: A Chinese Book of Life*』[1]의 서문을 융이 썼다는 사실만으로도 충분하리라 본다. 실제로 융은 이 두 책에 큰 영향을 받은 것으로 알려지고 있다.

융은 프로이트가 주장한 대로 어린 시절의 경험이 그 사람의 미래 행동을 결정한다는 데는 동의하고 있다. 또한 프로이트가 설명한 무의식이라는 개념에도 이의를 제기하지는 않았다. 그런데 그는 1916년 "무의식의 구조Structure of the Unconscious"[2]에서 최초로 집단무의식이라는 개념을 제시하면서 프로이트가 설명하는 무의식에 새로운 요소를 더 첨가해야 한다고 주장하였다.

융은 프로이트가 말한 무의식은 단순한 "개인적 무의식Personal Unconscious"이라고 그 범위를 좁혀서 이해하고 있다. 그리고 더 본질적인 인간 무의식을 이해하기 위해서는 집단이 공통으로 가지고 있는 무의식적 속성을 이해해야 한다고 주장하였다. 이것이 바로 융이 집단무의식이라는 개념을 주장한 가장 큰 이유이다.

2) 융이 주장하는 집단무의식의 핵심

융이 주장하는 집단무의식의 핵심에는 "원형Archetype"이라는 개념이 있다. 원형이란 여러 문화 속에서 보편적으로 존재하고 있는 꿈이나

---

1 Richard Wilhelm, *Secret of the Golden Flower: A Chinese Book of Life* (Eastford, CT: Martino Fine Books, 2014: 초판은 1970년 발행), 참고.

2 Carl A. Jung, "The Structure of the Unconscious," in *CW*, Vol. 7. 참조.

문학 그리고 예술 혹은 종교에서 나타난 사상이나 이미지 등을 의미한다. 어느 의미로 인간 조상들의 흔적 같은 것이라고 할 수 있다. 융의 주장에 따르면 집단무의식이란 신화적 내용은 물론 인간 삶의 원초적인 이미지를 포함하고 있는데, 이러한 요소들이 인간 모두의 무의식에 반영되어 있다고 한다.[3] 이 말은 인간이면 대대로 내려온 인간으로서의 이미지가 보편적으로 각 개인의 무의식에 기본적으로 깔려 있다는 점을 의미한다. 따라서 이러한 공통된 요소들이 개인 무의식의 밑바탕을 이룬다는 것으로 이해할 수 있다.

만약 현대과학에서 의미하는 유전 인자 속에 이러한 요소들이 존재한다면 그것은 상당히 의미심장한 분석이다. 그런데 유전인자에 없다하더라도 한 사람은 그 할아버지와 할머니 그리고 아버지와 어머니가 대대로 물려 받아온 정신을 공유한다는 의미로 좁혀서 이해할 수도 있다. 또한 인류 전체를 떠나 종족별로 혹은 민족별로 대대로 공유하고 있는 그 어떤 정신 같은 요소가 대를 이어 전해진다고 보면 더 이해가 빠를 것이다.

실제로 융은 프로이트가 '오이디푸스 왕' 이야기를 근거로 어린이가 보편적으로 경험하는 오이디푸스 콤플렉스를 이야기한 것도 따지고 보면 하나의 원형을 이야기 한 것으로 보고 있다. 나아가 프로이트가 『우상과 금기』에서 지적한 원초적 아버지Primal Father 그리고 기독교적 정신에 근거하여 이를 하느님과 연결시켜 이해한 점은 인류에게 보편적으로 존재할 수 있는 어떤 원형적 모습을 상상하게 만들고 있다. 그런데 프로

3 Carl G. Jung, "The Structure of the Psyche," in *CW*, Vol. 8, Paragraph, p.325.

이트는 이러한 점을 융이 주장하는 원형의 의미로는 이해하지 않은 것 같다.

융의 원형이라는 개념을 조금 깊게 이해하기 위해서는 그가 제시한 또 다른 개념인 "동시발생혹은 동시성: Synchronicity"을 이해할 필요가 있다. 융은 이 개념을 그의 『동시발생: 비인과非因果的적 연결원리*Synchronicity: An Acausal Connecting Principle*』에서 "비인과적 사건의 일시적 동시발생*temporally coincident occurrences of acausal events*"[4]이라고 정의하고 있다. 조금 구체적으로 설명하면 동시성이란 바로 두 명 이상의 정신세계에 비인과적 현상이 동시에 현실로 나타나는 것이다. 융은 그의 환자가 꿈에 황금풍뎅이Golden Scarab를 보았다는 말을 들었는데 그 다음날 그의 서류함 창문에서 황금풍뎅이를 실제 보았다는 사실을 예로 들면서, 이러한 동시성의 문제에 더욱 깊은 관심을 가지게 되었다고 말한다.[5]

동시성에 관한 문제는 융이 동양사상 특히 역경에 많은 영향을 받았다는 점을 반영하기도 한다. 주지하는 바와 같이 동양의 유학사상에서는 혼(魂)이라는 개념을 통해서 멀리 떨어져 있는 사람들끼리 혹은 죽은 자와도 혼의 교감이 있을 수 있다는 점을 지적하고 있다. 과학적으로는 증명이 되고 있지 않지만 유학사상을 접한 사람들은 충분히 이러한 현상에 대한 이해는 할 수 있을 것이다. 솔직히 나도 가끔 꿈에 있었던 일이 그 다음날 혹은 며칠 후 실제로 나타나는 경험을 한 적이 있다.

예를 들면 우리는 가끔 어느 지인이 꿈에 아프거나 죽음을 당하는

4 Carl G. Jung, *Synchronicity: An Acausal Connecting Principle* (Princeton, NJ: Princeton University Press, 1973), p.4.
5 *Ibid.*, pp.109~110, 참조.

꿈을 꾼다. 그런데 그 다음날 연락을 했더니 실제로 아프거나 죽었다는 사실을 발견하기도 한다. 그럴 경우 우리는 과학적 인과관계가 없지만 무언가 영혼이 통했을 수도 있다는 생각을 하게 된다. 상당수의 사람들은 과학적으로 증명하기는 곤란하지만 가끔 이러한 동시성적인 비인과적 사건들을 경험했을 것이다.

동시적 발생 혹은 동시성이야말로 융이 주장하는 원형의 의미를 뒷받침하는 중요한 개념이라고 볼 수 있다. 그런데 동시성의 문제를 이론적으로 증명하는 데는 상당한 어려움이 따르게 된다. 인류에게 먼 태고 시절 조상의 흔적이 우리 각자의 무의식에 공통적으로 내재되어 있다고 하더라고 그 범위와 한계를 구체적으로 설명하기가 어렵기 때문이다. 따라서 이러한 사실은 과학적으로는 분석 혹은 증명하기가 매우 어려울 수밖에 없다. 이러한 이유로 프로이트를 따르는 정신분석학자들에게서 융이 주장하는 동시성의 의미는 더 이상 논의되지 않았다.

2. 집단무의식과 대상관계이론

집단무의식은 융에 의해 일부 연구되었다. 그리고 융은 프로이트와 헤어져서 새로운 정신분석학의 이론을 연구하였다. 그렇다면 프로이트 정신분석학에 뿌리를 두고 있는 대상관계이론 측면에서 집단무의식은 어떻게 이해될 수 있는가를 살펴보는 일은 매우 중요하다. 실제로 프로이트 계열의 정신분석학에서는 집단무의식의 연구가 활발히 진행되지는 않았다. 다만 집단의 심리라는 차원에서 논의되었을 뿐이다. 그런데 나는 집단무의식은 대상관계이론으로도 설명이 가능하다고 생각하고 있다. 따라서 이번에는 대상관계이론에서 집단무의식은 어떻게 이해될 수 있는 가를 나름대로 정리하려고 한다.

1) 프로이트의 집단심리

구체적으로 정신분석학적으로 집단무의식은 어떻게 이해되어야 하는가? 앞서 언급한 대로 프로이트는 신화적인 요소들 및 종교적인 내용 속에서 인간이 가지고 있는 무의식적 요소를 언급은 하였지만 이를 깊이 있게 다루지는 않았다. 그러나 그는『집단심리와 자아의 분석』에서 한 집단이 가지는 공통적인 무의식적 반응에 대한 설명을 함으로서 "집단의 마음Collective Mind'이라는 개념을 통하여 집단무의식의 의미를 일면 설명하였다고는 볼 수 있다. 프로이트는 이러한 현상을 설명하기 위하여 소위 "군거 본능Herd Instinct"을 언급하고 있다.[6] 그에 따르면 인간은 원래 지도자가 필요한 군거 동물이라는 것이다.

물론 이러한 군거 본능 속에는 자신의 자아이상 실현을 보다 원활하게 하도록 집단의 구성원이 되려고 한다는 의미까지를 내포하고 있다고 보아야 한다. 앞서도 언급했듯이 인간은 기쁨을 확대하고 슬픔을 줄이려는 본능이 있다. 그리고 기쁨을 증대하려는 본능의 핵심에는 당연히 자아이상의 실현을 원하는 욕구가 깔려 있는 것이다. 그러나 현실에서 자신의 자아이상은 항상 원활하게 실현되는 것은 아니다. 이 때 모든 사람들은 자신의 자아이상 실현을 위해 여러 가지 현실적인 방법들을 찾게 되는데 가장 먼저 생각하는 것이 집단을 통해 이를 실현하려고

6 Sigmund Freud, *Group Psychology and the Analysis of the Ego*, pp.49~53, 참조.

한다.

나아가 자신의 육체적인 생존을 위해서도 혼자 있는 것보다 집단 속에 있는 것이 보다 효율적일 것이다. 때문에 인간은 군거 본능을 가지고 있다. 이러한 이유로 인간은 부족을 이루고 나라를 이루고, 그 사이에서 민족이라는 개념을 내세워 서로의 동질적 요소를 공유하려고 하는 것이다. 이러한 동질적 요소들을 우리는 속칭 집단무의식이라고 부를 수 있다.

그렇다면 집단무의식은 어떻게 형성되는 것인가? 실제로 프로이트는 군거 본능과 집단의 마음을 이야기했지만 집단의 마음이 형성되는 과정은 깊이 있게 설명하고 있지 않다. 프로이트의 본능이론에 따르면 인간은 군거 본능에 의하여 집단을 구성한다고 밖에 설명할 수가 없다. 또한 그가 문명과 그 불만족에서 언급한 사랑과 공격의 본능으로 문명이 평화와 전쟁을 경험한다는 말은 개인 무의식의 집합체로서 문명을 바라보는 시각이다. 그런데 나는 이처럼 프로이트가 설명하지 못한 집단무의식의 형성에 관한 문제는 대상관계이론에서 강조하고 있는 무의식의 형성에 관한 논리로부터 그 답의 실마리를 찾을 수 있다고 본다.

2) 대상관계이론으로 본 집단무의식

앞서 언급했듯이 대상관계이론은 무의식이란 자아와 대상 혹은 외부 환경과의 끊임없는 내사와 투사로 형성된다고 주장하고 있다. 그렇다면 집단무의식도 그 집단 구성원이 외부 환경으로부터 받는 영향과 그들이 외부 환경을 향한 반응에 의하여 형성된다고 볼 수밖에 없다. 예를 들면 집단으로서 한 국가의 국민 혹은 민족 그리고 특정 지역의 사람들은 그들이 공통으로 접하는 외부 환경에 의해 영향을 받는다. 그리고 또 한편으로는 그들이 그 환경을 향해 공통으로 쏘아대는 반응에 따라 그들만의 집단적 무의식이 형성된다는 것이다.

구체적으로 우리가 흔히 말하는 민족성 혹은 국민성 같은 의미도 깊이 따지고 들어가면 하나의 집단무의식이라고 볼 수 있다. 우리 사회에서도 호남 사람들, 충청도 사람들, 그리고 영남 사람들의 특징이 존재한다고 말하고 있다. 이는 바로 그 지역에 사는 다수의 사람들이 공통적으로 맞이하는 외부의 영향과 이에 대한 반응에 따라 그들 나름의 독특한 성향이 존재하고 있기 때문이다. 한 사회에 살면서도 어떤 사람들은 우파적 시각을 또 어떤 사람들은 좌파적 시각을 가지는 것은 같은 환경에 영향을 받더라도 이를 향해 쏘아대는 반응이 다르기 때문이라고 할 수 있다. 바로 이러한 현상이 개인을 벗어나 집단적 사고로 발전한다면 이것이 바로 집단무의식의 표현이라고 볼 수 있다.

한편 프로이트는 인류학자이면서 사회심리학자인 프랑스 출신 르봉 Gustav Le Bon, 1841~1931의 주장을 받아들여 한 개인은 어느 집단에 속할 때 혼자 있을 때와는 다른 행동을 할 수 있다는 점을 인정하고 있다.[7] 르봉의 이야기는 사실 군중Crowd의 행동 분석에 기초한 것이다. 실제로 우리는 가끔 이러한 현상을 목도하고 있다. 즉 평소에 내성적이었던 사람이 군중 속에서 갑자기 매우 적극적이고 강력한 행동을 보이는 경우도 이러한 현상 중의 하나일 것이다. 그런데 프로이트가 르봉의 의견을 받아들인 대목은 특정 목적을 가진 집단을 설명하기 위한 것이다. 특히

7 *Ibid.*, p.5.

정당이나 노동조합 등이 이에 속한다고 볼 수 있다. 프로이트는 이러한 현상을 설명하면서 자신의 자아이상이 집단의 지도자로 연결될 때 그 지도자를 과도하게 이상화하여 맹목적으로 추종할 수도 있다고 보고 있다.[8]

실제로 프로이트는 집단심리의 특징을 설명하면서 집단무의식의 의미를 밝히기보다는 특정 집단 내에서 구성원들의 자아이상이 어떠한 형태로 발현되는가에 더 초점을 두고 있다. 따라서 나는 집단의 행동에 대해서는 정신분석학적 정치사회이론 중 집단의 성격과 행동을 논의할 때 프로이트에 영향을 받은 다른 학자들의 주장까지를 자세히 설명할 것이다. 다만 지금 집단무의식의 성격을 논하는 데 있어서 나는 우선 대상관계이론을 받아들여 그 의미를 규정하고자 한다. 그 핵심은 각 집단은 다수의 구성원들이 공통으로 가지고 있는 독특한 성향이 있기 마련인데 그것을 우리는 집단무의식이라고 볼 수 있다는 것이다. 그리고 그 집단무의식의 형성은 다수 집단 구성원들이 공통으로 겪게 되는 외부의 영향과 이에 대한 반응에 따라 형성된다고 말할 수 있다.

Anthony Storr, 1920~2001

그렇다면 융이 주장하는 원형의 의미는 완전히 무시해도 되는 것인가? 여기에 대해서는 영국의 정신분석학자이면서 융 이론에 대한 연구가인 스토Anthony Storr, 1920~2001가 매우 흥미로운 설명을 하고 있다. 그는 융의 원형에 대한

8 *Ibid.*, pp.54~60. 참조.

의미를 클라인이 주장하는 어린이의 마음에 존재하는 부모나 다른 중요한 사람들의 이미지와 연결될 수 있음을 가정하고 있다. 따라서 그는 원형으로서 어린아이들의 심리에 새겨져 있는 내적 이미지Internal Object는 어린이의 심리에 영향을 미치는 내사적 역할로 설명할 수 있다는 것이다.[9]

구체적으로 앞서 설명한 대상관계이론의 창시자인 클라인의 주장을 염두에 둔다면 원형이 어린이들에게 내사적 역할을 한다는 점은 다음과 같이 설명할 수 있다. 즉 어머니가 어린이를 나쁘게 대하면 어린이의 심리에서는 융이 말한 원형으로 내려온 마귀할멈 같은 무서운 이미지가 작동하여 어머니를 미워하게 될 것이다. 그리고 반대로 어머니가 아이들을 진심으로 잘 보살피게 되면 어린이의 심리에는 원형으로서 여신 같은 이미지가 내사됨으로써 어머니를 사랑하게 될 것이다.

만약 위에서 설명한 융의 원형에 대한 의미를 대상관계이론에서 내사적 요소로 받아들인다면 내가 지금 설명하려고 하는 대상관계이론적인 집단무의식에 대한 개념은 보다 명쾌해지리라고 본다. 솔직히 집단무의식에 대한 연구는 융 이래로 프로이트를 따르는 학자들에게는 활발히 연구되지 못한 것은 사실이다. 그러나 정신분석학 지식들이 사회현상을 이해하는 데 그 활용도를 높이기 위해서는 집단무의식의 연구가 더욱 활발히 전개될 필요가 있다. 왜냐하면 군거 동물로서 인간을 사회적 동물이라고 규정한다면 집단들이 공통으로 가지고 있는 무의식적 반응을 살피는 일은 문화나 사회현상을 분석하는 데 많은 유용한 자료들을

9 Anthony Storr, *Jung*, Edited by Frank Kermode (Great Britain: William Collins Sons & Co., Ltd. 1973), p.43.

제공할 것이기 때문이다. 따라서 나는 집단무의식 연구가 정신분석학계에서 활발히 진행되기를 바라면서, 일단은 여기에서 대상관계이론의 입장에서 집단무의식의 형성에 관한 의미를 설명하였다.

제8장

비정상적인 정신 및 행동에 대한 정신분석학 이론

나는 정신분석학 이론을 공부하는 사람이지만 정신과 의사는 아니다. 따라서 이번에 논의할 정신 이상에 대한 문제는 이에 대한 의학적인 치료보다는 이론적으로 정신이상에 대한 문제를 어떻게 볼 것인가에 보다 초점을 두고자 한다. 정신이상의 문제는 아직까지 그 원인이 충분히 밝혀지지 않았으며, 정신분석학의 이론을 넘어서 뇌 과학적인 측면에서의 접근도 활발히 진행되고 있다. 그러나 이 문제를 이론적으로라도 한번 설명하려는 이유는 정신에 이상이 생기는 것 자체야말로 정신분석학의 핵심 연구 주제인 무의식의 동적 양상과 깊은 관계가 있기 때문이다.

1. 정신 및 뇌에 관한 질병

이번에는 정신분석학적 입장에서 정신이상에 관한 문제를 어떻게 이해하고 있는가를 살펴보려고 한다. 단 여기에서는 정신의학적인 입장에서 구체적으로 처방까지를 논의하지는 않을 것이다. 그러나 무의식의 동적 양상을 기초로 어떠한 현상이 우리의 마음과 뇌에 존재할 수 있는가라는 기초적인 원리만은 설명하려고 한다. 이러한 설명은 의학적 의미와 상관없이 인간의 행동을 정신분석학적으로 이해하는 데 중요한 지식들을 제공할 것이다.

1) 정신병

정신병Psychosis은 정신의 이상 현상이 활성화되어 있는 상태를 말한다. 정신병은 의학적으로 그 증상에 따라 다양하게 구별되고 있다. 즉 망상증, 우울증, 공황장애, 조병躁病, 정신 생리적 장애, 성性 장애, 약물 사용에 기인하는 장애, 간질, 정신지체, 노년기의 정신장애 등 여러 가지로 구별되고 있다. 그러나 여기에서는 모든 정신이상에서 나타나는 본질적인 문제를 요약하여 설명하려고 한다. 이 문제에 대해서는 미국의 정신의학계에 일련의 업적을 내고 있는 아이겐Michael Eigen이 『정신병의 핵심 *The Psychotic Core*』에서 잘 설명하고 있다. 아이겐의 설명은 6가지로 요약할 수 있는데 나의 생각까지를 첨부하여 설명하면 아래와 같다.[1]

첫째는 환상Hallucination적 요소이다. 앞서도 몇 차례 언급했지만 자아 이상은 현실에서 초자아의 억제를 받아 그 실현이 어렵게 될 때 그대로 수면 아래로 잠복하게 된다. 그러나 끝내 환상을 통해서라도 그 실현을 도모하려고 할 수도 있다. 이러한 현상이 강화되면 현실의 의미가 상실

1 Michael Eigen, *The Psychotic Core* (Northvale, NJ and London: Jason Aronson Inc., 1986) 참고(특히 31~35 참조). 김용신, 『나는 누구인가: 일반인을 위한 정신분석학』, pp.53~59, 참조.

된다. 즉 환상과 현실의 세계를 구분하는 능력이 상실되고 마는데 이야말로 정신이상의 기초적인 현상들 중의 하나라고 할 수 있다.

일본의 정신분석학자인 가시다 슈岸田 秀는 인간을 환상을 가진 동물로 규정하고 있다.[2] 우리에게 환상이 없다면 우리의 자아이상은 최후에 머무를 곳마저 상실하게 된다. 프로이트가 말하는 꿈도 따지고 보면 우리의 환상에 기초한다고 볼 수 있다. 꿈은 현실에서 이루지 못하는 소망의 표현이기도 하기 때문이다. 자아이상의 표현으로서 환상적 요소는 우리를 희망으로 이끌어가기도 한다. 그러나 퇴행적으로 발전하면 현실과 이상을 구별 못하는 정신적인 혼란을 초래하게 된다. 이때 퇴행적이라 함은 자아이상이 초자아를 완전히 삼켜버려서 현실의 의미가 상실된 마음의 상태를 말한다.

둘째는 마음의 상실Mindlessness 현상이다. 자아는 어려운 상황을 만나 자신의 자아이상이 숨을 곳마저 찾지 못한다면 송두리 채 자신을 망각해 버리고 싶은 무의식이 작동할 수 있다. 이러한 양상은 마음의 고통에서 벗어나려는 시도이다. 어느 면으로는 자아이상이 현실에서 실현되지 못할 때 그 긴장을 해소하기 위한 최후의 방법이기도 하다. 하지만 이러한 마음이 심해지면 결국에는 마음의 진공현상 때문에 집중력이 사라지고 속칭 '멍'한 경지에 이르게 되는 것이다. 또한 마음이 백지 상태로 되면 모든 것을 빨아들이는 '블랙 홀Black Hall'로 변해 자신의 정체성이 사라지게 될 수도 있다.

우리는 일상생활 속에서 가끔 반농담조로 사라지고 싶다는 말을 한다.

? 가시다 슈, 『게으름뱅이의 정신분석학』 1~2권, 우주형 번역(서울: 도서출판 깊은 샘, 1995), 참고.

현실이 자신의 마음을 잘 받아주지 않기 때문이다. 이는 이론적으로는 자아이상이 현실에서 실현되지 못함을 의미한다. 이러한 상황에서는 나는 누구이며 왜 사는가라는 질문이 자꾸 떠오르게 된다. 그런데 그 정도가 심해지면 우리의 마음은 정상적으로 작동되지 못하고 이상 현상을 나타나게 되는 것이다. 마음이 무가치한 상태로 돌아가면 역동성이 현저히 사라지게 된다. 삶에 역동성이 없다면 이야말로 죽음으로 까지 비유될 수 있다. 따라서 이러한 현상이야말로 정신병의 핵심적 요소들 중의 하나이다. 일반적으로 어린 시절 자아가 굳건하게 발전되지 못한 경우 이러한 현상을 초래할 확률이 높다고 알려지고 있다.

셋째는 자신과 타인과의 경계Boundaries 상실이다. 인간은 각자 나름의 정체성을 가질 때 정상적인 행동을 보일 수 있다. 그리고 그 정체성에 따라 나와 타인 간에 다름을 통한 경계가 인식된다. 그런데 자신과 타인의 경계가 없어진다면 이야말로 큰 혼란에 처하게 될 것이다. 이는 '다중 인격 장애Multi-Personality Disorder'의 중요한 현상이라고 볼 수도 있다. 다중 인격 장애란 나중에 별도로 논의하겠지만, 그 핵심은 한 사람에게 여러 개의 인격적 정체성들이 공존하는 경우를 말하기 때문이다.

이러한 현상은 이론적으로 나의 현실에서의 모습이 자신의 자아이상이 원하는 모습과 현저히 차이가 날 때 자아가 이를 숨기려고 하는 과정에서 야기된다. 자신의 실제 모습이 아닌 모습으로 행동하는 상황이 깊어지면 자신과 타인의 한계가 애매해져서 자아의 의미가 사라져 버리게 된다. 이럴 경우 자아는 심한 공포감에 휩싸이게 되는데 이야말로 정신이상을 보이게 되는 중요한 현상들 중의 하나이다. 이러한 현상은 경우에 따라 자신과 타인의 경계뿐만 아니라 자신 스스로 육체와 정신의 한계마저 사라지게 함으로써 사회생활을 어렵게 만든다.

넷째는 극도로 강한 미움Hate의 마음이다. 앞서 설명한 대로 프로이트는 인간의 양대 감성으로 에로스와 죽임의 본능을 이야기했다. 그리고 클라인은 이러한 본능을 대상과의 관계 속에서 얻어지는 사랑과 미움의 양대 감성으로 해석하였다. 그렇다면 사랑과 미움이란 인간의 삶을 위해 동시에 가질 수밖에 없는 감정의 본질이라고 할 수 있다. 그런데 그 균형이 파괴되면 문제가 생기게 된다. 즉 사랑의 감정이 사라지고 오직 극도로 미움의 감정만 있다면 문제라는 것이다.

정신분석학의 지식을 국제정치를 이해하는 데 적용한 사이프러스Cyprus 출신 볼칸Vamik D. Volkan, 1932~은 『적과 동지의 필요성*The Need to Have Enemies and Allies*』[3]에서 한 국가는 적과 동지가 동시에 필요함을 역설하고 있다. 이는 한 국가가 정체성을 분명히 할 때 국민들이 응집하고 그 자체가 국력으로 승화될 수 있음을 말한다. 정체성에 근거한 국익을 우선한다면 모든 국가를 적 혹은 아군으로만 간주하지 않을 것이다. 즉 적국도 있어야 하고 동맹국도 있어야 한다는 것이다. 물론 그 개념은 자국의 정체성에 따라 변할 수는 있을 것이다.

Vamik D. Volkan, 1932~

이러한 주장은 개인에게도 적용이 된다. 한 개인에게도 사랑과 미움이 적절한 조화가 이루어져야 정체성을 가진 삶이 가능하기 때문이다. 따지고 보면 사랑과 미움의 감정은 자신의 정체

3 Vamik D. Volkan, *The Need to Have Enemies and Allies: From Clinical Practice to International Relationships* (Northvale, NJ and London: Jason Aronson Inc., 1988), 참고.

성에 따라 나타난다. 그런데 원만한 현실 생활을 위해서는 미움을 승화시켜야 할 때가 많이 나타나게 된다. 미움의 감정이 승화될 수 있다는 것은 사랑의 마음이 존재할 경우이다. 그런데 오직 분노만이 마음에 자리하고 있다면 정상적인 사회생활을 어렵게 만든다. 이야말로 반사회적 행동을 유발하는 기초가 되기 때문이다.

다섯째는 인식론Epistemology적인 문제이다. 철학에서 인식론이란 세상을 이해하는 자세나 태도를 의미한다. 어떤 사태나 사물에 대해 어떤 인식을 가지고 있느냐는 문제는 삶의 방향에 절대적 영향을 미친다. 인간은 자신의 입장에서 세상을 보는 다양한 인식의 틀들을 가지고 있다. 그런데 어느 한 사람이 다수가 인식하는 것과는 매우 다른 특별한 인식의 틀을 가졌다면 이를 일반적으로 이상하다고 말한다. 이는 자신의 특별함이 존재하면서도 자신과 생각이 다른 타인과의 관계도 부드럽게 이루어 져야 함을 말한다.

니체가 말했듯이 나의 선은 타인에게 악으로 변하여 인식될 수도 있듯이[4] 정신분석학은 기본적으로 다양한 인식의 틀들을 용인하고 있다. 그러나 현저히 왜곡된 인식의 틀을 가졌다면 이를 비정상적이라고 말하고 있다. 이 때 정상과 비정상을 구별하는 한계는 진리와 비진리의 문제는 아니다. 또한 옳고 그름과도 직접적으로 연결된 것은 아니다. 그런데 특히 허구적인 일을 사실로 이해하면 이것은 문제라고 할 수밖에 없다. 또한 자신의 상상을 현실로 이해하는 경우도 하나의 병적 증세로 말할 수 있을 것이다. 이러한 왜곡된 인식의 문제는 앞서 논의한 환상이나

4 Friedrich Nietzsche, *Beyond Good and Evil*, Translated, with Commentary, by Walter Kaufmann (New York: Vintage Books, 1966), 참고.

타인과의 경계 상실과도 깊은 연관을 가지고 있다.

여섯째는 전도 혹은 반전Reversal의 문제이다. 이는 자신의 정서와 반대의 성향이나 행동을 나타낼 때 사용하는 정신분석학적 용어이다. 자신의 참 자아를 위장하고 싶을 때 이러한 현상이 나타난다. 즉 자신의 실제 감정과는 반대되는 행위를 함으로써 자신을 숨기려는 것이다. 또한 타인에 대한 자신의 감정이 거꾸로 자아 내부로 되돌아오는 것도 하나의 전도 현상이라고 볼 수 있다. 한마디로 전도는 자신의 정서와는 정 반대되는 성향을 보이는 것에 초점을 두고 있다. 이러한 경우는 앞서 논의한 타인과의 경계 파괴와도 일련의 연관성을 가지고 있다. 자신을 위장하면 외부적으로 자신의 정체성이 숨겨지고 심한 경우 타인과의 경계도 허물어지기 때문이다.

실제로는 어떤 사람을 사랑하는데 그 사람에게 극도의 미움을 표시하는 경우, 혹은 그 반대 상태가 대표적인 예이다. 타인을 사랑하면서도 그에게 거꾸로 극도의 미움을 표시하는 경우는 자칫 자신마저 미워하는 상황으로 연결될 수도 있다. 또 타인을 미워하면서도 사랑하는 척하는 것도 문제이다. 이처럼 위장을 극도로 강하게 하면 결국은 그러한 자신이 미워질 수도 있다. 이 세상의 모든 사람들은 부분적으로 자신의 감정을 일부 숨기고 혹은 위장하고 산다. 따라서 자신의 위장이 가벼운 경우는 정신이상이라기보다는 자아의 방어를 위한 하나의 수단으로 이해될 수도 있다. 그러나 이러한 위장이 극도로 높아지면 이는 단순한 방어적 차원을 넘어서서 정신이상의 경지로 돌입하게 되는 것이다.

2) 조현병 혹은 정신분열증

조현병調絃病: Schizophrenia은 엄격히 말하면 정신병적 요소를 내포하고 있지만 평소에는 별 이상을 보이지 않다가 어떠한 경우에 정신병적 증세를 나타내는 병을 의미한다. 다시 말하면 조현병 환자들은 별 문제없이 일상생활을 하지만 어느 경우 정신병적 증세를 나타낼 수 있다는 것이다. 조현병은 일생 동안 적정한 수준에 머무를 수도 있다. 그러나 특정 기간이나 상황에 따라 내재된 정신이상 요소가 활성화될 수 있다는 것이 문제다. 우리나라에서는 정신분열증이라는 용어가 주는 이미지가 너무나 강한 정신이상을 의미하는 것으로 이해되고 있기 때문에 2011년부터는 이를 조현병으로 부르기로 하였다. 그 이유는 현악기의 선이 조율되지 못하면 제대로의 소리가 나지 않기 때문에 현의 조율이 잘못 되었다는 점을 감안하여 지은 이름이라고 생각된다.

조현병은 크게 양성증상, 음성증상, 인지증상 그리고 잔류증상으로 구별하여 설명할 수 있다. 양성증상이란 말 그대로 일정 기간 정신병적 증상을 나타내는 경우이며, 음성증상이란 정신이상적 요소를 직접 나타내고 있지는 않지만 감정적 반응이 정상인보다 상대적으로 둔하거나 사고 내용이나 정상에 비해 빈곤하므로 무력감을 느끼는 초기 단계를 의미한다. 인지증상의 문제는 집중력과 기억력이 현저히 감퇴되고 자신의 생각을 체계적으로 설명하지 못하는 경우를 의미한다. 그리고 잔류증상이란 조현병을 치료 한 후 일단 급성적인 현상은 감소되었다 하더라도 아직 그 이상적 잔류 현상을 보이는 경우를 말한다.

정신분열증 즉 조현병의 정확한 원인은 아직도 확실히 밝혀지지 않고 있다고 할 수 있다. 다만 최근에 들어와서는 몇 가지 원인들이 거론되고 있는데 대개 아래와 같이 요약할 수 있다.[5] 첫째 일부 학자들은 유전적인 점을 지적하기도 하고 있다. 둘째, 임신 중이나 양육의 문제에 있어서 병에 취약한 소인을 가진 사람들에게 발병될 확률이 높다고 알려지고도 있다. 셋째, 신경전달물질인 도파민Dopamine과 세로토닌Serotonin 등의 불균형에서 원인을 찾기도 한다.

미국정신의학회American Psychiatric Association의 정신장애 진단 통계편람DSM-IV-TR에 따르면 조현병 진단을 위한 기초적인 증세는 아래와 같이 요약할 수 있다.[6] 첫째, 언어적 와해, 망상 및 환각, 긴장 및 무욕증無慾症 중 적어도 2개 이상의 증상이 1개월 중 여러 날 지속되는 경우이다. 둘째로 자기관리 및 대인관계가 이전과 비교하여 뚜렷하게 감소되어 생활에 어려움을 느끼는 경우이다. 셋째는 첫째와 둘째에서 언급한 증상들이 1개월 이상 6개월 미만인 경우는 정신분열성조현병적 장애로 볼 수 있으며, 6개월 이상 지속되는 경우는 그 증상이 상당히 심한 경우라고 볼 수 있다.

정신분열증으로 진단하는 데는 추가적으로 몇 가지 사항들이 존재한다.[7] 첫째로 우울증이나 조울증은 양성증상 즉 활성기에는 잘 나타나지 않는 것이므로 정신분열증으로 진단하지 않는다. 둘째로 약물남용 혹은 생리적인 문제로 인하여 나타나는 이상 증세는 정신분열증으로 진단하지 않는다. 셋째로 자폐증이나 발달장애를 겪은 경험이 있을 경우 심각한 수준의 망상이나 환각이 적어도 1개월 이상 지속될 경우에만 정신분

---

5 김용신, 나는 누구인가: 일반인을 우위한 정신분석학, p.59.

6 "DSM-IV Criteria for Schizophrenia," DNA Learning Center in Google 참조. 김용신, 『나는 누구인가: 일반인을 위한 정신분석학』, pp.61~62.

7 김용신, 『나는 누구인가: 일반인을 위한 정신분석학』, p.62.

열증으로 진단하고 있다.

3) 자폐증

자폐증Autism은 말 그대로 스스로의 마음의 문을 닫아버리는 현상을 의미한다. 자폐증은 정신분열증이란 용어를 처음 사용한 스위스의 정신의학자 블로일러Paul Eugen Bleuler, 1857~1939가 1912년 미국의 정신이상 연구에 관한 한 잡지에 기고하면서부터 사용된 개념이다.[8] 자폐증의 원인에 대해서는 여러 의견들이 아직까지 존재하고 있다. 다만 그 핵심적 증상이 신경계통의 발달에 문제가 있어서 타인과의 의사소통 혹은 상호관계에 결함이 있다는 데는 대개가 동의하고 있다.

자폐증을 가진 어린이의 경우 상대방과 대면을 꺼리고 나아가 외부 상황에 대해 반응을 표시하지 않으려고 한다. 클라인의 이론에 따르면 어린아이는 대상에 대해 사랑 혹은 미움의 반응을 하는 것이 일반적이다. 그런데 자폐증이 있는 어린이는 보살피는 사람의 행동에 상관없이 스스로 자신의 감정을 대상에게 표현하기를 꺼려한다. 따라서 혼자 있기를 좋아하고 어느 누구와도 관계 맺기를 꺼려한다. 예를 들면 침묵으로 일관하고 상대방이 불러도 대답도 안하며 그에 대한 반응도 안한다는 것이다.

여러 연구들에 따르면 자폐증이 있는 어린이는 처음에는 말을 더듬다가 함구해버리는 단계로 들어가는데 결국에는 심한 언어 장애를 일으키기도 한다.[9] 일부에서는 이러한 자폐증은 지능과도 관련이 있다고 하나

8 *Ibid.*
9 *Ibid.*, p.63.

이러한 주장에 대한 객관적 증명은 이루어지지 않고 있다. 오히려 자폐증을 가진 환자 중 어느 특정 분야에 놀랄 만한 재능을 발휘하는 경우도 있다. 1989년에 개봉된 미국영화 '레인맨Rain Man'에서 자폐증을 앓고 있는 환자지만 숫자를 외우는 데는 천재적인 소질이 있음을 보여주고 있다. 자기가 좋아하는 어떤 특정 부분에는 놀랄 만한 집중력이 있지만 여타의 부분들에서는 전혀 관심이 없는 것 또한 자폐증이 보이는 한 증상이라고 할 수 있다.

한 가지 희소식은 최근 미국 하버드대학과 메사추세스대MIT 의과대학에 교수로 있는 한국인 과학자 부부가 여성의 장내에 있는 세균이 임신 시 태아의 뇌세포에 영향을 주어 자폐아 출산에 영향을 미친다는 연구를 발표하였다. 이들은 임신 중에 바이러스에 감염된 생쥐가 자폐 증세가 있는 새끼를 낳았다는 연구를 통해 인간에게도 이러한 현상이 있을 수 있음을 암시하고 있다. 본 연구는 아직 동물 실험 단계이지만 인간의 자폐증을 치료할 수 있는 단서를 제공했다는 점에서 큰 평가를 받고 있는데, 2017년 9월 과학학술지인 '네이처Nature'에 그 내용이 상세히 소개되었다.[10]

4) 우울증과 조울증

우울증Depressive Disorder도 넓은 의미로는 정신에 이상이 있음을 의미한다. 특히 현대사회에서는 정신분열이라고까지는 말할 수 없어도 많은 사람들이 우울증을 경험하고 있기 때문에 이에 대한 약간의 추가 설명이

10 "한국인 과학자 부부, 자폐아 출산 원인 밝혔다," 조선일보, 2017년 9월 14일, 참조.

필요하다. 우울증은 말 그대로 우울한 심리 상태를 말하는데 정신분석학의 원리에 따르면 이 역시 어린 시절 폭행이나 학대 등을 받은 경험이 있는 사람들에게 잘 나타나는 증세이다.

미국의 정신건강 전문가들에 의해서 분류된 정신이상에 관한 표준분류DSM-5를 요약하여 보면 하루 종일 우울하거나 삶에 대한 흥미가 떨어진 상태를 포함하여 아래 열거한 증상들 중 5개 이상이 2주 이상 지속되면 우울증으로 진단할 수 있다.[11] 그 증상들은 갑작스런 체중 증가나 감소, 불면 혹은 과수면, 초조감이나 정신운동의 둔화, 이유 없이 피로함, 자책감이나 삶의 무가치를 느낌, 그리고 자살을 생각하고 이를 시도하려는 마음이 들거나 이를 직접 계획한 경우 등이다.

우리나라 건강보험공단의 우울증 진료 현황에 따르면 2015년 우울증 진료 인원이 60만 명을 넘었고 날로 늘어날 것으로 추산하고 있다.[12] 또한 질병관리본부가 19세 이상 1만 명의 성인을 대상으로 2015년 실시한 설문조사에 따르면 "최근 1년 동안 연속적으로 2주 이상 일상생활에 지장이 있을 정도로 슬프거나 절망감을 느낀 적 있다" 는 항목에 13%가 "그렇다"고 답했다고 하는데, 그렇다면 우리나라 성인 약 4120만 명 중 약 535만여 명이 우울증 위험군에 속한다고 볼 수 있다.[13] 실제로 현대인들은 상당수가 우울증을 경험할 수 있다. 이러한 현상은 문명은 발달되고 있는 것 같지만 한편으로 자아이상과 초자아 간의 괴리는 점점

---

11 "Depression Definition and DSM-5 Diagnostic Criteria," PSYCOM, in Google 참조. 김용신, 『나는 누구인가: 일반인을 위한 정신분석학』, pp.90~91, 참조.

12 "성인 535만 명 '우울증 高위험군'… 홀로 끙끙 앓다 큰병 키웁니다," 조선일보, 2017년 12월 26일, 참조.

13 *Ibid.*

멀어져가고 있는 것이 아닌가라는 의문을 낳게 한다.

우울증과 관련하여서는 조울증躁鬱症: Bipolar Disorder or manic Depression에 대해서도 약간의 설명이 필요하다. 조울증이란 우울증의 증세와 이와 반대되는 조증Mania이라는 증세가 지속적으로 반복되어 일어나는 상태를 말한다. 즉 평소에는 우울하다가 때로는 지나칠 정도로 기분이 좋아지는 상태를 반복하기 때문에 양극성장애兩極性障礙라고 부르기도 한다. 아직 이러한 발병의 원인은 잘 알려지지 않고 있으나 유전 혹은 호르몬Hormone의 이상으로 야기된다고 추측하고 있다.

그런데 문제는 조울증 환자의 70% 정도는 우울증을 먼저 겪는 것으로 밝혀졌다.[14] 조울증은 우울한 상태도 함께 나타나므로 우울증으로 착각하는 경우도 있기 때문에 세심한 진단이 필요하다. 우리나라 건강보험심사평가원의 자료에 따르면 조울증 환자는 2011년 6만 7천명에서 2015년에는 9만 2천 명으로 5년간 2만 6천 명이 증가했다. 전체 진료 인원 3명 중 1명은 40~50대 중년층이었으며, 70세 이상에서도 같은 기간 8.8%에서 13.5%로 증가하였다.[15]

5) 한국인의 화병

한국 사회에는 화병火病, Fire Disease이라는 마음의 병이 전통적으로 거론되어 왔다. 어떤 이는 이를 울화병이라고 부르기도 한다. 화병은 간단히 말하면 마음에 분노가 쌓이고 이를 풀지 못할 경우 나타나는 것으로

14 “조울증 증상, 우울해하다가 갑자기 과한 감정에 소리지른다면...?,” 조선일보, 2016년 3월 25일자 참조.

15 “기분장애 '조울증', 3명 중 1명은 40~50대 중년층” 조선일보, 2016년 9월 19일, 참조.

이해되고 있다. 이러한 한국인의 분노는 한恨: Hahn이라는 특별한 개념으로 설명되기도 한다.

한 마디로 한이란 자신의 소망이 현실적으로 이루어지지 않을 경우 가지게 되는 슬픔, 분노, 비탄, 원망의 부정적인 감정은 물론 슬픔을 벗어나려는 소망까지를 포함한 복합적인 감정이라고 할 수 있다. 한에 대한 구체적인 설명은 제2부 "한국 전통 예술에 나타난 한국인의 정서적 표현"에서 논의될 것이다. 다만 여기에서는 한국인이 생각하는 전통적인 마음의 병으로서 화병의 의미와 그 특징에 대해서만 간략히 설명할 작정이다.

화병은 이미 국제 정신의학계에서도 그 의미가 인정되고 있다. 미국 심리학협의회 진단 및 통계 편람DSM-IV에 따르면 화병은 "분노의 억압으로 인한 한국인의 고유한 증후군"으로서 "분노 공포, 가슴이 답답한 느낌 등이 포함된다"[16]고 한다. 그런데 한국인으로서 내가 보는 견해는 화병은 단순히 분노의 억압에만 근거한 것은 아닌 것 같다. 여기에는 분노와는 조금 성질이 다른 슬픔Sorrow의 감정도 있으며 또한 자신의 처지를 바꾸지 못하는 무력함과 여기에 따르는 세상을 향한 원망 등의 감성도 포함되어 나타나는 마음의 증상이라고 보는 것이 보다 타당하다. 그렇다면 이는 한마디로 한의 병인 것이다.

그런데 흥미로운 것은 한국인들은 전통적으로 자신의 마음의 증상을 스스로 판단하여 나는 지금 화병에 걸렸다고 말하는 경우가 많다는 것이

---

16 남경태 옮김, 프레드 알포드 지음, 한국인의 심리에 관한 보고서 (서울: 그린비2000), p.131에서 인용. 원저는 Fred Alford, *Think No Evil: Korean Values in the Age of Globalization* (Ithaca, N.Y. ; London : Cornell University Press, 1999), 참고.

다. 의사의 진단도 없이 스스로 화병이라고 규정하는 그 자체는 한국인들 중 자신의 처지에 대한 슬픔과 분노 그리고 이를 표출하지 못하면 병이 된다는 일반적인 인식 때문이라고 볼 수 있다. 그래서인지 화병은 주로 여성에게 많이 나타나고 있는데 그 이유는 전통 사회에서 여성은 남성보다 더 많은 감정들을 참아야 했던 문화적 특색에 기인한 것이라고 할 수 있다.

이러한 화병의 증상들은 현대 정신의학적인 입장에서 보면 약하게는 스트레스와 히스테리의 증상과도 일부 흡사한 점이 있다. 그리고 조금 심한 경우에는 우울증적 증상을 동반하기도 한다. 육체적으로는 소화가 잘 안되고 몸이 마를 수도 있다. 그래서 어떤 사람들은 화병은 암으로 연결될 수도 있다고 생각하고 있다. 이는 가슴이 답답한 증상이 심한 경우 더욱 그렇게 생각하기 쉽다. 이에 대한 한국인들의 처방은 대개는 마음을 비우고 현실의 상황을 무시하거나 일부 받아들이는 것이다. 물론 이러한 마음 다스리기가 생각처럼 쉬운 일은 아니다. 그러나 꾸준한 노력을 통하면 이 또한 불가능한 일은 아닐 것이다.

2. 인격성격장애

인간의 무의식적인 특성이 성격으로 연결됨은 두말할 필요가 없다. 왜냐하면 무의식의 형성 과정에 따라 한 인간의 성격 혹은 인격이 결정되기 때문이다. 프로이트의 초기 이론에 따르면 어린이들은 정서 발달 단계인 '구강기Oral Stage,' '항문기Anal Stage,' '남근기Phallic Stage,' '잠복기Latency Stage,' '성기기Genital Stage' 등을 거치면서 단계에 따른 욕구가 크게 억압을 당하게 되면 성격 형성에 장애가 온다.

그런데 대상관계이론 입장에서 보면 어린이의 정서 발달을 꼭 단계별로 구별할 필요가 있는가라는 의문을 제기할 수 있다. 왜냐하면 자아와 외부 대상 혹은 환경과의 내사와 투사 과정은 개인마다 큰 편차가 있을 수 있기 때문이다. 따라서 종합적으로 본다면 자아가 형성되는 기간 자아이상과 초자아 사이에 비정상적인 관계가 형성될 때 성격에 일련의 장애를 보일 수 있다고 말하는 것이 보다 합당하다. 성격장애Personality Disorder는 여러 가지로 분류하여 설명할 수 있다. 미국의 정신건강 전문가들에 의해서 분류된 정신 이상에 관한 표준 분류DSM-5를 기초로 하여 보면 아래와 같이 크게 10가지 정도의 증상을 3가지의 부류로 나누어 설명할 수 있다.[17]

1) 별나거나 이상한Odd or Eccentric Disorder 유형

본 유형으로는 '분열형적Schizoid'과 '편집적Paranoid' 그리고 '분열성적Schizotypal' 성격장애를 들 수 있다. 분열성적 성격장애는 정신병이라고까지는 말할 수 없다. 그러나 엉뚱한 생각, 피해의식, 관계 망상 혹은 착각 증세를 보임으로써 비정상적이라고 인식되는 성격을 말한다. 망상이나 착각의 현상을 보이기 때문에 얼핏 정신분열증으로 오해할 수도 있다. 그러나 그 정도에 있어서 정신분열증과 비교할 때 매우 경미하다.

편집적 성격장애란 타인을 과도하게 의심하거나 자신의 적으로 몰아세우는 성격을 말한다. 이러한 성격의 소유자들은 질투심도 유별나게

17 "Introduction to Personality Disorders," verywell mind in Google, 참조. 김용신, 『나는 누구인가: 일반인을 위한 정신분석학』, pp.65~72, 참조.

강하며 상대방의 의도를 악의적으로 해석하려는 경향을 보인다. 또한 말 그대로 어느 한곳으로 치우친 판단을 하기 일쑤이다. 따라서 모든 사태를 선과 악 혹은 우리와 그들이라는 양분법적으로 이해하려고 한다. 즉 흑백논리적 태도가 너무 강하다는 것이다. 물론 이러한 성격장애는 기분에 따라 일시적으로 나타나는 기분장애Mood Disorder, 혹은 Affective Disorder와는 구별된다. 또한 생리적인 문제와 연결된 것은 아니라고 판단하고 있다.

분열성적 성격장애는 분열형적인 것과 그 명칭에서 혼동을 야기할 수 있다. 그런데 분열형은 망상적 요소가 많은 것을 의미하며, 분열성적인 성격장애는 사회적인 고립적 성격을 의미한다. 때문에 분열성적인 성격장애를 가진 사람은 자신의 감정을 외부로 표출하지 않고 외톨이처럼 행동하며 타인과 교류하기를 심히 꺼리는 경향이 있다. 구체적으로는 가족 이외의 사람들과는 관계를 꺼리는 경우가 많다. 그러나 이 역시 자폐증과는 그 질이 다르며 앞서 언급한 기분장애와도 구별하여 논의되고 있다.

2) 극적이며 감정적 혹은 변덕스러운Dramatic, Emotional or Erratic Disorder 유형

이 경우는 '반사회적Antisocial,' '경계선적Borderline', '연극성Dramatic' 그리고 '자아도취적Narcissistic' 성격장애를 들 수 있다. 반사회적 성격장애란 사회적으로 용인되기 어려울 정도로 타인을 속이거나 범죄행위 등을 저지르고도 아무런 죄책감을 느끼지 않은 성격을 말한다. 이러한 성격의 소유자들은 자신이 타인보다 우월하다는 생각을 가질 수 있으며, 자신의 이익을 위하여 타인을 이용하려는 경향이 농후하다. 또한 모든 것을 자기 중심적으로 생각하기 때문에 타인을 대할 때 감정의 기복이 매우 심하다.

경계선적 성격장애란 말 그대로 어떤 경계를 사이에 두고 정서적 기복이 매우 심한 성격을 말한다. 또 넓은 의미로는 정신이상으로 병원에를 갈 정도는 아니지만 평소의 생활에서 정상의 수준을 넘어선 것 같은 정서적 변화를 보인다고 볼 수도 있다. 이러한 성격의 소유자는 자주 권태 혹은 공허감을 느끼기도 하며, 자신을 억제하는 초자아의 능력이 부족하여 돌발적인 행동을 하여 물의를 빚기도 한다. 또한 대인관계에 있어서도 심한 정서적 반응의 변화를 보인다. 예를 들면 아침에는 매우 친절했는데 오후에 만날 때는 매우 냉담한 표정을 보인다는 것이다.

연극성 성격장애를 가진 사람은 주위에 관심을 끌기 위해 감정 표현에 극적인 요소가 많다. 그리고 언어적으로도 불필요한 부사를 자주 사용하기도 한다. 대체적으로 감정의 표현에 피상적 혹은 과장적 요소가 많다는 것이다. 사람을 만날 때에도 필요 이상으로 반가움을 표시하는 것도 이러한 방어기제의 한 형태라고 할 수 있다. 목소리를 억지로 무겁게 혹은 가냘프게 내는 것도 이에 속한다.

자아도취적 성격장애는 자신을 스스로 과대평가하는 경우를 말한다. 이러한 성격의 소유자는 과도한 자존감을 가진 경우가 많으며 타인을 폄하하려들고 자신에 대해 좋은 평가를 하지 않은 사람을 미워하기까지 한다. 한마디로 타인들은 사랑하지 않으면서 타인들로부터는 사랑만 받으려고 한다. 그리고 남의 업적에 대해서도 이를 인정하지 않는 경우가 많다. 대체로 정치가 혹은 예술가들에게 자아도취적 성격이 자주 나타난다. 실제로도 그렇지만 특히 자신들이 똑똑하고 영리하다고 생각하지 않으면 정치가나 예술가의 길을 걷기는 어려울 것이다.

3) 걱정 혹은 두려워하는Anxious or Fearful 유형

본 유형은 '회피적Avoidance,' '의존적Dependent,' '강박적Obsessive' 성격장애를 예로 들 수 있다. 회피적 성격장애를 가진 사람은 대체로 자존감이 매우 낮다. 따라서 자신의 의견이 타인으로부터 거절당하는 데 큰 두려움을 가지고 과도하게 자신을 억제하는 경향이 있다. 대체로 은둔자들에게서 많이 나타나는 성격이다. 일반적으로 보면 내성적인 성격의 소유자들 중 회피형이 많다. 심한 경우에는 사회생활에 대한 공포증을 동반할 수도 있다.

의존적 성격장애란 말 그대로 독립성이 결여되어 모든 것을 타인에게 의존하려는 경향을 보인다. 자신에 대한 책임을 두려워하기 때문에 회피성 성격과 일맥상통하는 점도 있다. 그러나 타인의 도움을 위해서는 무슨 일이라도 할 자세를 가지고 있기에 은둔을 하는 회피성과는 구별된다. 즉 타인에 의존도가 높기에 자신을 도와주는 사람에 대한 복종심도 강하다. 어머니들이 자녀들을 과도하게 보호하게 되면 그 자녀들이 성인이 되어서도 의존적 성격장애를 가질 소지가 있다고 볼 수 있다.

강박적 성격장애는 아주 세부적인 부분에까지 과도한 신경을 쓰는 경우를 말한다. 어느 면으로는 완전주의자 같은 모습을 보인다. 이러한 성격의 소유자는 모든 부분에 정리 정돈을 철저히 하려고 한다. 그러나 때로는 어떤 일을 할 때 정말 잘해 낼 수 있을까라는 걱정 때문에 심지어 자신까지 불신하는 경우가 있다. 따라서 대인관계에도 과도하게 신경을 써서 오히려 상대방을 피곤하게 하는 경우도 있다. 이러한 성격의 소유자들은 모든 일을 완벽하게 하려다보니 대체적으로 융통성과 개방성이 부족하다.

3. 다중인격성격장애와 한국인의 동시성적 자아

이번에는 성격장애의 일환으로 이해할 수도 있지만 그 특징이 조금은 특별한 다중인격장애를 별도로 취급하여 설명하려고 한다. 그리고 이와 관련하여 한국인들에게 존재하는 동시성적 자아에 대한 의미도 한번 살펴보려고 한다. 동시성적 자아는 병적으로까지 이해하기는 곤란하나 그 특징이 다중인격장애적 의미를 다분히 가지고 있기 때문에 이와 연결하여 함께 논의하려는 것이다.

1) 다중인격장애

다중인격장애Multi-Personality Disorder는 해리성정체장애解離性正體障礙, Dissociative Identity Disorder라고도 한다. 자신의 정체성이 여러 갈래로 분산되어 있는 상태를 의미하기 때문이다. 이는 구체적으로 한 사람 내에 여러 가지의 인격체들이 동시에 존재하는 것을 말한다. 과거에는 이러한 증상에 대해 '빙의憑依'라는 병으로 이해하기도 하였는데 1980년대부터 공식적으로 다중인격장애로 부르기 시작하였으며, 1990년 중반부터는 일부에서 해리성정체장애로 부르기도 하였다.

일반적으로 현대정신의학계에서는 다중인격장애는 정신장애와 분리하여 이해하려는 경향이 있다. 정신분열 상태는 자신이 감성이 인지하는 것과 분리되어 비정상적 행동을 유발시킨다고 할 수 있다. 그런데 다중인격장애는 자아의 내부에 다수의 인격체들이 존재하면서 각 인격은 나름대로 현실적으로 별 문제없이 작동되기 때문이다. 따라서 일부에서는 현실에서 자아를 보존하기 위한 하나의 방어적 의미로 이해하려는 경향도 있다. 이러한 정신장애의 특징은 다음과 같이 요약할 수 있다.[18]

다중인격장애의 주요 특징은 자신의 정체성에 대한 혼란을 일으키거나 그 정체성이 자주 변화하는 증상을 보이기도 한다. 한 인간이 안정된 생활을 위해서는 자신의 정체성이 어느 정도 확립되어 있어야 한다. 그런데 이러한 정체성에 혼란을 가지거나 그 특징이 자주 변한다면 문제가 아닐 수 없다. 변화되는 정체성은 때로는 비인간적 의미까지를 포함하기도 하는데 이러한 것을 '의인화혹은 비인간화, Depersonalization'라고 한다.

이와 같은 정체성의 혼란은 자연적으로 현실에서의 이탈을 부추기기도 한다. 그리고 비현실적인 소리를 환청을 통해 들을 수도 있고 스스로 최면적 상태에 빠져 현실과는 다른 세계에 자기 모습을 투영시키는 경우도 있다. 이러한 상태가 지속되면 자신의 핵심 정체성이 무엇인지 혼동되는 상태가 도래하며 급기야는 기억상실증에 걸리기도 한다. 한 자아 속에 여러 가지의 정체성들이 내포되어 있기에 어느 때 무슨 정체성으로 무슨 일을 했는지 기억하기가 어렵게 된다.

이론적으로 이러한 상태는 자아이상이 현실에서 어려움을 벗어나려고 하는 과정에서 발생될 수 있다. 현실에서 자신이 원하지 않은 자신의

18 김용신, 『나는 누구인가: 일반인을 위한 정신분석학』, pp.73~75, 참조.

모습에 대한 괴로움을 벗어나기 위해서는 자기가 원하는 자아의 모습을 자꾸 그리면서 무의적으로 자아이상이 원하는 새로운 환경을 비현실적으로 만들어 낼 수가 있기 때문이다. 따라서 어린 시절 많은 심리적 상처를 경험한 사람들에게 잘 나타나는 증세이기도 하다.

정신의학계에서는 이의 치료를 위해 크게 두 가지의 치료요법이 소개되고 있다. 그 하나는 내부에 존재하는 여러 개의 인격체들을 각각 존중하면서 이를 하나로 연결시키는 작업을 지속적으로 행하는 것이다. 그리고 다른 하나는 여러 개의 인격체중 한 개를 선택하여 그 특징에 적응하도록 하면서 다른 여타의 인격체들을 점점 무시해가도록 유도하는 방법이다.

2) 동시성적 자아

동시성적 자아Synchronic Self는 내가 한국인의 무의식적 특징을 논하면서 발견한 한국인의 성격적 특징 중의 하나이다. 동시성적 자아라는 개념은 나의 박사논문 지도교수였던 정신분석학적 정치이론의 대가인 미국 메릴랜드 주립대학교 글래스James Glass 교수 및 앞서 자아도취의 긍정성을 말하면서 언급한 알포드 교수와 많은 상의를 거쳐 고안한 것이다. 이는 앞서 논의한 다중인격장애와 매우 흡사하지만 그 정도가 경미하며, 특히 그러한 상태를 즐기는 경향까지 있다는 점에서 차이점이 있다. 그 핵심은 한 자아 속에 여러 가지 양립할 수 없는 가치들이 공존하면서 상황에 따라 자신이 편리한 대로 특정 가치를 앞장세워 자신의 입장을 정당화하려는 경향을 의미한다. 동시성이라는 단어를 사용하게 된 것은 바로 이 때문이다.

동시성적 자아에 대한 특징[19]은 한국인들이 종교를 바라보는 눈 그리고 전통적 유교사상과 근대 서양사상의 가치를 바라보는 입장을 통해 쉽게 설명될 수 있다. 우리 사회는 세계 어느 사회보다 종교적 갈등이 약하다고 볼 수 있다. 교회 안 가본 사람 거의 없고, 문화재적 입장에서라도 절에 안 가본 사람도 없다. 또한 조계사에도 크리스마스트리가 장식되고, 신부님들도 묘에서 유교식 인사도 하며 스님들과 친하게 지내기도 한다.

나아가 아직까지 점치러 가자면 싫어한 사람 찾기 어렵다. 지금도 중요 일간지에 오늘의 운세가 매일 게재되기도 한다. 현대 젊은이들도 결혼을 앞두고 궁합을 보려는 사람들이 많다. 일반인들은 현실생활을 하면서 자신이 편리한 대로 자기에게 유리한 종교적 가치를 앞세워 자신의 입장을 변호하려고 한다.

전통과 현대적 서양가치도 동시에 존재한다. 자신보다 나이 많은 사람과 다툴 때는 서양 가치를 내세워 자신을 변호한다. 그러나 자신보다 어린 사람하고 논쟁이 생기면 논쟁의 주제를 벗어나 유교적인 전통 가치로 상대를 제압하려 든다. 정치도 마찬가지이다. 야당들은 여당을 여러 가지로 맹렬히 비판하다가 자신들이 여당 되면 그 때 비판했던 그 행동들을 거리낌 없이 한다. 왜 그러느냐고 따지면 그 때는 상황이 그랬다는 것이며, 지금은 그 때 상황과 다르다고 변명한다. 수도권에 살 때는 수도권 개발 제한에 극력 반대하다가 지방으로 이사 가면 지역 발전을 위해 수도권 개발을 억제해야 한다고 주장한다.

---

19 김용신, 『심리학 한국인을 만나다 (서울: 시담, 2000)』, pp.161~185, 참조. 김용신, 『나는 누구인가: 일반인을 위한 정신분석학』, pp.73~19, 참조.

이러한 행위들은 모두 따지고 보면 한 자아 속에 여러 가지의 가치들이 동시에 존재하기 때문이다. 다중인격장애를 겪고 있는 사람들은 그러한 상태를 몹시 괴로워하며 때로는 신체적으로 아프기까지 한다. 그런데 동시성적 자아를 가진 사람들은 아프기는커녕 오히려 자아보존을 위해 이러한 자아의 모습을 즐기는 것 같이 보이기도 하여 조금은 특이한 상태라고 볼 수 있다. 그러나 나는 이와 같은 동시성적 자아도 그 상태가 깊어지면 충분히 다중적 인격장애로 연결될 수도 있다고 감히 생각한다.

제9장

심리적 불안과 방어 그리고 소망

문명 시대를 살면서 심리적 불안을 느껴보지 못한 사람은 거의 없을 것이다. 이는 원론적으로 자아이상의 욕구가 현실에서 모두 다 실현될 수는 없기 때문이다. 따라서 한 개인은 자아이상의 욕구가 실현되지 못한 것에 스트레스를 받을 수 있고 또 이를 해소하기 위한 여러 가지 방법을 강구하게 된다.

따라서 이번에는 정신이상이라고 볼 수는 없지만 일생생활에서 느끼는 스트레스의 원리와 자아이상이 현실에서 그 욕구를 실현하기 위하여 자신을 위장하면서 자아를 방어하려는 행위들에 대한 의미들을 설명할 것이다. 또한 어떠한 경우에도 소멸될 수 없는 자아이상의 소망이 꿈을 통해 나타날 수도 있다는 점에서 정신분석학적으로 꿈에 대한 의미도 간단하게나마 살펴보고자 한다.

1. 스트레스와 신경전달물질

스트레스Stress는 앞서 논의한 우울증을 유발하는 한 원인이 되기도 한다. 그러나 그 본질은 모든 생명체가 살아가는 과정에서 불가피하게 겪게 되는 하나의 심리적 상황이라고 볼 수 있다. 특히 인간의 경우 자아이상과 현실이 자연스럽게 일치되는 경우는 존재하지 않기 때문이다. 이번에는 정신이상과 분리하여 스트레스의 본질을 설명하고 생리적인 측면에서 스트레스와 관련이 되는 신경전달물질Neurotransmitter에 대해서도 간단히 설명하고자 한다.

1) 스트레스의 본질

모든 생명체들은 스트레스를 면할 수 없다. 한 생명체가 현실에 직면하여 자신의 생명을 보존하고 욕망을 실현하기 위해서는 수많은 난관을 거쳐야 되기 때문이다. 제2부에서 자세히 논의하겠지만 인간의 원초적인 비자족성과 문명의 불만족은 물론 인간관계에서 얻어지는 불편한 심기 등도 모두 스트레스의 원인이 된다. 이론적으로 스트레스란 자아이상이 현실에서 그 실현이 어렵게 되는 것이 바로 스트레스의 원인이 된다고 볼 수 있다. 다행히 초자아와 자아이상이 적절한 타협을 불만 없이 한다면 몰라도 그렇지 않은 경우는 모두 스트레스가 유발된다고 할 수 있다.

정신분석학적으로 스트레스 지수가 제로Zero라고 하는 것은 죽음을 의미한다. 스트레스 없는 삶은 없기 때문이다. 모든 생명체는 그의 본능과 현실이 항상 일치하지 않는다. 인간으로 말하면 자아이상이 현실에서 언제나 이루어질 수는 없는 것이다. 그리고 이러한 상황은 우리에게 긴장 혹은 근심과 걱정을 유발시킨다. 이것이 바로 스트레스이다.

그런데 한편 적당한 스트레스는 생명의 동적 활동을 위해 긍정적인 역할도 한다. 스트레스가 있어야 이를 극복하려는 에너지가 방출되며 이 자체가 바로 인간의 창조적 욕구를 이루는 기초가 되기 때문이다. 다른 말로 스트레스는 생명의 상징이고 이를 극복하려는 자아이상의 노력은 인간에게 창조 정신을 부여하기도 한다.

다만 문제는 스트레스가 자아이상이 해결할 수 있는 용량을 넘어서는 경우이다. 물론 그 용량의 기준은 사람마다 각기 다르다. 어느 경우는 객관적으로 상당한 스트레스를 받고 있는데도 크게 상처받지 않고 나아가 강력히 이를 극복하려는 의지를 가지기도 한다. 이는 스트레스가 이를 극복하려는 또 다른 에너지의 근원이 되는 경우이다. 그러나 약간의 스트레스에도 이를 극복하지 못하는 경우도 있다. 따라서 어느 정도의 스트레스가 또 다른 활력의 에너지를 불러 창조성과 연결되는지, 아니면 정신적 상처 내지는 우울증으로 연결되는지는 정확하게 측정할 수 없다.

2) 신경전달물질

지나친 스트레스는 불안감을 증대시키며 이는 생리적인 불균형까지를 초래한다. 이에 근거하여 뇌 과학 분야에서는 스트레스를 받을 때 뇌에 분비되는 신경전달물질 연구를 통해서 그 양상과 치료의 방법을 찾으려고 한다. 과거에는 뇌세포들 사이에 아주 가는 신경의 연결선이 있다고 믿었다. 이러한 연결선을 통해 뇌 세포들 간에 의사가 소통이 된다고 믿었던 것이다. 그런데 20세기에 들어서서 스페인의 신경조직학

Santiago Ramon y Cajal, 1852~1934

자인 카할Santiago Ramon y Cajal, 1852~1934이 뇌 세포들 간의 연결선은 없고 오히려 조그마한 틈이 있다는 것을 발견했다.[1] 이러한 발견은 과거의 믿음에 큰 충격을 주었다. 세포들 간에 연결된 선이 없다면 세포들 간의 의사전달이 불가능할 것이기 때문이다. 카알은 이 발견으로 1906년 노벨 생리학상을 받았다.

Otto Loewi, 1873~1961

그렇다면 세포와 세포 간의 정보 전달은 어떻게 되는 것인가? 이에 대한 답은 1921년 독일의 과학자 뢰비Otto Loewi, 1873~1961에 의해 밝혀졌다.[2] 그는 뇌세포들 간에는 어떤 화학적 물질이 정보와 감정을 전달한다는 것을 최초로 발견하였다. 즉 선이 아니라 이 사이를 흐르는 물질에 의해 의사가 전달된다는 것이다. 우리는 이를 신경전달물질이라고 한다. 뢰비는 신경전달물질 발견으로 1936년 다른 동료와 함께 노벨 생리학, 의학상을 받기도 하였다. 그의 신경전달물질의 발견은 현대 뇌 과학을 발전시키는 데 절대적인 공헌을 하였다.

신경전달물질이란 크게는 호르몬Hormone이라고도 말할 수 있다. 호르몬이란 일반적으로 내분비기관에서 생성되어 혈관을 타고 온 몸에 영향을 미친다. 그런데 좀 더 자세히 보면 호르몬은 크게 내분비계 호르몬, 신경계 호르몬 그리고 면역계 호르몬으로 나누어진다. 의학계에 따르면

1 "Santiago Ramon y Cajal," Encyclopedia Britannica in Google, 참조.
2 "Otto Loewi," Encyclopedia Britannica in Google, 참조.

인간의 건강은 호르몬과 음식 그리고 운동에 의해 절대적인 영향을 받는다.

신경전달물질은 바로 마음과 감정에 영향을 주는 신경계 호르몬이다. 그러니 일명 뇌 호르몬이라고 할 수도 있다. 이러한 신경전달물질에 대해서는 아직까지 많은 연구가 계속되고 있다. 다만 여기에서는 일반인들에게도 알려진 몇 가지 긴장 완화의 신경물질들로서 '아세틸콜린Acetylcholine,' '도파민Dopamine,' '세로토닌Serotonin,' 그리고 '가바GAVA: Gamma Aminobutyric Acid' 등의 역할만을 간단하게 설명할 것이다.[3]

아세틸콜린은 알파Alpha파를 발산함으로써 매우 감각적이며 창조적 활동을 유도한다. 도파민은 베타Beta파를 창출하여 에너지가 넘치게 한다. 또한 일반인들도 잘 아는 세로토닌은 델타Delta파를 발산함으로써 즐거움을 느끼게 한다. 가바는 흥분 상태를 조절함으로써 정서적 안정성을 유도한다. 정서적으로 안정이 되면 내가 아닌 타인의 생각도 할 수 있기에 이 물질은 타인에 대한 배려의 감정을 싹트게 한다.

지금까지 연구에 따르면 스트레스를 받으면 내분비기관에서 생성되는 '코르티솔Cortisol'이라는 호르몬Hormone이 혈관을 타고 뇌에 전달됨으로써 몸을 긴장시킨다고 한다. 그럴 때 상기 열거한 신경전달물질이 나와 긴장을 완화시키는 역할을 한다. 따라서 의학적으로는 스트레스 해소를 위해서 상기 신경전달물질의 균형적 분비를 촉진하는 데 초점을 둘 수 있다. 특히 마음의 안정을 유도하는 세로토닌 처방은 우리 사회에서도 널리 알려져 있다. 그러나 정신분석학의 이론적 입장에서는 상기

3 김용신, 『나는 누구인가: 일반인을 위한 정신분석학』, pp.92~94. 참조.

긍정적인 신경전달물질이 충분한 활동을 할 수 있는 마음의 자세를 갖추어야 한다.

2. 방어기제

프로이트에 따르면 방어기제Defence Mechanism란 이드의 욕구가 초자아와 갈등을 겪을 때 자아를 보호하기 위한 무의식적 반응이다. 나는 이러한 프로이트의 해석을 자아이상이라는 개념을 활용하여 설명하고 있다. 지금까지 말한 대로 이드가 추구하는 기쁨의 원리를 따르려는 무의식적 욕구가 자아이상이다. 때문에 방어기제란 자아이상이 초자의 억제를 받아들이기 어려울 때 그 상처를 벗어나기 위하여 그럴듯한 위장을 통하여 얼핏 초자아의 욕구를 일부 받아들인 것처럼 행동하는 것을 의미한다는 것이다. 이렇게라도 하지 않으면 자아는 너무나 큰 상처를 받아 오히려 정신이상의 수준으로까지 치달을 수 있다. 방어기제는 다양한 유형들로 분류되고 있는데 여러 자료들을 종합하여 요약하면 아래와 같이 설명할 수 있다.[4]

1) 병리적 방어기제

병리적Pathological 요소를 가지고 있는 방어기제는 '투사Projection,' '부정Denial,' '왜곡DIstortion,' 그리고 '분리Splitting' 등이다. 투사는 매사에 핑계

4 Sigmund Freud, *Introductory Lectures on Psychoanalysis*, pp.269와 39, 그리고 pp.410~411, 참조. Abraham H. Maslow, *The Psychology of Science* (Chicago: Henry Regnery Company 1970), 참고. "상담심리-방어기제의 종류," Google 참조. 김용신, 『나는 누구인가: 일반인을 위한 정신분석학』, pp.80~90, 참조.

를 대는 것을 말한다. 실수나 잘못을 저지르게 되면 불안감을 느끼고 이를 벗어나는 방법으로 그 책임을 자신이 아닌 다른 방향으로 돌리려는 방어적 자세이다. 적당한 핑계를 찾지 못하면 환상을 통해서라도 자신이 아닌 다른 곳에 잘못을 전가시키려는 행위이다. 이러한 경우는 망상적 Delusional 투사라고 부르기도 한다. 투사를 병리학적인 방어기제로 분류하는 것은 바로 이러한 이유 때문이다.

부정이란 의식적으로 감당할 수 없는 사태를 맞이하게 되면 그 충격에서 벗어나려고 자신도 모르게 이를 부정하려는 무의식적 행동이 나타나게 되는 것을 말한다. 자신이 제일 사랑하는 사람이 생명을 잃었을 때 이를 차라리 부정하고 외국에 갔다고 거짓말을 하는 경우도 이에 속한다. 또한 자신이 잘못을 저질렀을 때 그 자체를 완강히 부정함으로써 그 책임에서 벗어나려고 하는 것도 이에 속한다. 예를 들어 술에 취해서 기억이 나지 않는다는 것도 일종의 부정이라는 방어기제가 작동된 것이라고 할 수 있다.

왜곡은 현실적인 사실을 왜곡하고 모든 것을 유리한 방향으로 해석하려는 태도인데 결국은 자아이상의 욕구에 상처를 줄이기 위한 방법이다. 왜곡적 방어는 종교 활동에서도 나타나기도 한다. 즉 자기가 편리한 대로 교리를 해석하는 경우가 허다하기 때문이다. 왜곡적인 방어는 투사와 같이 망상이나 환각을 동반하기도 한다. 망상 속에서 자기가 유리한 논리를 생각해낼 수도 있기 때문이다.

분리란 모든 삶과 현상들을 좋고 나쁨으로 양별하여 자신을 보호하려는 태도이다. 즉 설령 실질적으로 자신에게 잘못이 있음에도 상대가 나빠서 혹은 현실이 잘못 되어서 그런 일이 일어났다고 주장하면서 자신을 정당화하려는 태도이다. 따라서 분리의 방어는 일종의 편집적Paranoid 경향을 나타내기도 한다. 흑백논리에 함몰되어 모든 사태를 흑과 백, 혹은 옳고 그름 등으로 양분하여 자신의 입장을 긍정적으로 그리고 타인의 입장을 부정적으로 설명하려는 자세도 이러한 방어적 태도라고 볼 수 있다.

2) 미성숙 방어기제

미성숙Immature 방어기제는 말 그대로 미성숙된 방어적 자세로 '행동화Acting-Out,' '이상화Idealization,' '수동적 공격Passive-Aggression,' '신체화Somatization' 혹은 '전환Conversion,' 그리고 '퇴행Regression' 혹은 '고착Fixation'을 그 예로 들 수 있다. 행동화란 자아이상의 분출이 초자아의 억제를 통해 자꾸 지연되면 더 큰 상처를 입을 수 있다는 강박감에 자신의 행동이 가져올 현실적인 결과를 생각하지 않고 자아이상의 욕구대로 행동하려는 태도를 말한다. 화를 잘 내는 것도 이러한 방어적 행위와 연결될 수 있다. 이는 화를 참다가 더 큰 상처가 있을 수도 있다는 생각으로 미리 화를 내서서 자신의 울분을 해소하려는 마음에서 기인한다.

이상화란 크게 보면 타인을 자신과 동일시하여 자아의 불만족을 해소하려는 태도이다. 이런 경우 평소에 존경하거나 혹은 두려워했던 사람들의 행동을 따라하기도 한다. 그리고 심지어는 자신이 존경하는 사람의 고향이 자기와 같음을 과시하기도 한다. 고향이 같다는 이유로 그 사람과 자신을 간접적으로 동일시하려는 마음 때문이다. 이러한 경우 대개는 자신은 부족하다는 것을 스스로 느끼고는 있다. 그러나 외부적으로 그 콤플렉스를 벗어나기 위해 훌륭한 사람들을 이상화하고 그와 관련성이 있는 것처럼 행동하는 것이다.

수동적 공격이란 현실적으로 상대방을 당해내지 못할 때 간접적으로 그를 공격하는 태도이다. 상대의 지시에 즉각 행동이나 답을 하지 않은 경우도 이에 속한다. 또한 상대방의 면전에는 가만히 있다가 뒤돌아서서 그의 험담을 한다든지 간접적으로 그를 괴롭히려고 하는 것도 전형적인 예라고 할 수 있다. 이러한 방어는 주로 내성적인 성격을 가진 사람들에게서 나타나는 경우가 많다. 수동적이란 말을 앞에 사용한 이유는 바로 이 때문이다.

신체화 혹은 전환이란 자신이 싫은 일을 강요받았을 때 그 반응이 신체적인 문제와 연결되는 경우이다. 피아노를 배우기 싫은데 자꾸 강요받으면 팔에 마비가 올 수 있다는 것도 바로 이에 속한다. 또 하기 싫은 일을 억지로 하려면 배가 아프다든지 머리가 아프다든지 하는 일도 이러한 범주에 속한다. 자신이 부여받은 일을 거부하는 데 합리적 이유를 찾지 못하고 또 말로나 행동으로 이를 표현하지 못할 때 그 불만이 신체에 영향을 주어 이상 반응을 보일 수 있다. 신체에 이상이 생기면 싫은 일을 잠시라도 하지 않게 된다는 자기 방어적 반응이다.

퇴행 혹은 고착은 자아의 불안을 해소하기 위하여 오히려 어린 시절 미성숙의 상태로 돌아가려는 태도를 말한다. 동생이 생겼을 때 부모의 사랑이 동생에게 집중되는 것을 두려워해 자신도 스스로 아이처럼 행동하는 것이 대표적인 예이다. 말 그대로 과거로 돌아가서 어느 시점에 고착된 형태를 보임으로써 자신을 보호하려는 방어적 태도이다. 또 외국 생활을 오래한 후 고국에 돌아올 경우 세상은 많이 변해 있는데도 이에 대한 적응이 어려울 때 자신이 처음 고국을 떠날 때의 상황에 익숙한 행동을 하는 경우도 넓게는 이러한 방어적 태도라고 볼 수 있다.

3) 신경증적 방어기제

신경증적Neurotic 방어기제는 '전치Displacement,' '해리Dissociation,' '합리화Rationalization,' 혹은 '지식화Intellectualization,' '반동형성Reaction Formation,' '억압Repression,' '취소Undoing' 혹은 '철회Withdrawal' 등을 들 수 있다. 전치란 어떤 대상으로부터 쌓인 불만을 다른 대상 혹은 물건에 분출하는 것을 말한다. 즉 자신의 울분을 엉뚱한 곳에서 해소하려는 태도이다. 그렇게라도 하지 않으면 자아가 상처를 받기 때문이다. 대표적인 예로는 부부싸움하고 나서 직장에서 부하 직원에게 괜히 화를 내는 경우이다. 우리 속담에 "종로에서 뺨 맞고 한강에서 눈 흘긴다"는 말은 전치의 방어적 태도를 잘 설명해주고 있다.

해리란 고통을 벗어나기 위해 자신이 마치 다른 사람이 된 것처럼 평소와 전혀 다르게 행동하는 경우이다. 고향에서는 별로 인정을 못 받던 사람이 오랜 객지 생활을 하다가 고향 사람들을 만날 경우 잘 몰라본다든지 혹은 과거와는 전혀 다른 사람이 된 것처럼 행동하는 것도 해리적 반응이라고 볼 수 있다. 해리라는 용어는 분리시킨다는 것이기에 자신의 인격을 여러 개로 분리시켜 자아의 상처를 벗어나려고 하는 방어이다. 따라서 해리적 방어는 다중인격장애와도 관계가 되는 태도이다.

합리화 혹은 지식화는 자신의 잘못에 대해 자신이 옹호받을 수 있는 이론이나 논리들을 내세우려는 태도를 말한다. 변명을 한다는 점에서는 투사와 일부 관련성이 있다. 그런데 이 경우는 투사에서 나타나는 단순한 핑계를 넘어서고 있다. 즉 장황한 지식들을 동원한다든지 나름대로의 논리를 내세워 자신의 입장을 옹호하기 때문이다. 때로는 괴변을 늘어놓더라도 마치 자신이 많은 지식을 가진 사람이라는 이미지를 줌으로써 자신의 행동에 정당성을 강조하려고 한다. 이러한 방어기제를 자주 사용하는 사람들은 일반적으로 지적 수준도 높고 또 말이 상대적으로 많다고 할 수 있다.

반동형성이란 자신의 감정과는 정반대의 행동을 하는 경우이다. 자신이 나쁜 사람이 아니라는 점을 보이기 위해 내심으로는 매우 미워하면서도 현실에서는 그를 사랑하는 것처럼 행동하는 태도를 말한다. 전실 자식을 과도하게 사랑한다든지, 자신이 싫어하는 사람에게 오히려 정중한 자세를 보이는 경우가 대표적인 예이다. 우리 속담에 "미운 놈 떡 하나 더 준다"는 속담도 이러한 방어적 태도와 연결성을 가지고 있다고 할 수 있다.

억압이란 자아이상의 욕구가 현실에서 몰고 올 부작용을 과도하게 의식하여 자신의 자아이상을 억지로 억압하려는 태도이다. 현실적으로 이루어지지 않은 사랑 때문에 몹시 괴로워하면서도 이를 강제로 잊으려고 무리한 노력을 하는 경우도 이에 속한다. 이러한 방어기제를 사용하는 경우는 대개가 초자아가 크게 발달될 경우 나타나는 태도이기도 하다. 울고 싶지만 참고, 미워하지만 욕을 삼가려는 것 모두 자신의 불만을 억압하는 것이다. 이러한 억압적 방어를 자주하면 심리적으로 더 많은 스트레스가 쌓이게 될 것이다. 과거 전통 사회에서는 자신의 실질적인 감정들을 억압하는 것이 마치 미덕인양 이해되는 경우도 있었다.

취소 혹은 철회는 자신이 행한 행위 중 현실적으로 용납되기 어려운 행위를 스스로 취소하는 것을 말한다. 그런데 이러한 경우는 자신의 취소에 대한 대가로 이를 만회할 수 있는 다른 행동을 취하는 경우가 일반적이다. 상대방에게 경미한 잘못을 했음에도 이를 만회하기 위하여 과도한 선물을 하는 것도 이러한 방어로 볼 수 있다. 또한 아내에게 대한 잘못을 만회하기 위하여 특별한 이벤트를 치루는 태도 등도 이에 속한다. 결국 이러한 행동은 자신의 잘못을 없었던 일로 취소해 달라는 욕구가 내포되어 있다. 아니면 자신의 잘못은 본질적인 것이 아니고 순간적인 실수에 불과한 것이라는 변명도 함께 내포되어 있는 행동이다.

4) 성숙된 방어기제

성숙된Mature 방어기제로 분류될 수 있는 것들은 '애타주의Altruism,' '예견Anticipation,' '유머Humor,' '동일시Identification,' '승화Sublimation' 등이다. 애타주의란 자신은 현실적으로 경제사회적 능력이 없으면서도 자선적 행위를 함으로써 마치 현실적 여유가 있는 것처럼 행동하는 경우이다. 예를 들면 자신도 어려우면서 친구나 형제들 혹은 일가들의 학비를 도와주는 것도 이에 속한다. 실제로 자신의 입장이 어려움에도 자선적 행위를 하면 이에 대한 칭찬을 통하여 자신의 어려움에 대한 슬픔이 일부라도 해소될 수는 있을 것이다.

예견이란 미래에 혹시라도 도래할 위험에 대비하기 위하여 미리 과도한 예방적 태도를 취하는 것을 의미한다. 이러한 태도는 강박적Obsessive 성격의 소유자들에게 자주 나타난다. 도둑이 들것에 대비하여 과도하게 문단속을 한다든지, 화재가 염려되어 과도하게 가스나 전기 제품들에 대한 관리를 철저하게 한다든지 하는 것도 다 예견적 방어기제가 발달된 경우라고 볼 수 있다. 또한 매사를 소극적으로 대하는 것도 예견적 방어라고 볼 수 있다. 적극적인 행동을 할 경우 혹시 문제가 생길까를 두려워하기 때문이다. 지금 굳이 깊게 생각하지 않아도 될 일을 미리부터 걱정을 하여 과도하게 신경을 쓰는 행위들도 모두 이러한 예견적 방어라고 볼 수 있다.

유머란 말 그대로 자신의 불안을 벗어나려고 스스로 농담을 자주하는 경우이다. 농담을 자주하는 사람들의 실제 모습을 살펴보면 많은 슬픔을 가진 사람들도 있음을 발견하게 된다. 농담을 하는 동안만이라도 자신의 불안과 슬픔을 벗어날 수 있기 때문이다. 그러나 때와 장소의 구별 없이 농담을 자주하게 되면 상대방으로부터 신중하지 못하다는 평을 받을 수도 있다. 농담을 할 경우에도 그 주제나 의미 혹은 비유를 잘 들어야지 자칫 잘못하면 상대방의 자존심을 건드리는 경우도 있다.

동일시는 자신은 원하는 바를 이루지 못하였을 때 가까운 사람의 성취를 자기 성취로 동일시하여 위안 받으려는 태도이다. 이는 일종의 대리만족을 통해 자신을 위로받으려는 것을 말한다. 우리나라에서는 자식의 성취를 통해 만족감을 얻는 부모가 상당 수 있는데 이 또한 전형적인 동일시 현상이라고 볼 수 있다. 자신은 비록 꿈을 이루지 못했지만 자신이 가장 사랑하는 사람이 그 꿈을 이루었다면 자신도 충분히 만족할 수 있다는 것은 이해할 수 있다.

승화란 어떤 일에 대한 자신의 실패를 다른 부분의 성취를 통해 위안받으려는 자세이다. 예술이나 스포츠를 통해 자신의 불만을 해소하려는 것도 바로 이러한 태도라고 볼 수 있다. 또한 실연의 아픔을 학문이나 다른 분야의 성공을 통해 해소하는 것도 이에 속한다. 나아가 고도의 수양을 통해 현실의 어려움을 문명이 허락하는 가치를 통해 해소하려는 것도 승화의 한 형태라고 볼 수 있다. 명상이나 수도를 하는 것은 이러한 전형적인 예일 것이다. 물론 승화의 방법이 우리의 울분이나 슬픔을 완전히 해소시키지는 못할 수도 있다. 그러나 일부라도 해소시킬 수 있다는 사실에 동의하지 않을 사람은 없을 것이다.

5) 기타 방어기제

앞서 논의한 네 가지의 분류 중 어느 한 부분에 배속시키기는 애매하지만 내용적으로 자신을 보호하려는 심리적 태도로 '보상Compensation,' '상환Restitution,' '허세Show Off,' '통제Controlling' 등을 들 수 있다. 보상이란 어느 한 부분에 대한 콤플렉스를 다른 부분에 있어서의 성과로 보상받으려는 태도이다. 깊이 따져들어 가면 승화와 관련이 되기도 한다. 승화도 어느 한 부분의 실패를 문명이 인정하는 다른 가치의 추구를 통해 해소하려는 것이기 때문이다. 보상의 방어기제에 대한 전형적인 예는 키가 작은 사람이 육체미 운동을 하여 몸을 크게 만들려고 한다든지, 뚱뚱한 여자가 그 여성성을 강조하기 위하여 목소리를 곱고 가늘게 내려고 하는 것 등이라고 볼 수 있다.

상환은 자신에 대한 불만 혹은 죄의식에서 벗어나기 위해 스스로 사서 고생을 하는 경우인데 애타주의적 태도와도 일면 연결이 된다. 애타주의는 자세히 들여다보면 이기주의의 한 표현이라고 볼 수 있다. 남을 위한 행위 그 자체가 자신에게 기쁨을 줄 수도 있기 때문이다. 그런데 이것이 조금 심하게 발전하면 스스로 어려운 처지를 만들면서 타인을 배려하는 방향으로 나아갈 수도 있다. 그것이 자신에게 쌓여 있는 불만이나 어떠한 죄의식을 상쇄하는데 보다 적극적 방법이 될 수 있기 때문이다. 이러한 방어적 태도가 바로 상환이라고 할 수 있다. 실제로는 부자인데도 거지 행세를 하면서 남을 도와주는 사람들이 그 대표적 예라고 할 수 있다.

허세는 자신의 현실적인 어려움을 위장하기 위하여 자신을 포장하려는 태도이다. 즉 현실적으로는 어려우면서도 그렇지 않은 것처럼 허세를 부리는 것을 말한다. 돈이 없으면서도 고급 승용차나 사치품을 구매하는 경우가 그 대표적인 예이다. 또한 실제로는 좁은 공간에 거주하면서도 물어보지도 않은데 자신의 집이 넓은 평수인 것처럼 말하는 것도 이러한 범주에 속한다. 허세를 부리는 사람들 중 상당수는 자신의 처지를 사실대로 말해보았자 도와주는 사람은 없을 것이고, 사회 생활하는 데 결국은 자신에게 손해만 있을 뿐이라고 생각하고 있다. 그리고 그가 부리는 허세의 형식은 진실로 그가 원하는 현실이라고 볼 수도 있다.

통제는 자신이 소외되는 데 대한 강박감으로 매사에 과도하게 개입하고 간섭하려는 태도를 말한다. 인간관계에서 소외에 대한 두려움이 과도한 경우 통제의 방어기제가 발동하기 쉽다. 통제의 방어기제가 발달된 사람들은 무슨 일에든지 자신이 개입해야하고 또 알아야 존재의 의미를 느낀다는 것이다. 심할 경우 모든 의사 결정에도 자신의 입김이 반영되기를 기대한다. 이러한 태도는 지나치면 상대방에게 심한 스트레스와 피로감을 주기도 한다. 우리 사회에서는 이런 사람들을 약방에 감초라고 부르기도 한다. 개입하지 않는 일이 없기 때문이다.

3. 소망과 꿈

인간은 자아이상의 실현을 위해 부단히 노력하고 현실에서 어려움을 만나면 방어기제를 통해서라도 자아를 보호받으려는 욕구가 있음은 앞에서 충분히 설명하였다. 그러면서도 무의식적으로는 끊임없이 자아이상의 욕구를 충족하려는 소망을 버리지 못하고 있는 것이다. 그러한 소망은 현실적으로 달성하기가 너무나 어려울 때는 그리고 방어기제로도 일부의 위장이 불가할 때 무의식의 맨 밑으로 가라앉히면서 일시적인 고통을 벗어나려고 하는 것이 인간의 마음이다.

이러한 현상은 불교에서 말하는 자신을 비우는 것을 말하는데, 포기를 통해서 마음의 위안을 얻으려는 태도라고도 할 수 있다. 물론 그렇다 하더라도 그 포기된 소망이 완전히 사라지는 것은 아니다. 언제가 상황이 바뀌면 다시 꿈틀 댈 수 있다는 말이다. 다만 일부 현실적 표출에 미련이 남아있는 소망들은 앞서 설명한 무의식 중 전의식의 부분에 맴돌게 되는데 꿈으로 나타나기도 한다. 따라서 이번에는 꿈에 대한 간단한 설명을 하려고 한다.

1) 소망과 상징으로서 꿈

프로이트의 꿈에 대한 설명은 "소망 모델Wish Model"이라는 개념으로 설명되기도 한다. 프로이트가 "꿈의 해석Interpretation of Dreams"에서 꿈이란 모든 소망들의 만족을 위해 형성된다[5]고 주장한 것은 바로 이런 이유 때문이다. 프로이트 주장대로 우리는 가끔 자신의 소망이나 두려움이 꿈을 통해 나타남을 경험하고 있다. 현실에서는 만날 수 없는 연인을 꿈속에

---

5 Sigmund Freud, "Interpretation of Dreams, *SE*, Vol. 4 and 5, 참조. Jay R. Greenberg and Stephen A. Mitchell, *Object Relations in Psychoanalytic Theory* (Cambridge, Massachusetts and London: Harvard University Press, 1983), pp.29, 참조.

서 만나기도 하고 몹시 미워하는 사람을 꿈에 두들겨 패는 경우도 있다. 물론 현실에서 도저히 해결될 수 없는 소망은 꿈에서도 잘 나타나지 않지만 상황이 바뀌면 언제라도 꿈속으로까지는 진입된다고 볼 수도 있다.

한편 꿈은 소망에 대한 상징성을 가지고 나타나기도 한다. 직접적인 모습으로서 나타나는 것 자체도 무의식적으로 부담이 된다면 그 소망은 간접적으로 상징성을 띄고 나타나기고 한다. 예를 들면 자신이 미워한 사람이 뱀으로 상징화되어 나타나기도 하고, 사랑하는 사람이 아름다운 꽃으로 상징화되어 나타나기도 한다. 다만 그 상징성은 문화에 따라 큰 영향을 받는다. 예를 들면 우리 사회의 전통에서는 꿈에 돼지를 보면 돈이 생긴다든지, 이가 빠지면 재수가 없다든지 하는 것은 우리 사회의 독특한 문화 속에서 내향화된 하나의 상징적 의미라고 볼 수 있다.

따라서 상징이란 문화별로 큰 차이를 나타낼 수밖에 없다고 보아야 할 것이다. 이는 바로 무의식이란 자아와 외부 환경과의 끊임없는 내사와 투사 과정을 통해 형성됨을 의미하기도 한다. 중국의 철학자인 유문영(劉文英)이 심혈을 기울여 정리한『꿈의 철학: 꿈의 미신, 꿈의 탐색』[6]은 이러한 입장을 잘 반영하고 있다. 프로이트의 정신분석학적 입장에서 본다면 그는 동양문화 속에서 내려온 꿈에 대한 상징성을 기초로 꿈의 의미와 해몽에 대한 내용을 정리하였다고 볼 수 있기 때문이다.

2) 항상성 원리와 꿈

한편 소망뿐만이 아니라 과거에 경험했던 혹은 미래에 도래할 지도

6 유문영,『꿈의 철학: 꿈의 미신, 꿈의 탐색』, 하영삼 · 김창경 번역 (서울: 동문선, 1993), 참고.

모르는 불안감들을 표출하기도 한다. 꿈에 굉장한 괴로움을 당해 소리를 지르다가 깨기도 하는 경우는 이에 속한다. 이러한 경우는 일반적으로 불안한 모습을 현실에서 보일 수 없을 때 꿈에서라도 이를 표출하여 마음의 정화를 가져오려는 시도다.

또한 여러 가지 사건들이 서로 얽히고 시간의 갭도 뒤죽박죽이 되어 나타나는 경우도 있다. 이는 평소 생각이 복잡한 사람들이 꿈속에서 무의식에 내재되어 있는 여러 가지 소망들이나 불안감들 혹은 기억들이 섞여 나오기 때문이다. 그런데 이러한 현상은 수면 기간 동안 인간의 머리에서는 여러 가지의 기억들이 정리되는 과정을 거칠 수 있다는 가설로 설명할 수도 있다. 즉 이러한 복잡한 꿈은 자신의 기억이나 소망들이 뇌에서 정리되는 과정에서 나타나는 현상이라고 해석할 수 있다.

인간은 언제나 마음의 평온을 찾으려는 '항상성 원리Constancy Principle'[7]를 가지고 있기 때문에 복잡한 상태에서 탈출하려는 욕구가 상존하고 있다. 육체적으로 수분이 부족하면 물이 먹고 싶고, 정신적으로 긴장이 유발되면 이를 해소하려는 욕구가 생기는 것은 바로 이 때문이다. 이러한 이유로 자신도 모르게 자신의 복잡한 감정들을 정리하려는 습관이 있는데, 현실에서 여러 사정상 정리가 안 되면 꿈속에서라도 이러한 시도가 이루어지는 것으로 볼 수 있다. 괴로움을 당한 꿈도 따지고 보면 현실에서 말할 수 없었던 일들을 꿈을 통해서라도 토로함으로써 마음의 안정을 일부라도 찾으려는 항상성 원리에 기인한 것이다.

7 Jay R. Greenberg and Stephen A. Mitchell, *Object Relations in Psychoanalytic Theory*, pp.25~28, 참조.

3) 꿈에 대한 뇌 과학적 분석

뇌 과학의 측면에서 살펴보면 꿈은 깊은 잠에 들기 전, 즉 잠이 막 들려고 할 때나 깨려고 할 때 나타난다고 알려져 있다. 완전한 수면 상태가 아닌 상태를 "REM"이라고 하는데 이는 '눈동자의 빠른 움직임 Rapid Eye Movement'이 진행되는 때라는 말이다. 한 조사에 따르면 성인의 경우 취침 중 약 4~5번의 REM 주기가 형성되는데 90%의 꿈은 이 기간 동안 꾸게 되며 그 중 약 75%는 꿈이 깬 뒤에 기억된다고 한다.[8] 그렇다면 숙면 동안 꾼 꿈은 10% 미만일 것이며, 이 때 꾼 꿈은 꿈을 깬 뒤 거의 기억나지 않는다고 보아야 할 것이다.

이러한 현상을 전의식과 무의식의 역할과 비교하여 본다면 REM 기간을 전의식으로 그리고 숙면의 기간을 무의식으로 연결하여 볼 수도 있다. 이는 REM 기간에 꾸어진 꿈은 소망의 현실화에 대한 미련이 있는 경우이며, 숙면에 꾼 소망들은 아직 전의식으로 올라오지도 못한 채 무의식의 맨 밑바닥에 깔려 있는 것들이라는 해석을 가능하게 만들기 때문이다. 꿈을 꾸는 시간에 대해서는 여러 이론들이 있으나 사람마다 편차가 심하기 때문에 무엇이라고 정확히 말할 수는 없다. 다만 한 가지 말할 수 있는 것은 꿈의 내용에 비해 실제 꿈을 꾸는 시간은 길지 않다는 점이다. 일반적으로 꿈이 자주 꾸어지는 REM의 기간이 그리 길지 않기 때문에 꿈을 꾸는 실제 시간은 짧게는 몇 초 그리고 길게는 2~30분 정도라고 한다.

8 김용신, 『나는 누구인가: 일반인을 위한 정신분석학』, p.01.

제2부

정신분석학과 인문학

정신분석학적 지식을 활용하여 인문학 분야를 이해하려고 하는 노력은 그 역사가 길지는 않다. 정신분석학은 먼저 정치 및 사회현상에 대한 새로운 분석을 위해 도입되기 시작하였는데 인문학 전반에 걸쳐서는 최근에야 정신분석학 지식들이 활용되기 시작하였다고 할 수 있다. 물론 인문학 분야 중 예술 및 문화현상을 이해하는데 있어서는 그간 프랑크푸르트학파를 중심으로 정신분석학 지식들이 많이 활용되었다. 또한 철학 분야에서는 인간은 무엇인가라는데 초점을 두는 한 정신분석학의 인간성 이해에 대한 논의들이 그간 나름대로 활용되어 왔다고 볼 수 있다. 그러나 역사와 같은 분야에서는 정신분석학 지식이 크게 활용되지는 않았다.

나의 정신분석학 연구는 다분히 철학적 색채를 강하게 띠고 있다고 스스로 생각하고 있다. 따라서 나는 그간 철학에서 인간성에 관한 문제와 예술에 대한 정신분석학적 연구를 꾸준히 시도하여왔다. 나는 평소에 역사와 철학 그리고 문화와 예술 분야를 인문학의 범주로 이해하고 있는데, 제2부에서는 정신분석학의 지식을 활용하여 평소에 내가 관심을 가져온 몇 가지 분야들에 대한 나름대로의 해석을 시도해 보려고 한다. 이러한 시도는 인문학을 새롭게 바라보는 계기가 될 것으로 기대한다.

제1장

서양철학의 인간성 이해와 정신분석학

철학은 존재론, 인성론, 인식론, 방법론, 윤리론 등 다양한 입장에서 논의 될 수 있다. 그러나 정신분석학은 인간성을 이해하려는 학문이기 때문에 본 장에서는 인성론에 대한 이해에 초점을 두려고 한다. 서양철학의 시대별 흐름은 일반적으로 고대와 중세 그리고 근대로 구별되고 있는데 본 장에서는 중세는 기독교사상이 핵심을 이루고 있기 때문에 생략하고 고대와 근대의 특징을 나름대로 설명할 것이다. 이러한 시도는 서양철학이 정신분석학에 미친 영향과 거꾸로 철학에 대한 정신분석학적 입장을 이해하기 위한 기본적인 작업이라라고 생각하고 있기 때문이다.

1. 고대 철학의 존재론과 인성론

서양의 고대 철학은 그리스 철학자인 플라톤Platon, 영어 Plato, 428/427 or

Platon, 428/427 or 424/423 BC~348/347 BC

Aristoteles: 384 BC~322 BC

Socrates, 470 BC~399 BC

424/423 BC~348/347 BC[1]과 아리스토텔레스Aristoteles: 384 BC-322 BC가 주도적 역할을 했다고 해도 과언은 아니다. 소크라테스Socrates, 470 BC~399 BC도 있지만 그는 플라톤의 스승으로서 플라톤의 철학에 그의 정신이 잘 반영되어 있기 때문에 그의 철학에 대한 자세한 논의는 이 자리에서는 생략하고자 한다. 그러면 플라톤과 아리스토텔레스는 인간의 본성을 어떻게 이해하고 있었는가?

1) 고대 철학의 존재론

인간성에 대한 플라톤과 아리스토텔레스의 입장을 이해하기 위해서는 불가피하게 사물의 존재에 대한 그들의 입장부터 살펴볼 필요가 있다. 그들 철학의 특징을 일반적으로 이원론Dualism이라고 부르고 있는데 이들은 존재나 인성에 대한 문제를 두 가지 요소들이 결합된 것으로 이해하고 있기 때문이다. 플라톤은 존재의 핵심으로 먼저 '이데아Idea' 혹은 '원형Form'이라는 개념을 제시하고 있다. 이는 모든 존재가 그가 취할 수 있는 최고의 선을 말하는 것으로서 존재의

---

1 플라톤의 이름은 로마제국 멸망 이후 프랑스에서 Platon이 일반명사일 경우 복수형이 되고 그 단수형은 Plato가 되기 때문에 Plato라고 표기되기도 하였는데 이러한 표기가 영국을 거쳐 미국에서 수용됨으로써 미국에서는 Plato라고 표기하고 있다고 전해지고 있다.

완전함을 실현케 하는 본질적 요소이다. 따라서 플라톤은 이데아는 비물질적 혹은 비공간적 개념으로서 영원불멸한 것인데 이를 통해서만 존재의 참모습을 알 수 있다고 주장하고 있다.

플라톤은 『국가The Republic』 제7권 동굴의 이야기를 통해 이데아의 의미를 잘 설명하고 있다. 예를 들어 어느 동굴에 손발이 묶여 있고 뒤도 돌아볼 수 없는 사람들이 있을 경우 만약 뒤편에 불빛이 있다면 그들은 모든 대상들의 그림자만을 볼 수 있을 것이기에 그들은 그 그림자가 그들이 본 대상의 실체라고 믿을 것이다. 그러나 그 중 한 사람이 동굴 밖으로 나가게 된다면 그는 그가 동굴 안에서 본 대상들이 실체가 아님을 알게 되고 오직 태양의 빛 아래서 보인 모습이 실체임을 깨닫게 되는데 그 태양이 바로 모든 사물의 실체를 보이게 할 수 있는 이데아라는 것이다.[2]

만약 태양 같은 것이 이데아라면 그리고 그것이 어떤 존재가 존재답게 하는 원형이라면 그것을 통해 우리가 실제로 볼 수 있는 사물의 외형적 모습은 어떻게 나타나게 되는 것인가? 이 물에 대한 답을 얻기 위해서는 '휠레Hyle'라는 개념을 이해해야 한다. 그것은 바로 물질적 재료를 의미하는데 우리가 아는 바와 같이 이 우주에는 수많은 물질들이 존재한다. 그런데 그 물질적 재료들은 이데아의 뜻에 따라 어떤 형상과 그 존재의 고유한 특징을 가지게 된다. 그렇다면 모든 존재란 이데아가 재료들을 서로 모으고 그 모아진 물질 속으로 들어가서 만들어지는 것이라고 볼 수 있다.

2 Platon, *The Great Dialogue of Plato*, Translated by W. H. D. Rous (New York: Mentor Book, 1956), pp.312~341, 참조. Plato, *The Republic of Plato*, Translated with Introduction and Notes by Francis Macdonald Cornford (London and New York: Oxford University Press, 1945), pp.227~235. 김용신, 『성리학자 기대승 프로이트를 만나다』 (서울: 예문서원, 2002), pp.23~24, 참조.

Frank Thilly, 1865~1934

이는 어떤 물질 그 자체의 외형만으로는 그 존재의 실체를 알 수 없다는 것이다. 그리고 그 속에 내재하여 그 물질을 그 물질답게 만들고 있는 이데아를 알아야 비로소 그 물질의 존재에 대한 참 의미를 알 수 있게 된다는 것을 의미한다. 미국 출신 철학자인 틸리Frank Thilly, 1865~1934가 『철학사*A History of Philosophy*』에서 플라톤의 존재론을 설명할 때 원형 즉 이데아는 능동적인 것이며, 물질 즉 휠레는 협조적인 것이라고 한 것은 이 때문이다.[3]

아리스토텔레스도 존재론에 대해서는 플라톤과 근본적인 차이는 없지만 물질에 대한 문제를 조금 구체적으로 다루고 있다. 그는 플라톤의 이데아 대신 원형으로 이해될 수 있는 '형상Eidos'이라는 개념을 사용하고 있는데 이 형상이 휠레를 움직여 존재의 외적 형태를 만들어낸다.[4] 따라서 에이도스Eidos란 사물을 사물답게 만들고 그것을 움직이는 근본적인 힘이라고 이해할 수 있다. 아리스토텔레스는 플라톤보다 조금 더 구체적으로 휠레에 대한 의미를 설명하고 있다.

그에 따르면 에이도스가 존재의 의미를 부과하는 본질적 요소이지만 재료 즉 휠레가 없으면 존재는 불가능하다. 그러하니 휠레야말로 모든 존재를 가능케 하는 또 하나의 요소이다. 다만 휠레는 에이도스의 명령을 받아야만 하는 수동적인 요소이다. 이러한 점에서 틸리는 아리스토텔

3 Frank Thilly, *A History of Philosophy* (New York: Henry Holt and Co., 1936), pp.56~75, 참조.
4 강영계 옮김, Curt Friedlein 저, 『세계 철학사』 (서울: 서광사 1985), pp.77~79, 참조.

레스가 말하는 에이도스는 모든 존재의 원인과 목적이며 휠레는 그 목적을 이루기 위한 수단이라고 설명하고 있다.[5]

2) 고대 철학의 인성론

플라톤과 아리스토텔레스는 인간의 본성을 어떻게 이해했는가? 이 역시 그들의 존재론에 근거한 이원론적 입장을 취하고 있었다. 플라톤은 『국가』 4권과 6권 등에서 인간은 순수한 지식Genuine Knowledge을 통하여 이데아를 발견할 수 있는데 그 순수한 지식은 이성Reason을 통하여 얻어질 수 있다고 주장하고 있다.[6] 이 말을 다시 해석하면 인간은 이성을 통해서 순수지식을 터득함으로써 인간의 목적을 이해하게 되고 그 목적이 원하는 최고의 선을 이룩할 수 있다는 것이다. 플라톤은 그의 대화 중 한편인 "파이드로스Phaidros"의 "전차를 모는 사람의 신화The Myth of the Charioteer"에서 모든 지식은 '회상Reminiscence)'이라고 말하고 있는데 이성이야말로 인간을 재각성Reawakening시켜 순수한 지식을 회상하게 하는 것이라고 해석할 수 있다.[7]

한편 플라톤은 인간에게는 정신Soul이 있다고 하였는데 이는 바로 이성과 깊은 연관성이 있다. 틸리는 정신이란 이데아가 추구하는 본질적인 선을 향하는 것으로서 이데아가 육체 속으로 들어가기 이전부터 존재하는 순수 이성이며, 감성Desire을 포함하고 있는 육체Body는 이성의 통제를 받을 때에만 인간이라는 존재의 참모습을 발현할 수 있다는 것이 플라톤

5 Frank Thilly, *A History of Philosophy*, pp.75~94, 참조. 김용신, 『성리학자 기대승 프로이트를 만나다』, p.26, 참조.

6 Plato, *The Republic of Plato*, pp.119~129 및 pp.211~220, 참조.

7 김용신, 『성리학자 기대승 프로이트를 만나다』, p.33, 참조.

이 주장하는 인성론의 핵심이다라고 주장한다.[8] 이러한 점에서 보면 플라톤이 말하는 윤리Ethics란 이성이 감성을 통제함으로써 나타나는 현상이므로 인간을 인간답게 하는 수단이라고 볼 수 있다. 아리스토텔레스는 플라톤과는 약간 달리 인간에게 있어서 감성이 가지는 다양한 가치들을 제시하기도 하였다. 그러나 그도 결국은 인간이 가야할 마지막 목적Final End을 강조함으로써 다시 플라톤의 결론에 도달하게 된다. 그는 인간은 다른 모든 동물들과 달리 이성을 가지고 있으며, 이 힘을 통해 감성을 조절함으로써 최고의 선에 도달할 수 있다고 했다.

따라서 그는 동물은 이러한 행위를 할 수 없기 때문에 진정한 행복에 도달할 수 없다고 보고 있다. 그에 따르면 어린이들의 경우 인간이므로 이성 자체를 소유하고는 있지만 이를 제대로 작동시키는 데 한계가 있으므로 진정한 행복을 느낄 수 없다고 한다. 한마디로 아리스토텔레스의 인성론이란 인간이 추구하는 최고의 선 혹은 최고의 행복이란 이성을 통해 덕Virtue를 실현해 가는 것[9]이라고 요약할 수 있으니 플라톤과 같은 입장이라고 볼 수 있다.

물론 플라톤은 '심포지엄Symposium'이나 '파이드로스'에서 육체의 아름다움에 대한 언급을 하기도 했다. 그러나 전반적으로 플라톤은 이성이란 인간이 이루어야할 최고의 선을 이루기 위한 본질적 요소이며, 감성은 인간의 육체적 반응을 나타내는 요소로써 이성의 통제를 받을 때에만 진정한 행복을 느낄 수 있다는 점을 강조하고 있다. 아리스토텔레스의

8 Frank Thilly, *A History of Philosophy*, pp.67~69, 참조.

9 Aristoteles, *Nicomachean Ethics*, Edited by Marin Ostwald (New York: Macmillan Publishing Co., 1962) I, 110 a, 참조.

경우는 감성 자체만을 통한 기쁨도 존재한다고 하였으나 결국 이러한 기쁨을 수직적으로 이해함으로써 최고의 행복을 위해서는 이성의 통제를 받아야 한다고 주장하였다. 넓은 의미로 이들은 존재론에서와 같이 인간성을 이해하는 데도 이성과 감성이라는 이원론적 입장을 취하고 있는 것이 분명하다.

따라서 존재론에서의 이데아와 휠레는 인성론에 있어서는 이성과 감성 혹은 육체와 비교된다. 그리고 존재론에 있어서 이데아를 보다 본질적인 것으로 강조했듯이 인성론에 있어서도 이성을 보다 본질적인 요소로 이해하고 있다. 그들의 철학적 논리에 따르면 이성이야말로 인간의 마지막 목적 혹은 최고의 선 내지는 최고의 행복을 이끄는 핵심적 요소가 되기 때문이다. 이러한 이유로 대개의 철학자들은 플라톤과 아리스토텔레스가 주축이 된 서양의 고대 철학에서는 인간성을 이해함에 있어서 이성 혹은 이를 통한 덕이 육체 혹은 감성보다 훨씬 강조되었다고 해석하고 있다.

2. 정치철학적으로 본 근대 철학의 흐름

Leo Strauss, 1899~1973

정치철학적인 면에서는 유태인계 독일 철학자로서 미국 시카고 대학교Chicago University 교수를 역임한 스트라우스Leo Strauss, 1899~1973가 근대 철학의 핵심을 잘 지적하고 있다. 그의 설명은 서양 근대 철학의 전반적인 흐름을 이해하는 데 매우 유익하기 때문에 일단 근대 철학의 인간성에 대한 이해를 돕기 위하여 한번 논의해 볼 필요가 있다. 그는 『정치철학 입문An Introduction to Political Philosophy』의 한 장을 이루고 있는 "근대의 세 가지 물결들The Three Waves of Modernity" 및 『정치철학이란 무엇인가What is Political Philosophy』에서 근대 서양철학을 크게 3가지 흐름으로 구별하여 설명하고 있는데 필자의 생각을 첨가하여 요약하면 아래와 같다.[10]

1) 근대의 첫 번째 물결

스트라우스는 근대의 첫 번째 흐름은 르네상스Renaissance시대 이탈리아Italy의 도시국가인 피렌체Firenze에서 태어난 철학자 마키아벨리Niccolò Machiavelli, 1469~1527에서 출발하였다고 보고 있다. 그에 따르면 마키아벨리야 말로 고대 철학의 전통을 완전히 거부한 최초의 서양철학자임을 강조하고 있다. 마키아벨리는 고대 철학이 요구한 지고한 삶의 목표와 이를 이루기 위한 덕Virtue은 현실에서는 거의 달성할 수 없다는 점으로부터 그의 사상을 펼쳐간다. 그는 인간을 이성적인 존재가 아니라고 믿었기 때문이다.

Niccolò Machiavelli, 1469~1527

따라서 스트라우스는 고대 철학자들이 주장했던 덕은 근대의 마키아벨리 주장에 따르면 법으로 대체되어야 한다고 보고 있다.[11] 이는 바로

10 Leo Strauss, "The Third Waves of Modernity," in *An Introduction to Political Philosophy*, Edited with an Introduction by Hilail Gildin (Detroit: Wayne State University Press, 1989), pp.81~98 참조. Leo Strauss, *What is Political Philosophy? and Other Studies* (Chicago and London: The University of Chicago Press, 1988), pp.41~55, 참조.

11 Leo Strauss, *What is Political Philosophy and Other Studies*, p.41.

고대 철학이 강조했던 덕의 개념을 근대국가체제 내에서는 사회를 위한 공동선Common Good으로 대체되어야 함을 의미한다. 또한 본질적으로는 인성의 문제를 제도로 보완해야 한다는 뜻을 내포하고 있다. 이러한 마키아벨리의 주장이야말로 고대와는 완전히 다른 정치체제를 요구하는 것이기 때문에 근대국가의 성립에 대한 기초적 사상을 제공하였다.

마키아벨리의 사상은 영국의 철학자 홉스에 의해 계승되었다. 스트라우스는 홉스야말로 마키아벨리의 의도를 보다 체계적으로 정리하였다고 보고 있다. 홉스는 주지하는 바와 같이 자연 상태에서는 오직 만인의 투쟁만이 있었기에 누구나 죽음의 공포를 면키 어려웠고, 이를 해결하기 위해 문명이 출발되었다고 보고 있다. 따라서 홉스는 덕보다는 힘Power을 통해 사회적 질서가 유지되어야 한다는 것이다. 다만 그는 근대국가의 질서를 위해서는 국민들이 국가 권력에 복종해야 함을 보다 강조하고 있다.[12]

홉스는 인간에게 있어서 가장 본질적인 욕구는 자아보존이라고 주장한 사람이다. 다만 그가 덕보다 국가의 힘을 강조한 것은 문명 시대에 있어서 자아보존 못지않게 중요한 국민들의 욕망은 번영Prosperity이기 때문에 국가가 이를 해결해야 함을 의미한다. 스트라우스는 이러한 홉스의 사상은 영국의 자유주의 철학자인 로크John Locke, 1632~1704에게도 일련의 영향을 미쳤다고 분석하고 있다.

John Locke, 1632~170

12 *Ibid.*, p.49.

2) 근대의 두 번째 물결

Jean-Jacques Rousseau, 1712~1778

스트라우스는 근대의 두 번째 흐름은 첫 번째 흐름에 대한 반동적 작용으로 나타났다고 보고 있으며, 프랑스의 루소Jean-Jacques Rousseau, 1712~1778와 독일의 칸트Immanuel Kant, 1724~1804 및 헤겔Georg Wilhelm Friedrich Hegel, 1770~1831에 의해서 주도되었다고 설명하고 있다. 그는 특히 루소의 역할을 강조하고 있다. 스트라우스에 따르면 루소는 다시 고대 철학으로 돌아가야 한다고 주장하고 있는데 실은 고대의 정신을 홉스적으로 재해석하였다는 것이다.[13] 이는 바로 루소가 다시 돌아가고자 했던 고대 도시국가의 유지는 사회적 질서를 통해 이루어졌음을 강조한 것이다. 특히 스트라우스는 루소의 정치철학에서 언급한 '일반 의지General Will'의 개념을 중요하게 지적하고 있다. 스트라우스는 루소의 일반 의지는 도덕적 의미가 아닌 바로 법적인 의미라고 강조하고 있다.[14]

Immanuel Kant, 1724~1804

Georg Wilhelm Friedrich Hegel, 1770~1831

스트라우스는 근대의 두 번째 물결은 독일의 이상주의를 통하여서도 나타났다고 보고 있다. 물론 그 핵심에는 칸트와 헤겔이 있었다. 스트라

13 *Ibid.*, p.50.
14 *Ibid.*, p.51.

우스는 칸트는 천부적 인권을 강조하면서 도덕과 법을 분리하여 보았으며, 독일의 이상주의야말로 고대 철학에서 강조한 덕을 자유라는 의미로 대체하였다고 주장하고 있다.[15] 주지하는 바와 같이 헤겔의 변증법이란 고대 플라톤이 강조한 이데아를 현실에서 실현해 가는 하나의 방법이다. 그런데 따지고 보면 헤겔이 주장한 변증법적 논리는 마키아벨리나 홉스가 주장한 이기적인 인간들의 갈등 원리에 기초한 것이라는 것이 스트라우스의 견해이다.[16]

추가하자면 칸트의 주장과 헤겔의 주장은 현대 민주주의에 있어서도 계속 유지되고 있다. 소위 '권리에 근거한 자유주의right-Based Liberalism'는 칸트의 견해를 따르는 것이며 공공의 의미를 보다 강조한 소위 공동체주의Communitarianism은 헤겔의 사상을 따르는 정치적 입장이라고 할 수 있다.[17] 다시 말하면 시장경제체제 하에서도 개인의 자유를 보다 강조하려는 사람들은 칸트의 철학에 그 근거를 찾으며, 공동체의 의미를 보다 강조한다면 헤겔의 철학에 근거를 두고 있다.

3) 근대의 세 번째 물결

스트라우스는 근대의 제3의 물결은 니체에 의해 주도되었다고 보고 있다. 니체야말로 전통적으로 내려온 철학적 전통 그리고 근대의 제2물결의 핵심에 있는 독일의 이상주의적 철학을 완전히 부정하고 있다.

---

15 *Ibid.*, pp.52~53, 참조.

16 *Ibid.*, p.54.

17 Michael Sandal, ed., *Liberalism and Its Critics* (New York: New York University press, 1984), 참고 (특히 pp.1~11, 참조). 김용신, 『보수와 진보의 정신분석』 (서울: 살림출판사, 초판 5쇄, 2015), pp.26~29, 참조.

지금까지 논의한 근대의 물결을 주도한 철학자들은 모두 개인보다는 국가를 강조하였다. 그러나 니체는 국가보다 개인의 문제를 더 중요하게 생각하였다.[18] 따라서 니체는 역사 속에서 덕의 이름으로 고통받아온 수많은 개인들에 대한 문제에 초점을 두었다.

스트라우스는 니체를 설명할 때 그가 주장한 '권력에의 의지Will to Power'를 강조하고 있다. 니체에 따르면 인간에게 있어서 생명보다 더 중요한 욕망은 바로 자아를 실현하는 것인데 이것이 바로 권력에의 의지이기 때문이다. 여기에서 말하는 권력이란 꼭 정치권력만을 의미하는 것은 아니다. 그것은 바로 인간이 그 생명력을 보다 활동적으로 만드는 자신의 욕구를 충족시키기 위한 의지라고 해석할 수 있다.[19] 다시 말하면 니체가 말하는 권력이란 삶의 활력을 주는 기본적인 요소이다. 니체가 국가나 사회로부터 억압당하고 고통받고 있는 개인의 문제를 강조한 것은 이해할 만하다. 그런데 니체는 각 개인이 져야 할 정치적 책임Political Responsibility에 대해서는 언급하지 않고 있다고 스트라우스는 지적하고 있다.[20]

결론적으로 스트라우스가 분석한 근대의 물결들에 대한 견해를 종합해보면 고대 철학은 덕을 강조하였고 근대 철학은 자유를 강조하고 있음을 발견하게 된다. 이러한 견해는 많은 철학자들이 동의하고 있다. 대표적으로 프랑크푸르트학파인 하버마스는 『이론과 실제*Theory and Practice*』에서 불변의 이치로써 완전한 선을 찾으려고 했던 고대 철학은 자연히

18 Leo Strauss, *What is Political Philosophy and Other Studies*, pp.54~55, 참조.
19 김용신, 『우리는 왜 싸우는가』 (서울: NOSVOS, 2018), p.67.
20 Leo Strauss, *What is Political Philosophy and Other Studies*, p.55.

Alasdair Chalmers MacIntyre, 1929~

덕을 강조하였으나 실질적인 현상에 초점을 둔 근대 철학에서는 개인의 자유를 강조하였다고 말하고 있다.[21] 한편 스코틀랜드 출신 철학자 맥킨타이어Alasdair Chalmers MacIntyre, 1929~는 그의 유명한 저서 『덕 이후*After Virtue*』에서 인간성을 논함에 있어서 고대 철학은 이성을 강조한 반면 근대 철학은 감성을 강조했다고 분석하고 있다.[22] 이는 스트라우스가 주장한 제2의 물결에서 이성을 강조한 부분을 조금 과소평가한 면이 있으나 초점을 인간성 문제로 좁혀 본다면 이해할 만한 주장이다.

3. 정신분석학적으로 본 근대 철학의 흐름

스트라우스의 해설은 다분히 정치철학적 입장에서 근대정치체제의 성립과 그 특징에 초점을 두고 위와 같은 세 가지 흐름을 설명하였다. 그런데 나는 스트라우스의 기본적인 의견에는 동의하면서 인간성 이해라는 부분에 초점을 두고 나름대로 세 가지의 근대 물결들을 재해석하고자 한다. 요약하면 최초로 이성에 반기를 들고 감성을 강조한 마키아벨리와 이를 이어받은 홉스를 근대의 제1의 물결로 이해하고 있다. 그리고 고대 철학에서 강조한 이성을 체계적으로 이해하려고 한 칸트와 헤겔을

21 Jurgen Habermas, *Theory and Practice*, Translated by John Viertel (New York: Beacon Press, 1974), pp.41~43, 참조.

22 Fred Alford, *Narcissism* (New Haven and London: Yale University Press, 1988), pp.10~13, 참조. Alasdair Chalmers MacIntyre, *After Virture* (Indiana: University of Notre Dame University Press, 1981), 참고.

제2의 물결로 볼 수 있다. 마지막으로 나는 또 다시 마키아벨리와 홉스의 감성 강조를 새로운 시각에서 설명한 니체와 무의식의 동적 양상을 연구하려고 한 프로이트를 제3의 물결로 이해하고 있다.

1) 고대 철학의 이성 강조에 대한 최초의 반기

마키아벨리는 매우 용감한 학자였다. 그 시대에 전통적으로 내려온 이성의 힘을 과감히 부정하고 인간이란 이기적인 욕망의 화신으로서 그 삶이란 "어느 한 욕망에서 다른 욕망을 향해가는 것from one ambition to Another"[23]이라고 주장했기 때문이다. 그에 따르면 이러한 욕망은 고대 플라톤이나 아리스토텔레스가 강조한 이성의 힘으로 통제할 수는 없으며 오직 '외부의 제한External Limits'만을 통해 가능하다는 것이다. 이는 바로 플라톤이 이야기 한 정신Soul은 이성에 의존하지 않으며 오직 욕망의 다른 표현임을 암시한다.

따라서 마키아벨리가 보는 인간성에는 플라톤이 주장하는 심리 상태Platonic Psyche는 존재하지 않는다고 보아야 한다.[24] 한마디로 마키아벨리는 플라톤이 강조한 우주 질서에 대한 불변의 원리로서 이데아를 부정하고 있기 때문에 인간이 추구해야할 지고한 목적 그 자체도 존재하지 않는다는 점을 강조한 것이다. 따라서 마키아벨리야말로 고대의 이성을 부정하고 감성을 강조함으로써 근대 철학의 문을 연 최초의 철학자이다.

23 Nicolo Machiavelli, *The Prince and The Discourse,* Translated by Luigi Licci, Edited by E.R.p.Vincent, and Introduction by Max Lerner (New York: Random House, 1950), pp.231~233, 참조.

24 Martin Fleisher, ed., "A Passion for Politics, in *Machiavelli and the Nature of Political Thought* (New York: Macmillan Publishing Co., 1972), p.119, 참조.

일부에서는 마키아벨리를 근대 철학의 선구자라고 분류한 나의 견해에 선뜻 동의를 하지 않을 수도 있다. 그것은 바로 고대와 근대 철학의 한계를 방법론적인 측면에서 보면 마키아벨리의 주장은 아직 고대 철학의 추상적인 분석의 틀을 벗어나지 못했기 때문이다. 그렇다! 방법론적인 측면에서 보면 분명히 근대 철학의 선구자는 프랑스의 데카르트René Descartes, 1596~1650이다. 데카르트는 가치만을 강조한 고대 철학의 추상적 방법론을 부정하고 모든 개념을 각 개인이 주체가 되어 연역적으로 입증해 가는 경험적 방법론을 강조했기 때문이다. 예를 들면 그의 명제인 "나는 생각한다. 고로 존재한다Cogito ergo sum"는 목적에 근거한 인간의 존재 그 자체보다는 인간의 사고 방향을 중시한 것으로 철학에 대한 새로운 방법론의 제시였다.[25] 그러나 다시 인간성 문제에 국한한다면 나는 고대 이성의 문제를 제일 먼저 부정하고 감성을 강조한 근대 철학자는 분명히 마키아벨리라고 여러 곳에서 주장한 바 있다.[26]

René Descartes,
1596~1650

마키아벨리의 감성 강조는 후일 홉스에 의해 보다 정교하게 정리되고 있다. 홉스는 방법론에 있어서도 데카르트가 강조한 경험적 지식을 활용하고 원인과 결과라는 논리적 방법론을 통하여 이데아를 부정하고 인간 그 자체가 감각적 동물임을 입증하려고 하였다. 그에 따르면 동물적 속성을 가진 인간 심리의 메커니즘Mechanism으로 볼 때 이성이란 자신의

25 "합리론의 존재론과 인식론," Daum 백과, in Daum, 참조.
26 김용신, 『성리학자 기대승을 만나다』, pp.66~67, 참조.

현실 생활을 위한 계산Reckoning에 불과하다.[27] 그렇다면 인간 행동의 원인을 찾기 위해서는 바로 그 사람이 가지고 있는 욕망의 동기를 찾아야만 될 것이다. 그가 말하는 인간 행동의 가장 근본적인 동기는 바로 자기보존이다. 왜냐하면 그가 말한 자연 상태에서는 선과 악이 따로 구별되지 못하고 만인에 대한 만인의 투쟁만이 있었는데 이는 바로 '폭력적 죽음의 공포Fear of Violent Death'를 자아내기 때문이다.

따라서 그는 문명이란 죽음의 공포를 벗어나고 싶은 인간의 욕구에 의해 출발되었다고 보고 있다.[28] 그렇다면 문명 시대에 있어서도 이성은 질서 유지를 위한 근본적인 힘이 될 수 없으며 오직 '보이는 힘Visible Power에 의해서만 유지될 수 있다. 이것이 바로 그가 권위에 근거하여 보이는 힘을 발휘할 수 있는 군주제를 주장한 근본적인 이유이다. 추가하여 그가 주장한 평등 사상도 따지고 보면 자연 상태에서 만인이 만인을 죽일 수 있다는 점에서 인간은 평등하다는 원리를 문명사회에서의 평등으로 바꾸어 이해했다고 할 수 있다.

2) 이성 강조로의 전환을 시도한 근대 철학자

마키아벨리와 홉스는 인간을 짐승과 다를 바 없이 해석했다고 해도 과언은 아니니 인간의 감성을 너무 강조한 것은 아닌가? 이에 대한 반응으로 근대의 제2의 물결이 나타난다. 그 물결은 칸트와 헤겔 등이 중심이 되어 다시 고대의 이성으로 돌아가야 한다는 움직임이다. 칸트

27 Thomas Hobbes, *Leviathan*, Selected by Richard Peters and Edited by Michael Oakeshott (New York: Collier Books, Macmillan Publishing Company, 1962), p.41.

28 *Ibid.*, pp.48~49 및 p.14, 참조. 김용신, 『성리학자 기대승 프로이트를 만나다』, p.68, 참조.

는 데카르트가 주장한 경험적 방법론에 따라 고대 철학에서 추상적으로 목적론에 근거하여 강조되었던 이성을 순수이성과 실천이성으로 구별하여 설명함으로써 이성의 문제를 보다 경험적으로 설명하려고 하였다.[29]

그리고 헤겔은 플라톤의 이데아를 향한 인간의 목적을 변증법적으로 설명하여 역사는 인간의 자유정신Free Spirit을 향해 가는 과정이라고 했다. 다시 말하면 헤겔은 고대 철학에서 강조한 인간의 목적을 인정하고 있지만 이를 달성해 가는 과정은 고대 철학자들이 주장한 추상적인 당위적 의미가 아닌 마키아벨리나 홉스가 주장한 인간의 감성에 근거한 갈등 그 자체를 변증법적으로 풀어서 설명함으로써 근대적 방법론을 취했다.[30]

스트라우스는 근대의 제2물결을 주도한 철학자로서 루소를 칸트나 헤겔보다 강조하고 있는 면이 있다. 근대 국가체제의 근본이 되는 원리를 루소가 주장한 사회계약론에 두고 있기 때문일 것이다. 그런데 이성과 감성의 문제에 국한하여 보면 루소는 감성 그 자체를 부정하지 않고 있기 때문에 마키아벨리나 홉스에 완전한 반기를 들었다고 볼 수는 없다. 내가 근대의 제2물결 주도자로서 루소보다 칸트와 헤겔을 먼저 언급한 것은 바로 이러한 이유에서이다. 다만 루소는 홉스와는 달리 자연상태를 만인의 투쟁이 아닌 완전한 형태로 보았는데 그가 말한 사회계약이란 그 완전한 상태를 유지하기 위한 수단으로 이해될 수 있다. 그리고 어느 면으로는 홉스가 주장한 자아보존을 문명 시대에 인간이 가지게

---

29 김용신, 『성리학자 기대승을 만나다』, p.70, 참조.
30 *Ibid*., p.71, 참조.

되는 권리로 바꾸어 이해했다고도 볼 수 있다.[31] 그에 따르면 국가 내에서 모든 국민은 평등한 권리가 있으며 서로의 권리를 보장하기 위해서는 계약이 필요한데 그 계약은 복종적 계약이 아닌 '일반 의지General Will'에 따른 평등적 계약이어야 한다는 것이다.[32]

루소는 분명 방법론으로는 데카르트의 주장을 받아들인 근대 철학자이다. 또한 마키아벨리나 홉스의 철학에 근거한 군주제가 아닌 계약에 근거한 새로운 국가체제를 위한 사상을 주장했다. 따라서 칸트 및 헤겔과 함께 스트라우스가 말한 대로 제2의 근대 물결을 주도한 철학자임에는 틀림없다. 그러나 인간성을 이해하는데 있어서 이성과 감성을 대칭적인 요소로 간주하여 이성을 다시 강조하고 나선 철학자들을 근대의 제2의 물결로 분류하고 있는 나로서는 루소에 대해서는 아직까지 확실한 판단을 못하고 있음을 고백하지 않을 수 없다. 그 핵심은 두 가지 면에서 발견된다. 그 하나는 이성이 강조된다면 루소가 주장한 완전한 자유상태를 유지하기 위한 수단으로써 사회계약이란 필요가 없어질 수도 있다. 그리고 다른 하나는 이성의 힘이 강하지 못하기 때문에 계약을 통해 질서를 유지해야 된다는 논리도 성립될 수 있다. 그렇다면 루소의 사회계약설은 이성과 감성의 문제를 어떻게 해석해야 하는지 조금은 애매해진다.

3) 감성 강조로의 또 다른 전환

이성을 강조한 근대의 제2물결은 또다시 큰 도전을 받게 되는데 그

31 *Ibid.*, p.70, 참조.
32 "사회계약이론," daum 백과, in daum, 참조.

출발은 니체에서 시작되었다. 그는 처음에는 독일의 이상주의 철학을 공부하였지만 결국은 이상주의의 가장 반대가 되는 새로운 주장을 하게 된다. 이런 점에서 니체는 독일의 이상주의에 반기를 들고 다시 마키아벨리와 홉스의 감성 강조로 돌아가는 길을 택했다. 그는 누구보다도 고대 플라톤이나 아리스토텔레스를 많이 연구한 학자인데 결국은 그들을 강력히 비판하는 쪽으로 방향을 바꾸었다.

니체에게 있어서 이데아나 이성 같은 의미는 존재하지 않는다. 그는 인간 행동의 동기는 목적에 있는 것이 아니라 감성에 근거한 것이라고 보고 "이 세상에 영원한 것은 존재하지 않으며 영원한 진리도 존재하지 않으며 오직 변화만이 있을 뿐이다"[33]라고 주장한다. 또한 그는 『선과 악을 넘어서*Beyond Good and Evil*』에서 도덕적 판단이란 '정서의 신호적 언어 A Sign Language of Affects'로서 현상에 대한 해석일 뿐이기에 옳고 그름의 마지막 판단은 자신에게 달려 있으므로 "나의 판단은 나의 판단My Judgment is My judgement"이라고 외치고 있다.[34] 실로 니체에게 있어서 육체란 자아 그 자체이기 때문에 고대 철학에서 논의된 정신과 육체의 구별은 의미가 없어지고 만다.

니체는 이성을 부정하고 감성을 강조했다는 점에서는 마키아벨리나 홉스와 매우 흡사한 생각을 가진 것으로 볼 수 있다. 그러나 조금 자세히 살펴보면 홉스가 보지 못한 새로운 면을 강조하고 있음을 알게 된다. 홉스는 자아보존을 행동의 제일 근본적인 동기로 보고 있다. 그런데

33 Werner J. Dannhauser, "Friedrich Nietzsche," in *History of Political Philosophy* (Chicago and London: The University of Chicago Press, 1987), p.785.

34 Friedrich Nietzsche, *Beyond Good and Evil*, Translated, with Commentary, by Walter Kaufmann (New York: Vintage Books, 1966), p.53.

니체는 자아보존을 위하여 억제된 감정을 중요하게 거론하고 있는데 그것은 바로 '자아실현Self Realization'이라는 개념이다. 홉스는 문명의 출발은 바로 자아보존을 위한 것이라고 했다. 그런데 니체는 자아보존의 대가로 억눌리게 되는 많은 감정들을 문제 삼으며 인간이란 자신의 육체적 보존 못지않게 자신의 욕망을 실현하는 것이 중요함을 역설하고 있다.

한마디로 니체는 문명에서 도덕이라는 이름으로 희생되고 억제된 자아의 욕망을 안타가워하며 헤겔 등이 주장하고 있는 진보를 향한 변증법에 강한 불만을 나타내고도 있다. 그에 따르면 문명 시대의 역사란 특정 소수가 덕의 이름으로 다수를 지배해 온 미침의 연속이었다는 것이다. 따라서 많은 철학자들이 주장해온 행복의 의미란 따지고 보면 현재의 논리에 항복하거나 문명의 고통을 잊어버림으로써 얻어질 수 있는 가식적인 것이라는 말까지 하였다.[35]

제1부에서 잠깐 언급했지만 니체가 무의식의 의미까지도 일부 언급한 것은 사실이다. 그러나 인간 감성의 덩어리로써 무의식이라는 개념을 구체화하고 그 동적 양상을 살피는 학문으로서 정신분석학을 창시한 사람은 프로이트임이 틀림없다. 스트라우스는 국가의 체제에 초점을 두고 근대의 물결을 설명했기에 프로이트의 사상에 대해서는 자세한 설명을 하지 않았다. 그러나 인간성의 이해에 초점을 두고 근대 철학의 흐름을 이해한다면 프로이트야 말로 니체와 함께, 아니면 니체보다 한 발 더 나아가서 다시 인간의 감성을 강조한 근대의 제3물결을 주도한

35 Werner Dannhauser, "Friedrich Nietzsche," p.783.

철학자라고 할 수 있다. 거꾸로 말하면 프로이트의 정신분석학이란 바로 마키아벨리와 홉스 그리고 니체의 감성 강조에 근거하여 형성된 학문이라고 할 수 있다.

프로이트에 대한 기본 입장은 제1부에서 나름대로 설명했기에 여기에서 논의는 생략하고자 한다. 다만 여기에서는 프로이트는 단순한 의사의 입장을 벗어나서 서양 철학사에서 인간 무의식의 동적 양상을 체계적으로 밝힘으로써 감성 강조의 인간성 이해에 절대적인 공헌을 한 철학자임을 강조하고자 한다. 실제로 20세기 이후부터 현대에 이르기까지 정신분석학은 인간성을 연구하는 많은 철학자들에게 절대적 영향을 미치고 있다. 그 대표적인 예가 제1부에서 언급했던 프랑크푸르트학파와 후기근대주의를 주창하는 학자의 주장들 속에 깊이 반영되어 있다.

제2장

조선 성리학의 정신분석학적 이해

1995년 우연히 선배 철학자들의 권유로 퇴계退溪 이황李滉, 1501~1570 선생과 고봉高峯 기대승奇大升, 1527~1572 선생이 8년간 편지로 주고받은 사단四端과 칠정七情에 대한 논쟁서인 『양 선생 이기왕복서兩先生 理氣往復書』를 영역한 바 있다. 이때 깜작 놀란 것은 퇴계 선생의 논지는 플라톤이나 아리스토텔레스의 사상과 비슷하고, 고봉 선생의 주장은 내가 전공하는 프로이트의 정신분석학과 매우 흡사하다는 것이었다. 이에 나는 고봉 선생의 사상을 프로이트의 정신분석학과 비교하고 싶은 충동을 느껴 2002년 『성리학자 기대승 프로이트를 만나다』를 집필하여 출판한 바 있다.

조선의 성리학性理學이란 말 그대로 정신분석학과 마찬가지로 인성을 논하는 학문이다. 그렇다면 조선의 성리학을 정신분석학적 입장에서 재음미하는 것은 흥미로운 일이다. 이러한 시도는 동 · 서양 철학에서 인간성을 어떻게 이해하고 있는가를 살펴보는 일이며, 나아가서는 조선의 성리학을 인류 지성사의 흐름에서 이해해보는 매우 유익한 작업이 될 것이다.

1. 주자학의 존재론과 인성론

성리학의 핵심을 이해하기 위해서는 우선 동양 유학에 대한 이해가 필요하다. 이를 위해서는 서양 고대 철학을 논하면서도 언급했듯이 우선 유학에서 주장한 존재론과 인성론부터 이해해야 한다. 조선의 성리학이란 그 뿌리가 당연히 유학, 그 중에서도 중국 송宋나라 주자朱子, 주희朱熹, 1130~1200가 정리한 주자학朱子學에 그 근거를 두고 있다. 따라서 이번에는 주자학에서 논의하고 있는 존재론과 인성론의 핵심을 먼저 간단하게라도 논의하고자 한다.

1) 주자학의 존재론

『주자대전朱子大全』 권 58에는 다음과 같은 말이 나온다. "천지간에는 이理와 기氣가 있다. 이理는 형이상학적인 도로써 모든 생물의 근원이 되며, 기氣는 형이하학적 그릇으로서 생물의 체구를 이룬다."[1] 이 말은 우주에는 이와 기라는 두 개의 요소가 있는데 이는 모든 존재들을 각기 존재답게 하는 본질적 요소이며, 기란 이의 의를 담아 형상으로 그 존재를 나타나게 하는 요소라는 의미이다. 이러한 해석은 앞서 논의한 플라톤과 아리스토텔레스의 존재론과 매우 흡사하다. 즉 이는 플라톤의 이데아 그리고 아리스토텔레스의 에이도스와 흡사하고, 기는 플라톤과 아리

---

1 「朱子大全」, 권58 "天地之間 有理有氣 理也者, 形而上之道也, 生物之本也, 氣也者, 形而下之器也, 生物之具也"

스토텔레스가 말한 휠레와 흡사한 개념이기 때문이다.

그렇다면 이란 하나의 추상적인 개념이며 기란 이의 뜻을 받아 형체로 나타나는 형상적인 요소라고 이해할 수 있다. 『주자어류』 권 137에서는 다음과 같이 설명하고 있다. "형이상학적인 것은 형체도 그림자도 없는 것인데 이것이 바로 이이며, 형이하학적인 것이란 정과 형상을 가진 것인데 이것이 바로 기이다."[2] 이는 형체도 그림자도 없다는 것은 바로 추상적인 개념으로서 플라톤의 이데아와 같다는 것으로 이해할 수 있다. 그런데 형이하학적인 것에 정과 형상이 있다는 것은 조금 추가 설명이 필요하다. 이때 정이란 영어로는 단순히 감성Emotion으로 해석할 수 있다. 이는 모든 존재의 형상 속에는 소위 욕망Desire이 있다는 말로도 해석이 가능하다. 이러한 해석은 성리학의 인성론에서 말하는 기를 이해하는 데 핵심적 역할을 하고 있다.

주자학에 있어서 이와 기의 문제는 존재론을 이야기할 때에는 크게 몇 가지의 개념들도 설명할 수 있다. 그것은 바로 '이기불상잡理氣不相雜,' '이선기후理先氣後,' '이동기이理同氣異,' '이생기理生氣'이다. 본 개념들은 현상의 원인이 되는 본체本體의 입장에서 이와 기를 보는 시각이라고 할 수 있다. 상기 개념들은 아래와 같이 요약할 수 있다.[3]

첫째, 이기불상잡은 말 그대로 이와 기는 서로 섞일 수 없다는 의미이다. 이러한 해석은 이란 만물이 모습을 나타내기 이전부터 존재하기 때문에 그 존재성이 기와 다르다는 것을 강조하는 것이다. 둘째, 이선기후는 모든 존재란 그것을 이루게 하는 이가 먼저 작동해야 하기 때문에

2 朱子, 『朱子語類』 권 137, "形而上者 無形無影 是此理, 形而下者 有情有狀 是此氣"

3 김용신, 『성리학자 기대승 프로이트를 만나다』, pp.21~22, 참조.

이가 먼저이고 기가 나중에 오는 것이라는 의미이다. 셋째, 이동기이란 사물을 사물답게 만드는 원리는 불변하지만 사물의 형상은 다양하게 나타날 수 있기 때문에 이는 같은 것이며 기는 각기 다를 수 있다는 의미이다. 넷째, 이생기는 얼핏 이가 기를 만들어 낸다는 의미로 해석될 수 있다. 그러나 여기에서는 이가 기를 움직여 생명력을 부과한다는 것으로 보는 것이 보다 타당하다. 다시 말하면 기란 이의 원리에 따라 움직인다는 것이다.

2) 주자학의 인성론

주자학의 인성론을 논하기 위해서는 '심心,' '성性,' '정情'이라는 세 가지 개념들을 먼저 이해할 필요가 있다. 주자는 이를 성으로 보아 "성은 다만 이일뿐이다"라고 말하고, 만물의 부여받은 바는 선이 바로 성이다"라고 주장하고 있다.[4] 플라톤의 철학에서는 이성은 이데아를 향할 수 있는 힘을 가지고 있고, 인간은 이성을 통해 최고의 선에 도달할 수 있다고 했다. 이러한 의미를 주자학과 비교하여 본다면 이성이란 바로 성이 된다고 볼 수 있다. 그러하니 성이야말로 이가 되는 것이다.

그러면 정은 무엇으로 해석할 수 있는가? 앞서 성을 이로 본다면 정은 성의 정신에 따라 형성된 사물의 모습이다. 그리고 인간성이란 측면에서 보면 이의 뜻을 받아 나타나는 하나의 결과로서 성질 혹은 앞서 잠깐 언급한 욕망을 나타낸다고 볼 수 있다. 그렇다면 정은 당연히 기에 속한다. 이와 기의 양별적인 시각에서 보면 성은 이이며 정은 기임이 분명하

4 朱子, 『朱子語類』, 권4에서는 "性只是理" 라고 하고, 권62에서는 "萬物稟受 莫非至善者性" 이라고 말하고 있다.

다. 그런데 주자학에서는 굳이 심이라는 또 다른 용어를 사용하고 있다. 한 철학자의 설명에 따르면 "심이 의식의 주체로서 외연적 개념이라면 성과 정은 의식의 체인 심을 구성하는 구체적 내용을 가리켜서 언표된 개념"[5]이라고 주장하고 있다. 이 말을 간단하게 풀어보면 외연적 개념으로서 심은 성과 정으로 구성되어 있다고 이해할 수 있다. 그렇다면 심이란 여기에서는 어떤 사물의 존재와 같은 의미로 받아들일 수 있다. 마치 모든 존재는 이와 기로 이루어져 있듯이...

그럼에도 불구하고 앞서 심을 외연적 개념으로 분류한 학자는 스스로 심을 기에 배속시켜 설명하고 있다. 그에 따르면 이는 성이며 인의예지신仁義禮智信을 말한다고 설명하고 기는 심으로서 기질을 의미하는데 다시 여러 가지의 정들로 나타난다고 보고 있는 것이다.[6] 만약 심을 외연적 개념으로서 사물 그 자체가 아닌 기능적인 측면에서 동적인 개념으로 본다면 움직이는 마음이 된다. 그렇다면 심은 정과 함께 기에 배속시킬 수 있다.

일반적으로 주자학에서 이를 말할 때 사단이라 함은 인의예지仁義禮智를 말한다. 혹자는 신信까지를 합하여 5가지를 언급하기도 한다. 이러한 분류는 맹자孟子, 약 371 BC~약 289 BC의 성선설性善說에 유래한 것으로 맹자는 인의예지가 없다면 인간이 아니라고 까지 말하고 있다. 그리고 정을 말할 때는 대개 희노애락喜怒哀樂 4가지를 대표로 말하고 있다. 그러나 자세히는 10가지까지 지적되고 있는데 보편적으로는 『예기禮記』의 예운禮

5 최영찬, 『朱子哲學에서 본 高峯의 四端七情論』, 『傳統과 現實』, 창간호 (광주: 고봉학원 1991), p.106.
6 *Ibid.*, p.100. 김용신, 『성리학자 기대승 프로이트를 만나다』, pp.28~29, 참조.

運편에서 언급한 7정(情), 즉 희노애구애오욕喜怒哀懼愛惡欲을 대표적인 정으로 설명하고 있다. 성리학에서 이와 기 그리고 사단과 칠정을 말할 때에는 당연히 이라고 이해되는 사단인 인의예지 그리고 기로 배속될 수 있는 7정인 희노애구애오욕을 의미한다. 이 말을 굳이 여기에서 하는 이유는 앞으로 논의될 퇴계와 고봉의 이와 기에 대한 논쟁에서는 사단과 칠정이 주제가 되고 있기 때문이다.

주자학에서는 인간성을 논할 때 이와 기의 관계는 현상적인 입장에서 '이기불상리理氣不相離', '이기무선후理氣無先後', '기상근이부동氣相近理不同', '기강이약氣强理弱,'의 개념들로 설명하기도 한다.[7] 이와 기는 본체론적 입장에서는 서로 성질이 다르기 때문에 섞일 수 없다. 그러나 현상론적 입장에서 보면 모든 사물은 이와 기가 합하여 이루어져 있음으로 서로 분리될 수 없음으로 이기불상리라는 개념을 사용하고 있다. 본체론적 입장에서는 논리적으로 이가 먼저이고 기가 나중이지만 현상론적 입장에서는 이미 그 두 가지 요소가 합해져 나타나기 때문에 이와 기에 선후가 없다는 이기무선후 개념을 사용하고 있다. 기상근이부동이란 기란 서로 비슷하고 이는 같지 않다는 의미인데 약간의 설명이 필요하다. 본체론적 입장에서는 이는 하나이며 기는 다양할 수 있다. 그런데 인성론으로 들어가면 쉽게 말해서 짐승의 이와 인간의 이는 분명 서로 다르고 감성적인 면에서는 인간이나 짐승에 본질적 차이가 없기 때문에 이러한 표현을 썼다고 보아야 할 것이다. 그리고 본체론적 입장에서는 이가 기를 조정하기에 이가 강하다고 볼 수 있다. 그러나 현실에서는 자주 악이

7 김용신, 「성리박사 기대승 프로이트를 만나다」, pp.61~62, 참조.

발현될 수도 있기 때문에 현상론적 입장에서는 때로는 기가 강할 수 있다는 의미로 기강이약 이라는 용어를 사용한 것이다.

앞에서 요약한 주자학에 있어서 인성론을 보면 일면 이해도 되지만 혼동을 야기 시킴이 분명하다. 서양 고대 철학에서는 존재론에서의 입장이 그대로 인성론에도 적용되고 있다. 그런데 주자학에서 존재론은 분명하지만 이와 기의 개념을 인성론에 적용시켜 설명하는 데는 상당히 복잡한 논리들이 숨어 있다. 이러한 이유로 인성론을 논함에 있어서 이와 기의 문제에 대하여 퇴계와 고봉간의 차이가 발생하게 되었다고 해도 과언은 아니다. 두 사람 모두 그들의 주장에 대한 근거를 주자학에서 찾고 있음에도 불구하고 각기 다른 해석을 하고 있으니 흥미로운 일이 아닐 수 없다.

2. 퇴계와 고봉의 이와 기에 대한 논쟁

퇴계와 고봉이 벌린 이기사칠理氣四七논변을 이해하는 일은 조선 성리학의 핵심을 이해하는 지름길이다. 기대승은 1558년명종 13년 과거에 급제한 후 즉시 서울에서 이황을 만났다. 그리고 1년 후 성리학자 추만秋巒 정지운鄭之雲, 1509~1561의 천명도天命道에 표시된 이황의 수정 내용을 보고 비판을 시작한다. 고봉의 비판에 대해 퇴계가 서한을 보낸 것을 시작으로 이 두 학자들 간의 논쟁은 1566년까지 계속되는데 이를 모아 편집한 것이 바로 "양선생이기사칠왕복서兩先生四七理氣往復書"이다. 이번에는 먼저 본 왕복서를 중심으로 두 학자들 간의 인성론에 대한 핵심과 고봉의 학설을 이어받은 주기론적 입장을 나름대로 정리하려고 한다.

1) 퇴계와 고봉의 주장

결론부터 말하자면 퇴계는 이가 발현된 것이 사단이며 기가 발현된 것이 칠정이기에 이 둘은 원래 그 근원이 다르다는 것이다. 그런데 고봉은 이와 기의 근원은 같으며 기가 발현되어 절도에 맞으면 이가 되는 것이니 이와 기를 구별하는 것은 잘못되었다는 주장을 하고 있다. 따라서 고봉은 퇴계가 추만의 천명도에 사단은 이에서 발하고 칠정은 기에서 발한다는 해설에 비판을 가한 것이다. 퇴계는 처음 고봉이 추만의 천명도에 대한 본인의 해석에 대한 비판에 대응하여 다음과 같은 흥미로운 답을 한다. "사단이 발하는 것은 순리이게 때문에 선하지 않음이 없고 칠정이 발하는 것은 겸기兼氣이기 때문에 선 · 악이 있다"[8]는 것이다.

이러한 퇴계의 설명에도 불구하고 고봉은 자신의 주장을 굽히지 않는다. 그는 다음과 같이 응수한다. 기와 이는 발현하는 사이에 조금 과하거나 미흡한 점이 있기 때문에 "칠정의 발현이 혹 선하기도 악하기도 하며, 성의 본체도 혹 온전하지 못한 바가 있게" 되기 때문에 "이른바 사단 칠정이란 것이 애당초 두 가지 뜻이 있는 것이 아니다"라고 주장하고 있다.[9] 이러한 설명은 사단과 칠정의 근원이 다르지 않다는 것을 분명히 하고, 나아가 이를 정과 동일하게 표현하고 있음을 의미한다. 즉 이도 기의 한 표현이라는 것이다. 이에 퇴계는 "사단도 정이고 칠정도 정이라면 똑 같은 정인데 어째서 사단 · 칠정이란 이명이 있는 것인가?"[10]라고 반문하고 나섰다. 즉, 이는 기가 될 수 없다는 점을 강조한

8 이을호 번역, "兩先生四七理氣往復書," 『傳統과 現實』 창간호, p.243.
9 *Ibid.*, p.244.

것이다.

이러한 퇴계의 자세에 고봉은 다시 반박하고 나선다. 고봉은 공자의 제자인 자사子思, 483?BC~기원전 402 BC가 감정이 나타나지 않은 상태를 중中이라 하고 나타나서 시대의 도덕률에 맞으면 이를 화和라고 말할 수 있다는 해석, 그리고 맹자가 "측은惻隱의 마음은 인仁이고 수오羞惡의 마음은 의義의 단서이고, 사양辭讓의 마음은 예禮의 단서고, 시비是非의 마음은 지智의 단서이다"[11]는 말을 예로 들면서 사단과 칠정의 차이가 없음을 강조하고 있다. 이 말은 이에 의해 발현된 사단, 즉 인의예지도 따지고 보면 측은한 마음, 부끄러운 마음수오, 겸손하여 사양하는 마음, 옳고 그름을 가리는 마음으로 표현됨으로 정을 의미하기 때문에 기와 분리되어 이해될 수 없다는 뜻을 강조하기 위한 것이다.

그런데 퇴계에 따르면 "자사의 천명지성天命之性이나 맹자의 성선지성性善之性의 이론에서 성이 의미하는 바는 이기理氣가 부여된 속에서 이의 원두본연처源頭本然處를 말한 것"[12]이기 때문에 그 핵심이 기에 있는 것이 아니라는 것이다. 한마디로 퇴계는 고봉의 해석처럼 기를 겸한 것도 이가 된다면 이의 본질이 완전히 순수하고 악이 없다는 본뜻에 위배된다고 주장하고 있다. 퇴계는 구체적으로 사단은 모두 선한 것이며 칠정은 모두 선한 것이라고 볼 수 없음으로 사단과 구별된다고 주장한다. 또한 칠정도 발현하여 절도에 맞으면 화가 된다는 것 그것 하나만으로 사단과 칠정을 같이 취급하는 것은 무리라는 것이다. 따라서 퇴계는 고봉이

10 *Ibid.*, p.245.
11 *Ibid.*, p.243.
12 *Ibid.*, p.246.

모든 것을 합동하기를 좋아하고 분리하거나 분석하기를 싫어한 것 같다고 꼬집고 있다.[13]

퇴계의 이러한 생각에 대해 고봉은 자신의 주장을 12절로 나누어 자세하게 설명하는데 당연히 그 핵심은 칠정이란 꼭 기에서만 발현되는 것이 아니고 발현되어 절도에 맞으면 이가 될 수도 있으니 이의 의미도 포함되어 있다는 것이다.[14] 따라서 이와 기를 구분하여 이는 오직 발하면 사단이 되고 기는 발하면 칠정이 된다고 못을 박는 것 자체가 잘못 되었다는 것이다. 이를 확대 해석하면 기 속에 이가 포함되었다는 점을 지적한 것이니 우리는 일반적으로 고봉의 사상을 '칠포사단七包四端' 혹은 줄여서 '칠포사七包四' 논리라고 한다. 즉 칠정이 사단을 포함하고 있다는 것인데, 나는 이 말을 '정포사단情包四端'이라고 바꾸어 말하기도 한다. 사단이 별도로 있는 것이 아니라 정 속에 포함되어 있다는 의미이다. 그렇다면 인성을 말할 때 이를 기와 분리하여 볼 필요가 없게 되므로 결국 이와 기의 발현이 정이라는 의미로 받아들일 수 있다.

반면 퇴계는 사단과 칠정의 의미는 때로는 혼합하여 이해하는 경우도 있을 수 있으나 "같은 가운데 다름이 있음을 알 수 있으므로 두 가지를 가리켜 말한 데에는 자연히 주이主理와 주기主氣의 같지 않음이 있는 까닭에 사단 · 칠정을 이 · 기에 분속 키는 것이 무엇이 불가능하겠는가..."[15] 라고 수상하고 있다. 이는 설령 이와 기가 섞여 있어도 이가 주인이 되는 경우와 기가 주인이 되는 경우가 있으므로 주이와 주기라는 말로

13 *Ibid.*, pp.245~248, 참조.
14 *Ibid.*, pp.251~264, 참조.
15 *Ibid.*, p.280.

이해할 수도 있음을 암시하고 있다. 따라서 퇴계는 이와 기가 상호 같이 발한다는 '이기호발설理氣互發說'로까지 후퇴를 하게 된다. 이러한 양보는 이를 모든 사물의 본질로 보고, 기는 단지 질료에 불과한 것이라는 주자학의 존재론에 근거하여 인성론을 분석하는 데 엄청난 변화이다.

실제로 퇴계와 고봉간의 논쟁은 정확히 누구의 승리라고 보기는 어렵다. 다만 퇴계가 상당히 많은 양보를 한 것임은 분명하다. 그런데 이러한 두 학자들 간의 논쟁은 후일 고봉의 논리에 근거하여 기를 강조하는 주기론의 성립에 기초를 제공하였고, 퇴계를 따르는 학자들에게는 주기론에 대응하여 주이론을 계승하게 되는 계기가 되었다.

추가하자면 두 학자들 간의 논쟁 자세도 한번 집고 넘어 갈 필요가 있다. 고봉은 비록 퇴계의 주장에 반기를 들었지만 최고의 예의를 갖추어 자신의 주장을 펼쳤다. 그리고 퇴계는 자신보다 26세나 어린 신진 학자가 거침없이 자신의 이론에 비판을 가하였지만 언제나 따뜻한 마음으로 받아들이고, 될 수 있으면 고봉의 생각을 이해하려는 자세를 보였다. 특히 그는 69세에 관직을 물러날 때 선조가 불러서 당시 학자들의 소견을 물었는데 고봉의 학문을 높이 평가하였다. 퇴계는 그를 끈질기게 괴롭힌 신진 학자가 고봉이었음에도 불구하고 선조에게 "기대승 같은 사람은 문자를 많이 보았고 이학理學에 있어서도 그 견해가 뛰어났으니 통달한 선비입니다"[16]라고 말했다. 후배 학자를 사랑하는 퇴계의 넓은 아량이 돋보이는 대목이다.

16 이완재, 『退溪가 본 高峯』, 『傳統과 現實』, 창간호, p.145.

2) 주기론의 계승

고봉의 '칠포사' 이론은 후일 조선 성리학에서 주기론의 등장을 부추기는 원동력이 되었다. 고봉의 뒤를 이은 주기론자는 말할 것도 없이 율곡栗谷 이이李珥, 1536~1584이다. 율곡은 고봉보다 9살 연하인데 나는 가끔 고봉이 조금 더 오래 살았다면 이와 기가 하나라는 이기일원론理氣一元論의 주창자로서 율곡의 위치가 어떠했을까하는 생각을 하고 있다. 고봉이 만 45세에 사망함으로써 율곡이 이기일원론의 학문적 체계를 이룰 수 있었다는 생각 때문이다. 율곡은 분명 조선 성리학에 있어서 큰 획을 그은 대학자임에 분명하다. 그러나 율곡사상의 핵심을 이기일원론에 둔다면 그 최초 발의자는 고봉임이 분명하다.

율곡은 퇴계와 고봉 간에 이어진 이기사칠 논변에 대하여 "내가 강릉에 있을 때 기명언奇明彦, 명언은 고봉의 字이 퇴계와 더불어 사단 · 칠정을 논한 편지를 보았다.... 내가 보기에는 명언의 견해가 나와 일치한다"[17]고 말하고 있다. 이처럼 율곡은 고봉의 칠포사론에 동의를 하고 있는데 다만 '의意'라는 색다른 개념을 추가하여 주자학에서 내려온 심心과 성性 그리고 정情의 관계를 설명하고 있다. 그는 심 속에 성과 정이 있다고 보고 있는데 이는 앞서 지적한 바와 같이 심을 외연적 개념으로 이해하고 있다. 그리고 성과 정을 이와 기로 분류하여 본다면 성은 이이며 정은 기라고 보고 성은 마음이 아직 발현되지 않은 상태이며 정은 마음이 발현된 상태라고 보고 있다. 이러한 견해는 고봉과 같다고 할 수 있다.

17 栗谷, 『栗谷全書』, 권14, "論心性習," "余在江陵 覽奇明彦與退溪四端七情書.....余日明彦之論正合我意." 『栗谷全書』는 성균관대학교 대동문화연구원에서 1~Ⅱ권으로 나누어 복간하였고, 정신문화연구원에서는 1~7권으로 나누어 출판하였다. 본 내용은 황의동, 『高峯의 性理學과 栗谷의 性理學』, 『高峯學論叢(傳統과 現實 제3호)』 (광주: 고봉학술원, 1993), pp.387~416에서 인용하였다.

다만 심이 발현된 정을 설명하는 데 의라는 개념을 사용하여 고봉보다는 조금 체계적으로 정을 설명하고 있다.

그에 따르면 "성性은 심心의 이理요, 정情은 심心의 동動이다. 정이 동한 후 정에 비롯되어 계교計較한 것이 의意이다."[18] 이 말은 정이란 마음에서 발현되어 움직이는 것인데 이 때 정의 표현 방식이나 형태를 현실 속에서 어떻게 할까 하고 계산해보는 것이 의라는 말이다. 프로이트의 정신분석학에 따르면 무의식이 있으며 전의식이 있고 의식이 있는데, 무의식이 밖으로 표출되기에 충분한 것은 의식으로 전환하고 조금은 문제가 있는 것은 전의식에 머무르게 된다. 그렇다면 계교상량을 거친 무의식은 의식이 된다는 점에서 율곡의 의는 일면 의식으로 볼 수도 있다. 그리고 계교상량의 과정에 초점을 둔다면 무의식이 발현될 때 현실의 원리를 따져 그 표현 방식이나 내용을 계산한다는 내용과 매우 흡사하다. 정신분석학에서는 이러한 역할을 담당하는 것이 바로 초자아이다. 그렇다면 율곡이 제시한 의라는 개념은 역할 담당자로서 초자아와 비슷하게 된다.

기대승의 뒤를 이어받은 율곡의 이기일원론에 의하여 조선 성리학은 주기론과 주이론으로 양별되었다. 주이론은 퇴계를 시발로 이기호발설을 주장하는 영남학파嶺南學派를 형성하였고 주기론은 고봉과 율곡이 주장한 대로 이는 기에 편승한다는 '기발이승설氣發理乘說'을 따르는 기호학파畿湖學派를 형성하였다. 정치적으로는 남인南人은 주로 영남학파의 논리를 따랐으며, 서인西人과 그 중에서도 특히 노론老論은 기호학파의 논지를 따르고 있었다.[19]

18 *Ibid.*, 권 14, "雜記." "性是心之理也, 情是心之動也, 情動後緣情計較者爲意." 황의동, 『高峯의 性理學과 栗谷의 性理學』, 『高峯學論叢(傳統과 現實 제3호)』, pp.387~416에서 인용하였음.

고봉과 율곡에서 시작된 주기론은 녹문鹿門 임성주任聖周, 1711~1788에 의하여 그 절정에 이르게 된다. 녹문은 인간성을 이해하는데 있어서 퇴계가 강조했던 이의 의미를 완전히 부정하고 인간의 마음이란 오직 기의 작용에 의할 뿐이라는 엄청난 말을 하게 된다. 한 마디로 그는 "기가 없다면 심과 성이라는 이름 또한 스스로 설 수 없다"[20]고 주장하고 있다. 이러한 주장은 이와 기의 논쟁에서 기를 강조하는 고봉과 율곡의 입장을 훨씬 뛰어넘어 인간의 마음은 오직 기의 덩어리라고 강조한 것이다. 실로 녹문은 퇴계가 받아들인 "성性은 다만 이理일 뿐이다"는 주자학의 인성론을 완전히 부정하고 성 그 자체도 따지고 보면 기의 발현에 따른 한 형태일 뿐이라고 주장하고 있다.[21] 그렇다면 덕德도 기가 발현되었을 때 도덕률에 맞는 감성의 하나일 뿐 이의 작용에 의한 것이 아니라는 해석이 가능하다. 이러한 해석은 인간과 짐승의 차이 그리고 선과 악의 차이를 이와 기로 분석하려고 하는 성리학의 전통을 무너뜨려버린 것이다.

3) 고봉의 주기론에 대한 정신분석학적 이해

서양 철학에서 최초로 이성을 부정하고 감성을 강조한 마키아벨리는 1527년 6월 세상을 떠났다. 그런데 공교롭게도 조선에서 이성의 힘을 부정하고 감성을 강조하기 시작한 주기론의 창시자인 고봉은 1527년

19 김용신, 『성리학자 기대승 프로이트를 만나다』, p.58.

20 녹문, 『鹿門集』, 권 16, "雜著 · 大學," "無此氣, 則心與性之名亦無自以立矣." 본 내용은 김현, 『녹문철학의 사칠론적 문제의식』, 민족과 사상 연구회 편, 『四端七情論』(서울: 서광사, 1992, pp.345~365)에서 인용하였음.

21 김용신, 『성리학자 기대승 프로이트를 만나다』, p.59.

11월음력에 태어났다. 때문에 나는 가끔 마키아벨리가 죽어서 조선에서 고봉으로 다시 태어난 것은 아닌가라는 엉뚱한 생각을 해보기도 한다. 실로 고봉은 이의 순수성을 강조해 왔던 성리학의 전통에 기를 강조함으로써 정이 중심이 되는 인간성을 주창했으니 서양에서 마카아벨리가 던진 충격 못지않은 충격을 조선 사회에 던진 학자이다. 고봉이 던진 주정적 인간성에 대한 이해는 마키아벨리와 홉스 그리고 니체와 프로이트에 이르는 감성 강조의 철학과 다를 바 없다. 그러면 고봉의 정 강조 사상은 정신분석학적으로 어떻게 이해될 수 있는가?

첫째, 고봉은 "마음이란 몸의 주가 되고 사물에 명령하는 것이다. 속에 쌓여 있을 때는 성이 되고 발하면 정이 된다."[22]라고 주장하고 있다. 이야말로 인간의 몸Body 그리고 감성이 인간 마음의 전체라는 마키아벨리와 홉스 그리고 니체와 프로이트의 사상과 일치하고 있다. 그렇다면 고봉에게 있어서 성의 개념은 마음에 내재되어 있는 어떤 것일 뿐 발현된 감성은 모두 정으로서 기의 작동에 의한 것이 된다. 그리고 그 발현된 정이 도덕률에 맞으면 우리는 그것을 이라고 할 뿐이다. 녹문이 심 그 자체는 바로 기로서 정이라고 한 것도 이러한 고봉의 뜻을 반영한 것이다. 프로이트는 인간의 마음을 사랑과 죽임의 양대 본능으로 설명하였고, 클라인은 대상과의 관계 속에서 나타난 사랑과 미움을 양대 감성으로 이해하였다. 고봉이 말한 기로서 7정이란 자세히 살펴보면 긍정적인 감성과 부정적인 감성으로 양별 할 수 있는 바 크게는 사랑과 미움의 감성으로 양별할 수 있다.[23]

22 *Ibid.*, p.96, 재인용
23 *Ibid.*, p.98.

둘째, 고봉은 "성은 비록 선하다하더라도 기질에 떨어져 있으면 편벽되고 지나침이 없지 않기 때문에 기질의 성이라고 하고..... 칠정 중에 발하여 절도에 맞아 선하지 없음이 없는 것은 사단과 더불어 애당초 다른 것이 아닙니다."[24]라고 퇴계 선생에게 말하고 있다. 이 말은 아무리 이일지라도 발현한 뒤에 도덕률에 맞지 않으면 선이 될 수 없으며, 칠정은 비록 악에 물들기 쉬워도 발현한 후 도덕률에 맞으면 선이 될 수 있음을 의미한다. 선악에 대한 고봉의 견해는 실로 놀랄만하다. 이야말로 니체가 주장하는 선과 악의 상대적 이해와 매우 흡사하기 때문이다. 또한 정신분석학에 있어서도 절대 선과 절대 악은 존재하지 않으며 오직 정상과 비정상의 구별만이 있다. 그런데 이것 역시 시대에 따라 그 기준이 달라질 수밖에 없다. 그렇다면 고봉이야말로 니체와 프로이트의 주장을 그들보다 훨씬 먼저 한 셈이 된다.

셋째, 고봉은 "이심설법移心說法"에서 인간의 마음은 경敬으로 변화시킬 수 있다고 주장하고 있다. "그는 마음은 배와 같고 경은 키와 같으니 배가 파도에 있을 때에는 키가 들어서 움직일 수 있으며 마음이 물욕에 있을 때에는 경이 들어서 변화시킬 수 있다."[25]고 했다. 이 말은 경을 통해 아무리 범인이라도 성인이 될 수 있음을 강조한 것이다. 그런데 프로이트의 무의식적인 동적 양상과 비교하면 매우 흥미로운 해석이 가능하다. 프로이트는 에고란 이드를 대변하는 것이지만 현실의 원리에 따라 스스로를 조정하고 또 이차적으로는 초자아를 통해 현실에서 용납되지 않은 부분을 억제당한다고 했다. 그러면 고봉이 말한 경이란 정신

---

24 *Ibid.*, p.101, 재인용.

25 高峯, 『移心說法』, 민족문화추진회 편 『국역고봉집』 I, p.206.

분석학에서 초자아의 개념과 매우 흡사한 것이 된다. 마음 즉 본능대로 하고 싶은 에고 혹은 자아이상은 초자아의 통제를 통해 현실에 적응되도록 조정되기 때문이다. 고봉에게 있어서 경이 없으면 광인이 되는 것인데 정신분석학에 있어서도 초자아의 기능이 작동하지 않으면 퇴행적 행동을 유발하게 된다.

넷째, 고봉은 정이 생성되는 과정을 설명하면서 "사단이 외물에 감동되어 드러나는 것은 칠정과 다름이 없습니다."[26]라고 퇴계에게 주장하고 있다. 퇴계는 기란 외물이 부딪치면 쉽게 움직이는 것이라고 했다. 즉 정이란 외물의 영향을 받는다는 말이다. 그런데 고봉은 단순히 외물이 나타나 정이 생성되는 것이 아니고, 외물이 접촉하여 마음을 움직일 때 정이 발생함을 강조하고 있다. 퇴계는 정이란 단순히 외물의 영향에 의해 발생된다고 본 반면 고봉은 외물이 마음에 접촉해도 마음을 움직이지 못하면 정이 나타나는 것이 아니라는 것이다.[27] 이 두 가지의 견해들은 매우 애매한데 자세히 분석하면 고봉의 정 발생 논리는 클라인의 대상관계이론과 일부 연결성을 가지고 있음을 알 수 있다. 앞서도 언급했지만 클라인은 어린이가 자신을 돌봐주는 사람을 좋게 느끼면 사랑의 마음이 그리고 나쁘게 느끼면 미움의 마음이 생성된다고 하였다. 이 말은 외물에 무조건 자아의 감성이 영향을 받는 것이 아니라 대상에 대한 무의식의 반응에 따라 자아가 발생시키는 감성의 성질이 결정된다는 것을 의미한다.

지금까지 간단하지만 조선의 성리학, 그 중에서도 주기론의 입장을

---

26 이을호 번역, "兩先生四七理氣往復書," p.259.
27 김용신, 『성리학자 기대승 프로이트를 만나다』, pp.107~114, 참조.

정신분석학적 의미에서 살펴보았다. 주기론이 감성 위주의 인간성 이해인 것만은 틀림없다. 따라서 나는 고봉이 주장한 여러 가지 논리들은 일부 정신분석학적으로도 충분한 설명이 가능하다고 판단하여 『성리학자 기대승 프로이트를 만나다』에서 이미 나의 생각을 정리한 바 있다. 다만 여기에서는 그 핵심만을 지적하였다. 한편 깊이 생각하면 이와 같은 분석은 자칫 분석자의 과도한 욕심 때문에 무리한 주장을 펼쳐낼 수도 있다. 그럼에도 불구하고 이러한 시도는 우리의 철학을 세계 지성사의 흐름에서 살펴본다는 점에서 학문적으로 매우 신선한 충격이 될 수 있음을 부정할 수는 없을 것이다.

제3장

인간의 비자족성과 문명의 불만

인간이란 무엇인가? 동서고금을 통해 모든 철학자들은 인간은 도대체 어떤 존재인가라는 질문을 끝없이 해 왔다. 그리고 인간이 꿈꾸는 세상과 현실의 간격을 느끼면서 어떻게 하면 우리의 꿈을 이룰 수 있는가에 대해서도 끊임없는 연구를 해 왔다. 과연 우리는 꿈을 이룰 수 있는가? 아니면 인간이란 환상에 머물 뿐 우리의 꿈은 이루어질 수 없는 것인가? 이번에는 상기의 질문을 염두에 두고 인간의 한계 그리고 문명 속에서 느끼는 불만족에 관한 의미를 한 번 살펴보고자 한다. 나는 이 문제에 관심을 가지고 이미 몇 가지 책들을 통해 나의 견해를 밝힌 바 있다.[1]

1 김용신, 『예술의 정신분석학적 해석』 (서울: 나남출판사, 2009), pp.34~41, 참조. Eun-Joo Lee and Yong-Shin Kim, *Salpuri-Chum, A Korean Dance for Expelling Evil Spirits* (Lanham, Boulder, New York, Toronto, and Plymouth, UK; Hamilton Books, 2017), pp.1~4, 참조.

1. 인간의 원초적 비자족성

인간이 우연히 존재하게 되었든지 혹은 어떤 신비로운 힘에 의하여 만들어졌는지 나는 아직 잘 모른다. 그런데 문제는 인간 존재의 원인이 어디에 있든 인간 자체는 모순적인 존재가 아닐 수 없다. 나는 그 모순의 밑바탕에는 무엇보다도 인간이 비자족적이라는 사실이 자리하고 있다고 생각한다. 인간의 원초적인 비자족성은 크게 다음과 같이 네 가지로 요약할 수 있다.

1) 삶과 죽음의 문제

모든 생명체는 죽어야만 한다. 죽지 않는 것은 생명이 없는 것이다. 그런데 문제는 모든 생명체들의 가장 근본적인 욕구는 영원히 살고 싶다는 것이다. 바로 이것이 모순이라는 것이다. 죽어야 하도록 입력되어 있으면 죽음 그 자체를 두려워하지 않게 만들어져야 그 존재 자체가 내부적으로 가지는 모순이 없어진다. 그런데 죽어야 하도록 되었는데도 영원히 살고 싶다면 그 자체가 모순이 되는 것이다.

홉스는 인간의 가장 근본적인 욕구는 자아보존이라고 역설하였다. 그럼에도 불구하고 우리 모두는 죽어야만 한다. 20세기 대표적인 실존주의 철학자인 독일의 하이데거Martin Heidegger, 1889~1976는 『존재와 시간*Being and Time*, 독일어: *Sein und Zeit*』[2]이라는 유명한 글을 남겼다. 이는 바로 실존적인 입장에서 모든 존재는 시간의 절대적인 제약을 받음을 지적한

2 Martin Heidegger, *Being and Time: A Revised Edition of Stambaugh Translation*, SUNY Series in Contemporary Continental Philosophy, (New York: State University of New York Press; Revised ed. Edition, 2010), 참고.

것이다. 따지고 보면 이전의 철학자들은 존재의 성질에 대한 문제를 주로 다루었지 존재 그 자체가 시간과 어떤 관계가 있는지에 대하여 별로 초점을 두지 않았다. 그런데 하이데거가 바로 실존적 입장에서 존재의 의미를 밝히는 데 시간이라는 절대적인 상수를 들고 나온 것이다. 하이데거는 존재의 의미를 시간과 연결하여 밝힘으로써 인간이 시간 앞에 허무할 수밖에 없음을 인식함으로써 참 삶에 대한 각성을 할 수 있다고 생각한 것 같다.

그렇다! 시간과 나의 존재에 대한 함수를 생각하지 않으면 우리는 현실에 던져진 나의 존재를 어떻게 가꾸어 가야하는지 알 수 없을 것이다. 막연히 영원히 살고 싶다는 욕망에만 사로 잡혀 있다면 환상의 세계를 벗어 날 수 없다. 그렇다고 시간의 유한성에 너무 집착해서 삶 그 자체를 의미 없는 허무로 돌릴 수도 없다. 그런데 문제는 존재와 시간의 의미를 어떻게 규정하고 살아가든지 간에 인간은 갈등을 면할 수 없다는 것이다. 존재와 시간은 본질적으로 양립할 수 없기 때문이다. 이것이야 말로 우리를 슬프게 하는 원초적인 모순이다.

2) 성적인 비자족성

인간을 만들어낸 어떤 신비한 힘이 있다면 나는 그 힘에 불만을 가지고 있다. 그것은 앞서 말한 것처럼 시간의 제약을 풀어주지 못했기 때문이다. 그런데 그러한 힘도 이 문제를 조금 미안하게 생각했던지 나는 죽더라도 나의 유전자를 복사해서 길이 보존할 수 있는 능력을 생명체에 부과해 준 것 같다. 그렇다! 모든 생명체는 죽어야 하지만 복사 기능은 있는 것이다. 어느 면으로 우리의 원초적인 모순을 완전하지는 않지만 어느 정도 풀어주려는 신비한 힘의 조화인지도 모른다.

그런데 여기에도 큰 문제가 도사리고 있다. 특히 인간의 경우 어느 한 개인은 혼자서 복사 기능을 발휘할 수 없도록 구조되어 있다. 남자는 여자가 있어야 하고 여자는 남자가 있어야 한다. 이것 또한 우리를 슬프게 하는 근본적 요소라고 할 수 있다. 열대어 중에는 성전환이 자유로운 종류가 있다고 한다. 전부 수컷일 경우 일부가 자라면서 스스로 암컷으로 성전환이 된다는 것이다. 그 원리도 참 신묘하다. 그러나 인간은 의학적으로 성전환을 할 수 있다하더라도 자기와 비슷한 생명체를 복사할 수는 없다.

성적인 만족만을 말하면 자위도 있고 동성연애도 있다. 그러나 이들은 모두 생명체를 복사해내지 못하는 성적 만족일 뿐이다. 인간의 마지막 욕구가 생존에 있고 그에 따라 자신의 유전자를 복사하여 계속적으로 자신의 존재적 의미를 연장시키려면 분명 생명체의 복사 의미를 가진 성적 만족이 있어야 한다. 그런데 불행하게도 인간은 혼자서는 복사할 수 없다. 따라서 나는 이것이 바로 각 개인이 가지는 또 하나의 비자족성이라고 생각한다.

3) 어린 시절 삶에 대한 비자족성

인간은 참 늦되는 동물이다. 다른 동물들은 태어나서 1-2시간 후면 스스로 일어선다. 그리고 먹이를 스스로 구하기도 한다. 그러나 인간은 1년이 지나야 거의 서서 걸을 수 있으며 그 뒤에도 보호자가 없으면 혼자서 삶을 지속하기 매우 어렵다. 솔직히 10여 년 동안은 절대적인 보호가 필요하다. 더욱이 현대사회에서는 거의 고등학교를 졸업할 때까지 부모의 보살핌을 받아야 겨우 성인 노릇을 할 수 있게 된다.

따지고 보면 인간은 비록 일정 기간이라 하더라도 육체뿐만 아니라 정신적으로도 스스로 삶을 영위할 수 있는 자족성을 가지고 있지 못하다. 한동안은 먹는 것도 스스로 해결하지 못한다. 또한 어린 시절에는 정신적으로도 문명 시대를 살아갈 수 있는 기본적인 지혜를 가지기 어렵다. 문명이라는 틀이 인간에게만 있어서 그런 것인가? 인간은 태어나서 한동안은 길들여져야 하는 비자족성을 가지고 있는 것이다. 그리고 길들여지는 과정에서 얻어지는 감정이 인간무의식의 형성에 절대적 영향을 미치게 된다. 그렇다면 어린 시절 삶에 대한 비자족성이야말로 인간의 감정을 좌우하는 핵심 요소라고 할 수 있다.

4) 개인과 사회의 불일치

고대 철학에서는 인간이 이성의 힘을 통해 이데아를 찾을 수 있고 그럼으로써 최고의 선 혹은 행복에 도달할 수 있다고 하였다. 이 말 속에는 인간이 이성의 힘을 통해 개인과 사회가 하나 되는 혹은 개인과 사회가 함께 행복한 경지에 이룰 수 있다는 대 전제가 깔려 있다. 근대 철학에 있어서도 헤겔은 인간의 역사는 정반합을 통해 자유 정신을 발하는 방향으로 전진한다고 했으니 이 속에도 역시 인간은 역사를 통해 개인과 사회가 함께 행복할 수 있는 경지에 이룰 수 있음을 의미하고 있다. 마르크스의 공산혁명을 통한 계급 없는 사회로의 역사 진보도 마찬가지이다. 계급 없는 사회에서 개인은 능력껏 일하고 원하는 만큼의 경제력을 확보할 수 있으며 이러한 사회야 말로 행복 사회임을 천명한 것이니, 따지고 보면 개인과 사회의 일치를 염두에 둔 주장이라고 할 수 있다.

그런데 그러한 세상은 지금까지 달성되지 못했다. 이성의 힘이 부족해서일까? 아니면 앞서 논의한 철학자들이 인간과 사회의 일치라는 목적에만 함몰되어서 비현실적인 대안을 주장한 것은 아닌가? 우리는 항상 개인과 사회의 일치라는 목적에 많은 가치를 두고 있다. 프로이트는 인간은 군거동물이라고 말했다. 인간은 영국의 작가 디포Daniel Defoe, 1660~1731가 쓴 소설속의 주인공인 로빈슨 크루스Robinson Crusoe처럼 혼자 살 수는 없다. 함께 살 수밖에 없는 사회적 동물임에는 틀림없다. 그럼에도 불구하고 각 개인은 그가 속해 있는 사회 혹은 공동체 내에서 자신의 욕구가 완전히 충족되지 못하고 있는 것이 현실이다.

따라서 나는 가끔 인간은 혼자 있으면 심심하고 여럿이 함께 모이면 귀찮아지는 속성을 가졌다고 말하곤 한다. 인간은 자신을 보호하기 위하여 집단을 이룬다. 그런데 거꾸로 그 속에서 완전한 만족을 못 느끼는 것은 왜일까? 자신을 보호하기 위하여 집단을 이룬다는 의미의 핵심은 인간은 혼자 있으면 여러 가지 물리적인 위험에 처해질 수 있기 때문에 집단을 이룸으로써 생명의 안전을 보다 효과적으로 유지할 수 있다는 것에 있다. 그런데 집단 속에서는 생명의 보호를 담보로 개인의 여타 감정을 억제하지 않을 수 없는 상황이 상존하고 있다. 때문에 인간은 집단 속에서 완전한 만족을 못 느끼게 되는 것이다.

집단 속에는 나는 수많은 다른 사람들과 함께 있게 된다. 서로의 공동 목적은 자아보존일 수도 있고 이익의 보호일 수도 있다. 그러나 그 공통 목적이 각 개인의 이기심을 충족시키지는 못한다. 이는 마치 인간이 바라는 자유와 평등의 원리가 양립되지 못하는 것과 같은 이치이다.

개인은 자유를 원한다. 그런데 공동체는 평등이 보다 높은 가치일 수밖에 없다. 공동체에서는 어느 누구의 개인적 자유만이 강조될 수 없기 때문이다. 어느 누구의 자유만이 강조된다면 그 공동체는 파괴되고 말 것이다. 따라서 개인은 공동체 속에서 자신이 바라는 현실적인 생존과 이익을 위해 자신의 자유를 억제하지 않으면 안 된다. 이야말로 개인과 집단이 완전한 일치를 보지 못하는 본질적인 모순이라고 할 수 있다.

2. 문명과 그 불만족

문명 속에서 인간이 느끼는 불만족이란 원칙적으로는 개인과 사회 혹은 집단 간에 본질적으로 존재할 수밖에 없는 불일치에 근원을 두고 있다. 다만 여기에서 문명 속에서 개인이 느끼는 불만족을 별도로 논의하려는 것은 상기의 개인과 사회간 불일치의 면을 보다 구체적으로 설명하기 위함이다. 나는 프로이트의 여러 책들 중에서도 특히 『문명과 그 불만족*Civilization and Its Discontents*』을 좋아한다. 나의 성향이 개인의 자유를 더 중요시 여기기 때문이기도 하다. 문명이 없다면 인간은 어떻게 됐을까? 문명의 필요성을 거부할 사람은 아무도 없다. 그런데 우리는 그 속에서 또 다른 고통을 느끼고 있으니 이것은 무슨 조화인가?

1) 문명의 생성과 이점

나는 문명의 생성에 대해서는 홉스의 이론에 동의를 하고 있다. 인간은 문명 이전의 시대에서는 죽음의 공포에서 벗어나지 못하는 괴로움이 있었다. 때문에 이를 모면하기 위하여 서로 간에 계약을 이루게 되는데 이것이 도덕이 되고 법률이 되어 문명 시대를 맞이하게 된 것이다. 최근에 발표된 영장류 연구학자인 토마셀로Michael Tomasello의 『도덕의 기원*A Natural History of Human Morality*』[3]에 따르면 인간은 도덕을 발명함으로써 최고의 영장류가 되었다고 한다.

따지고 보면 인류 문명의 출발은 도덕에 있고 그 도덕 혹은 법률에 따라 나는 오늘도 생명과 재산을 보호하면서 나의 삶을 꾸려가고 있다. 나를 아무리 미워한 사람이 있다하더라도 그는 나를 폭력적으로 대할 수 없다. 법이 있기 때문이다. 나의 물건을 훔친 자 혹은 나를 속인 자가 있다면 그는 법의 심판을 받아야 한다. 법이 아니더라도 도덕이 존재하기 때문에 나를 대하는 사람들은 예의를 갖추게 된다. 그리하여 나름대로 우리들끼리의 다툼도 사라진다. 만약 도덕이 없었다면 짐승처럼 다시 문명 이전의 죽음의 공포를 면할 길이 없었을 것이며, 만인의 투쟁만이 상존하는 살벌한 세상에서 살아야만 했을 것이다.

인간은 도덕과 법률이라는 방패 속에서 자신을 지킬 수 있었기에 안심하고 나름대로의 창의성을 발휘할 수도 있었다. 그 결과 오늘날 인류는 눈부신 과학기술을 개발할 수 있었고, 그 덕분으로 소위 고도의 문명생활을 영위하고 있다. 안락한 집에서 육체를 편히 쉬게 할 수 있고, 따뜻한 옷으로 추위를 이겨낼 수도 있었다. 먼 곳도 고도의 교통수단을 활용하여 마음대로 갈 수 있으며, 나아가 우리가 궁금하게 생각했던 미지의 우주 세계까지 관찰할 수 있게 되었다. 이런 점에서 본다면 문명의 이기야말로 셀 수 없이 많다고 하지 않을 수 없다.

3 Michael Tomasello, *A Natural History of Human Morality* (Cambridge, MA: Harvard University Press, 2016) 참고. 유강은 번역, 『도덕의 기원』 (서울: 이데아, 2018), 참고.

2) 문명 속의 불만족

앞서 지적한 바와 같이 니체는 홉스가 이야기한 문명을 통한 자아보존은 우리에게 필요조건은 될지언정 충분조건은 되지 못한다는 것이다. 따라서 니체는 인간의 또 다른 본질적 욕구로서 자아실현이라는 개념을 들고 나왔다. 제1부에서 설명했듯이 인간은 기쁨을 확대하고 슬픔을 줄이려는 원초적 본능을 가지고 있다. 그리고 기쁨 확대를 위한 대변자는 바로 자아이상이다.

그런데 우리의 자아이상은 문명 속에서 완전한 만족을 못 느끼고 있다. 아니 더 거슬러 올라가면 인간의 원초적인 비자족성에도 불구하고 완전성을 향해 가려는 것이 자아이상이기 때문에 인간 존재의 모순을 알면서도 이를 그대로 받아들이지 못한다. 따라서 인간은 현실적으로 불만이 없을 수 없으며 이러한 불만들이 우리를 슬프게 한다. 이처럼 우리는 이중적인 모순구조에 있다. 모순 그 자체가 일차적이라면 모순에 적응하지 못한 것이 또 하나의 모순을 자아내기 때문이다.

미운 사람이 있어도 그를 함부로 때릴 수 없다. 죽일 수는 더더욱 없다. 사랑도 마음대로 못한다. 한번 결혼 했으면 이혼하기 전에 다른 사람을 사랑하는 일은 불륜이라는 도덕적 덫에 걸리고, 심하면 성폭력이라는 법적 심판을 받아야 한다. 옷도 마음대로 입지 못한다. 심한 노출을 하면 경범죄로 제재를 받게 된다. 한마디로 삶의 안전을 위해 너무나 많은 여타 감정들을 억제해야 한다. 이것이 바로 문명 속의 불만족인 것이다.

추가하자면 문명은 인간을 너무나 이성적인 존재로 보고 있는 것 같다. 담배가 몸에 해로 우니 끊으라고 말하면서 담배회사는 허가를 받아 장사를 하고 있다. 자동차는 시속 250km 이상을 달리게 만들어 놓고 우리나라 도로는 110km 이상 달리지 못하게 하고 있다. 그 이상의 속도로 달리면 벌금을 내야 한다. 영화에도 등급이 있어서 내용에 따라 볼 수 있는 나이 제한이 있다. 인간이 정말 이성적 존재라면 어떻게 하더라도 문제가 없다. 다 이성으로 해결할 것이기 때문이다. 그러나 그렇지 못한다면 이야말로 우리의 불만을 부추기는 일이 될 것이다.

앞서도 잠깐 언급했지만 프로이트는『문명과 그 불만족』에서 인간의 양대 본능으로 사랑과 죽임의 본능을 제시하고 있다. 그리고 문명의 번영은 사랑의 본능에 의하고, 문명의 파괴는 죽임 혹은 공격의 본능에 기인한다고 했다. 이해할 만한 분석이다. 그런데 이 문제를 문명의 변화라는 차원에서 살피면 조금 흥미로운 사실을 발견하게 된다. 우리는 사랑의 힘으로 도덕을 만들었다. 그러나 그 도덕이 우리를 구속하여 불만을 느끼게 한다면 그에 대한 공격적 본능이 발동되어 새로운 도덕 체계를 요구할 수 있다는 것이다.

따라서 인류 역사에서 전쟁 혹은 혁명이란 어느 한 문명의 틀에 불만을 느끼고 이를 무너뜨리려는 자아이상의 발로라고 볼 수 있다. 전쟁을 치루는 명분이나 혁명의 구호는 항상 신비롭고 희망에 차 있다. 한마디로 지금보다 행복할 것 같은 사회의 청사진을 내 놓기 때문이다. 전쟁이나 혁명이 아니더라도 인간은 끝없는 개혁을 통해 기존보다 더 나은 사회를 만들려고 노력한다. 그런데도 불구하고 우리는 아직 불만 없는 세상을 만들어 내지 못하고 있다. 이것은 바로 인간의 비자족성과 문명이 주는 이중적 성격, 그리고 나아가서는 우리들의 자아이상이 가지고 있는 완전한 만족을 향한 끊임없는 욕구 때문일 것이다.

제4장

정신분석학으로 본 역사

역사란 무엇인가? 공부를 하는 사람들은 이러한 질문을 수없이 했을 것이다. 여기에 대한 정답을 찾기는 어렵다. 사람마다 시각의 차이가 있기 때문이다. 그러면 그 시각은 무엇인가? 나는 이러한 시각의 가장 본질적인 차이는 인간을 어떠한 존재로 보느냐에 있다고 믿고 있다. 인간이 쓰는 것이 역사이기에 인간 존재의 본질을 어떻게 보느냐에 따라 역사를 보는 시각에 차이가 있을 것이기 때문이다.

이와 관련하여 다음으로 제기될 수 있는 질문은 역사는 어디로 흘러가느냐이다. 인간 존재의 의미에 따라 역사 흐름의 방향도 정해지기 때문이다. 그렇다면 인간이란 무엇인가를 논하는 정신분석학이야말로 역사를 이해하는 핵심적 실마리를 제공하게 될 것이다. 이것이 바로 내가 정신분석학적인 입장에서 역사를 살펴보려는 이유이다.

1. 인간에 대한 이해

지금까지의 철학사는 요약하면 인간이란 무엇인가를 규정하려는 노력이었다고 해도 과언은 아니다. 그런데 불행하게도 아직까지 우리는 인간의 의미를 규정하는 데 의견 일치를 보지 못하고 있다. 인간에 대한 의미는 크게 두 가지 견해들이 있는데 아직도 합의를 이루지 못하고 있다. 하나는 인간은 이성적 존재라는 것이며, 다른 하나는 인간은 비이성적인 존재라는 주장이다. 따지고 보면 이러한 시각에 따라 역사를 보는 눈 자체도 달라질 수밖에 없을 것이다.

1) 이성적 혹은 합리적 존재로서 인간

앞서 살펴보았듯이 플라톤과 아리스토텔레스를 위시한 고대 서양 철학자들은 인간이 다른 동물들과 차이 나는 가장 근본적인 이유로 인간만이 이성을 가지고 있다는 점이라고 주장하였다. 이는 동양의 유학 혹은 주자학에서도 일반적으로 받아들여지고 있는 논리이다. 인간은 순수선을 찾을 수 있는 이성의 힘이 있기에 플라톤은 이데아, 아리스토텔레스는 최고의 행복, 그리고 주자학에서는 최고의 덕을 찾을 수 있고 실천할 수도 있다고 강조하였다.

이러한 논리의 밑바탕에는 인간의 삶에 대한 목적이 은연중 설정되어 있음을 암시하고 있다. 그 목적이야말로 이데아를 찾는 것이며 최고의 행복 혹은 덕을 찾는 것이다. 먼저 인간이 가야 할 목적을 정하고 이를 어떻게 이룰 수 있는가를 논하려고 했기 때문에 이성의 힘이 강조되었다고도 볼 수 있다. 우리가 일반적으로 고대 동서양의 철학을 '목적논적Teleological'이라고 부르는 이유는 바로 이 때문이다.

근대 철학에서도 이성을 강조하는 칸트와 헤겔은 일면 고대 목적론적 철학을 계승한 철학자들이라고 볼 수 있다. 인간은 이성의 힘을 가진 이상 그들의 목적을 향해 갈 수 있는 능력이 있기 때문이다. 특히 헤겔은 그 목적을 지향해 가는 인간의 역사 과정을 정반합Thesis, Antithesis and Synthesis이라는 변증법으로 설명함으로써 역사의 진보를 설명하기도 하였다. 공산혁명을 부르짖었던 마르크스 역시 헤겔의 정신적 변증법을 물질적 변증법으로 재해석하여, 인간이 가야할 마지막 단계로서 계급 없는 사회를 들고 나온 것이다. 이는 헤겔이 변증법을 통하여 자유 정신을 실현할 수 있다는 주장은 계급 없는 사회를 통해 구현할 수 있다는 논리이다.

인간을 이성적인 존재로 본다는 것은 인간이 이성의 힘을 통해 가장 합리적 길을 택할 수밖에 없다는 점을 암시하고 있다. 그리고 이러한 합리성은 객관적일 수밖에 없을 것이기에 이성의 힘을 강조하는 철학에서는 언제나 객관성이 강조되기도 한다. 또 객관성이 강조된다는 것은 오직 객관성을 가진 합리성이야말로 인간이 추구해야 할 일이기 때문에 이에 대한 절대성이 부과되기도 한다. 서양 철학에서 '절대주의Absolutism'란 이러한 논리에서 생성된 개념이다.

절대주의는 당연히 진리의 존재를 인정할 수밖에 없다. 진리가 존재하지 않는다면 인간이 따라야 할 절대적 가치도 존재하지 않기 때문이다. 그 진리가 바로 이데아요 혹은 최고의 선과 덕이라고 한다면 우리는 이를 따를 수밖에 없다. 진리란 어떠한 경우에도 변치 않는 원리이니 이를 벗어나서 우리는 진정한 행복을 느끼지 못할 것이다. 물론 역사 속에서는 자신들의 주장만이 진리라는 환상 속에서 이를 강요하려는 절대주의가 등장하여 많은 사람들의 자유를 침해하기도 하였다. 그러나 만약 진리에 대한 동의가 이루어진다면 그 절대적인 추종을 거부하기는 어려울 것이다.

결국 인간만이 가지고 있다고 하는 이성의 힘을 강조하면 합리성과 객관성이 강조될 수밖에 없다. 또한 이러한 논리 속에는 인간이 찾아야 할 진리가 등장하게 되고 이를 위한 목적론적인 삶의 방향이 정해지게 된다. 따라서 이성의 힘을 강조하는 철학 속에서 역사는 당연히 어떤 경로를 거치는 우리들이 찾아야 할 궁극적인 진리를 찾아가는 목적 지향적 과정으로 묘사될 수밖에 없다. 그것이 자유 정신의 실현이든 계급 없는 사회의 건설이든 혹은 개인과 사회의 의견이 일치하는 사회이든 간에 모순 없는 상태를 향해 가는 것이라고 볼 수 있다. 진리는 모순을 허락하지 않기 때문이다.

2) 감성적 혹은 비이성적 존재로서 인간

서양의 근대 철학을 논하면서 언급했지만 마키아벨리와 홉스는 이성이란 계산에 불과하고 인간은 감성의 덩어리라고 강조하였다. 이들은 이성 그 존재 자체를 부정하고 있다고 해도 과언은 아니다. 이러한 주장은 근대의 제3의 물결을 이끈 니체와 정신분석학을 창안한 프로이트에도 여실히 나타나 있다. 물론 조선의 성리학에서도 특히 녹문鹿門, 任聖周, 1711~1788의 경우는 인간이 감성적인 존재임을 강조하였다.

감성을 강조하고 이성의 존재를 부정하는 인간성 이해의 밑바탕에는 인간은 비합리적이라는 의미가 깔려 있다. 감성이란 지고한 어떤 선을 향하는 것이 아니기 때문이다. 정신분석학적으로 보면 인간은 기쁨을 확대하고 슬픔을 줄이려는 본능을 가지고 있다. 이 때 기쁨이라는 것은 고대 철학에서 말하는 이데아 혹은 최고의 선이나 덕도 아니다. 말 그대로 개인적인 감정의 만족을 의미한다.

인간이 개인적인 기쁨이나 만족을 찾아가는 과정을 정신분석학적으로 본다면 당연히 객관성이 담보되기 어렵다. 선과 악 그 자체도 자신의 판단에 따른다는 니체의 주장처럼 모든 판단은 주관적일 수밖에 없다. 이러한 인간성의 이해는 인간의 모든 행동들은 주관적일 수밖에 없다는 논리를 대동하고 있다. 마키아벨리의 주장대로 인간은 어느 한 욕망으로부터 다른 욕망으로 옮겨 가는 존재라고 한다면 이야말로 그 행동에 객관적 의미를 부여하기가 어렵다.

이처럼 주관성이 강조되는 철학을 우리는 '상대주의Relativism'라고 말한다. 이는 앞서 진리의 존재를 인정한 절대주의의 대칭적 개념이라고 볼 수 있다. 조선 성리학에서 정이 발현되어 절도에 맞으면 선이 된다는 고봉의 말은 모름지기 어떤 절대적 가치를 인정하는 듯 보인다. 그런데 그 절도 혹은 도덕률이라고 하는 것은 진리와는 거리가 있는 개념이다. 한 마디로 그 시대를 살아가는 다수가 인정할만하면 절도 혹은 도덕에 맞은 것이 된다고 재해석할 필요가 있다. 그렇다면 고봉의 이론도 깊이 따지면 이理 혹은 사단四端의 절대성을 부정한다는 점에서 상대주의에 가깝다고 보아야 할 것이다. 상대주의야 말로 인간의 행동이란 보는 시각에 따라 다르게 해석될 수 있음을 암시하고 있다. 나에게 선한 것이 타인에게는 악이 될 수도 있고, 또 그 반대의 상황도 존재한다는 것이다. 인간은 감성에 따라 주관적 가치 판단을 하고 살아가는 한 역사란 분명 절대적 진리를 찾아가는 것은 아닐 것이다.

3) 집단과 개인의 문제

역사와 관련해서는 개인과 집단의 문제도 함께 논의할 필요가 있다. 역사란 한 시대를 살아가는 집단의 이야기를 수록한 면이 더 많기 때문이다. 개인과 집단의 문제는 우선 홉스가 강조한 인간의 본능으로서 자아보존과 니체가 주장한 자아실현의 문제를 시발로 논의될 수 있다. 자아보존을 위해서 인간은 집단을 이루게 되는데 한편 그 속에서 개인의 자아실현은 부분적으로 제한되는 면이 있기 때문이다.

홉스가 주장하는 본능으로서 자아보존의 핵심은 생명을 보존하는 것이며 조금 넓게 보면 자신의 이익을 극대화하거나 보호하려는 것을 의미한다. 홉스의 말 대로 인간은 자연 상태에서 느끼는 죽음의 공포를 모면하기 위해 문명을 만들었다. 이 말은 타인과의 계약을 통해 사회를 형성하였다는 것이니 곧 집단을 이루었다는 의미와 일맥상통한다. 그리고 그 사회 혹은 집단을 통해 자신의 이익을 확대하고 또 유지하기 위해 사회 구성에 대한 여러 가지 이론들을 도출하였다. 구체적으로 민주주의를 주창하는 사람들은 민주주의를 통해서 그리고 공산주의를 주창하는 사람들은 공산주의를 통해서 그들의 생명을 보존하고 이익을 증진할 수 있다고 믿는다.

한편 니체의 자아실현을 강조하는 사람들은 인간은 어떠한 집단 내에서도 자아실현이 보장되어야 함을 강조한다. 니체의 주장은 그간의 역사 속에서 집단의 이름으로 혹은 덕이라는 이름 아래 수많은 사람들의 자아실현이 훼손되었다는 점을 지적하는 데 초점이 있다. 그렇다면 한 사회 속에서 혹은 한 집단 내에서 자아보존도 되면서 자아실현을 할 수 있는 방안은 무엇인가? 니체는 여기에 대한 분명한 답을 하지는 않았다. 다만 니체는 신은 죽었지만 "이 문제를 풀어줄 거기 어디 어떤 사람은 없습니까?" 라는 외침으로 '초인Superman'을 말한 것은 아닌가라고 나는 감히 생각하고 있다.

자아실현을 인간의 가장 중요한 본능으로 생각하면 당연히 개인의 자유가 강조될 것이다. 반면 자아보존을 더 강조한다면 이는 개인적으로 푸는 것보다 집단을 통해서 풀어져야 하는 이유가 더 많기 때문에 사회 혹은 공동체의 입장이 더 강조되어야 할 것이다. 이러한 문제는 개인의 자유가 중요하냐 아니면 공동체의 이익이 중요하느냐라는 철학적 논쟁과도 연결된다.

근대 철학의 제2의 물결로서 이성을 강조하는 흐름이 나타났지만 칸트의 경우는 개인의 자유를 더 강조하고 있다. 물론 칸트는 절대주의적 입장에 보다 가깝고 천부인권을 강조하고 있다는 점에서 감성을 강조하는 상대주의적 입장은 아니다. 그러나 그가 주장하는 절대적 가치로서 자유는 사회 혹은 특정 공동체에는 일련의 제약을 받을 수도 있는 개념임에는 틀림없다. 소위 영국의 자유주의 철학자 밀John Stuart Mill, 1806~1873이 주장하는 남의 자유를 해치지 않는 범위 내에서 내 자유의 극대화란 개념도 따지고 보면 매우 상대적이라고 하지 않을 수 없다. 남의 자유를 해치지 않는 범위 내에서라는 그 범위를 구별하는 객관적 기준이 존재하기 어렵기 때문이다. 이에 반해 헤겔은 당연히 자유정신을 실현하는 공동체의 입장을 강조하고 있다. 개인은 공동체를 통하여 그 목적을 달성할 수 있다고 믿기 때문이다.

John Stuart Mill, 1806~1873

이러한 논란은 정치체제에 있어서 자유를 보다 강조하느냐 혹은 평등을 보다 강조하느냐는 논란과도 연결 된다. 자유는 자아실현과 연결이 된다. 그리고 평등이란 자아보존과 연계 되며 공동체의 가치를 강조하게 된다. 예를 들면 개인의 자유를 강조하는 사람들은 자유민주주의를 주장하고 또 평등을 강조하는 사람들은 사회주의 체제를 옹호한다. 이러한 논쟁은 앞서 잠깐 언급했듯이 현대 시장경제체제 하에서도 계속되고 있다. 개인의 자유 강조냐 아니면 공동체 강조냐에 따라 개인 인권 중심의 자유주의의 혹은 공동체주의Communitarianism의 논리가 아직까지 서로 다투고 있기 때문이다.

정신분석학적으로 보면 개인의 무의식이란 자아와 외부 환경과의 내사와 투사를 통해 형성된다. 이는 한 개인은 자신의 기쁨을 확대하고 슬픔을 줄이려는 본능을 가지고 있지만 생존을 위해 현실의 원리도 받아들이려는 욕구도 동시에 있다는 것을 의미한다. 이론적으로는 자아실현과 자아보존의 원리를 조화할 줄 아는 것이 인간이라는 말로 이해될 수도 있다. 그런데 프로이트는 이에 대한 획기적인 해석을 하고 있다. 그것은 바로 사랑과 공격의 본능들을 통해 문명 혹은 역사의 변화를 이끌고 있는 것이 인간이라는 의미이다. 다시 말하면 인간은 자아보존을 위해 문명을 만들었다. 그러나 그 문명 하에서 자아실현의 의미가 크게 훼손되고 이에 동의하는 사람들이 많아지면 파괴의 본능이 작동되어 기존 질서를 허무는 일이 발생한다. 이것이 바로 역사이다.

조금 깊이 있게 들어가면 최근 나타난 '후기근대주의Postmodernism'는 기존 질서의 파괴 혹은 기존 질서로부터의 해방을 부르짖음으로써 개인의 자아실현을 강하게 강조하고 있다. 이러한 주장의 본원지는 말할 것도 없이 니체이다. 그런데 여기에는 분명 하나의 질문이 수반될 수밖에 없다. 그것은 바로 "그러면 사회는 무엇을 의미하느냐?"이다. 이 문제는 다음 문화를 보는 정신분석학적 입장에서 보다 자세히 논의될 것이다. 다만 여기에서는 지금까지 역사를 보는 시각이 개인의 입장을 강조하느냐 아니면 공동체의 입장을 강조하느냐에 따라 다르게 표현되고 있다는 점을 강조할 뿐이다.

2. 역사는 어디로 흘러가는가?

앞선 설명을 통해 우리는 인간성의 이해에 따라 역사의 방향에 대한 시각도 달라질 수밖에 없다는 것을 알았다. 그렇다면 거꾸로 기존 철학자들이나 역사가들이 주장하는 역사의 방향 속에서 인간성은 어떻게 이해되고 있는가? 본 질문에 대한 답을 찾아본다는 것은 역사의 의미와 해석을 위한 사고의 지평을 확대하는 데 큰 의미를 가질 것이다. 따라서 이번에는 먼저 기존 철학자들이나 역사가들이 보는 역사의 방향을 간단하게라도 논하고 그 속에 숨어 있는 인간성에 대한 의미를 밝혀 보려고 한다. 그리고 결론 삼아 정신분석학적으로 보는 역사의 흐름에 대한 나름대로의 의견도 개진해 볼 것이다.

1) 기존의 다양한 논리들

이미 언급했듯이 고대 철학에서처럼 이성을 강조하고 이를 바탕으로 이데아 혹은 최고의 선을 강조한다면 역사는 바로 최고의 선을 향해 가는 과정이라고 말할 수 있다. 이는 근대에 이르러서도 헤겔 그리고 마르크스 철학에 잘 나타나 있다. 앞서 언급했듯이 이들이 주장하는 변증법적 역사관은 인간은 이성의 힘을 통해 보다 완전한 세상 아니면 최소한 보다 나은 세상을 만들어 가고 있다고 보고 있기 때문이다. 따라서 우리는 이들의 역사관을 진보사관進步史觀이라고 부르고 있다.

절대주의적 역사관 혹은 목적론에 근거한 역사관과는 달리 역사는 해석하는 사람들의 주관적 입장에서 정의되고 있다는 상대주의적 역사관도 존재한다. 이러한 상대주의적 역사관에는 역사를 만들어가는 인간들 그 자체가 바로 절대 진리를 찾아가는 것이 아니라는 인간 본성의 상대적인 면이 당연히 강조되고 있다. 이러한 견해는 '패러다임Paradigm' 이란 용어를 사용한 쿤의 『과학혁명의 구조*The Structure of Scientific Revolution*』에 잘 나타나 있다.

쿤은 우리가 그동안 진리를 향하여 가고 있다고 믿었던 과학도 그 역사를 보면 어제의 신화가 오늘의 진리가 되고 오늘의 진리가 내일은 신화로도 변할 수 있음을 자세히 기술하고 있다.[1] 이 말 속에는 그 시대를 지배하는 패러다임에 따라 진리의 의미가 규정되고 있음이 내포되어 있다. 이를 다시 해석하면 그 시대 다수의 사람들이 동의하는 바에 따라 진리 혹은 합리성이라는 의미가 성립됨을 의미한다. 패러다임이란 다수의 의견에 따라 정해지는 것이기 때문이다. 이러한 논리에 기초한다면 역사는 어떤 목적을 행해가는 것이 아니라 패러다임을 따라 끝없이 변하여 간다고 볼 수밖에 없을 것이다.

역사를 해석하는 데도 마찬가지이다. 영국 출신 역사가 카E. H. Carr,

1 Thomas Kuhn, *The Structure of Scientific Revolution* (Chicago: Chicago University Press, 1962), 참고

E. H. Carr, 1892~1982

Arnold Joseph Toynbee, 1889~1975

1892~1982는 『역사란 무엇인가*What is History?*』에서 역사는 과거와 미래의 끊임없는 대화라고 말하고 있다.[2] 이는 바로 역사를 해석한다는 것은 현대를 살아가는 사람들의 몫이라는 의미를 내포하고 있다. 예를 들면 고려 말 정몽주鄭夢周, 1337~1392의 입장에서 보면 이성계李成桂, 1335~1408는 반란자요 조선朝鮮의 신하들 입장에서 보면 그는 새로운 창업자가 된다. 역사는 승자의 기록이라는 말도 따지고 보면 매우 상대적인 역사 해석의 의미를 강조하고 있다.

절대주의적 혹은 상대주의적 역사관의 의미를 떠나서 역사를 보는 또 다른 시각이 있는데 이는 바로 역사의 순환론이다. 순환론이란 역사란 어떤 절대 진리를 향해가는 것도 아니며 그렇다고 어디론지 모르게 마냥 흘러가는 것도 아니며 큰 안목에서 볼 때 순환하고 있다는 의미이다. 이러한 역사 인식을 하는 대표적인 학자는 『역사의 연구*A Study of History*』를 써서 큰 반응을 일으킨 영국의 사학자 토인비Arnold Joseph Toynbee, 1889~1975이다. 토인비가 그의 책에서 밝힌 역사의 순환 논리는 아래와 같이 요약할 수 있다.[3]

토인비는 '도전Challenge'과 '응전Response'이라는 개념으로 문명의 탄생

2 E. H. Carr, *What is History* (New York: Penguin Books, 1970), 참고.

3 Arnold Joseph Toynbee, *A Study of History*, 12 Volumes (Oxford, London: Oxford University Press, 6th printing edition, 1955) 참고. A. J. 토인비 저, 홍사중 번역, 『역사의 연구』(서울: 동서문화사, 2007), 참고.

과 번영을 설명하고 있다. 즉 어떤 환경의 도전에 대한 응전으로서 문명이 출발하며 그 응전이 잘되면 문명이 번성하게 되며 그렇지 못하면 쇠락하게 된다는 것이다. 그는 이러한 도전과 응전의 의미를 생명체와 비교하여 생성, 성장, 붕괴, 그리고 해체라는 4가지 단계를 거친다고 한다. 그는 지구상에 존재하는 수십 개의 문명을 자세히 관찰한 결과 대개의 경우 이와 같은 네 단계를 거치는데 일부 문명 즉, 서구 문명, 극동 문명, 이슬람 문명, 인도 문명, 그리스 정교 문명, 비잔틴 문명, 동남유럽 문명은 아직도 생존해 있는 것으로 보고 있다. 그리고 각 문명권에 속해있는 국가들은 그들 나름대로 이러한 순환 과정을 거쳐 생성과 소멸 혹은 해체를 반복하였다고 설명한다. 대표적으로 중국이나 한반도의 문명 속에서는 그간 수많은 왕조들이 태어나고 소멸함을 반복하였다는 사실은 이러한 입장을 잘 증명해 주고 있다.

이러한 토인비의 역사관은 마치 불교에서 말하는 나서 늙고 병들어 죽는다는 생로병사生老病死와 비슷한 입장이라고 볼 수도 있다. 따라서 그의 역사 인식은 앞서 논한 진보적 사관과는 궤를 달리하고 있음이 분명하다. 토인비는 역사는 어디를 향하여 진보하는 것이 아니라 일반적으로 생성과 소멸이라는 커다란 순환의 틀에서 흥망성쇠興亡盛衰를 반복한다고 보기 때문이다. 그런데 왜 이렇게 역사는 생성과 소멸이라는 순환적 모습으로 이어지고 있는가? 토인비의 논리에 따르면 도전에 대한 응전이 제대로 되지 못하면 소멸하거나 해체되게 된다. 그러면 인간은 왜 도전에 대한 응전을 잘 못할 수 있는가? 이는 말할 것도 없이 인간이 이성적이지 못하고 합리적이지 못하기 때문이라고 말할 수밖에 없을 것이다. 인간이 정말 진리를 발견할 수 있는 그 위대한 이성의 힘을 가졌다면 도전에 대한 합리적 응전을 못할 이유가 없기 때문이다. 그렇다면 토인비가 보는 역사 인식에는 인간이란 비합리적 존재라는 의미도 일부 암시되어 있다고 보아야 할 것이다.

2013년에 미국에서 출판되고 2014년 우리나라에서 번역된 『왜 바보 같은 역사는 반복되는가*Doomed to Repeat: The Lessons of History We've Failed to Learn*』[4]라는 매우 흥미로운 제목의 책이 있다. "우리가 배우지 못한 역사의 교훈들"이라는 부제가 달린 이 책이야말로 과거 끔찍했던 인류의 역사 그리고 그 속에서 인류는 이를 배워서 반복하지 않아야 함에도 역사는 계속 끔찍함을 자행하고 있음을 지적하고 있다. 왜 그럴까? 이 책은 인간이 이성을 차리지 못하고 있음을 지적하는 데 초점을 두고 있지만 나의 답은 조금 궤를 달리하고 있다. 그것은 바로 인간 자체가 비합리적이기 때문에 계속 잘못을 반복하고 있다는 것이다. 따라서 역사의 반복은 바로 인간의 비합리성에 기인한다고도 볼 수 있다.

2) 정신분석학적으로 본 역사의 방향

정신분석학적으로 본 역사의 문제에 관해서는 먼저 니체와 그 뒤를 이어 소위 후기근대주의를 제창한 철학자들의 이야기부터 시작해야 할 것 같다. 후기근대주의의 정신은 큰 틀에서 니체의 자아실현을 강조하고 있지만 이들 철학자은 정신분석학의 지식들을 일부 활용하고 있기 때문이다. 앞서도 언급하였듯이 니체는 역사 속에서 덕의 이름으로 혹

---

4 Bill Fawcett, *Doomed to Repeat: The Lessons of History We've Failed to Learn* (New York: William Morrow Paperbacks, 2013), 참고. 김신태 옮김, 박사영 감역, 『왜 바보같은 역사는 반복하는가』 (서울: 매일경제신문사, 2014), 참고.

은 권력의 이름으로 자아실현을 이루지 못한 수많은 사람들에 대한 지적을 하고 있다. 이를 이은 후기근대주의 철학의 대표자라고 할 수 있는 프랑스의 푸코Michel Foucault, 1926~1984 역시 『미침과 문명*Madness and Civilization*』[5]을 통해서 역사는 미침의 연속이라는 뉘앙스의 논리를 전개하고 있다. 권력을 가진 자들이 그렇지 못한 자들에 대한 억압 그 속에서 정신이상자로 몰려 옥살이를 해야만 했던 역사의 비통함을 지적한 것이다.

Michel Foucault,
1926~1984

인간은 이처럼 이기적이고 비합리적인가? 정신분석학적으로 인간 자체는 감성의 덩어리이며 이기적이고 비합리적일 수밖에 없다. 자신의 자아이상만이 진리라는 환상을 가진 자들이 권력을 가지면 그에 반대하는 사람들을 진리의 이름으로 처단하고 있는 것이다. 그렇다면 역사는 미침을 강요하는 방향으로 흘러온 것이 아닌가라는 의문을 가질 수 있을 법하다.

정신분석학적으로 보면 토인비의 문명관은 문명은 사랑과 공격의 본능에 따라 번영과 파괴를 거듭하는 것이라는 프로이트의 주장과도 일부 연결성을 가지고 있다. 사랑의 힘은 문명을 유지시키지만 많은 사람들의 자아실현이 어려워지면 공격의 본능으로 기존 질서를 파괴하기 때문이다. 이는 역사의 순환을 가능케 하는 프로이트의 논리라고 볼 수 있다.

5 Michel Foucault, *Madness and Civilization: A History of Insanity in the Age of Reason* (New York: Vintage Books Edition, Random House, Inc., 1973), 참고. Michel Foucault, *Discipline & Punish: The Birth of Prison* (New York: Vintage Books, A division of Random House, 1979), 참고.

그런데 공격의 본능이 퇴행적으로 흐르게 되면 지배자가 피지배자에 대한 가차 없는 억압을 시행하게 된다. 이는 바로 푸코 등이 주장한 역사의 광기가 될 수도 있다.

어떤 정신분석학자들은 현재의 역사적 의미를 과거에서 찾으려는 시각은 일부 정신분석학의 접근법과 유사하다고 보는 사람도 있다. 왜냐하면 정신분석학은 개인의 현재 상태를 과거 어린 시절에서 찾으려기 때문이다.[6] 정신분석학에는 오늘의 개인적인 행동의 근원은 그 사람의 자아가 형성되는 어린 시절의 상황에 절대적 영향을 받는다고 믿고 있다. 즉 무의식의 형성 과정을 알아야 오늘의 심리 상태를 분석할 수 있다는 것이다. 이는 과거에 문제가 있으면 현재에도 문제가 있을 수 있다는 대전제를 가지고 특히 정신이상을 치료하기 위한 목적으로 활용되고 있는 방법이다. 그런데 이 문제를 역사의 문제와 연결시키는 데는 약간의 무리가 따르게 된다. 역사에서 과거를 거울 삼아 오늘을 합리적으로 살아가게 한다는 것 자체가 앞서 이야기한 대로 별로 효과를 보지 못하고 있기 때문이다.

그렇다면 정신분석학적으로 역사는 어떻게 이해할 수 있는가? 앞서도 수차 지적했듯이 인간을 감성의 덩어리로 보고 이기적인 존재로 보는 한 역사는 합리적으로 흘러가기 어렵다. 인간은 내적으로도 매 순간 기쁨의 원리를 따르려는 자아이상과 현실의 원리를 따르려는 초자아가 싸우고 있다. 다시 말하면 현실에서 자아보존을 위한 욕망과 이상으로서

6 Michael Roth, "History and Psychoanalysis, in *The Routledge Handbook of Psychoanalysis in the Social Sciences and Humanities*, Edited by Anthony Elliott and Jeffrey Prager (London and New York: Routledge Taylor & Francis Group, 2016), pp.245~258. 참조.

자아실현을 이루려는 욕구가 서로 상충하고 있다. 개인의 삶에 있어서는 이 두 가지 욕구들이 잘 조화를 이루면 우리는 흔히 이를 정상이라고 표현한다. 그런데 정상은 창조적 힘을 약화시키는 주원인이 될 수도 있음은 이미 논한 바 있다.

따라서 나는 역사는 어떤 목적을 향해 가는 것도 아니요, 합리적으로 흐르는 것도 아니며, 또 그렇다고 반복하는 것도 아닌 그저 어디론가 흐르고 있다는 쿤의 논리가 정신분석학적인 역사 인식과 맥을 같이 한다고 본다. 결론적으로 역사는 정신분석학적으로 보면 비합리적인 인간들이 써내려간 비합리적인 이야기라고 밖에 말할 수 없다. 자아이상의 창조성에 근거하여 변화된 역사 그 자체도 진리와는 무관하기 때문이다.

제5장

문화의 정신분석학적 이해

문화란 일반적으로 "한 사회의 개인이나 집단이 자연을 변화시켜온 물질적 및 정신적 과정의 산물"[1]이라고 정의되고 있다. 또한 문명이란 "인간의 육체적 · 정신적 노동을 통해 창출된 결과물의 총체로서 물질문명과 정신문명으로 구별된다"[2]고 이해되고 있다. 우리는 지금까지 문화는 정신적인 요소를 그리고 문명은 물질적인 요소에 초점을 둔 개념으로 이해하여 왔다. 그러나 그 정의에 대한 내용을 깊이 살펴보면 문화와 문명의 한계를 뚜렷이 밝히기는 상당히 어려워지고 만다.

따라서 나는 문명과 문화의 개념에 대한 엄격한 구별보다는 두 개념을 함께 사용하는 것이 더 바람직하다고 생각하고 있다. 즉 인간이 자신들의 삶을 위해 만들어 내고 있는 정신 및 물질적 표현이 문화 내지는 문명의 특징을 결정한다는 것이다. 이러한 나의 생각을 바탕으로 본

1 "문화", "민족문화대백과사전", In NAVER, 참조.
2 "문명", "실크로드 사전", In NAVER, 참조.

장에서는 문화나 문명의 특징을 정신분석적으로는 어떻게 이해할 수 있는가를 살펴보려고 한다.

1. 집단무의식과 문화 그리고 이념과 체제

문화나 문명이 인간의 삶을 위한 정신적 및 물질적 표현이라고 한다면 이는 당연히 인간의 행동에 절대적 영향을 주는 인간 무의식의 동적 양상을 이해함으로써 문화나 문명의 특징들을 밝힐 수 있다. 특히 일반적인 문화 현상을 이해하기 위해서는 개인보다는 그 시대를 살아가는 인간 집단들의 무의식적 흐름을 이해해야 한다. 문화현상이란 어느 개인의 무의식적 욕구보다는 집단의 무의식적 욕구에 더 많은 영향을 받을 것이기 때문이다. 집단무의식의 형성과 그 특징에 대해서는 제1부에서 설명하였기에 재차 논의는 하지 않을 것이다. 다만 여기에서는 집단무의식과 문화 그리고 이념과 체계 간 상관관계를 설명하고자 한다.

1) 자아이상의 발로로서 이념과 체제 그리고 문화

인간들은 삶의 풍요와 편리를 위하여 끊임없는 생각을 하여 왔다. 그리고 그 실천을 위해 수많은 이념들을 창출해 냈고 또 이에 근기한 사회적 체제System들을 만들어 왔다. 그것은 우리 내부에 있는 자아이상의 욕구 때문이다. 자아이상이란 수차 강조한 바이지만 기쁨의 원리에 근거하여 자신의 기쁨을 확대하고 슬픔을 줄이려는 욕구이며, 한편으로는 원초적 자아도취의 완전성으로 돌아가려는 욕구이기 때문이다. 그런데 인간의 보다 나은 삶을 위해 고안된 특정 이념은 개인으로부터 창안되었다하더라도 그 실행을 위해서는 다수의 동의가 필요하다. 나 혼자만의 환상 속에 있는 이상이란 현실화되기 어렵지만 다수가 그 이상을 인정하면 그 실현을 위해 함께 노력할 것이기 때문이다. 그렇다면 이념은 결과적으로 다수 인간들의 자아이상이 표현된 것이라고 바꾸어 말할 수 있다. 그리고 이러한 이념은 다수의 동의를 통해 그에 근거한 어떠한 사회적 시스템을 성립시키려는 의지를 갖게 한다.

이념이란 사전적으로 "이상적인 것으로 여겨지는 생각이나 견해"[3]라고 이해되고 있다. 이러한 이념은 개인적인 생각으로만 그칠 때에는 새로운 사회체제와 연결성을 갖지 못한다. 그러나 다수의 동의를 받게 되면 이의 실천을 요구받게 되고 그 결과 그에 합당한 사회적 체제가 만들어지는 것이다. 그리고 그 사회적 체제는 이의 유지를 위한 가치 및 규범을 요구하기 때문에 이념을 "추구해야할 가치와 준수할 규범"[4]으로 해석하기도 한다. 예를 들면 보다 나은 삶을 위해 민주주의라는 이념이 생성되었다면 이를 위한 민주주의 체제가 성립되고 공산주의 이념의 실현을 위해서는 공산주의 체제가 만들어지게 되는 것이다.

인간들은 유사 이래 수많은 이념과 이에 근거한 사회체제를 형성하여 왔다. 그리고 체제마다 그 유지를 위한 가치와 규범들을 만들어내는데 여기에 길들여져서 나타나는 것이 체제 구성원들의 집단무의식이며, 그 표출이 그 사회를 지배하는 특정 문화를 만들어내게 된다. 이와 같이 문화의 형성을 이해한다면 이는 정신분석학에 있어서는 신프로이트학

3 "이념", 이해하기 쉽게 쓴 행정학용어사전, In NAVER, 참조.
4 *Ibid.*

파처럼 환경 즉 체제나 구조가 인간 무의식에 절대적 영향을 미치고 문화를 만든다는 것으로 이해할 수 있다.

그런데 정신분석학의 대상관계이론 입장에서 본다면 인간의 집단무의식은 꼭 외부적인 체제의 요구에만 따라 형성되는 것은 아니다. 그 체제를 향해 구성원들이 공통으로 쏘아대는 투사에 따라 그 특징이 영향을 받게 된다. 그렇다면 당연히 어떤 특정체제 내의 문화 역시 그 체제를 향한 구성원들의 반응에 따라 특색을 달리한다고 볼 수 있다. 공산주의 체제를 가진 모든 국가의 문화 혹은 자유민주주의 체제를 가진 모든 국가의 문화적 특징이 각기 다른 이유는 여기에 있다.

나아가 문화는 체제에 거꾸로 큰 영향을 끼칠 수 있다. 구성원들의 체제에 대한 반응, 투사적 무의식은 그 체제의 특징을 변화시키기 때문이다. 다시 말하면 이념은 다 같은 자유민주주의에 근거한 체제라 하더라고 그 체제를 향한 투사적 반응 그리고 그에 따른 문화가 각기 다르다면 그 체제의 특징 또한 달라지기 마련이다. 예를 들면 앞서 말한 바의 반대로 같은 자유민주주의를 신봉한다하더라도 체제마다 그 특징이 다르고 공산주의 이념을 토대로 한 모든 공산 체제들도 각기 그 특징이 다르게 된다는 것이다.

2) 체제와 문화의 상호 연관성

체제와 문화의 관계에 대해서는 학문적으로도 논쟁이 야기되고 있다. 그 핵심은 체제가 문화를 만드느냐 아니면 문화가 체제의 특성을 결정하느냐에 있다. 체제의 문화에 대한 영향이 더 강하다고 보는 대표적인 사람은 구 소련연방의 반체제 작가인 솔제니친Aleksandr Solzhenitsyn,

Aleksandr Solzhenitsyn, 1918~2008

Vladimir Lenin, 1870~1924

Joseph Stalin, 1878~1953

Robert C. Tucker, 1918~2010

1918~2008이다. 그는 1970년대 말 미국 여러 곳에서 소련 체제에 대한 강의를 하였다. 그가 행한 강의의 핵심은 러시아는 평화를 사랑하는 아름다운 문화를 가졌는데 레닌Vladimir Lenin, 1870~1924과 스탈린Joseph Stalin, 1878~1953이 공산 체제를 성립시키고 강력한 억압 정치를 시행함으로써 전통적인 러시아의 온화한 문화는 완전히 파괴되었다는 것이다.[5] 이는 바로 체제의 특성이 문화에 강력한 영향을 준다는 의미라고 할 수 있다.

이러한 솔제니친 주장에 대하여 공산 체제 연구가로 이름을 떨친 터커Robert C. Tucker, 1918~2010와 그의 동료들은 『스탈린주의*Stalinism*』[6]를 통해 솔제니친의 주장에 반격을 가하고 있다. 이들 주장은 레닌과 스탈린의

5 김용신, 『지도력의 허상』 (서울: 아카원, 2017), p.52. 솔제니친이 미국 하버드대학교에서 행한 연설문은 Chris Abbott 저, 홍연희 역 『세상을 뒤흔든 명연설 (*21 Speeches That Shaped Our World*)』 (서울: 에이지 21, 2011), 제2부 "분열된 세계," 참조.

6 Robert C. Tucker, eds., *Stalinism: Essays in Historical Interpretation* (New York and London: W. W. Norton & Company, 1977), 참고. 김용신, 『지도력의 허상』 (서울: 아카원, 2016), pp.53~54, 참조.

공산 체제가 새로운 문화를 만든 것이 아니라는 것이다. 구체적으로 이들은 소련 체제에 있었던 정치범 수용소나 주민들의 통행을 제한하는 통행증 등은 이미 제정러시아 시대부터 존재했던 정치문화를 이어받은 것이라고 주장하고 나섰다. 이는 바로 러시아의 공산 체제가 특별한 문화를 창출한 것이 아니고 과거 제정러시아의 문화가 새로운 공산 체제의 특성을 규정지우고 있음을 의미한다. 이는 곧 문화가 체제의 특성에 더 많은 영향을 미친다는 주장이다.

그런데 나는 체제와 문화 중 어느 한 쪽이 다른 쪽에 대해 보다 본질적인 영향을 미치는 요소라고 보지는 않고 있다. 즉 집단무의식과 문화 그리고 이념과 체제는 앞서 논의한 대로 상호 영향을 주고받는다는 것이다. 이러한 상호 관계 속에서 한 체제의 구성원들이 만족을 못 느끼고 새로운 변화를 요구한다면 새로운 이념이 창출될 것이다. 그리고 그 이념이 다수의 자아이상으로 부터 동의를 얻으면 새로운 체제로의 전환이 시도 되고 이에 따라 새로운 문화가 형성되는 것이다.

그런데 그 문화는 과거의 체제와 완전히 단절될 수 없다. 이념과 이에 따른 체제는 일시에 창출될 수 있어도 문화는 일시에 변화되는 것이 아니기 때문이다. 이는 우리의 의식은 일시에 새로운 의미를 받아들일 수 있지만 무의식은 장기간에 걸쳐 자아와 외부의 환경 간 내사와 투사를 통해 형성되는 것이기 때문이다. 따라서 나는 문화란 한 사회 구성원들이 공유하는 집단무의식의 표현이며 이는 끊임없는 내사와 투사를 통해 그 특징을 변화해 나가기 때문에 문화의 특성도 변화된다고 보고 있다.

2. 정신분석학으로 본 현대사회의 문화

문화는 집단무의식의 표현이라는 점 때문에 현대사회에 대한 문화 연구의 방향은 정신분석학적 지식들을 대거 활용하여 그 의미를 밝히려는 경향이 뚜렷하여졌다. 따라서 이번에는 먼저 신프로이트학파와 프랑크푸르트학파의 문화 분석의 핵심과 현대사회에 만연하는 자아도취적 문화 현상을 요약하고자 한다. 그리고 다음으로는 다양한 가치가 동시에 존중되는 후기근대주의 문화 속에서 나타날 수 있는 다중인격의 문제를 사회와 관련하여 어떻게 이해할 수 있는가를 살펴보려고 한다.

1) 신프로이트학파와 프랑크푸르트학파의 문화 이해 및 자아도취적 문화

문화의 현상 혹은 특징에 대한 정신분석학적 연구는 제1부에서 논의한 신프로이트학파에 의해 시작되었다고 해도 과언은 아니다. 이들의 연구들은 인간 무의식이 외부 환경에 많은 영향을 받는다는 믿음 아래 특정 체제가 그 구성원들의 무의식에 변화를 줌으로써 이에 따른 문화가 형성되었다는 논리에 근거하고 있다. 이러한 연구의 대표적인 학자로는 리스만을 들 수 있다. 그는 기술 발전을 토대로 하고 경제적 요소가 중심적 가치로 등장한 자본주의하에서 인간은 한없는 무력감을 느끼게 되고 그 결과 각 고독한 존재가 되었으며, 그 것이 바로 새로운 문화의 특징이라고 한다.

같은 신프로이트학파라 할지라도 프롬과 핸슨의 분석은 하나를 더 추가하고 있다. 즉 자본주의라는 체제가 독일 국민들에게 무력감을 주었다는 데에는 리스만과 별 차이가 없다. 그런데 독일 국민들의 집단무의식은 고독한 군중으로만 존재하는 것이 아니라 무력감을 극복하기 위해 강력한 힘을 요구하게 되었다는 것이다. 이들은 그 결과 나치 체제가 성립되었다고 보고 있으니 문화가 체제의 변화를 유도했다는 의미까지 포함하고 있다. 그러나 이들은 마지막으로는 그 체제 속에서 또 다른 문화가 탄생되었음을 설명하고 있다. 예를 들면 프롬의 경우는 나치 체제 하에서 가학-피학적 퇴행성이 문화적 현상으로 나타났다고 보고 있다. 그리고 핸슨의 경우는 나치 체제하에서 독일 국민들은 죄의식을 상실하고 강력한 권위에만 의존하는 독특한 나치 문화를 형성하였다고 주장하고 있다.

결과적으로 이들의 분석은 주로 체제가 구성원들의 집단무의식에 영향을 주고 그 결과가 문화의 형태로 나타났음을 지적하고 있다. 다만 이들의 주장에서는 자본주의에서 오는 무력감이 강력한 힘을 요구하는 집단무의식을 형성하여 나치 체제를 가능하게 했다는 점을 지적함으로써 문화가 특정 체제의 성립을 가능하게 했음을 지적함으로써 체제에 대한 문화의 영향력까지 설명하였다. 다만 내가 이들을 신프로이트학파와 연결하여 설명한 것은 이들의 주장에는 주어진 환경이 인간의 무의식에 영향을 준다는 점이 보다 강조되고 있기 때문이다. 다시 말하면 이들은 자본주의 체제가 독일 국민들의 무의식에 변화를 일으키게 하였고, 이에 따라 생성된 나치 체제 역시 독일 국민들의 무의식을 더 퇴행적으로 향하도록 만들었다고 봄으로써 체제가 구성원의 집단무의식 형성에 강한 영향을 준다는 점을 설명하고 있다.

프랑크푸르트학파 역시 정신분석학적 입장에서 문화의 특징을 분석하려고 하고 있다. 이들의 주제는 자본주의 하에서 인간은 스스로 소외감을 느끼며 자본주의에 중독되어 사회의 모순에 대한 비판 의식을 상실해가고 있다는 점이다. 이는 자본주의라는 체제가 개인 나아가 구성원의 집단무의식에 큰 영향을 미치고 있다는 것을 의미하니 당연히 인간의 무의식은 외부 환경으로부터 절대적 영향을 받는다는 신프로이트학파의 논리가 숨어 있다. 이러한 견해를 문화와 연결하여 풀어 보면 체제가 집단무의식의 성격을 규정하고 그 결과 이에 따른 새로운 문화가 생성된다는 것이니 집단무의식이 문화의 형태로 나타난다고 할 수 있다.

현대사회의 문화 현상은 래쉬가 『자아도취적 문화*Culture of Narcissism*』에서 매우 흥미롭게 설명하고 있다.[7] 래쉬는 현대인은 매우 불안한 시대를 살고 있다고 분석하고 있다. 핵무기의 위협, 시장경제체제의 모순으로 야기된 실업 현상, 테러의 공포와 무자비한 범죄의 만연 등은 현대를 살아가는 사람들에게 심리적 불안감을 가중시키고 있다. 이러한 불안감을 안고 살아가는 한 우리는 미래를 예측하기 어렵기 때문에 오직 현재 자신의 눈앞에 있는 일에만 관심을 갖지 않을 수 없게 된다. 이와 함께 현대는 모든 가치가 경제적인 면에 치우치므로 나만 잘 살면 된다는 개인주의적 성향이 노골화되고 있다고 해도 과언은 아니다. 프로이트의 정신분석학에서 자아도취란 자신의 리비도가 외부의 대상으로부터 거절될 때 다시 거꾸로 자신에게로 돌아와 자신을 사랑함으로써 위안을 가진다는 의미이다. 래쉬는 현대인이 불안감을 해결하기 위하여 오늘의 자신 앞에 벌어지는 일에만 관심을 가지고 스스로를 위안하고 있다는 점에서 프로이트의 자아도취라는 개념을 활용하여 현대문화의 특징을

7 Christopher Lasch, *Culture of Narcissism* (New York: W. W. Norton & Company, 1979), 참고. 김용신, 『문명비판 I: 정치철학과 정신분석학의 만남』 (서울: 명상, 2000), pp.85~88, 참조.

설명한 것이다.

자아도취의 문화에서는 19세기의 값싼 로맨스도 없고 사랑은 오직 육체적인 만족만을 지향한다. 그리고 권력과 부 혹은 명예라는 가치도 불안한 시대를 사는 사람들에게는 큰 관심을 불러일으키지 못한다. 오늘을 살면서 오직 남의 부러움을 사는 것만으로 만족한다. 명예나 권력, 혹은 돈은 오히려 거추장스러운 가치로 추락하고 말았다. 그러하니 이를 위한 경쟁은 오히려 현대인을 피곤하게 만든다. 즉 어려운 경쟁을 뚫고라도 어떤 위치에 서겠다는 각오가 오히려 현대인을 피곤하게 만들고 있다는 것이다. 경쟁에서 밀리면 상처만 남기기 때문이다. 오직 보다 젊게 보이고 하루를 살더라도 건강해지는 것이 오히려 더 큰 관심거리가 된 것이다. 이러한 문화 속에서 이웃이나 주변의 문제는 크게 관심거리가 되지 못한다. 오직 자신의 문제 그것도 심리적으로 혼자 즐길 수 있는 일들이 보다 가치 있는 일로 등장하게 된다. 최근 한 언론사의 심층 인터뷰 결과에 따르면 우리나라 청년들은 "수저계급론," "남북관계," "여야정쟁" 등 사회나 국가적인 문제에는 별로 관심이 없으며 오직 자신과 직접 연관된 문제에만 적극적으로 반응한다고 한다.[8] 이것이 바로 자아도취적 문화의 특징이라고 볼 수 있다.

나는 래쉬의 자아도취적 문화의 특징 중에 한 가지가 더 첨가 되어야 한다고 본다. 그것은 바로 현대인이 가지는 자폐증적 요소이다. 현대인은 개인주의에 함몰되고 자아도취적 요소를 가졌다는 분석은 매우 이해할만하다. 그런데 그 속에는 정신분석학적으로 자폐증적 요소를 다분히

8 "남북관계? 재벌갑질? '안궁안물'...교장쌤 비리 문제유출엔 'ㅂㄷㅂㄷ'," 동아일보, 2019년 3월 4일, 참고.

포함하고 있다는 것이다. 예를 들면 현대인은 아파트 생활을 하면서 옆집에 혹은 위층이나 아래층에 누가 사는지 잘 알지 못한다. 각자는 이웃과 관계를 맺는 것 자체가 피곤한 일이라고 생각한다. 그들은 나의 삶과 아무런 관계가 없다고 믿기 때문이다. 따라서 남이 죽든 살든 나에게 문제만 없으면 그만이라는 자아도취적 문화 속에는 분명 자폐증적 요소가 존재한다고 볼 수밖에 없다.

2) 후기근대주의와 조각난 자아들 그리고 사회

근대주의Modernism의 의미는 한마디로 말한다면 가치에 대한 특정 기준을 정하고 있다는 점이다. 정치적으로 선진국과 후진국의 기준을 국민총생산량 혹은 일인당 소득 그리고 수도와 전기의 사용량 또는 자동차 보유율 등을 기준으로 삶의 질을 평가하고 이것이 높을수록 발전된 사회라고 보는 견해이기 때문이다. 다시 말하면 어떤 특정 평가 기준을 통하여 근대와 전근대 혹은 선진과 후진이라는 의미를 규정하려고하는 것이 근대주의의 특징이라는 것이다.

그런데 이에 대항하여 나타난 후기근대주의Post Modernism란 인간의 삶에 대한 객관적 기준은 있을 수 없다는 점을 강조하고 있다. 이 때 후기라는 말을 쓰는 것은 어떤 사상이나 현상에 대해 뿌리는 같을지라도 그에 대한 후기적 현상으로 그 특징이 전기와 다름을 의미하기에 '반대적'이라는 의미로도 해석되고 있다. 따라서 후기 근대주의란 한마디로 기준을 거부하기 때문에 모든 것은 주관적인 입장에서 판단될 뿐이라는 점을 강조하고 있다. 즉 가치의 주관적 판단을 옹호하는 주의가 후기근대주의인 것이다. 그러니 당연히 그 뿌리는 선과 악의 구별마저 주관적이라고 선언한 니체의 철학에 있다고 할 수 있다.

Gilles Deleuze, 1925~1995

Felix Guattari, 1930~1992

필자의 박사학위 지도교수였던 정신분석학적 정치이론의 대가인 글래스James Glass는 『조각난 자아들: 후기근대사회에서 다중인격*Shattered Selves: Multiple Personality in A Postmodern World*』을 통해 후기근대사회에 있어서 다중성을 특별한 관점에서 분석하고 있다. 그는 대상관계이론의 창시자인 클라인의 이론을 기초로 소위 후기근대주의의 철학을 주창한 대표적인 학자들로서 프랑스의 푸코, 들뢰즈Gilles Deleuze, 1925~1995, 가타리Felix Guattari, 1930~1992 등의 이론까지를 설명하면서 자신의 주장을 펼치고 있다. 특히 그는 미국 메릴랜드Maryland주 볼티모어Baltimore 소재 쉐파드-프랫Sheppard-Pratt 병원에 입원해 있는 다중인격장애 환자들의 심리 상태를 분석함으로써 후기근대주의에서 자아Self에 의미를 새롭게 밝히고 사회와의 관련 속에서 그 의미를 파악하려고 하고 있다.

사실 지금까지 철학의 기본 흐름은 자아에 대한 의미를 어떤 사회나 제도 속에서 사회적인 의미를 담은 정체성을 가진 것으로 이해해 왔다. 그런데 글래스에 따르면 푸코 등의 후기근대주의 철학에서는 자아를 사회로부터 "내향화된 존재Internal Being"로 인정하지 않기 때문에 현대사회에서는 인간의 다중성을 존중해야한다는 논리를 펴고 있다는 것이다.[9] 앞서 언급한 대로 근대는 기준을 요구하지만 후기근대주의는 어떤 가치에 대한 객관적 평가 기준은 존재하지 않음을 주장하고 있다. 그리고 후기근대주의자들은 객관적 기준이라는 이름 아래 희생된 많은 사람들을 안타가워하면서 이제야말로 제도나 권위에 의해 억압받은 사람이 없어져야 함을 강조하고 있다. 현대사회를 '다중사회Plural Society'라고 하는 것도 바로 이런 이유이다.

우리는 지금까지 일반적으로 과거 특정한 기준에 따라 가치를 평가하고 또 그 가치를 통해 개인의 자유가 억압되어 왔음을 부정할 수 없다. 후기근대주의란 바로 이러한 문제를 지적하는 것이기에 많은 사람들은 다중적 가치의 존중이이야말로 우리를 보다 행복한 길로 이끌어갈 수 있다고 생각하고 있다. 그리고 후기근대주의의 문화적 특성을 다중성이 보장되는 문화라고 인식하고 이러한 사상의 의미를 인정하고 있는 것이다. 앞서 논의한 래쉬의 자아도취 문화의 특성도 따지고 보면 개인주의로 돌아서서 각기 자신이 좋아하는 일에만 관심을 가지게 되는 다중사회의 한 면모를 밝힌 것이라고 볼 수 있다. 다만 그는 이러한 문화의 현상에 대한 가치의 문제를 객관적으로 평가하지 않고 있으나, 후기근대사회에서 자아도취적인 면이 일부 부정적일수도 있다는 의미만 암시하고 있다.

그런데 글래스는 쉐파드-프랫 병원에 입원해 있는 환자를 통해 매우 흥미로운 사실을 발견한다. 그것은 바로 다중인격장애를 겪고 있는 환자들이 대부분 무척 괴로워하고 있다는 사실이다. 그에 따르면 정신분석학적으로 한 개인은 "자신 속에 항상성의 감각Sense of Constancy within Oneself"을 가지고 있어야 정상적인 삶을 영위할 수 있다.[10] 때문에 다중인격장

9 James Glass, *Shattered Selves: Multiple Personality in a Post Modern World* (Ithaca and London: Cornell University Press, 1993), "Preface," 참조.

애를 겪는 사람들은 정상적인 생활이 어렵고 그 자체로 많은 고통을 받고 있다는 것이다. 이러한 현상을 발견하고 글래스는 소위 다중성을 강조하는 철학자들은 정신분석학적 입장에서 다중성이 가져다주는 개인의 고통을 고려하지 않고 있다고 지적하고 있다.[11] 이러한 그의 지적은 현대사회를 이해하는 데 커다란 문제의식을 우리에게 던져주고 있다. 그것은 바로 한 사회에서 모든 개인이 각기 다른 가치로 생활해 간다면 사회라는 의미를 가지게 되는 응집력은 어디서 나오는가? 라는 질문이다. 나는 이러한 질문 속에는 후기근대주의가 주장하는 가치의 주관성은 자칫 사회의 의미 그 자체를 부정하는 것이 아닌가라는 우려도 섞여 있다고 본다.

그렇다! 후기근대주의가 주장하는 것처럼 우리 모두는 특정한 기준에 따라 가치를 평가하는 근대주의적 문화를 거부할 것이다. 왜냐하면 문화를 바라보면서 선진 혹은 후진이라는 용어를 사용하는 것은 합당하지 않기 때문이다. 그런데 한 사회 내에서 가치의 다양상은 일부 그 구성원들의 자유를 보장한다는 점에서는 의미가 있다. 그러나 지나친 가치의 분열, 즉 조각난 자아들만이 그 사회를 구성하고 있다면 그 사회는 사회로서 의미를 가지는 응집력이 사라지고 말 것이다. 이를 어떻게 할 것인가? 이야말로 철학가와 정치와 사회 혹은 문화 이론가들이 풀어야 할 숙제임이 틀림없다. 그런데 한편으로 보면 이 문제는 인간의 비자족성을 말하면서 언급한 개인과 사회의 불일치와 연결된 우리의 원초적 모순인지도 모른다.

---

10 *Ibid.*, p.24.
11 *Ibid.*, p.26.

제6장

예술에 대한 정신분석학적 이해

예술이란 무엇인가? 이러한 질문에 대한 답은 지금까지 여러 가지 각도에서 수없이 논의되어 왔다. 그런데 예술이 지적 작업이 아닌 감성적 작업이라고 한다면 이는 당연히 정신분석학적인 입장에서 논의되는 것이 보다 이해가 빠를 것으로 나는 확신하고 있다. 정신분석학이란 바로 인간 감성의 동적 양상을 연구하는 학문이기 때문이다. 따라서 나는 이미 2009년에 『예술의 정신분석학적 해석』[1]을 세상에 내놓은 바 있다. 여기에서는 본 책자의 내용을 일부 보완하고 요약하여 정신분석학적 입장에서 바라본 예술의 핵심적 의미를 간략하게 설명하고자 한다.

1 김용신, 『예술의 정신분석학적 해석』 (서울: 나남출판사, 2009) 참고.

1. 예술의 의미와 발단

예술의 본질적 의미는 무엇인가? 그리고 어떠한 배경에서 예술이라는 장르가 출발하게 되었는가? 이 질문들에 대한 답은 예술의 구체적인 문제들을 논하기 전 먼저 다루어야 할 것이다. 모든 일은 그 발단과 의미의 규정에 따라 세부적인 논의의 틀이 잡혀지기 때문이다.

1) 예술의 의미

주지하는 바와 같이 그간 수많은 철학자들, 특히 미학자들은 예술의 의미에 대한 다양한 의견들을 제시하여 왔다. 니체는 『비극의 탄생*Birth of Tragedy*』에서 예술이란 "세상에 대한 원초적으로 주관적인 경험The Primordial Subjective Experience of the World"[2]의 표현이라고 하였다. 프로이트의 미학 연구가인 스펙터Jack J. Spector는 프로이트의 정신분석학에서 예술이란 자아의 만족을 위해 "유아초기의 체험"으로 "되돌아갈 수 있는 하나의 통로를 제공"하는 것이라고 주장하였다.[3] 또한 미국의 여류 철학자인 랭거Susanne K. Langer, 1895~1985는 『예술의 문제점들*Problems of Art*』에서 "예술은 느낌의 한 상징Art is a Symbol of Feeling"[4]이

Susanne K. Langer, 1895~1985

2 Fred Alford, *Melanie Klein & Critical Social Theory* (New Haven: Yale University Press, 1989). p.104에서 재인용. 원문은 Nietzsche, "The Birth of Tragedy," Translated by W. Kaufmann, *Basic Writings of Nietzsche*, Edited by W. Kaufmann (New York: Modern Library, 1968), Sect. 12, pp.83~84. 참조. 김용신, 『예술의 정신분석학적 해석』, p.81.

3 신문수 옮김, 잭 스펙터(Jack J. Spector) 저, 『프로이트 예술미학(*The Aesthetics of Freud: A Study in Psychoanalysis and Art* (New York: Penguin Books, 1972)』 (서울 도서출판 풀빛, 1981), p.118.

4 Fred Alford, *Melanie Klein & Critical Social Theory*, p.104에서 재인용. 원문은 Susanne

Nelson Goodman, 1906~1998

라고 하였다. 그래서인지 초록과 파랑의 중간 입장에 있는 "그루Grue"라는 독특한 색의 개념을 통해 자신의 철학적 입장을 설명한 미국의 언어철학자인 굿맨Nelson Goodman, 1906~1998은 『예술의 언어*Language of Art*』에서 "예술은 지성이 아닌 감성을 통해 세상을 알리려는 시도"라고 주장하였다.

상기의 주장들을 염두에 두고 예술은 아름다움을 추구하는 일이라고 본다면 우리는 예술의 의미를 보다 명쾌히 알아낼 수 있다. 그런데 아름다움이란 개념은 매우 주관적이다. 그래서인지 니체는 '주관적 경험'이라는 말을 사용하였다. 따라서 아름다움이라는 개념에 집중하다 보면 예술의 의미를 적절하게 설명하는 데 어려움이 따르게 된다. 그렇다면 우리는 여기에서 거꾸로 다른 하나의 질문을 던질 필요가 있다. 그것은 바로 인간의 감성은 어떨 때 아름다움이라는 느낌을 갖게 되는 것인가이다. 이런 이유로 랭거는 '느낌의 한 상징'이란 용어를 사용하였다.

정신분석학적으로 인간이 기쁨을 느끼는 것은 바로 감동을 받을 때이며 그 감동은 만족감을 얻었을 때 나타난다. 다른 말로 말하면 기쁨의 원리에 근거한 자아이상이 환상을 통해서라도 이루어진다면 이처럼 감동적이며 만족할 수가 없다. 나는 이러한 만족감이야말로 다른 의미로는 아름다움이라고 생각한다. 거꾸로 우리가 아름답다고 말할 때 이 속에는

Langer, *Problems of Art: Ten Philosophical Lectures* (New York: Scribner's Sons, 1957), 참고. 김용신, 『예술의 정신분석학적 해석』, p.15, 참조. 이승훈 옮김, 수잔 K 랭거 저, 『예술이란 무엇인가』 (서울: 198년 중판), 참고. 본 역서에서는 1부에서 *Problems of Art* 가 그리고 2부에는 랭거의 또 다른 저서인 *Feeling and Form: A Theory of art* (New York: Charles Scribner's Sons, 1953)가 번역되어 있다.

우리는 만족감을 느끼기 때문이다. 그렇다면 예술이야말로 만족감을 추구하는 것이며, 이를 통해 감상자를 감동시키는 작업이라고 말할 수 있다. 그러기에 예술은 굿맨의 주장처럼 지적이 아닌 감성적인 작업이다. 또한 기쁨의 원리에 근거한 자아이상이 현실에서 풀어지기 어려운 우리의 비자족성과 문명의 불만족을 상상을 통해 해소하려는 작업이라고도 할 수 있다.

이와 관련하여 모로코 출신으로 미국의 여류 정신분석학자인 나포 Danielle Knafo는 예술과 정신분석학의 공통점을 매우 흥미롭게 설명하고 있다. 그는 『무의식과 함께 춤을: 정신분석학의 예술 그리고 예술의 정신분석학*Dancing with the Unconscious: The Art of Psychoanalysis and the Psychoanalysis of Art*』에서 "예술가와 정신분석학자는 공히 정확한 지도도 없는 무의식의 세계로 가는 특별한 접근로를 찾으려고 한다"[5]고 했다. 이는 예술은 무의식의 표현이므로 그 본질적 이해를 위해서는 무의식의 동적 양상을 연구하는 정신분석학적 논리들을 알아야 할 필요가 있음을 암시하고 있다.

2) 예술의 발단

인간이란 참으로 묘한 존재이다. 앞서 논의한 대로 인간은 본질적으로 비자족적 존재임이 틀림없다. 그런데도 불구하고 우리의 자아이상은 그 비자족성을 해결하려는 강력한 욕구를 가지고 있다는 점은 이미 밝힌

5 Danielle Knafo, *Dancing with the Unconscious: The Art of Psychoanalysis and the Psychoanalysis of Art* (New York: Routledge, 2012), "Introduction⟨p.xxiii⟩." 원문: "Both Artists and Psychoanalysts intentionally seek special access to the unconscious, a territory without full and accurate maps,..."

바 있다. 바로 이러한 자아이상의 욕구에 따라 고대인들은 비자족성을 해결하려는 수많은 노력을 하였다. 그리고 그 노력의 핵심에는 무속이 자리하고 있음은 주지의 사실이다.

고대인들은 그들이 믿는 신을 향해 영생을 기원하고 병을 고치게 해달라고 빌었다. 또 현실에서 일어난 재해를 물리치고 자신들의 삶을 위한 수많은 소원들을 신께 빌었던 것이다. 이러한 노력들이야 말로 무속의 본질이다. 실로 무속은 지역에 따라 다양한 형식으로 진화하여 왔다. 그러나 그 핵심은 바로 경건한 자세로 온힘을 기울여 신에게 기도를 하는 것이다.

신께 소원을 빌 때에는 경건한 몸차림을 해야 한다. 온 몸을 움직이고 소리 높여 울부짖어야 한다. 그리고 신전을 건설하고 거기에 우리의 희망 사항들을 문자나 그림으로 표시하였다. 이러한 신을 향한 인간의 모든 노력들은 온 정성을 바쳐 이루어진 것이기에 인간 스스로 만족감을 가질 때까지 계속하여 고치고 또 고쳐 갔을 것이다. 우리가 만족하지 못하면 신도 만족할 수 없고 신이 만족하지 않으면 우리의 소원은 이루어지지 않을 것이기 때문이다.

이러한 과정 속에서 온몸을 움직이는 행위들은 무용이 되고, 소리 높여 울부짖는 목소리는 노래가 되고, 여기에 더욱 만족감을 느끼기 위해 다양한 반주를 한 것은 바로 악기가 되고 음악이 되었다. 그리고 우리의 소원을 위해 지은 신전과 신상들은 건축과 조각예술을 탄생시키고, 그곳에 적은 문자들과 그림들은 시가 되고 회화가 되었다. 즉 우리의 비자족성을 해결하려는 노력들이 우리 스스로에게 만족감을 줄 때 그것들은 바로 예술이라는 새로운 장르를 탄생시켰다는 것이다. 한마디로 인간의 비자족성을 해결하고자 노력하는 과정에서 나타난 행위가 우리 자신들에게 만족감을 주게 함으로써 우리는 그 자체를 예술이라는 이름으로 즐기게까지 되었다.

2. 예술의 형식

니체는 예술의 형식을 크게 "아폴론적 예술Art of Apollo"과 "디오니소스적 예술Art of Dionysos"로 양별하고 있다.[6] 그간 니체의 예술 형식에 대한 구별은 예술을 이해하는 데 많은 도움을 주었다는 점을 부정할 수는 없다. 그런데 나는 니체의 아폴론적 예술의 형식은 매우 광범위한 의미를 가지기 때문에 구체적으로 두 가지로 나누어 설명하는 것이 바람직하다고 생각한다. 따라서 여기에서는 아폴론적 예술의 형식을 완전성 추구와 승화 형식으로 분리하여 설명하고, 디오니소스적인 형식은 자기 위안이라는 말로 바꾸어 설명하고자 한다. 이러한 구별은 예술의 형식을 보다 구체적으로 이해하는 데 도움이 될 것이다.

1) 완전성 혹은 진리 추구 형식

고대사회에서 철학의 질문은 인간의 비자족성을 해결할 수 있는 완전한 상태가 무엇인가에 초점이 있었다고 해도 과언은 아니다. 플라톤의 이데아 그리고 동양철학에서 이理라는 개념의 강조는 이러한 완전성 추구의 노력에 의해 탄생된 개념들이다. 그리고 이러한 완전성의 달성이야

6 염재철, 『니체, 하이데거, 가다머의 예술철학』, 미학대계간행회 편, 『미학의 역사』 ,미학대계 제1권, (서울: 서울대학교 출판부, 2007), p.407 및 p.400, 참고.

Martin Heidegger, 1889~1976

말로 진리로서 최고의 선이며 아름다움이 되는 것이다. 이런 점에서 아름다움을 추구하는 예술은 원래 진리를 추구했던 고대 철학의 핵심주제였음을 부인할 수는 없다.

이성을 강조하고 인간이 가야할 마지막 단계로서 자유 정신을 강조한 헤겔은 예술을 철학 내지는 종교적 입장에서 이해하려고 하였다. 그 이유는 바로 예술 자체가 인간의 완전성 혹은 진리를 향한 노력이라고 생각했기 때문일 것이다.[7] 또한 하이데거Martin Heidegger, 1889~1976는 실존주의 철학자임에도 예술이란 숨어 있는 진리를 찾아서 정리하는 것이라고 보고 이것이야말로 '존재Being' 그 자체를 들어내는 일이라고 주장하였다.[8] 이 주장도 확대 해석하면 일면 예술을 진리를 찾는 작업으로 간주한 표현이라고 볼 수 있다.

그간 명작이라고 이해되어온 예술품 중에서 우리는 많은 완전성 추구 형식을 찾을 수 있다. 신라시대의 에밀레종도 앞서 언급한 그 종을 완성하게 된 설화를 보면 가장 완벽한 소리를 내기 위한 노력이 숨어 있다. 또한 조선시대 안평대군安平大君, 1418~1453이 꿈속에서 본 광경을 그림으로 표현한 15세기 안견(安堅)의 『몽류도원도夢遊桃源圖』도 우리가 바라는 이상의 세계, 즉 완벽한 세상을 묘사하려는 노력이었다고 볼 수 있다. 17~18세기 서양의 고전주의Classism라고 부르는 예술적 표현 역시 완전성 추구

7 이진석, 『헤겔의 예술개념』, 미학대계간행회 편, 『미학의 역사』, p.399, 참조. 김용신, 『예술의 정신분석학적 해석』, p.46, 참조.

8 David Farrell Krell, ed., *Martin Heidegger: Basic Writings* (New York and London: Harper & Row Publisher, 1977), pp.144~187, "The Origin of the Works of Art" 참조. 염재철, 『니체, 하이데거, 가다머의 예술철학』, pp.490~495, 참조. 김용신, 『예술의 정신분석학적 해석』, p.50.

의 욕망에 근거하고 있다.

중세의 신 중심 사회를 벗어나 인간 중심을 강조한 르네상스Renaissance 운동은 인간의 아름다움을 신과 버금가는 것으로 묘사하려고 하였기 때문에 모든 표현에 있어서 완전한 조화를 강조하게 된 것이다. 소위 황금비율 등의 이야기는 바로 이러한 완전성 추구의 결과라고 할 수 있다. 예술이 주관적인 느낌의 상징이라고 한다면 황금비율이란 존재하지 않는다. 그러나 우리가 진리의 존재를 믿는다고 한다면 진리로서 황금비율은 논의될 수도 있는 것 아닌가?

정신분석학에서는 인간은 한번 느낀 기쁨을 다시 느끼려는 본능이 있다고 한다. 이것은 바로 원초적인 자아도취의 상태로 돌아가려는 욕망이며, 그것이 바로 자아이상의 원 모습이라는 점은 이미 밝힌 바 있다. 따라서 완전성을 추구하는 예술은 원초적인 자아도취로 돌아가려는 노력이라고 표현할 수 있다. 프로이트가 유아 초기의 체험으로 되돌아가는 통로로서 예술의 의미를 규정한 것도 이와 연결성을 가지고 있다. 유아의 초기야말로 인생의 삶 속에서 비교적 슬픔이 적었던 자아도취적 완전성을 내포하고 있기 때문이다.

나아가 예술이란 원초적으로 주관적인 경험의 표현이라는 니체의 주장도 완전성 추구의 의미와 일부 연결된다고 할 수 있다. 다만 니체가 주관적이라는 수식어를 앞에 놓은 이유는 객관적인 진리를 떠나 자신만의 완전성을 통한 기쁨을 강조하려고 했기 때문이다. 따라서 나는 비록 객관적이지 않더라도 자신만이 완전하다고 느끼는 주관적인 감정의 표현도 넓게는 완전성 추구의 예술 형식으로 간주될 수 있다고 본다.

2) 초월 혹은 승화 형식

니체의 미학에서 아폴론적 예술이란 완전성 혹은 진리를 추구하는 형식으로 이해될 수 있다. 그리스의 아폴로 신은 인간의 미래를 알려주는 예언자이며 그의 아버지인 주신 제우스의 뜻을 인간에게 전해주는 역할을 하고 있다. 신의 뜻이란 바로 진리이므로 니체는 아폴로의 이름을 따서 예술에 있어서 진리 추구 혹은 완전성 추구의 형식을 설명한 것이다. 그런데 자세히 살펴보면 완전성 추구를 위한 노력은 크게 두 가지로 분리되어 논의될 수 있다. 그 하나는 인간 스스로 완전성을 추구하려는 노력이며 다른 하나는 초월Transcendence적인 힘에 의지하거나 혹은 불만족한 상태를 승화Sublimation시켜 불만을 해소하려는 노력이라고 할 수 있다. 니체의 미학에서는 이 모든 노력들에 근거한 예술을 통합하여 아폴론적 예술의 형식으로 설명하고 있다.

그러나 같은 완전성을 추구하더라도 그 방법에 차이가 있다는 점에 근거하여 이를 둘로 나누어 설명하는 것이 보다 타당할 것이다. 따라서 앞에서 논의한 완전성 혹은 진리 추구 형식은 인간 스스로 완전성을 추구하려는 노력에 근거한 예술 형식에 국한된 것이다. 그리고 지금 논의하려는 부분은 초월적인 힘에 의지하거나 승화를 통한 형식이 될 것이다.

초월적인 힘을 통하여 만족감을 얻으려는 예술로서는 영국 첩보원의 이야기를 담은 "007" 시리즈를 들 수 있다. 여기에 주인공인 본드James Bond는 가히 초인적인 힘을 발휘하여 인류의 평화를 해치려는 악당을 물리친다. 보통 사람으로서는 도저히 불가능한 일도 본드는 거침없이 해 낸다. 우리 사회에서 소위 권선징악勸善懲惡을 나타내는 소설 그리고 연극이나 영화들도 모두 이러한 유형에 속한다. 우리는 이러한 이야기를 읽고 보면서 큰 만족감을 느끼게 된다. 한마디로 이러한 형식은 가상의 예술 세계에서 인간들이 쉽게 할 수 없는 일을 초월적 힘에 의지하여 해결하게 함으로써 보고 읽는 사람들에게 만족감을 준다.

승화란 정신분석학적으로는 불만족한 상태를 보다 이상적인 방향으로 바꾸는 것을 의미한다. 또한 어느 한 부분의 실패에 대한 상처를 다른 부분의 현실적 성공을 통해 해소하려는 노력도 승화라고 할 수 있다. 다만 승화란 불만족을 퇴행적으로 해소하지 않고 문명이 인정하는 다른 가치로 변환시키는 것을 의미한다. 이러한 승화의 과정에는 초월적인 힘을 활용하는 경우도 있다. 따라서 초월성과 승화는 서로 깊은 연관성을 가지고 있다. 종교적인 힘에 의해 자신의 고통을 벗어나려는 것도 승화의 한 형태이기 때문이다. 물론 초월적인 힘에 의지하지 않고 스스로의 불만을 해소하려는 노력도 다분히 많이 존재한다. 문명은 자유로운 성적 표현을 규제하고 있다. 따라서 우리는 마음대로 옷을 벗고 살 수는 없는 것이다. 그러나 예술 세계 속에서 나체 그림을 감상함으로써 우리의 문명적 억압에 대한 불만을 승화라는 이름으로 일부 해소할 수 있다.

3) 자기 위안 혹은 카타르시스 형식

철학적으로 초월성의 상대 개념으로는 '내재성Immanence'이라는 용어가 있다. 어떤 문제가 발생했을 때 초월성은 외부의 초월적인 힘에 의하여 그것을 풀려는 것이라면, 내재성이란 내부에서 스스로 문제를 푼다는 의미이다. 이 내재성은 철학적으로 실존주의Existentialism와 연관성을 가지고 있다. 실존주의란 현실 그 자체를 인정하고 그 속에서 우리의 문제를 풀어야 한다는 의미를 내포하고 있기 때문이다.

Fyodor Dostoevsky, 1821~1881

이 문제는 실존주의 문학가인 도스토예프스키 Fyodor Dostoevsky, 1821~1881의 『카라마조프 형제*The Brothers Karamazov*』에 잘 나타나 있다. 그는 이 소설 중 "대심판관The Great Inquisitor"이라는 장에서 예수가 재림하였으나 성직자들이 예수 없이도 지금 잘하고 있으니 예수가 다시 하늘로 돌아가기를 원하는 내용을 실감나게 묘사하고 있다.[9] 이야말로 예수의 재림이라는 미래의 소원보다 현실에서 구원의 의미가 더 중요함을 직설적으로 표현해 주고 있다.

그러면 내재성은 정신분석학적으로는 어떻게 이해할 수 있는가? 이는 자아도취라는 개념으로 그 의미를 충분히 설명할 수 있다. 자아도취는 말 그대로 자신을 사랑하는 것인데 스스로를 사랑함으로써 만족감을 얻는 것을 의미한다. 이 말을 조금 넓게 해석하면 자신을 사랑함으로써 자신에게 내재하고 있는 문제를 스스로 푼다는 것이다. 따라서 철학적인 개념인 내재성과 실존주의는 자아도취 개념과 밀접한 관련성을 가지고 있다.

인간은 자신의 사랑의 감정이 외부의 대상을 향할 때 그 대상으로부터 거절되면 매우 큰 실망을 느끼게 된다. 그런데 이를 해결하는 방법으로 최후에는 그 사랑의 감정을 다시 자신에게 돌려 스스로를 위안하는 일이다. 이러한 것이 가능한 것은 인간은 자아도취적 감성을 가지고

9 Fyodor Dostoevsky, *The Grand Inquisitor* (New York: Frederick Ungar Publishing Co., 1968), p.x ("Introduction" by Anne Fremantle. D. H. Lawrence, "Preface to Dostoevsky's The Grand Inquisitor," *Dostoevsky*, Edited by Rene Wellek (Englewood, NJ: Prentice-Hall, Inc., 1962), pp.90~97, 참조. 김용신, 『예술의 정신분석학적 해석』, pp.69~70, 참조.

있기 때문이다. 프로이트는 1914년 "자아도취에 대하여On Narcissism"라는 글에서 인간은 두 개의 사랑의 대상들을 가지고 있는데, 하나는 외부의 대상을 행한 것이며 다른 하나는 스스로를 향한 것이라고 말하면서 그 근거로 원초적인 자아도취의 상태를 지적하고 있다.[10] 알포드는 원초적인 자아도취는 도착 현상이 아니며 어린이 정서 발달의 처음단계로서 "사랑의 관심Libidinal Interest"이 자신에게 집중되는 현상이라고 설명하고 있다.[11]

그런데 자아도취적 현상은 꼭 어린 시절에만 있는 것은 아니다. 평생을 살아가면서 이러한 성향은 자신의 문제를 해결하는 하나의 방편으로 활용되고 있다고 해도 과언은 아니다. 만약 이러한 출구가 없다면 우리는 우리가 느끼는 슬픔을 해소할 중요한 하나의 길을 잃게 되고 말 것이다. 그리고 한편으로는 기쁨의 원리에 근거한 자아이상은 원초적 자아도취의 상태에서 느낀 만족감을 계속하여 찾으려고 한다. 앞서도 언급하였지만 자아이상은 현실에서가 아니면 환상을 통해서라도 원초적 자아도취의 상태에서 느꼈던 만족을 찾으려고 한다. 따라서 인간이 만족감을 느끼는 또 다른 방법으로 자아도취적인 자기 위안을 들 수 있다.

나는 자아도취의 방법을 택한 예술의 형식을 자기 위안 형식이라고 말하고 있다. 이러한 형식은 우리의 고통이나 슬픔을 스스로 사랑함으로써 아름다움으로 변화시키려고 한다. 서양에서 19세기에 나타난 예술

---

10 Sigmund Freud, "On Narcissism," in *The Standard Edition of the Complete Psychological Works of Sigmund Freud (SE)*, Vol. 14, pp.88 (14:88).

11 Fred Alford, *Narcissism: Socrates, the Frankfurt School, and Psychoanalytic Theory* (New Haven: Yale University Press, 1988), p.25.

사조 중 낭만주의Romantism는 그 이전의 고전주의적 완전성을 부정하는 데서부터 출발한다. 따라서 낭만주의는 완전성이 아닌 추함Ugly도 아름다움으로 이해하려는 경향을 띄게 된다.[12] 또 19세기 프랑스 사실주의Realism 화가 쿠르베Gustav Courbet: 1819-1877가 자신이 본 것만을 그리려고 한 태도도 아름다움이 멀리 어디에 있는 것이 아니고 바로 우리 생활 속에 있음을 강조한 것이라고 볼 수 있다.[13]

사실주의는 사실을 그대로 묘사한다는 의미도 가지고 있지만, 한편으로는 우리가 처해 있는 현실을 인정하고 사랑한다는 의미도 함께 내포하고 있다. 과거에는 우리가 이상적이라고 생각한 장면만을 화폭에 담았다. 그러나 사실주의적 입장에서는 지금 우리가 살고 있는 현실이 비록 이상적이지 못하더라도 그 자체를 사랑함으로써 충분히 아름답게 느껴질 수 있다는 자아도취적 의미를 가지고 있는 것이다. 조선의 김홍도檀園 金弘道, 1745~?에서 출발된 풍속화도 이러한 취지를 가지고 있다. 즉 과거에는 서민들이 씨름을 하는 장면이나 아낙들이 빨래를 하는 장면은 아름다움으로 인정되지 못했다. 그러나 김홍도의 풍속화는 그 자체가 바로 우리의 모습이고 이를 사랑함으로써 아름다움을 느낄 수 있다는 의미를 내포하고 있다.

추가하여 카타르시스Catharisi, 배설 혹은 정화적 의미를 가진 예술도 자기위안 형식으로 분류할 수 있다. 우리는 비극을 보고 한없는 눈물을 흘린다. 그런데 눈물을 흘리고 나면 마음이 개운해진 느낌을 갖게 된다. 이는 슬픔 그 자체를 슬픔으로 해소하는 것인데, 그 속에는 슬픔 그

12 이진석, 『헤겔의 예술개념』, pp.407~410, 참조.
13 『사실주의-월간미술』, Google, 참조. 김용신, 『예술의 정신분석학적 해석』, p.64.

자체를 사랑한다는 의미가 짙게 깔려 있다. “고독을 즐긴다”는 말이 이를 직설적으로 잘 설명해주고 있다. 주인공이 죽는 영화나 연극 그리고 소설 등을 보면 우리는 너무나 슬픔을 느낀다. 그리고 그 주인공의 운명이 자신과 비슷하다고 느낄 때 더 많이 울게 된다. 그리고 나면 조금은 슬픔이 가라앉는다. 이러한 심리 상태에는 비록 슬프지만 자신의 처지를 사랑하는 자아도취적 요소가 내포되어 있다.

니체는 이러한 자기 위안 혹은 카타르시스적인 형식의 예술을 디오니소스 예술이라고 분류하고 있다. 디오니소스는 그리스신화에서 매우 슬픈 출생과 삶을 살아간 신이다.[14] 그는 제우스와 그의 내연녀인 세멜레Semele와의 사이에서 태어났다. 제우스의 부인 헤라Hera는 이를 질투하여 세멜레를 속여 제우스의 광채에 타 죽게 만든다. 제우스는 타 죽은 세멜레의 배에서 디오니소스를 꺼내어 자신의 허벅지에 넣고 키우다 태어나게 만든다. 그러나 디오니소스는 태어나서도 헤라의 분노에 따라 여러 곳으로 전전하여 자라게 되고 광기에 미쳐 방황하기도 하였다. 이러한 디오니소스의 슬픈 운명은 비자족적인 인간의 운명과 비슷하다고 볼 수 있다. 따라서 니체는 이러한 슬픔을 차라리 사랑함으로써 이겨내야 하는 것 또한 인간이라는 점에서 디오니소스의 이름을 차용하여 자기 위안적 예술의 형식을 설명한 것이라고 볼 수 있다. 여기에서 우리는 니체가 가지고 있는 또 다른 긍정의 철학을 엿볼 수 있다.[15]

14 『디오니소스』, 그리스로마신화 인물백과, NAVER 참조. 위키백과, Google, 참조.
15 백승영 『니체 디오니소스적 긍정의 철학』 (서울: 책세상, 2005), 참고.

3. 예술의 역할과 한계

예술은 우리에게 근본적으로는 우리를 감동시켜서 만족감을 주는 작업이라고 볼 수 있다. 그렇다면 구체적으로 그 만족감들은 무엇인가? 그리고 추가하여 예술은 만족감을 준다는 이유 때문에 모두 긍정적으로만 이해될 수 있는가라는 질문의 답도 함께 논의되어야 할 것이다. 따라서 이번에는 예술의 긍정성과 각 형식이 가지는 한계점에 대해서 설명하려고 한다.

1) 예술의 역할

프랑크프루트학파의 핵심 이론가인 마르쿠제는 『미학적 차원*Aesthetic Dimension*』에서 예술의 역할을 세 가지로 설명하고 있다. 그 첫째는 고통은 즐겁지 않기 때문에 고통에서 탈피하게 만들며, 둘째로 고통을 기쁨으로 연결시켜 주며, 그리고 셋째 고통 그 자체도 기쁨이 될 수 있음을 확인시켜준다는 것이다.[16] 이는 매우 의미 있는 분석이라고 볼 수 있는데 그 핵심은 어떤 형식이든지 우리를 고통에서 벗어나게 하는 것이 예술의 역할임을 강조하고 있다.

그리고 미학의 정신분석학적 해석에도 많은 관심을 가진 정신분석학적 정치 및 사회 이론가인 알포드는 보다 구체적으로 예술의 역할을 네 가지로 요약하여 다음과 같이 설명하고 있다. "예술은 우리의 마음을 편안하게 해주고, 우리의 감성을 순화시키며, 비자유적 세상Unfree World에서 우리의 자유를 창조할 뿐만 아니라, 비록 세상의 진실이 우리를

16 Herbert Marcuse, *Aesthetic Dimension* (Boston: Beacon Press, 1978), pp.55~61, 참조. Fred Alford, *Melanie Klein & Critical Social Theory*, p.110. 김용신, 『예술의 정신분석학』, p.98.

기쁘게 하지 않더라도 그 진실을 가르쳐준다."[17] 이러한 알포드의 설명은 마르쿠제가 예술의 승화나 혹은 자기 위안 요소에 초점을 둔 것에 비해 보다 광범위하고 구체적이다.

그런데 상기 두 학자들의 예술의 역할에 대한 설명은 동양 예술이 가지고 있는 독특한 또 다른 의미를 간과하고 있다. 그것은 바로 도道를 향한 자기 수양이다. 주지하는 바와 같이 동양 사회 특히 유교 사회에서 모든 인간의 활동은 그 초점이 도를 향해 가야 한다는 데 있고 그 실천 방법으로 자기 수양을 강조하고 있다. 따라서 예술은 도를 향한 자기 수양의 방편으로 이해되어 왔다. 동양 예술의 장르 중 서예書藝를 그 대표적인 사례로 꼽을 수 있다. 동양의 서예는 단순히 글자를 아름답게 쓴다는 차원을 넘어서 모든 획에 생명력이 있어야 함을 강조하고 있다. 그리고 그 생명력을 부과하기 위해 집필법執筆法 및 운필법運筆法이 고안되었는데 그 핵심은 바로 마음가짐을 바로하고 자신을 수양하는 데 초점을 두고 있다. 그렇다면 예술의 중요한 또 다른 역할은 자기 수양이라고 할 수도 있다. 물론 이러한 역할은 알포드가 주장하는 감정의 순화와 일부 연결성을 가지고 있다.

2) 예술의 한계

예술이 우리를 고통에서 벗어나게 하고 만족감을 준다는 점을 부인할 사람은 없다. 물론 따지고 보면 다양한 학문들도 우리의 비자족성을 해결하고 문명 속에서의 상처를 치유하려는 데 초점을 두고 있다. 그런

17 Fred Alford, *Melanie Klein & Critical Social Theory*, p.118. 김용신, 『예술의 정신분석학적 해석』, p.00.

데 예술이 다른 분야와 가장 다른 점은 상상의 세계를 통해서 우리에게 만족감을 가져다 준다는 점이다. 우리는 현실보다는 상상의 세계 속에서 보다 큰 만족감을 느낄 수 있다. 현실의 제약을 벗어날 수 있기 때문이다. 그런데 현실을 벗어난 만족감이기에 현실적으로는 상당한 한계가 있음도 부인하기 어렵다. 이야말로 예술이 가지는 가장 원초적인 한계라고 볼 수 있다.

구체적으로 살펴보면 예술의 각 형식이 가지는 한계도 분명하다. 완전성 혹은 진리를 추구하는 형식은 자칫 도그마Dogma가 되어 진리의 이름으로 우리를 억압하는 도구가 될 수도 있는 위험성을 내포하고 있다. 그 대표적인 사례가 공산혁명 이후 소련의 사회주의적 사실주의 Socialist Realism이다. 이는 예술은 사회주의 혹은 공산주의의 목적과 일치되어야 함을 강조한 개념이다. 당시 소련 작가연맹Union of Soviet Writers은 "현실에 대한 예술적 표현의 진실과 역사적 구체성은 사회주의 정신 아래 노동자에 대한 이념적 전환과 교육의 임무에 대한 과업과 연결되어야 한다"[18]고 주장하였다. 이야말로 예술이 우리를 억압하는 또 다른 도구로 활용될 수 있음을 잘 보여준다. 따라서 사회주의적 사실주의란 사회적인 주제를 사실적으로 묘사한다는 사회적 사실주의Social Realism와는 완전히 다른 개념이다.

승화 내지는 초월적 형식에도 문제는 있다. 알포드에 따르면 이러한 형식은 "현실의 고통 아니면 현실세계 속에 존재하는 기회혹은 행운를 생각

18 Abram Tertz, *On Socialist Realism* (New York: Pantheon Books, 1960), p.24에서 재인용. George Lichtheim, *George Lukacs* (New York: The Viking Press, 1970), pp.101~112 "Beyond Socialist Realism" 참조. 김용신, 『예술의 정신분석학적 해석』, p.52.

하지 못하는 위험성이 있으며……모든 모순이 해결되는 이상의 이름으로 현실의 부당함을 암시적으로 묵인하는 위험성이 있다"[19]는 것이다. 그렇다! 초월적인 힘을 통해 만족감을 얻는다면 우리는 그러한 초월적 힘에만 의지한 채 현실의 문제를 스스로 해결하려는 노력을 게을리 할 수도 있다. 또한 모든 우리들의 문제를 모조리 승화시킬 수 있다는 전제도 일부 현실적 한계가 분명하다. 인간은 바로 비합리적인 존재이기 때문이다. 특히 가상의 세계 혹은 환상을 통한 승화는 그 현실성과는 거리가 있기 마련이다.

자기 위안 형식에도 문제는 있다. 그 핵심은 부조리하고 고통스러운 현실을 그대로 미화한다는 데 있다. 따라서 알포드는 자기 위안 형식은 "현실의 고통이나 무질서 그리고 혼돈의 너머에 존재할 수도 있는 그 무엇을 보지 못하기 쉬우며," 또한 "현실의 문제를 해결하려는 대안 없이 현실의 세상 그 자체를 그대로 구체화Reifying하기 쉽다"고 주장하고 있다.[20] 이는 우리가 부조리하고 고통스러운 현실을 사랑만 하고 그 속에서 만족만 찾으려 한다면 그 상황은 누가 고쳐줄 것인가라는 심각한 실존적인 철학적 질문을 담은 설명이다. 그렇다고 해서 우리의 고통 그 자체를 사랑함으로써 순간적이나마 위로를 얻을 수 있다는 점을 전혀 부정적으로만 생각할 필요는 없다.

예술은 본질적으로 가상의 세계를 통해 우리의 창조성을 발휘함으로서 우리를 고통에서 벗어나 주게 한다. 그런데 이러한 가상의 세계를

---

19 Fred Alford, *Melanie Klein & Critical Social Theory*, p.106. 김용신, 『예술의 정신분석학적 해석』, p.61.

20 Fred Alford, *Melanie Klein & Critical Social Theory*, p.106. 김용신, 『예술의 정신분석학적 해석』, p.70,

통한 만족감은 현실의 도덕률과 서로 상충하는 경우가 빈번히 발생한다. 때문에 예술과 도덕의 문제는 끊임없는 이슈를 만들어내고 있다. 이 문제는 다양하게 논의되고 있는데 그 핵심은 도덕을 따를 것인가 아니면 도덕을 무시할 것인가라는 문제로 압축되고 있다.[21] 그런데 이러한 문제는 어떤 객관적 기준을 설정하기가 매우 어렵다. 따라서 나는 쿤의 패러다임 이론에 근거하여 그 시대 다수의 사람들의 의견에 따라 그 한계가 정해질 수밖에 없다고 생각하고 있다.

4. 예술의 창조성과 공감 그리고 평론

예술의 핵심은 우리에게 만족감을 주기 위한 창조성을 발휘하는 것이다. 이러한 창조성은 말할 것도 없이 우리의 상상력에 기초한다. 그런데 창조성이 예술적 의미를 가지려면 공감성이 있어야한다. 자신만이 만족하는 창조성은 그저 혼자의 망상Delusion에 머무르고 말 것이다. 따라서 이번에는 예술의 창조성과 공감 및 감동의 재현을 위한 전통 예술의 의미도 살펴보게 될 것이다. 그리고 이에 기초하여 예술은 어떤 입장에서 감상하고 평가할 수 있을 것인가에 대한 문제도 짚어볼 것이다.

1) 예술의 창조성과 공감

대상관계이론의 창시자인 클라인을 추종하는 영국의 정신분석학자인

21 주동률, 『예술과 도덕의 관계』, 『현대의 예술과 미학』, 미학대계 간행회 편, 미학대계 제3권 (서울: 서울대학교 출판부, 2007), pp.279~303, 참조.

세갈Hanna Segal, 1918~2011은 예술가의 과업은 지금 잃어버린 것에 대한 복구로서 새로운 세상을 창조하는 것이라고 했다.[22] 그가 잃어버린 것에 대한 복구를 강조하는 것은 다분히 원초적 자아도취의 완전성으로 돌아가려는 우리의 무의식적 본능이야말로 창조의 원천임을 강조하는 것이라고 볼 수 있다. 이는 하이데거가 숨어 있는 진리를 찾아내는 것이 예술가의 임무라고 말한 것과 일맥상통한다고도 볼 수 있다.

Hanna Segal, 1918~2011

Pablo Picasso, 1881~1973

인간에게 상상할 수 있는 능력이 없다면 어떠했을까? 그런데 이것도 사실은 자아이상의 욕구 때문에 가능한 것이다. 자아이상이야말로 우리의 원초적인 비자족성 및 문명의 불만족을 해소하기 위하여 끊임없이 새로운 생각을 하게 만들기 때문이다. 무의식적인 세계를 현실적인 세계와 결합하려고 한 초현실주의Surrealism와 추상주의Abstractionism의 예술 사조는 바로 이러한 인간의 창조 정신의 무한한 한계를 잘 보여주고 있다. 또 피카소Pablo Picasso, 1881~1973가 주창한 입체파Cubism적 표현도 대단한 상상력의 결과이다. 2차원의 화면에 보다 실감나는 3차원의 모습을 묘사하기 위하여 대상을 시각적으로 분해하여 여러 측면을 동시에 표현하려고 한 것이기

22 Hanna Segal, "A Psycho-Analytical Approach to Aesthetics," in *New Directions in Psychoanalysis,* Edited by M. Klein, p.Heimann, and R. Money-Kyrle (London: Tavistock, 1955), 참고. Fred Alford, *Melanie Klein & Critical Social Theory,* p.111. 김용신, 『예술의 정신분석학적 해석』, p.74.

때문이다. 우리나라의 백남준 화백도 그간 합쳐질 수 없다고 생각했던 과학과 예술의 의미를 합쳐서 소위 비디오 아트를 창출하였으니 그의 상상력과 창조 정신도 높이 살만하다.

지금까지 나열한 예술의 창조 정신은 상당수의 사람들이 시공을 넘어 공감하는 바가 있었기 때문에 우리는 이에 감동하고 그들의 창조정신을 높이 평가 하고 있다. 따라서 예술의 창조정신은 당연히 공감성을 동반해야한다. 그리고 그 공감의 시간과 공간의 범위가 길고 넓을수록 명작으로 인정된다고 보아야 할 것이다. 물론 그 시대에는 공감을 받지 못하고 작가가 죽은 후에야 공감을 얻은 예술 작품들도 있다. 또한 어느 지역에서는 공감성이 컸지만 다른 지역에서는 그렇지 못한 작품들도 있다.

이러한 공감에 대한 문제는 인간의 무의식적인 동적 양상이 천차만별하기 때문에 당연히 시공에 따라 차이가 있을 수밖에 없다. 때문에 우리는 전 인류를 영원히 공감시키는 예술품을 상상하기는 어려울 것이다. 방법론철학의 대가인 미국의 페이라벤드Paul Feyrabend, 1924~1994가 주장한 것처럼 이 세상에서 우리의 모든 문제를 일시에 풀어줄 수 있는 이론은 존재할 수 없기 때문이다.[23] 그럼에도 불구하고 비자족성과 문명의 불만족을 해소하려는 욕구가 인간 모두에게 공통적으로 있다면 이를 해결하는 하나의 방안으로서 예술의 의미는 그 공

Paul Feyrabend, 1924~1994

23 Paul Feyerabend, *Against Method* (Thetford, Norfolk and London: The Thetford Press, 1975), pp.29~33, 참조. 김용신, 『문명비판 I: 정치철학과 정신분석학의 만남』(서울: 명상, 2000), pp.38~39, 참조.

감을 충분히 확대할 수 있을 것이다.

2) 감동의 재현과 전통 예술

정신분석학적으로 인간은 한번 느낀 기쁨을 다시 얻으려는 본능적 욕구를 가지고 있다는 점은 이미 밝힌 바 있다. 이러한 의미를 예술에 적용하면 바로 전통 예술이 그 대표적인 보기가 될 것이다. 특히 전통적으로 내려온 다양한 공연 예술들은 전통을 유지한다는 점에서 현재에도 공연되고 있다. 그런데 이는 단순히 전통을 지켜야 한다는 당위론적인 입장에서만은 아니다. 비록 과거에 사람들을 감동시킨 예술이지만 지금도 그 감동성이 있기에 재현함으로써 그 기쁨을 다시 누리려는 무의식적인 반응에 따라 재현되고 있다고 보는 것이 보다 더 타당하다. 서양의 음악 중 베토벤Ludwig Van Beethoven, 1770~1827이나 모차르트Wolfgang Amadeus Mozart, 1756~1791 곡들은 지금도 연주되고 있다. 이들의 경이적인 작곡은 지금도 우리를 감동시키고 있기 때문에 재현이 시도되고 있다.

Ludwig Van Beethoven, 1770~1827

Wolfgang Amadeus Mozart, 1756~1791

예술의 본질은 창조성에 있다. 그렇다면 재현 예술의 예술성은 어디에 있는가라는 질문을 하지 않을 수 없다. 그런데 조금 깊이 생각하면 비록 베토벤과 모차르트가 작곡한 곡일지라도 연주자에 따라 그 의미가 사뭇 달라질 수밖에 없다는 점을 발견할 수 있다. 즉 곡을 해석하는 입장에 따라 그리고 연주자의 독특한 기법에 따라 그 느낌이 달라진다는 것이다. 이는 연주자의 창조성이 발현된다는 의미이다. 전통 공연 예술도 마찬가지이다. 그 형식은 같을 지라도 공연하는 사람들의 새로운 창조적 예술성에 의해서 가지각색의 의미가 부여된다. 따라서 이 또한 예술의 본질인 창조성이 전혀 무시된 것은 아니라고 볼 수 있다.

3) 예술 평론

예술 평론이란 결국은 그 작품의 공감을 설명하는 일이라고 해도 과언은 아니다. 물론 공감을 설명하는 데는 다양한 방법이 있을 수 있다. 그런데 문제는 가끔은 평론의 이름으로 너무나 애매한 미사여구만을 나열한 경우도 흔히 발견되고 있다. 예를 들어 어느 사람의 그림을 보니 가을을 느끼게 된다던지, 또한 누구의 춤을 보니 무슨 꽃을 보는 것 같다 등의 평론을 한다면 이야말로 감성적인 단어만을 늘어놓은 꼴이 되고 만다. 나아가 아무개의 작품은 너무나 인간적이라는 말도 애매하기 그지없는 표현일 것이다. 따라서 나는 앞서 설명한 예술의 의미와 형식 그리고 그 한계를 기초로 평론의 기본적인 원리를 몇 가지로 요약하려고 한다.[24]

첫째는 예술가가 그 작품을 완성하는 데 사용된 표현 기법에 대한 구체적 설명이 있어야 한다. 실제로 평론가는 자신이 평론하려는 장르에 대한 기본적인 표현 기법은 이해하고 있어야 한다. 예를 들면 서예 공부를 실제로 해보지 않은 사람이 서예를 평론한다는 것은 어려운 일이기

24 김용신, 『예술의 정신분석학적 해석』, pp.94~95, 참조.

때문이다. 서예의 경우 그 사람은 어떤 종류의 붓으로 어떻게 붓을 잡고 어떤 방법으로 운필하였기 때문에 이러한 획이 나타날 수 있었다는 점을 설명해야 한다.

둘째로 작품을 통해 작가의 세상을 보는 철학적 입장을 체계적으로 설명해야 한다. 우리를 만족시키기 위해서는 작가 자신의 분명한 세계관이 작품에 나타나야 한다. 따라서 평론은 이를 구체적으로 설명해야 할 의무가 있는 것이다. 어떤 이는 평론은 철학가의 몫이므로 작가는 철학적이지 않아도 된다고 말하기도 한다. 이는 작가의 자유 정신을 강조하는 말일 수도 있다. 그러나 평론이 가능한 작품을 위해서 작가는 나름대로 자신의 세계관을 작품에 담아야 그 공감성이 확대될 수 있다.

셋째로 작품이 가져오는 공감의 요소들을 설명해야 한다. 그 작품이 어떠한 표현을 하였기에 우리 다수를 공감시키고 있는가에 대한 설명이 필요하다는 것이다. 예를 들어 이 작품은 인간의 원초적인 비자족성이나 문명의 불만족을 해소할 수 있는 창조 정신을 발휘함으로써 공감도가 매우 높다는 등의 논의가 있어야 한다. 말할 것도 없이 모든 예술 작품들은 공감의 시공간적 범위가 길고 넓을수록 그 가치가 높아지는 법이다.

넷째로는 작품이 취하고 있는 예술의 형식에 대한 논의도 반드시 있어야 한다. 예를 들면 완전성 추구 형식인지 초월 혹은 승화 형식인지 아니면 자기 위안 형식인지를 설명해야 한다. 또한 재현 예술에 있어서는 그 재현 예술가가 원형의 의미를 어떤 입장에서 재해석함으로써 새로운 창조적 공감을 일으키고 있는가에 대한 논의도 당연히 해야 할 것이다.

이러한 예술의 평론은 일반인들에게 예술 작품을 보는 안목을 향상시켜 준다. 물론 명작은 문외한의 가슴에도 감동을 일으킨다는 말이 있다. 그러나 무작정 감동보다는 자신이 왜 감동하고 있는가를 나름대로 파악한다면 만족감이 더욱 높아질 것이다. 이런 점에서 예술 평론은 작가에게 신선한 충격을 주게 되며 예술의 저변 확대에도 중요한 역할을 한다. 사실 한 장르의 예술이 크게 번성하는 데는 강력한 평론이 밑바탕이 된다. 평론이 미약한 예술의 장르는 활성화되기 어려운 것은 바로 이 때문이다.

하이데거는 평론의 역할을 일부 부정하기도 한다. 그는 작품의 보존을 강조하면서 작품 내에 숨겨져 있는 진리의 나타냄에 대한 평론은 오히려 작품의 의미를 훼손시킬 수 있다고 주장하고 있다.[25] 이 말은 이미 널리 공감을 받고 있는 작품들에 대한 섣부른 평론은 오히려 그 작품의 참된 의미를 훼손할 수 있다는 염려에서 비롯된 말일 것이다. 물론 어설픈 평론은 오히려 감상자의 느낌을 훼손할 수 있다. 그럼에도 불구하고 나는 제대로 된 평론은 작품의 예술성을 보다 입체적으로 이해하는 데 중요한 역할을 한다고 믿고 있다.

25 염재철, 『니체, 하이데거, 가다머의 예술철학』, pp.493~495, 참조.

제7장

한국 전통 예술에 나타난 한국인의 정서

예술은 감성의 표현이므로 한 민족의 전통 예술을 이해하려면 그 민족의 정서적 특징을 이해하는 것은 가장 기본적인 일이다. 그런데 그 정서의 동적 양상이야말로 그 민족이 공유하는 집단무의식과 불가분의 관계가 있게 된다. 한국인의 집단무의식의 특징들은 제3부에서 자세하게 기술하려고 한다. 다만 지금 여기에서는 예술을 이해하는 데 필수적인 한국인의 핵심 정서만을 요약할 것이다. 그리고 이에 근거하여 내가 평소에 관심을 가지고 지켜본 몇 가지의 전통 예술 장르에 대한 정신분석학적 설명을 나름대로 해 보려고 한다. 물론 본 설명의 보다 깊은 이해를 위해서는 제3부 중 제6장, "한국인의 집단무의식: 그 빛과 그림자"를 먼저 읽어보는 것도 좋다.

1. 한국인의 핵심 정서

나는 평소에 한국인의 핵심 정서로 세 가지 요소들을 들고 있다. 그것은 정과 흥 그리고 한이다. 그런데 이러한 한국인의 정서는 그간 여러 가지 측면에서 논의되어왔지만 정작 정신분석학적 입장에서는 활발하게 논의되지는 못한 것 같다. 이 세 가지 요소들의 의미를 정신분석학적으로 이해하는 일은 서양의 정신분석학이론을 넘어서 한국적인 정신분석학 이론을 정립하는 데도 크게 기여하리라고 믿는다.

1) 정

우리가 정情이라는 말은 정신분석학적으로는 넓은 의미로 감정Emotion이라고 말할 수 있다. 그런데 조금 깊이 생각하면 한국인에게 정이란 단순히 감정이라는 큰 범위로만 설명하기 어려운 또 다른 미묘한 의미를 내포하고 있다. 정이 많다고 일반적으로 말할 때에는 감정이 풍부하다는 말도 되지만 서양의 정신분석학적 논리로는 사랑의 감정이 풍부하다는 의미로 이해되고 있다. 그런데 또 정이란 단순히 서양의 사랑이라는 개념만을 의미하지 않는다. 이를 대표하는 말이 “미워도 다시 한 번”이라는 말이다. 미우면 미운 것이지 왜 또 다시 한 번인가? 정 때문에 그렇다고 말한다. 여기에는 여러 가지의 복잡한 정신분석학적 논리들이 숨어 있다. 사랑의 미련 때문에 떠나지 못할 수도 있고, 미워하지만 지금까지 맺어온 인연의 세월을 지울 수 없다는 자기애적인 요소도 있다. 또 미워하지만 정이 들어 못 떠난다고도 한다. 그래서 우리는 흔히 “고운 정 미운 정”이라는 말을 사용하기도 한다.

서양의 정신분석학에서는 프로이트가 지적한 사랑과 공격의 양대 본능이 있다. 그리고 클라인은 이를 사랑과 미움이라는 양대 감성으로 재해석하였음은 이미 밝힌 바 있다. 나아가 이러한 사랑과 미움의 정서는 분명이 분리되어 있는 대칭적 개념으로 이해되고 있다. 알포드는 클라인의 대상관계이론적 입장에서 보면 인간의 다양한 감성들, 예를 들면 "부러움Envy, 고마움Gratitude, 죄책감Guilt, 비탄Grief, 애도의 마음Mourning 등은 사랑과 미움이라는 양대 감성의 어느 다른 의미 혹은 서로가 연결되어 있는 개념"[1]으로 이해될 수 있다고 지적하고 있다. 이 주장은 사랑과 미움이라는 양대 감성은 어느 상태에서는 섞여질 수 있음을 암시는 하고 있다. 그러나 어디까지나 서양의 정신분석학에서는 사랑과 미움의 대칭개념을 별도로 이해하고 있음을 부인할 수는 없다.

이러한 서양의 정신분석학적 입장에 근거한다면 우리에게 정이란 분명 사랑과 미움이라는 두 개의 주된 감정들을 포함하고 있는 또 다른 개념이라고 볼 수 있다. 그리고 서양 정신분석학에서는 이러한 개념에 대한 용어가 별도로 존재하지 않고 있음이 분명하다. 정이라는 개념에 있어서 사랑과 미움이란 동전의 양면 같은 의미이다. 즉 사랑했기에 미워하고, 미워하나 사랑 때문에 떠나지 못하는 마음의 정서 그것이 바로 정인 것이다. 이처럼 모순된 두 개념을 함께 포함하고 있는 한국인의 정서에는 일원론적 사고가 깊이 깔려 있다고 보아야 한다. 일원론에 대한 문제는 한국인의 무의식적 특징을 논하면서 보다 자세히 기술할 것이다. 다만 여기에서는 한국인들은 무슨 사태나 상황 그리고 논리를 쪼개서 분석하기보다는 함께 통합하여 보려는 사고를 가지고 있다는

1 Fred Alford, *Melanie Klein & Critical Social Theory*, p.8

점을 지적하는 것이다. 이러한 흐름은 앞서 논의한 조선 성리학에서 고봉이 주장한 주기론에서도 잘 나타나 있다.

2) 흥

한국인들은 흥興, Merriment이 많다고 한다. 지금도 세계에서 노래방이 가장 활발하게 운영되고 있는 곳이 우리나라라는 생각만 해도 그렇다. 왜 그럴까? 정신분석학적으로 보면 인간 감정의 표현은 무의식의 형성 과정에서 생성된다. 환경으로부터의 영향과 이를 받아 치는 투사적 요소에 의하여 성격이 형성되기 때문이다. 구체적으로 한국인이 환경은 그간 그렇게 평탄하지 못하였다. 이 문제는 제3부 제6장, "한국인의 집단무의식: 그 빛과 그림자"에서 보다 자세히 논의하게 될 것이다. 다만 여기에서는 한국의 철학, 역사 및 사회와 정치적 배경을 살펴보면 흥이 날 일보다 슬픔의 날들이 더 많았다는 것을 지적하는 것이다. 그럼에도 불구하고 한국인은 흥이 많이 있다는 것이다. 그렇다면 한국인의 유전자 속에 흥의 요소가 자리하고 있는 것 아닌가라는 나름의 생각을 하게 된다. 이러한 유전자 때문에 어려운 상황을 흥으로 돌파하였다고 볼 수밖에 없기 때문이다.

유전적 요소를 언급하는 일은 매우 어렵고 위험한 일이다. 특히 한 민족이 가지는 유전적 요소를 체계적으로 분석하는 일은 매우 복잡하다. 그리고 그 확실한 근거를 제시하는데도 많은 어려움이 따르는 것을 부인할 수는 없다. 그럼에도 불구하고 나는 언제부터인가 이 유전자적 요소를 무속에서 찾아볼 수 있다는 생각을 하게 되었다. 한민족의 무속 의례에는 당연히 춤과 노래가 들어가고 마지막에는 흥을 돋우는 과정이 반드시 존재하고 있기 때문이다. 이런 생각을 하다 보니 한반도에 정주하게 된 한민족의 근원에 대한 관심을 가지게 되었고 그 속에서 흥의 유전자를 찾아 볼 수도 있다는 생각을 하게 되었다.

한민족의 인류학적 근원에 대해서는 여러 설들이 있다. 일반적으로는 한반도에 사는 사람들은 크게 세 곳으로부터 유입되어 왔다고 보고 있다. 일부는 북방 민족이 남하하였고, 일부는 남방에서 유입되었으며, 또 일부는 중국의 중부 지방에서 서해를 거쳐 유입되었다고 한다. 그러니 한민족도 따지고 보면 인류학적으로 단일민족이라고 보기는 어렵다. 그런데 그 중 흥미 있는 단서는 '기자동래설箕子東來說'[2]이다. 본설은 고대 중국의 은殷나라 사람 기자箕子가 한반도로 와서 기자조선箕子朝鮮을 세웠다는 주장이다. 은殷은 상商:1600 BC–1046 BC 나라의 수도인데 흔히들 상나라를 은나라로 부르기도 한다. 그런데 은이라는 도시에는 특히 무속이 크게 발달하였다고 전해지고 있다.[3]

무속이란 당연히 춤과 노래를 수반한다. 그리고 그 효과를 극대화하기 위해서는 무당을 중심으로 모든 마을 사람들도 함께 무당의 춤과 노래를 따라 해야 했을 것이다. 이러한 무속적 행위는 처음 불운을 해결하기 위한 심각성으로 출발하지만 마지막에는 춤과 노래로 하늘의 신을 위로하는 형식을 취하기 마련이다. 즉 무속적 행위란 흥을 동반할 수밖에 없다는 것이다. 이러한 전통에 익숙한 일련의 무리들이 한반도에 유입되었다고 가정한다면 한민족의 상당수는 흥의 유전자를 가지고 있다고 볼 수 있는 것은 아닌가?

2 "기자동래설," 한국민족문화대백과, NAVER, 지식백과, 참조.
3 "은나라," NAVER, 지식백과, 참조.

3) 한

많은 사람들은 한민족은 흥을 가진 민족이라고 하면서 한편으로는 한국인의 대표적인 정서로 한恨, Hahn을 이야기 한다. 이 역시 제3부에서 자세히 논하겠지만 결론은 한국인의 경험 속에 한 맺힌 일들이 많이 있었다고 믿기 때문일 것이다. 한은 얼핏 슬픔만을 가진 개념으로 이해하기 쉽다. 그런데 한국인의 한은 단순히 슬픔에만 초점이 맞추어진 것이 아니다. 이 또한 정과 같이 한국인의 복합적 정서를 반영하는 것이라고 볼 수 있다.

한의 개념에 대해서는 국문학자인 천이두千二斗, 1930~가 『한의 구조 연구』에서 잘 설명하고 있다. 그는 한을 슬픔으로만 보지 않고 그 속에 내재한 부정적인 요소와 긍정적인 요소로 나누어 설명하고 있다. 부정적인 요소란 원怨: Grudge, 원冤: Chagrin or Mortification, 탄嘆: Lamentation, 비애悲哀: Sorrow 등의 감정이며, 긍정적인 요소로는 정情으로서 한 그리고 원願: Wish으로서의 한의 의미까지를 지적하고 있다.[4] 한국인들에게 많은 슬픔들이 있다. 가난의 한, 못 배운 한, 그리고 권력으로부터 억압에 대한 한 등이 대표적일 것이다. 그런데 이러한 슬픔 속에서 그대로 주저앉고만 있지 않는 것이 한국인의 무의식적 특징이다. 비록 지금의 현실이 어렵더라도 기다리면서 꿈을 잃지 않으려고 한다. 또 어느 면으로는 정신분석학에서 논의한 자아도취적 요소를 발동시켜 슬픔 그 자체를 아름다움으로 바꾸려는 노력도 하고 있다.

슬픔이나 원통함 그 자체에 머물지 않고 무언가 분위기를 바꾸어 순간

4 천이두, 『한의 구조 연구』 (서울: 문학과 지성사, 1993), pp.13~46, 참조.

이나마 슬픔을 벗어나려는 노력의 핵심에는 한국인들이 가지고 있는 유전적 요소로서 흥이 있기 때문이다. 그래서인지 한국인들은 울다가도 갑자기 웃기도 잘한다. 흥으로 순간적이나마 슬픔을 이겨내려는 무의식적 노력이 작동된다. 이러한 흥은 역사 속에서 경험한 상황 판단력, 혹은 순발력 등과 함께 상승작용을 한다. 순발력이란 즉흥성을 요구한다. 따라서 한국인들은 즉흥적 감성 변화에 매우 익숙하다고 볼 수도 있다. 나아가 이러한 흥은 우리라는 의미와 결합이 되면 '신바람'을 일으켜 어려운 일을 함께 극복하게 하는 원동력을 만들어내기도 한다.

고은高銀, 1933~ 시인은 "한국인은 한의 자궁에서 태어나 한의 젖을 먹고 자라며, 한을 참고 살아가며, 한을 남기고 죽는다"라고 했다.[5] 한국인의 대표 정서가 한임을 잘 설명해주는 말이다. 그런데 이 문장만 보면 한의 부정적 요소만이 강조되고 한국인은 한 그 자체에 머물러 있기만 한다는 느낌을 지울 수 없다. 따라서 우리가 한의 긍정적인 요소까지를 함께 생각한다면 여기에 한 문장을 더 첨가해야 한다. 그것은 바로 "때문에 한국인은 죽어서도 한을 풀려고 한다"이다.[6] 한국인은 살아서 한이 안 풀리면 죽어서라도 풀기를 원하고, 그런 소망을 담은 것이 무속적으로는 바로 살풀이굿이다. 한마디로 한국인은 자기가 처해진 환경적 어려움, 혹은 슬픔 그 자체에 머물지 않고 이를 바꾸려는 그리하여 자신의 새로운 운명을 창조하려는 강력한 투사적 반응을 무의식적으로 가지고 있다.

한의 개념과 연결하여 한국인들이 가지는 또 다른 정서로서 기다림의

5 고은, *The Second of My Wave* (서울: 나남, 1996), 참고.
6 Eun-Joo Lee and Yong-Shin Kim, *Salpuri-Chum, A Korean Dance for Expelling Evil Spirits* (Lanham, Boulder, New York, Toronto, Plymouth, UK; Hamilton Books, 2017), p.28.

의미를 추가할 수 있다. 슬픔을 참고 밝은 날이 오기를 기다린다는 의미가 한 속에 내재되어 있기 때문이다. 농경문화에서는 봄에 씨를 뿌리면 가을의 수확을 기다려야 한다. 이 문제도 한국인의 집단무의식에서 보다 구체적으로 설명하게 될 것이지만 여기에서는 일단 한국인들은 기다림에 익숙한 마음을 가지고 있다는 점을 지적하고자 한다.

음식도 두고두고 먹기 위해 숙성시키는 습관이 있다. 이 문제는 사계절을 가진 농경문화의 특징이라고 볼 수도 있다. 겨울을 대비해 김장을 하고 또 여름을 대비해 젓갈을 담는다. 우리에게 필수적인 된장과 고추장도 숙성 음식이다. 이러한 습관 때문인지 한국인들은 곰삭은 음식을 좋아하고 무엇이든지 삭혀야 제맛이 난다고 믿는 경향이 농후하다. 요즈음 텔레비전에서 자주 등장하는 효소가 몸에 좋다는 이야기도 따지고 보면 한국인의 숙성 문화에 기인한 것이다. 때문에 나는 한국인의 문화적 특징 중에 하나를 숙성문화라고 자주 말하고 있다.

2. 한국 전통 예술의 형식과 의미

한국의 전통 예술은 대부분 앞서 논의한 한국인의 주된 감성으로서 정과 흥 그리고 한을 표현하고 있다. 예술은 무의식에 내재된 감성의 표현이며 구체적으로는 기쁨의 원리에 근거한 자아이상이 상상의 공간을 통해 표출된 것이기 때문이다. 그런데 한국인은 감성적으로 일원론적 경향이 있어서인지 대부분의 전통 예술들은 앞서 논의한 예술의 형식들을 한 작품 속에 함께 혼합하여 표현하고 있다. 그 중에서도 승화와 자기 위안 요소는 함께 내포되어 있는 경우가 많다는 것을 발견할 수 있다. 이러한 점을 염두에 두고 이번에는 한국 전통 예술 중 몇 가지 장르들에 대한 나름의 설명을 하고자 한다.

1) 한국의 전통 소설

한국 전통 소설은 매우 다양하다. 그 가운데 대중적인 대표 소설을 꼽으라면『춘향전』과『심청전』그리고『홍길동전』등을 들 수 있다. 한국인들은 이 소설들을 한번 읽지 않았더라도 그 이야기의 핵심적 의미에 대해서는 다 알고 있을 것이다. 때문에 여기에서는 상기 세 가지의 소설들 속에 내포된 한국인의 감성과 그 표현 형식을 골자로 간단한 설명을 하려고 한다.

먼저 춘향전을 살펴보면 그 배경에는 현실에서 이뤄지기 어려운 우리의 희망, 그리고 그것 때문에 느끼는 깊은 한을 배경으로 하면서 결국은 그 한이 풀어지는 형식을 취하고 있다. 당시 조선시대 신분제도하에서 이 도령은 기생의 딸인 춘향이와 결혼 할 수 없다. 그러나 소설 속에서 이 도령은 춘향이와 사랑을 약속한다. 우리는 이 이야기를 통해 현실에서 느끼는 자신의 울분을 일부 해소하면서 대리 만족감을 얻게 된다.

그런데 이 도령이 서울로 떠나고 변사도가 부임하자 춘향이는 변 사또에게 수청을 들어주지 않는다는 이유로 옥에 갇히게 된다. 그럼에도 불구하고 춘향이는 끝까지 변 사또의 요구를 거절하면서 이 도령에 대한 일편단심을 버리지 않는다. 우리는 절개를 지키기 위해 고통을 겪는 춘향이를 보면서 함께 울 수밖에 없다. 그리고 우리도 춘향이처럼 절개를 지켜야 하는데 그렇게 하기 어려운 현실에 대한 울분까지를 가지게 된다. 그러나 결국에는 서울 간 이 도령이 과거에 장원급제하여 남원으로 돌아와 탐관오리貪官汚吏의 상징인 변 사또의 죄를 물어 포박하고 감옥으로 보낸다. 이 장면은 한없는 통쾌함을 주고 절로 흥을 돋게 만든다.

춘향전은 형식상 크게 3부분으로 나뉘어져 있다. 처음에는 우리의 이상이 실현되는 기쁨을 느끼고 중반부에는 부조리에도 저항할 수 없는 현실의 어려움에 대한 한없는 원망의 눈물을 흘린다. 그리고 마지막에는 모든 고통이 사라지는 희열을 느끼게 한다. 그러니 형식으로 보면 처음에는 현실에서 이루어지기 어려운 사랑을 이야기하므로 승화 형식을 취한다. 그리고 두 번째에는 현실 속에서 어찌 할 수 없는 슬픔에 눈물을 흘리면서 카타르시스적인 비극의 형식을 취하고 있다. 그리고 마지막으로는 이 도령이라는 초월적 힘이 나타나서 악의 대명사인 변 사또를 처리함으로 다시 승화 내지는 초월적 형식을 취하고 있다. 이렇게 보면 춘향전의 이야기는 승화와 카타르시스혹은 자기 위안 그리고 다시 승화 형식을 취하고 있다.

심청전은 슬픔 그 자체 그리고 승화 요소를 동시에 가지고 있다. 심청은 어려서 어머니를 여의고 맹인인 아버지 밑에서 자란다. 민초들의 고달픈 삶의 대표적인 슬픔의 환경이다. 그런데도 아버지에 대한 효심이 지극하였다. 마침 부처님께 헌신을 하면 아버지의 눈을 다시 보게 할 수 있다는 말을 듣고 중국 상인들에게 공양미 300석을 받고 팔려간다. 물론 심청을 데려간 상인들은 자신들의 재앙 없는 항해를 위해 바다에 제물로 바치기 위해 심청을 사간 것이다. 드디어 심청은 아버지를 위해 인당수에 몸을 던져 죽음에 이르게 된다. 이 얼마나 슬픈 일인가! 여기에서 눈물을 흘리지 않은 사람은 없을 것이다. 아버지에 대한 효심 그리고 돈이 없는 민초들의 슬픔 이 모두가 복합적으로 우리를 울리게 한다.

그런데 물에 빠진 심청은 용궁에서 어머니도 만나고 드디어 연꽃에 둘러싸여 수면 위로 살아서 올라오게 된다. 이를 본 사람들은 왕에게 그 사실을 알리고 왕은 심청을 왕비로 맞이하게 된다. 이것도 즐거운 일인데 심청은 맹인 잔치를 열어 아버지를 찾고 딸을 만난 심 봉사는 눈까지 뜨게 된다.

이러한 심청전은 형식상 크게 두 부분으로 나뉘어져 있다. 첫 번째 부분은 심청이 공양미 삼백 석에 몸을 팔아 인당수에 빠질 때까지다. 이 부분은 비극의 극치이다. 가난, 효심 그리고 심청을 사간 사람들의 냉혹함 등이 어우러져 우리 모두를 울리고 있다. 그리고 그 눈물은 우리의 슬픔을 일부라도 정화시켜 준다. 그런데 두 번째 부분은 그야말로 초월 내지는 승화의 전형적인 모습을 보여 준다. 상상의 세계인 용궁에 가서 죽은 어머니도 보고, 죽지 않고 다시 이 세상으로 돌아왔기 때문이다. 여기에 더하여 왕비까지 되고 아버지의 눈까지 뜨게 했으니 현실에서는 불가능한일이다. 그러나 우리는 이러한 장면을 보고 현실의 어려움을 이겨내며 기쁨을 맛보게 된다.

우리나라 최초의 한글 소설인 『홍길동전』도 그 형식은 심청전과 궤를 같이 하고 있으나 마지막 부분에는 완전성 추구의 형식도 일부 취하고 있다. 홍길동은 서자로 태어났다. 그래서 노력해보았자 벼슬길에도 오를 수가 없는 운명을 타고 난 것이다. 여기에 더하여 길동 아버지가 길동 모자를 사랑하자 그 첫 번째 첩이 길동을 모함하고 살해까지 하려고 한다. 이에 길동은 어머니께 하직 인사를 하고 집을 떠난다. 그런데 산속에서 산적들을 만나고 무술이 뛰어나 두목까지 되는데 단순한 산적이 아니라 나쁜 벼슬아치들의 재산을 빼앗아 가난한 민초들에게 다시 돌려주는 의적이 되었다. 왕은 길동을 잡으라고 그 형 길형에게 명한다. 길동은 그 형에게 순순히 잡혀 가는데 한양에 들어서자 술법을 써서 도망치고 만다. 그 뒤 임금은 길동의 청대로 그를 병조판서로 임명하는데 임금에게 큰절을 하고 벼슬을 받은 후 다시 허공으로 사라지고 만다. 그 후 길동은 부하들과 함께 어느 섬나라를 정복하여 스스로 왕이 된다.

길동의 어린 시절은 비극 그 자체였다. 그러니 초반부에 이를 읽은 사람들은 울지 않을 수 없다. 그러데 후반부에 그는 신출귀몰하는 무사가 되어 탐관오리들의 재산을 빼앗아 가난한 민초에게 돌려주는 등 누구도 할 수 없는 초인적 힘을 통해 우리의 마음을 시원하게 해 준다. 즉 승화 형식을 취하고 있다. 그런데 병조판서에 제수되었음에도 관직을 버리고 다시 떠나 새로운 왕국을 건설한다는 데는 조금은 특별한 의미가 있다. 일단 왕을 굴복시켜 자신의 청을 듣게 한 대목은 현실의 부조리를 이겼다는 점에서 우리에게 기쁨을 주기도 하지만 그가 새로운 나라의 왕이 되었다는 것은 그 나라가 바로 우리가 꿈꾸는 무릉도원이라는 암시를 주고 있다. 그 나라에는 서자의 아픔도 없고 탐관오리도 없을 것이기 때문이다. 이 대목은 승화를 넘어 우리가 원하는 완전한 세상까지를 암시하고 있으니 완전성 추구의 형식도 일부 포함하고 있다고 보아야 할 것이다.

2) 한국 전통 음악

나는 평소에 한국 전통 음악의 특징을 한국 전통 음악 이론가인 한명희의 『우리가락 우리문화』[7]에 근거하여 크게 5가지로 요약하여 설명하고 있다. 이 문제는 이미 이은주 서울시 무형문화재 제46호 살풀이춤

예능보유자와 공동으로 쓴 『살풀이춤, 악령을 몰아내는 한국의 춤Salpuri-Chun, A Korean Dance for Expelling Evil Spirits』[8]에서 밝힌 바 있다. 여기에서는 이를 기초로 그 특징을 요약하고 나아가 한국의 민속 장단인 시나위 장단의 특징까지를 간략하게 설명하려고 한다.

첫째 한국 전통 음악은 서양음악과 달리 오음계를 쓴다. 이는 당연히 음양오행설陰陽五行說의 오행인 화수목금토火水木金土를 상징하고 있다. 둘째, 음의 속도가 매우 느리다. 한명희는 서양음악의 속도는 맥박에 기초하고 있는데 한국 전통 음악의 속도는 숨Respiration에 근거하기 때문이라고 한다.[9] 셋째, 한국 전통 음악은 천천히 시작해서 점점 그 속도가 빨라지는데 마지막 부분에서 가장 빨라지는 경향이 있다. 넷째, 한국 전통 음악은 화음체계Harmonic System를 가지고 있지 않다. 한명희는 이 문제에 대하여 서양 사람들은 분석적이어서 모든 것을 세부적으로 쪼개 보려고 하는 데 반해 한국인들은 모든 요소들을 종합해 보려는 경향 때문이라고 한다.[10] 한국인은 일원론적 경향이 있다는 주장과 일맥상통한다. 다섯째, 한국의 전통 음악에서는 3분박Three-Beat System을 주로 사용한다. 한명희는 한국인은 우주가 천지인天地人이라는 세 가지 요소로 이루어져 있으므로 3의 숫자를 좋아한 까닭이라고 설명하면서 이웃 나라인 중국이나 일본은 주로 2분박Two-Beat System을 선호하는 경향이 있다고 한다.[11]

---

7 한명희, 『우리가락 우리문화』 (서울: 조선일보사, 1994), 참고.
8 Eun-Joo Lee and Yong-Shin Kim, *Salpuri-Chum, A Korean Dance for Expelling Evil Spirits*, pp.33~38 그리고 p.46, 참조.
9 한명희, 『우리가락 우리문화』, pp.30~31, 참조.
10 *Ibid.*, pp.83~87, 참조.
11 *Ibid.*, pp.74~77, 참조.

여기에 추가하여 민속 장단인 시나위 음악의 특징을 살펴보면 한국 음악의 특징을 보다 자세히 이해할 수 있다. 시나위의 어원에 대해서는 여러 설들이 있는데 대표적으로는 제주도 방언으로 무당을 신방神房이라고 하는데 무당이 부르는 곡조라는 신방곡神房曲에서 유래했다는 설이 있다. 그런데 해금奚琴의 대가였던 지영희池瑛熙, 1909~1979는 신아위神娥慰라는 말에서 유래했다고 주장하고 있다. 신을 위로하는 아름다운 여인이라는 이 말은 바로 무당을 말한다고 볼 수 있다.

시나위 반주의 악기로는 피리, 대금, 해금, 장구, 북, 징, 아쟁, 거문고, 가야금, 구음口音 등이 사용된다. 이를 종합적으로 삼현육각三絃六角이라고 한다. 삼현육각의 뜻은 3개의 현악기와 6개의 나팔Horn을 의미하고 있는데 이와 일치되는 것은 아니다. 그런데 안타까운 일은 왜 시나위 반주 악기를 통틀어 삼현육각으로 부르게 되었는가라는 이유는 아직 밝혀지지 않고 있다.

시나위 반주의 특징은 다음 몇 가지로 요약할 수 있다. 첫째 한국 전통 음악의 특징으로 화음 체계가 없다. 둘째, 한국의 궁중음악 혹은 정악과 달리 악보가 없다는 점이다. 셋째, 서양음악에서 이야기 하는 일정한 박자의 시간을 의미하는 메트로놈Metronom이 없다. 즉 한 박자의 시간적 길이가 마음대로이다. 넷째 그러하니 악보가 있을 수 없고 당연히 즉흥성이 매우 농후하다. 그 시원이 살풀이굿의 반주로 시작된 음악이기 때문일 것이다. 여기에서 음악의 속도를 조정하는 역할은 장구가 하는데 장구는 무당의 춤추는 스텝에 따라 그 박자의 길이를 조정한다. 때문에 시나위 반주의 지휘자는 무당이었다고 해도 과언은 아닐 것이다.

이러한 한국 전통 음악의 특징들을 보면 우리는 그 속에 한국인의 주된 정서로서 정과 흥 그리고 한의 의미가 고스란히 들어 있음을 알 수 있다. 한에 근거한 요소가 많으므로 처음은 매우 느린 곡조로 나간다. 그러나 결국은 흥으로 끝을 맺는 경우가 많음으로 그 속도가 빨라질 수밖에 없다. 그리고 시나위 반주에서는 흥에 동반되는 즉흥적 요소가 다분히 있다. 물론 전통 음악에서도 정악은 악보가 있다. 그런데 정악의 특징은 동양예술이 가지는 자기 수양적 요소가 다분히 있으므로 매우 느리고, 한 음이 20박자 이상의 길이를 가지고 있다. 느린 음에서 호흡을 가다듬고 정신을 집중하면서 스스로의 마음을 정제한다는 의미가 짙기 때문이다. 다만 여기에서 내가 주장하는 한국 전통 음악의 특징은 민속적 음악을 그 핵심으로 하고 있는데 이는 일반 백성들의 감성을 대변하는 것이기 때문이다.

여기에서 또 한 가지 중요한 한국 전통 음악의 속성을 말하지 않을 수 없다. 그것은 바로 기경결해起輕結解의 정신이다. 본 개념은 일제강점기 판소리 유명 고수鼓手였던 오성삼吳聖三, 1866~1936과 한국 전통 판소리 명창 김연수金演洙, 1907~1974가 중국의 시詩 작법에서 나온 기승전결起承轉結의 의미를 약간 수정한 것이라고 볼 수 있다.[12] 기승전결이란 먼저 이야기를 시작하고 그것을 연결하여 전개하고 다음에 결론을 맺는다는 말이다. 그런데 기경결해는 이야기를 시작하고 전개하여 결론을 맺은 후 다시 풀어준다는 의미를 가지고 있다. 우리말로는 '밀고', '달고', '맺고', '풀고'라는 의미를 가지고 있다.

12 Eun-Joo Lee and Yong-Shin Kim, *Salpuri-Chum, A Korean Dance for Expelling Evil Spirits*, p.16.

앞서 논의한 페이에라벤드가 주장한 대로 이 세상에 모든 문제를 풀어주는 유일한 이론은 없다. 그렇다면 어떤 결론이든지 이는 또 다른 긴장을 유발하게 된다. 어떤 결론이든 여기에는 만인이 동의할 수 없기 때문에 비록 소수일지라도 반대자가 있기 마련이다. 그러니 이 문제를 해결하기 위해서는 반대자들의 긴장을 풀어주는 노력이 있어야 한다. 이런 의미에서 기경결해야 말로 사랑과 미움을 동시에 가지고 있는 한국인의 정을 가장 잘 반영하고 있는 개념이다. 아니면 한을 그대로 슬픔으로 끝내지 않고 흥으로 풀어내려는 한국인의 정서를 표현하는 개념이라고도 할 수 있다.

3) 판소리

판소리는 판에다 소리를 합친 말이다. 판은 여러 사람들이 모인 곳을 의미하니 판소리란 그러한 곳에서 한 명의 소리꾼과 한 명의 북치는 사람이 특정 이야기를 음악적으로 풀어가는 장르이다. 때문에 서양 오페라Opera의 가극歌劇적 요소도 가지고 있다. 일설에 의하면 17세기 서남지방의 굿판에서 무당이 읊조리는 소리를 다른 형식으로 표현한 것에서 유래했다고 한다.[13] 그런데 여기에서 말하려고 하는 점은 크게 세 가지이다. 첫째는 판소리꾼의 목소리이며, 두 번째는 즉흥적 애드리브Ad Lib이고, 셋째는 고수와 관객의 추임새이다.

우선 판소리꾼의 목소리는 모두 소위 허스키Husky하다. 탁하고 쉰 목소리로 이야기의 줄거리를 노래로 부른다. 판소리꾼들은 소리 공부를

13 "판소리," 유네스코 인류무형문화유산, NAVER 지식백과, 참조.

깊은 산속 특히 폭포수 아래에서 많이 한다. 그리하여 시끄러운 폭포를 이겨낼 만큼 소리를 지르다 보면 당연히 목이 쉬고, 쉰 목을 계속하여 단련하면 쉰 목소리 자체가 곰삭은 맛을 내게 되는데 이 상태에 대해서 우리는 소위 음의 이치를 터득했다는 득음得音이라는 단어를 쓴다. 때문에 판소리꾼의 득음의 경지는 분명 우리 민족의 숙성 문화와 밀접한 관계가 있다. 거칠고 쉰 목소리는 우리의 한숨 즉 한을 의미하기도 한다. 따라서 한국인의 한을 소리로 표현하라면 이는 당연히 판소리꾼의 목소리라고 나는 믿는다.

그리고 판소리꾼은 슬픈 이야기를 할 때에도 해학적인 농담을 한다. 관중을 향해 각본에 없는 즉흥적인 사설을 더하기도 한다. 그러니 입담이 없는 사람들은 재미있는 판소리를 엮어가기 힘들다. 이는 한을 한민족의 즉흥적 감성에 호소하여 흥으로 바꾸는 태도인 것이다. 또한 고수가 중간 중간 "얼씨구," "좋다," "그렇지," "그렇고말고," 등 다양한 추임새를 넣으면서 북을 친다. 그러데 여기에 더하여 관객들도 함께 추임새를 넣어야 판소리의 진면목이 들어난다.

특히 추임새는 우리 전통 음악이 가지는 매우 특별한 의미를 가지고 있다. 그것은 바로 공연자와 관객이 일치가 된다는 것을 의미하기 때문이다. 서양의 음악은 가수와 청중이 분리되어 있다. 가수는 노래만 부르고 청중은 그 노래를 조용히 감상할 뿐이다. 그러나 한국의 전통 음악에서는 노래를 부르는 사람이나 듣는 사람들이 결국에는 하나가 되는 형식을 취하고 있다. 이러한 전통은 지금까지 유지되어 오늘날 음악 콘서트Concert나 쇼Show에서도 마지막 가수는 "여러분 준비되었나요?"를 외치며 함께 뛰고 노래하기를 원한다. 그래야 그 공연이 성공적으로 끝났다고 보고 있는 것이다. 제3부 "한국인의 집단무의식"에서 논의될 한민족의 "우리"라는 정서가 깊이 배여 있다고 할 수 있다.

4) 살풀이춤

살풀이춤의 정신분석학적 해석에 대해서는 전통 음악에서 언급한 『살풀이춤, 악령을 몰아내는 한국의 춤』에서 나름대로 설명한 바 있다. 본 책자는 한국의 살풀이춤을 전 세계에 널리 소개하려는 목적을 두고 영문으로 출판되었다. 이번에는 이 책자의 내용 중 핵심 부분만을 간략하게 재정리하려고 한다.

살풀이춤은 우리나라 고유한 무속 중 살풀이굿에 그 뿌리를 두고 있다. 살풀이굿이란 말 그대로 살을 푸는 무속적 행위를 말한다. 전통 사회에서 한국인은 몸이 아프거나 혹은 무슨 일이 뜻대로 되지 않으면 불운을 의미하는 액厄 혹은 죽음을 의미하는 살煞이 끼어서 그렇다고 생각했는데 이는 바로 악령에 의한 짓이라고 믿었다. 이때 악령이란 일반적으로 현세에서 원한을 가지고 죽은 영혼이 이에 대한 불만으로 자기와 관련이 있는 살아 있는 사람들을 해치려고 한다는 것이다. 따라서 살아 있는 사람의 불운을 해결하는 하나의 방법으로 악령의 원한을 풀어주자는 것이 살풀이굿의 의미이다. 그런데 우리말로 굿은 '볼거리'라는 의미도 가지고 있는데 이는 굿이라는 무속적 행위야 말로 사람들에게 볼거리를 제공하기 때문이다.

살풀이굿에서는 무당이 시나위 반주와 함께 다양한 몸동작을 한다. 이러한 몸동작은 후일 광대들의 춤이나 기생들의 춤사위에 깊은 영향을 주게 된다. 광대란 전통 사회에서 일종의 대중 유흥가Popular Entertainer라고 말할 수 있는데 역사적으로는 고려高麗시대부터 나타나기 시작하였다. 이들은 춤과 노래 그리고 다양한 재주들을 부려 대중들에게 기쁨을 선사했는데 그들이 바로 살풀이굿에서 무당의 몸동작을 춤과 연결하여 개발했다.[14]

한편으로 특히 조선시대 성행했던 기생들은 소위 유흥가로서 춤과 노래를 하였는데 살풀이굿에서의 무당의 몸짓 그리고 광대 춤의 몸동작들을 근거로 나름대로의 즉흥성을 가미하여 춤을 추기 시작하였다. 당시 기생들은 멋을 부리기 위해 수건을 들고 추는 속칭 '수건춤'을 추기도 했는데 이것이 바로 살풀이춤의 모태가 되었다.[15] 기생들이 수건을 사용한 것은 판소리꾼들이 공연 중 땀을 닦기 위해 수건을 들고 노래한 것에서 유래한 것으로 알려지고 있다.

이러한 수건춤이 근대적인 살풀이춤으로 정제된 데는 일제강점기 유명한 고수이면서 무용가로 활동한 한성준韓成俊, 1874~1941의 노력 때문이었다. 한성준은 전통적인 시나위 반주에 과거 살풀이굿과 광대 및 기생춤의 춤사위들을 정제하고 그에 따른 이론까지 세워 소위 극장 춤으로서 살풀이춤의 기본 틀을 구성하고 본인이 직접 1936년 부민관에서 살풀이춤 공연을 하였다.[16] 과거 한국의 공연장은 현대적인 극장이 아닌 마당이나 방이었기 때문에 모두가 원형 극장의 의미를 가지고 있었다. 즉 관객들은 공연자를 중심으로 둘러앉거나 서서 공연을 보았다. 그런데 근대적인 전면 무대Proscenium 극장이 나오자 한성준은 살풀이춤의 춤사

14 Eun-Joo Lee and Yong-Shin Kim, *Salpuri-Chum, A Korean Dance for Expelling Evil Spirits*, pp.39~41, 참조.

15 *Ibid.*, pp.41~43, 참조.

16 *Ibid.*, p.44.

위를 전면 극장에 맞도록 재구성하였다.

살풀이춤의 구성은 음악적으로는 3가지 형식들을 취하고 있다. 첫 번째는 느린 시나위 반주로 시작하고, 두 번째는 아주 빠른 자진모리 반주로 그리고 마지막 부분은 빠른 시나위 반주로 끝을 맺는다. 의미적으로도 음악에 따라 세 부분으로 설명할 수 있다. 즉 첫 번째는 신을 부르는 장면 그리고 신이 무당과 대화하면서 그 원한을 설명하는 장면을 상징화하고 있으며, 두 번째는 신의 청을 들어주겠다는 약속을 하는 장면을 상징화하고 있으며, 마지막으로는 모든 문제가 해결되었다는 의미의 밝은 마음을 상징하고 있다. 이를 기경결해의 의미로 풀어보면 첫 번째 부분은 기와 경을 의미하며, 두 번째 부분은 결을 그리고 마지막 부분은 해로 설명할 수 있다.[17]

살풀이춤의 철학 혹은 정신분석학적인 의미는 다음과 같이 요약할 수 있다.[18] 첫째로 살풀이춤은 한국인의 사생관死生觀을 잘 나타내고 있다. 즉 죽은 영혼이 산 사람의 운명에 영향을 미치기에 살풀이굿을 한다는 것 자체는 바로 한국인에게는 생과 사의 명확한 구분이 존재하지 않고 있다는 점을 잘 나타낸다고 볼 수 있다. 둘째로 살풀이춤은 한국의 대표 정서인 한과 흥을 잘 나타내고 있다. 첫 번째와 두 번째 부분에서는 한을 표출하고 마지막 부분에는 흥으로 한을 푸는 구조를 가지고 있기 때문이다. 셋째로 살풀이춤은 자유 정신을 지향하고 있다. 시나위 음악과 무용수의 즉흥성은 바로 한국인들의 자유 정신을 상징적으로 잘 나타낸다. 이러한 점에서 본다면 살풀이춤은 자기 위안과 승화 형식을 동시

17 *Ibid.*, pp.45~46, 참조.
18 *Ibid.*, pp.73~77, 참조.

에 취하고 있다. 첫째와 두 번째 부분은 우리들의 액운 그리고 죽은 영혼의 원한 등을 표현하면서 스스로를 위로하고 마지막에는 이를 승화시키는 상징적 의미를 내포하고 있다.

이에 더하여 살풀이춤의 미적 의미는 크게 다섯 가지로 요약할 수 있다.[19] 첫째는 무용수의 하얀 한복은 순수하고 청렴한 이미지의 아름다움을 준다. 또한 한복은 신체 내부의 표현을 일부 정제하여 밖으로 표출하기 때문에 은은한 아름다움을 표현하고 있다. 이야말로 한국의 전통춤이 육체의 각선미를 그대로 들어내려는 서양의 춤과 다른 이유 중에 하나라고 할 수 있다. 둘째로 두 가지의 상반된 의미를 통합하여 미로 승화시키고 있다. 이는 정중동靜中動의 미적 표현이라고도 할 수 있는데 의복 속의 신체는 빠르게 움직이지만 의복 밖의 표현은 은은한 의미를 주고 있는 점도 이를 의미한다. 또한 한과 흥의 조화도 이러한 미적 의미를 더욱 강화시키고 있다.

셋째로 살풀이춤의 필수조건인 하얀 천이 그리는 상징적 무늬들은 살풀이춤의 미를 극대화하고 있다. 이 천은 넋을 표현한 것이라고 말하고 있는데 정신분석학적으로 보면 우리의 자아이상을 표현한 것이 틀림없다. 넷째로 살풀이춤의 즉흥성은 무대마다 색다른 미적 의미를 주고 있다. 물론 살풀이춤의 기본 구조는 같다. 그러나 무용가와 시나위 반주의 즉흥적 특성에 따라 공연시간도 매우 유동적이며 때와 장소에 따라 그 표현도 새로운 미적 의미를 창출하고 있다. 다섯째 살풀이춤은 감동을 재현하려는 전통 예술임에도 무용가에 따라 새로운 유형의 미를 창조

19 *Ibid.*, pp.77~80, 참조.

함으로써 우리에게 다양한 아름다움을 제공하고 있다. 살풀이춤은 전통으로서 그 기본 형식이 전승된다. 그러나 무용가에 따라 전통의 기반 위에 새로운 미를 창조할 수 있는 다양한 유형들을 허락하고 있다.

5) 조선 후기의 서화 정신

조선 후기의 서화書畫에 대해서는 다양한 연구들이 있다. 그런데 이에 대한 정신분석학적 해석에 대한 연구는 거의 없는 것이 사실이다. 따라서 이번에는 조선의 실경산수화와 풍속화 그리고 김정희 서체에 대한 의미를 간략하게나마 나름대로 정리하려고 한다. 기존의 다양한 연구들 위에 여기에서 요약된 내용을 추가한다면 조선 후기의 서화 정신을 보다 입체적으로 이해할 수 있을 것이다.

17세기 후반에 들어와서 조선의 화풍은 커다란 변화를 겪게 되는데 그 출발점은 겸재 정선謙齋 鄭敾, 1676~1759의 실경 산수화라고 할 수 있다. 실경은 말 그대로 실제의 경치를 의미한다. 이전의 조선 산수화는 일종의 상상화였다고 해도 과언은 아니다. 앞서 논의한 안견의 『몽류도원도』처럼 이상적인 풍경을 마음속에 새기고 이를 화면에 표현하는 것이 주된 경향이었기 때문이다. 그러나 정선은 이상의 세계가 아닌 실제의 경치를 그리려고 하였다. 이러한 의도는 크게 두 가지의 철학적 의미를 내포하고 있다. 하나는 실존주의적 입장에서 우리가 눈으로 볼 수 있는 현실의 풍경 그 자체도 아름답다는 의미이다. 그리고 둘째는 실학사상의 영향으로 중국의 미술을 넘어서자는 욕구의 표현인데 그 핵심에는 중국의 산천만 아름다운 것이 아니라 우리의 산천도 아름답다는 의미가 짙게 깔려 있다.

이러한 정선의 실경 산수화 정신은 풍속화의 등장을 부채질하는 계기가 되었고 그 중심에는 단원 김홍도가 있었다. 김홍도는 실경 산수의 정신에서 한 발 더 나아가 그간 화폭에 담을 대상으로 간주되지 않았던 민초들의 삶을 그림으로 표현하였다. 민초들의 낡은 옷차림, 아낙들의 일상생활을 꾸밈없이 화폭에 옮기려고 하였던 것이다. 이러한 그의 의도는 아름다움이란 어디 먼 곳에 있는 것도 아니요, 양반들의 삶에만 존재하는 것이 아니며, 가장 한 많고 설움 많은 우리들 민초들의 삶 속에서도 발견될 수 있음을 의미한다. 그가 그린 많은 풍속화 속에서 우리는 우리 삶의 현장을 여과 없이 들여다보고 감동하며 아름다움을 느끼게 된다. 이야말로 예술의 형식에서 자기 위안 요소를 다분히 담고 있다.

혜원 신윤복蕙園 申潤福, 1758~?의 풍속화도 마찬가지이다. 그런데 특히 그가 그린 『월하정인月下情人』은 조금은 특별한 의미로 해석할 수 있다. 그것은 바로 남녀의 사랑 이야기를 화폭에 담았다는 사실이다. 남녀의 사랑이란 근본적으로 문제될 것이 없다. 그러나 이를 공개적으로 그림에 담는다는 것은 당시의 사회에서는 금기시되었다. 그럼에도 불구하고 본 그림은 달밤에 두 남녀가 밀회를 하는 장면을 묘사하고 있으니 매우 담대하기 그지없다. 이 그림은 우리에게 "사랑하지 않고 사는 사람 어디 있는냐?"는 질문을 하는 듯하다. 설령 그 사랑이 불륜이라 하더라도 인간의 참모습을 그리고 그 속에서 스스로를 위안하려는 인간 무의식을 표현한 것이다.

한국의 서예를 대표하는 인물은 추사 김정희秋史 金正喜, 1786~1856이다. 추사는 일찍이 부친을 따라 중국에 들려 당대 최고의 명필인 옹방강翁方綱, 1733~1818과 완원阮元, 1764~1849을 만나 사제의 관계를 맺었으니 그들의 서론書論에 큰 영향을 받았다. 이들은 고증학파考證學派의 입장을 취하고 있는 학자들이었다. 청淸나라 고증학이란 보다 정확한 역사 연구를 위해 진秦과 한漢나라 비문碑文을 연구하려는 학문적 경향을 말한다. 그 결과 특히 완원은 "북비남첩론北碑南帖論"이란 글을 통해 중국 서풍을 북파와 남파로 구별하고 그 특징을 설명하였다. 그 핵심은 북파는 황화의 중류 유역인 중원의 예법으로서 자형이 구속적이며 고루하고, 남파는 양자강 동쪽 하류인 강소성江蘇省을 중심으로 한 지역의 서풍으로 부드럽고 자유스럽다는 것이다.[20]

최초로 중국의 서풍을 북파와 남파로 구별한 사람은 송宋나라 왕족 출신인 조맹견趙孟堅, 1199~?이라고 전해지고 있다.[21] 그런데 이를 완원이 보다 구체적으로 설명한 것이다. 완원의 설명을 쉽게 풀이하면 위진남북조魏晉南北朝시대를 거치면서 북방특히 北魏 지방은 주로 한나라 비문을 중심으로 필법이 연구되었기에 획이 보다 각이 지고 배背적으로 구성되어 있으며, 남조南朝 지방은 종이에 쓴 선대 명필들의 필체를 기초로 필법이 전수되었기에 부드럽고 향向적으로 구성되어 있다는 것이다. 배적 구성이란 모든 획을 서로 배척이 되도록 배열 하는 것이며, 향은 글자의 중심을 향해 둥글게 배열하는 것을 말한다. 따라서 양 측면의 모습으로 보면 배는 ') (' 같은 모습이며 향은 '( )' 모습으로 표현할 수 있다.

이러한 북파와 남파의 구별을 네 가지 요소들을 기준으로 분류할 수

20 최완수 역, 김정희 저, 『秋史集』 (서울: 현암사, 1976), p.70. 완원의 "북비남첩론"은 완원이 60세에 편찬한 그의 문집(총 4집)인 연경실집(揅經室集) 제3집에 실려 있다.

21 "남북서파(南北書派)", 세계미술용어사전, NAVER 백과, 참조.

있다.[22] 그것은 운필에서는 방필方筆과 원필圓筆, 획의 구성에서는 배와 향이라는 요소이다. 운필에서 방필은 붓이 결대로 움직이더라고 붓끝을 수채화 붓처럼 펴서 운필하는 것이며, 원필은 북 끝을 모아서 운필하는 것이다. 물론 중국의 여러 서풍 중에는 이러한 네 가지 요소들을 서로 섞어서 표현하는 경우도 많다 그러나 우리가 북파와 남파의 핵심을 논하려면 방필과 배적 구성 그리고 원필과 향적 구성을 쌍으로 이해할 필요가 있다.

이러한 서파 흐름을 따라 보면 김정희는 분명 북파적 요소를 다분히 가지고 있다. 그는 완원 등의 영향으로 비문을 철저히 연구하였기 때문이다. 우리나라의 경우 신라에서 조선 초기까지는 북파가 대세를 이루었으나 임진왜란을 전후하여서는 남파적 서풍이 유행하였다. 그 주된 이유로는 조선 초기 친명척원親明斥元 정책에 따라 북파의 대를 이은 대표적인 원나라 조맹부趙孟頫, 1254~1322 스타일의 서풍을 받아들이는 것이 금기시 되었기 때문이라는 설도 있다. 사실 조맹부는 앞서 언급한 조맹견의 4촌인데 송나라 왕족임에도 원나라로 귀화한 사람이다. 그런데 조선후반기에 김정희가 다시 북파적 서풍을 강조하기에 이르렀다고 보면 크게 틀리지 않을 것이다.

이러한 배경을 가진 김정희의 서풍은 제주도 유배 전과 후에 극명한 차이가 있다. 유배 전에는 비교적 획이 두껍고 부드러운 면모도 있었다. 그러나 유배 후에는 북파적 특징을 표현하고 있는데 그의 독특한 스타일은 바로 유배 이후 그리고 특히 말년에 두드러진다. 그가 말년에 이룩한

22 김용신, 『서의 미학』, (서울: 시담, 2010), pp.101~105, 참조.

서풍의 특징은 운필과 결구結構적 측면에서 몇 가지로 요약할 수 있다.[23] 첫째로 비교적 털이 뻣뻣한 붓으로 방필을 위주로 운필하고 있다. 둘째로 획의 구성은 대체로 배적으로 하는데 특히 오른쪽 부분에 이러한 현상이 두드러진다. 셋째로 획의 강약을 심하게 함으로써 한 글자 내에서도 두꺼운 획과 가는 획이 극명하게 대조를 이루고 있다. 넷째로 중국 문자의 주된 다섯 가지 형태인 전서篆書, 예서隷書, 행서行書, 초서草書, 해서楷書 획들의 특징들은 서로 섞어서 나름의 표현을 하고 있다. 다섯째 한 작품 속의 글자들이 서로 분리되지 않고 하나의 복합적 조형 체계로 이해될 수 있는 다자인을 하고 있다.

정신분석학적인 입장에서 보면 김정희의 서체는 크게 두 가지 의미를 가지고 있다. 첫째로 모든 획에 비대한 살을 빼고 뼈만 남겨 놓은 것 같은 앙상한 획을 구사함으로서 모든 사물의 근본 원리만을 표현하려는 정신이 깃들어 있다. 이는 훌륭한 가문에서 태어났지만 두 번의 귀양살이를 하면서 느낀 좌절을 이겨내려는 그의 몸부림을 표현한 것으로 이해할 수 있다. 다른 말로 좌절 속에서 삶의 본질이 무엇이냐는 끝없는 질문에 대한 나름의 답이다. 둘째로 말년 그의 서체에서는 강력한 어리석음을 발견할 수 있다. 획의 성질이 투박하기 그지없고 또 결구도 어리석은 모습을 하고 있는데 교묘한 미적 의미를 내포하고 있다. 이러한 그의 말년 서체를 '동자체童子體'라고 부르기도 한다. 특히 그가 죽기 3일 전에 썼다고 하는 '판전板殿'은 매우 천진난만한 모습을 띠고 있다. 그가 행복했던 어린 시절로 돌아가고 싶은 욕구, 혹은 인간의 원래 모습을

23 *Ibid.*, pp.224~239, 참조.

찾으려는 그의 무의식적인 미관에 근거한 것이라고 볼 수 있다. 그렇다면 첫 번째의 경우는 승화를 통해 자신의 슬픔을 이겨내려는 무의식의 표현이며, 두 번째의 특징은 어리석음 그 자체를 즐기려는 자기 위안 요소를 다분히 내포하고 있다고 보아야 할 것이다.

끝으로 추사 김정희의 위대성에 대해 한 마디를 하지 않을 수 없다. 솔직히 추사 이전 우리나라의 명필들은 거의 다 중국의 특정한 서풍들을 모방하는 범위를 벗어나지 못했다고 해고 과언이 아니다. 나는 이러한 점을 항상 안타깝게 생각하여 왔다. 그러나 추사는 동양 서예 2000년을 통틀어 발견할 수 없는 자신만의 독창적인 서풍을 창안한 것이다. 따라서 우리는 그의 서풍을 그의 호를 따서 추사체라고 부르고 있다. 공감도가 높은 그의 독창성이야말로 그가 이룬 위대한 예술적 업적이 아닐 수 없다.

제8장

심리적 상처의 원인과 치유

지금까지 우리는 제1부에서 정신분석학의 기본 이론들을 논의했고, 제2부에서는 정신분석학적 입장에서 인문학에 대한 개괄적 논의를 진행하였다. 이러한 논의 속에서 우리는 인간이란 문명 시대를 살아가면서 불가피하게 많은 심리적 상처를 입을 수 있음을 알게 되었다. 그렇다면 우리는 어떻게 이러한 심리적 상처를 치유하면서 보다 나은 행복의 삶을 영위할 수 있을 것인가에 대한 논의도 함께 해야 한다.

이러한 이유로 이번에는 우리가 심리적 상처를 얻게 되는 기본 이유를 그간의 논의들을 바탕으로 간략히 재정리하고 이에 대한 정신분석학적인 치유의 원리를 나름대로 설명하려고 한다. 이 문제는 이미 『나는 누구인가: 일반인을 위한 정신분석학』[1]에서 밝힌 바 있으나 여기에서는 이를 일부 보완하여 정리하고자 한다.

---

1 김용신, 『나는 누구인가: 일반인을 위한 정신분석학』, (서울: 살림, 2014, 초판 2쇄), pp.101~106, 참조.

1. 심리적 상처의 원인

지금까지 논의한 일련의 논의들 속에는 인간이 삶을 통해 불가피하게 얻어지는 심리적 상처들은 매우 복합적인 원인들을 가지고 있다는 의미가 함축되어 있다. 그런데 보다 구체적인 설명을 하자면 그 원인들은 크게 2가지로 요약할 수 있다. 그 첫째는 인간이 원초적으로 가지고 있는 비자족성이며, 두 번째로는 문명 시대를 살아가면서 느끼게 된 이상과 현실의 괴리에서 오는 불만족이다.

1) 인간의 비자족성에서 유래된 상처

나는 앞서서 인간의 비자족성을 크게 네 가지로 요약하여 설명한 바 있다. 다시 한 번 말하자면 그것은 살고 싶지만 죽어야하는 운명, 성적인 비자족성, 어린 시절의 비자족성, 그리고 개인과 사회의 불일치이다. 이에 대한 의미에 대해서는 이미 설명을 하였기 때문에 여기에서는 생략하고자 한다. 다만 이번에는 먼저 앞의 세 가지 비자족성에서 유래되는 심리적 상처를 간단히 설명하려고 한다.

죽음을 두려워하지 않는 사람은 없다. 모든 사람은 오래 살고 싶고 여기에 또 건강히 오래 살고 싶은 욕망을 가지고 있다. 그런데 부처님이 말한 대로 인간은 나서 늙고 병들어 죽는 이 불변의 원리를 거역할 수 없다는 데 우리의 슬픔이 있다. 더욱이 아직 평균 수명에 도달하지도 않았는데 병마와 싸우게 된다든지 아니면 치유가 어려운 중병에 걸리게 된다면 이처럼 슬픈일은 없을 것이다. 따지고 보면 일생을 살면서 아무런 병 한번 앓지 않고 죽는 사람은 거의 없을 것이다. 이러한 생각을 하게 되면 죽음을 떠나 질병 그 자체도 우리를 두렵게 하는 심리적 상처의 기본 원인을 제공하고 있다고 보아야 할 것이다.

성적인 비자족성은 원초적인 문제이지만 이는 문명 속에서 수많은 부수적인 상처를 우리에게 안겨주고 있다. 성적인 비자족성으로 인해 우리는 자신의 성적 파트너를 찾아야만 하는 운명을 가지고 있다. 그런데 이러한 파트너를 찾고 사랑을 유지하는 과정에서 우리는 수많은 심리적 상처를 가지게 된다. 첫사랑과 결혼까지 가기도 어렵다. 또 결혼하여 살아가면서 각자의 배우자에게 완전한 만족을 느끼기도 어렵다. 나아가 근대 이후로 보편화된 일부일처一夫一妻라는 문명의 가치 아래 한번 결혼했으면 그 동안에는 다른 사람을 사랑하는 일은 불륜이라는 이름으로 사회적인 지탄의 대상이 된다.

성적인 문제는 넓게 이성간의 사랑이라는 의미와 분리되어 생각할 수 없다. 그렇다면 사랑이란 무엇인가? 사랑은 우리를 즐겁게 하는 원동력이 되지만 한편으로는 우리에게 슬픔을 가져다주는 원인을 제공하기도 하는 묘한 양면성을 가지고 있다. 한마디로 인간은 사랑에 웃고 사랑에 울어야 하는 상황을 모면하기 어렵다. 대부분의 예술에서 사랑이 주제가 되는 이유도 바로 이 때문일 것이다. 따라서 우리들의 상당수는 사랑의 문제 때문에 깊은 심리적 상처를 얻게 된다고 해도 과언은 아니다.

어린 시절 삶을 위한 육체 및 정신적인 비자족성은 경우에 따라서 우리에게 많은 트라우마Trauma들을 주게 되는 원인들을 제공하고 있다. 자신을 돌봐주는 부모와 형제자매 그리고 나아가 보호자들과의 인간관계로부터 우리의 무의식은 큰 영향을 받게 된다. 만약 이때 얻은 상처가 있다면 이는 평생 자신을 괴롭히는 요인이 될 수도 있다. 정신분석학에서는 삶의 비자족성을 가진 어린 시절에 형성된 무의식의 대부분이 일생의 삶에 큰 영향을 미치는 것으로 이해되고 있다. 대상관계이론에서 어린 시절 자신을 돌봐주는 대상을 좋게 느끼면 사랑의 감성이 싹트고 그 반대의 경우에는 미움의 감성이 싹 튼다는 논리는 바로 이러한 의미를 뒷받침하고 있다. 정신이상을 치료하는데 어린 시절의 경험들을 자꾸 분석하려는 것은 바로 이 때문이다. 따라서 이 기간의 비자족성으로부터 얻어지는 상처 그 자체가 바로 우리의 삶의 전체를 통해 얻어지는 심리적 상처와 깊은 연관성을 가지고 있다.

2) 이상과 현실의 괴리에서 유래된 상처

인간은 사회적인 동물이다. 그러나 공동체라는 이름으로 개인의 자아실현을 버릴 수도 없는 이중성을 가진 존재이다. 이러한 문제는 문명이 가져다주는 불만족의 본질적 원인을 제공하기도 한다. 우리는 공동체 속에서 삶의 안전을 기하고 기타 많은 만족감을 얻고 있다. 그러나 공동체의 행복이 모두 나의 행복과 연결되지는 않는다. 때로는 공동체의 행복을 위해 자아의 욕구를 억제해야 되는 경우가 허다하기 때문이다. 나아가 문명의 가치 아래 나의 감정을 자유롭게 표출하는 데도 많은 한계가 따르게 된다. 한마디로 문명 속에서 자아이상을 억제시키는 일이야말로 우리에게 심리적 상처를 주는 기본 원인들을 제공하고 있는 것이다. 따라서 이번에는 개인과 사회의 불일치 혹은 문명을 통한 상처에 대해 설명하려고 한다.

이러한 현상은 몇 가지 측면에서 구체적으로 논의될 수 있다. 근본적으로는 무엇보다도 자아이상과 초자아의 갈등에서 얻어지는 상처이다. 자아이상은 기쁨의 원리에 근거하여 자신의 만족을 향해가는 욕구이다.

그러나 문명 시대에는 초자아의 억제를 피하기 어렵다. 그렇지 않으면 범죄자 혹은 비도덕적인 인간으로 낙인찍히기 때문이다. 앞서 성적인 불만족과 연결하여 설명한 사랑의 문제도 이와 깊은 연관성이 있다. 나아가 미운사람을 마음대로 때릴 수 없는 것도 바로 이러한 문제와 관련이 있다.

여기에 추가하여 인간은 인간관계에서 많은 상처들을 입고 있다. 이 문제는 자아와 대상간의 적절한 화합이 이루어지지 않는 데서 유래한다. 나의 기대와 상대의 기대가 서로 일치하지 않는 경우가 허다하기 때문이다. 대상과의 마음의 불일치는 인간은 본질적으로 이기적인 존재이기 때문이다. 따지고 보면 대상을 사랑하는 것도 자기 만족을 위한 것이다. 그런데 그 사랑이 자기를 만족시키지 못하면 그 사랑의 대상을 미워하게 되며 이에 따른 상처를 입게 된다.

나아가 정치 및 사회적으로 자신의 이상이 현실화되지 못한 경우 우리는 심리적 상처를 경험하게 된다. 자신이 원하는 바가 다 이루어진다면 얼마나 좋을까? 누구든 경제적으로 어려움을 겪고 싶지 않을 것이다. 또한 대개의 사람들은 높은 지식도 얻고 싶고 정치적으로도 높은 지위를 얻고 싶을 것이다. 나아가 인격적으로도 훌륭한 사람으로 존경받기를 원할 것이다. 그러나 현실은 우리에게 항상 어려움을 주고 있다. 그런데 문제는 자신의 원하는 바의 결과는 꼭 자신의 노력에만 근거되지 않는다는 점이다. 현실에는 자신의 노력 이외에도 수많은 변수들이 도사리고 있기 때문에 꿈을 실현하는 데는 무수한 어려움이 따른다. 이러한 현실의 문제 속에서 수많은 심리적 상처를 얻게 된다.

2. 심리적 상처의 치유를 위한 정신분석학 원리

마음의 상처를 치유하는 방법은 매우 다양하게 설명할 수 있다. 정신분석학의 원리를 설명하여 문제의 원인을 알게 함으로써 스스로 해결할 수 있는 힘을 주는 방법도 있고, 약물 투입을 통해 심리적 안정을 취하게 하는 방법도 있다. 나아가 예술을 통한 치유 방법도 날로 늘어나고 있는데 이는 앞서 설명한 대로 예술 자체가 우리들에게 기쁨을 확대시켜 주고 슬픔을 달래 주는 역할을 수행하기 때문이다. 따라서 여기에서는 정신분석학의 입장에서 우리의 상처를 해소해 주는 기본 원리 몇 가지를 설명하고자 한다.

1) 자신의 분석

심리적인 상처를 입고 이에 대한 실망이나 불만감을 느꼈을 때 제일 먼저 해야 할 일은 자신을 분석하는 일이다. 현재 자신이 느끼는 상처는 어디에서 왔는가, 또 왜 나는 그러한 상황을 제대로 극복하지 못하고 있는가 등, 상처와 관련이 된다고 생각하는 모든 요소들을 스스로 분석하면서 자신을 되돌아볼 필요가 있다.

자신에 대한 분석을 위해서는 정신분석학적인 기본 지식을 가지고 있으면 훨씬 편리하다. 자신의 자아이상의 핵심은 무엇이며 또 이의 실현을 억제하는 초자아적 요소는 무엇인가만 살펴보아도 상처의 본질을 스스로 밝혀내기 쉬워진다. 소위 정신치료에서 정신분석학의 이론들을 소개하고 그 틀 속에서 자신의 상처가 무엇 때문에 생긴 것인가를 스스로 알게 하는 것도 바로 이러한 이유 때문이다.

우리는 평소에 거울에 자신의 외모만을 비추어 본다. 그러나 항상 거울 앞에 설 때는 자신의 내면에 있는 감정의 동적 양상이 무엇인가라는 의문을 가지고 마음까지를 비춰봐야 한다. 이러한 태도는 문제가 발생한 후 이를 수습하기 보다는 미리 문제 발생의 요소를 없애주는데 매우 중요한 역할을 하기 때문이다. 또한 잠들기 전 그날 자신의 행동을 반추하면서 무엇이 문제였으며, 무엇이 만족한 일이었는가를 매일 분석해 보는 일도 마음의 상처를 미연에 방지하는 좋은 방법이 될 수 있다.

2) 완전성 추구로부터 탈피

인간은 모든 면에서 언제나 최고의 만족을 요구하고 있다. 그러나 앞서 수차례 언급한 대로 인간은 원초적으로 비자족성을 가지고 있으며 나아가서 문명 속에서 삶을 위해 자아이상의 만족을 억제해야만 하는 운명을 가지고 있다. 그런데 이러한 자아이상의 욕구가 현실에서 억제될 때 우리는 슬픔과 상처를 경험하게 된다. 자아이상이란 그 욕구를 포기하지 않으려는 경향이 있기 때문이다.

그럼에도 불구하고 다시 한 번 마음을 가다듬고 생각해보면 자아이상은 모두 현실에서 이루어질 수 없다는 사실을 깨닫게 된다. 그렇다면 자아이상이 실현되지 못한 것에 대한 상처를 조금은 누그러뜨릴 수 있을 것이다. 우리는 꿈을 향해 달린다. 그러나 이 세상에 어느 누구도 자신의 꿈들을 모두 실현한 사람은 없다. 이러한 사실을 받아들인다면 모든 것에 완전성을 추구하려는 욕망 그 자체가 비현실적임을 느끼게 된다. 이는 대충 살자는 의미가 결코 아니다. 다만 인간이 가지는 본질적인 한계를 인식할 필요가 있다는 것이다. 우리의 한계를 인식하는 일이야말로 삶 속에서 얻어진 상처를 극복하는 원동력이 될 수 있다.

3) 승화와 자기 위안 그리고 감정의 발산

이미 예술의 정신분석학적 입장에서 논의하였듯이 우리들의 슬픔은 승화 혹은 자기 위안을 통해 일부 해결될 수 있다. 승화는 어느 한 부분에서 얻어진 상처를 다른 부분의 성공을 통해 일부 해소하므로 보상Reparation적 의미를 가지고 있다. 또한 현실적인 고통을 문명이 고상하다고 인정하는 가치를 통해 극복할 수 있다는 의미도 내포하고 있다. 또한 종교적으로 초인적인 신의 힘을 통해 현실의 고통을 벗어나는 것도 승화의 한 측면이라고 볼 수 있다.

비판 이론가의 중심에 서 있는 마르쿠제는 『사랑과 문명*Eros and Civilization*』에서 "육체적 사랑의 정신적 사랑으로의 전환Transformation of Sexuality into Eros"을 강조하고 있다.[2] 그에 따르면 이 사회의 복잡한 갈등 그리고 이로 인해 야기되는 상처들은 육체적 사랑에 기인한 것이 많으므로 이를 정신적 사랑으로 승화시킬 필요가 있다는 것이다. 물론 모든 슬픔이 승화로 완전히 해결된다고 볼 수는 없다. 그러나 승화를 통한 보상 심리의 작동은 우리의 상처를 일부나마 해소시켜 준다는 사실을 부인할 수는 없을 것이다.

요즈음 널리 소개되고 있는 명상도 크게 보면 승화의 한 방법이다. 명상이란 말 그대로 현실 속에서 얻게 되는 마음의 상태를 비우고 순수한 상태로 돌리는 작업이기 때문이다. 명상의 구체적인 방법은 다양하게

2 Herbert Marcuse, *Eros and Civilization* (Boston: Beacon Press, 1966), pp.197~221, 참조.

논의될 수 있다. 그러나 그 핵심은 눈을 감고 조용히 자신의 원 모습을 그리며 원래의 마음, 그 순수성으로 돌아가려는 노력을 함으로써 현실의 상처를 해소시킨다는 논리이다. 마음을 비운다는 일은 결코 쉬운 일은 아니다. 그러나 명상을 반복하다보면 그러한 경지에 도달할 수도 있을 것이다.

승화가 아니더라도 우리는 우리 자신을 사랑함으로써 상처를 극복하거나 해소할 수 있다. 못난 나를 사랑하고 성공하지 못한 나도 사랑할 필요가 있다. 만약 그렇지 않는다면 우리는 죽을 수밖에 없다. 그런데 우리는 우리 내부에 있는 자아도취의 본능을 통해 현실적으로 추하다고 인정되는 것까지를 사랑할 수 있는 힘을 가지고 있기에 슬픔을 기쁨으로 변환시킬 수 있다.

슬픔까지를 사랑한다는 것은 얼핏 어려운 일로 느껴질 수 있다. 그런데 슬플 때 참지만 말고 차라리 한없이 울어버리기라도 한다면 우리는 마음이 시원함을 느끼게 된다. 이는 바로 우리 자신의 감정을 숨김없이 발산함으로써 얻어지는 시원함이다. 즉 카타르시스인 것이다. 우리는 눈물을 흘리면서 인간의 원초적인 한계를 인지하기도 하고, 또 그렇기 때문에 못난 자신을 사랑하게 되는 마음이 싹트게 된다. 이런 이유로 정화는 자아도취의 의미까지를 동반하고 있다.

동양 속담에는 "일소일소 일노일노一笑一少 一怒一老"란 말이 있다. 한 번 웃으면 한 번 젊어지고, 한 번 화내면 한 번 늙어진다는 말이다. 그런데 정신분석학적으로 보면 일소일소는 의미가 있지만 일노일노는 맞지 않다. 한번 웃으면 거짓이라 하더라도 뇌가 기쁜 일이 있는 줄 알고 즐거움을 주는 신경전달물질을 배출하므로 진짜로 즐거워진다는 연구는 이미 널리 알려져 있다. 웃음치료라는 것은 바로 이러한 원리에 기초한 것이다. 그런데 화가 나더라도 늙지 않으려고 참기만 하면 오히려 병이 된다. 따라서 화가 나면 화를 내야 오히려 스트레스가 풀어지고 젊어진다. 다만 성냄이 너무 과하면 문명의 제약을 받을 수 있지만 그렇지 않은 범위 내에서 감정의 표출은 스트레스를 방지하는 데 큰 도움을 준다.

4) 환상과 나만의 오솔길

자아이상은 현실에서 그 꿈을 이룩하지 못하면 환상을 통해서라도 이룩하려는 욕구를 가지고 있다는 점은 이미 설명한 바 있다. 만약 인간에게 환상이 없다면 너무나 슬플 것이다. 자아이상의 탈출구가 전부 막혀버리기 때문이다. 그런데 다행히 우리에게는 환상을 할 수 있는 힘이 있어서 이를 통해 현실의 슬픔을 일부라도 해소할 수 있는 길이 있다. 물론 슬픔의 해소라는 측면에서 너무나 현실과 동떨어진 생각에만 머물게 되면 망상Delusion이라는 늪에 빠져 오히려 우리의 정신 상태를 비정상으로 몰아가게 하는 원인을 제공하기도 한다.

따라서 여기에서 환상을 통한 해소라는 점은 매우 제한적이면서 광범위한 양면적 의미를 가지고 있다. 광범위한 측면에서 보면 혼자 즐길 수 있는 취미를 가진 것도 현실과 동떨어진 자신만의 오솔길을 만드는 일이다. 취미가 별로 없는 사람들은 언제나 현실의 문제와 잠시도 떨어져 있는 순간을 맞이하기 어렵다. 그런데 취미가 있으면 괴로울 때 현실을 떠나 그 속으로 들어감으로써 잠시나마 현실의 슬픔을 이겨 낼 수 있기 때문이다. 현실의 슬픔을 극복한다는 것은 당연히 현실의 상처를 치유한다는 의미를 포함하고 있다.

제한적인 면에서 보면 현실에서 전혀 실현이 불가능한 생각이 아니라, 지금은 어렵지만 언젠가는 노력을 통해 얻어질 수 있다고 하는 상황을 환상을 통해 미리 경험하는 것을 말한다. 예를 들면 지금은 초라한 집에서 살고 있을 지라도 나중에 때가되면 지을 수 있는 집을 마음속으로 그리고, 그 속에서 만족감을 얻고 현실의 슬픔을 이겨내는 경우도 이에 속한다. 한마디로 꿈을 꾸면서 자신만의 상상의 오솔길을 만들어 가끔씩 이라도 그 길을 걷게 되면 현실의 상처가 일부라도 해소될 수 있다.

제9장

서예의 원리와 심리 치유

나는 만 5세부터 지금까지 65년 간 서예 공부를 하면서 항상 몇 가지 질문들을 머리에 가지고 이를 풀어보려는 노력을 하였다. 그 질문들은 크게 4가지로 요약할 수 있다. 첫째는 대대로 내려온 필법의 핵심 원리는 무엇인가? 둘째로는 서예의 예술성은 어떻게 설명해야 하는 것인가? 셋째로는 2000년 동양 서예사書藝史에서 형성된 서파書派와 명필들의 다양한 서풍書風들은 미적으로 어떻게 이해할 수 있는가? 넷째로 서예를 정신 예술이라고 말하고 있는데 심리 치유를 위한 방안으로 서예는 어떤 의미를 가지고 있는가?

나는 회갑을 맞은 2010년에 출판한 『서의 미학』을 통해서 상기 4개의 질문 중 세 가지에 대해 나름의 답을 발표한 바 있다. 그리고 정신분석학을 공부하는 사람으로서 언젠가는 마지막 질문의 답도 정리해 보려는 마음을 가지고 있었다. 따라서 이번에는 이 글을 처음 대하는 사람들을 위하여 먼저 이미 발표한 내용들을 간추리고, 마지막으로 4번째 질문에 대한 답을 나름대로 기술해 보려고 한다.

1. 서예의 의미

서예는 정신 수양을 위한 도구인가 아니면 문자의 예술적 표현을 위한 것인가? 깊게 살펴보면 지난 2000년의 역사 속에서 서예는 이 두 가지 요소들을 동시에 내포하면서 전승되어 왔다. 다만 어떤 이들은 도道적인 요소를 보다 강조하고, 어떤 이들은 예술적 의미를 더욱 강조하였다고 할 수 있다. 이러한 점을 염두에 두고 서예가 강조하는 가장 기본적인 개념들에 대한 의미를 살펴보려고 한다.

1) 서의 개념과 자형의 변화

우리나라에서는 서예라는 이름이 친숙하다. 그런데 중국에서는 서법書法이라고 하고 일본에서는 서도書道라는 용어를 쓴다. 사실 이러한 용어들은 서라는 개념에서 유래한 것이다. 한자에는 서書와 자字라는 글자가 있다. 서는 "쓴다"는 의미를 내포하고 있으며, 자는 말 그대로 문자 자체를 의미한다. 고대인들은 인간이 다른 동물들과 다른 가장 큰 이유 중에 하나는 문자를 가지고 있다는 것으로 생각했다. 때문에 문자를 숭상하고 이를 쓴다는 데에도 많은 의미를 부여하였던 것 같다. 쓴다는 것과 "그린다"는 것 사이에는 중요한 차이가 있다. 즉 쓴다는 것은 어떤 도구를 사용하든지 한 번에 획을 만드는 일이며, 그린다는 의미는 특정 도구로 여러 번에 걸쳐서 어느 형상을 묘사하는 것을 말한다.

글자를 쓰는 법에 대한 기본 이론을 창안한 후한後漢의 채옹蔡邕: 132-192

은 서는 자연에서 비롯되었음을 전제하고 "필세가 몰아올 때는 지체하지 말고 필세가 몰아갈 때에도 머뭇거려서는 안된다"[1]고 했다. 이는 쓴다는 의미를 잘 설명해 주고 있다. 그가 이러한 말을 할 때에는 이미 종이가 발명되고, 이에 따라 원통의 모필毛筆이 형성된 이후이다. 그 이전에는 바로 비문에 글자를 새기거나, 목간木簡이나 죽간竹簡에서 나타나듯이 대나무나 칡덩굴의 끝을 잘게 쪼개서 나무나 대 조각에 표기하였다.

종이가 발명되기 전 동양 특히 중국의 상형문자는 몇 가지의 형태로 변화여 왔다. 우리는 은나라 이전의 문자를 일반적으로 고문古文이라 하고, 이후 진秦나라까지 유행한 문자의 꼴을 전서篆書 그리고 진나라 후반부터 한漢나라에서 유행한 꼴을 예서隸書라고 한다. 그리고 종이가 발명되자 해서楷書와 행서行書 그리고 초서草書의 꼴이 정착되었다. 고문은 원시적인 문자를 말하며 전서는 쉽게 표현하면 도장 팔 때 주로 사용된 구불구불한 문자를 말한다. 그리고 예서는 문자 그대로 노예 혹은 서민들도 알기 쉽게 그 이전 전서를 간편하게 줄여서 표현한 문자이다. 그럼에도 불구하고 흔히 예隸자를 예술 예藝로 혼동하여 예술적인 꼴로 이해하는 사람들도 있다. 그리고 종이가 발명된 후 정착이 된 한자의 기본 꼴은 해서로서 모범이 되는 꼴이라는 의미이다. 행서는 가는 것처럼 쓴 것이니 우리말로는 반 흘림체이다. 또한 초서는 많이 흘려 쓰다 보니 획이 풀잎처럼 보여서 풀 초자를 쓰는데, 우리말로는 진 흘림체라고 할 수 있다.

여기에서 한 가지 집고 넘어갈 일은 한자의 체體라는 의미이다. 우리는

---

1 馮武 편, 『書法正傳』 上(臺灣: 臺灣商務印書館, 중화민국 45년), p.80. 본문: "...故曰, 勢來不可止 勢去不可遏..." 김용신, 『서의 미학』, p.24.

흔히 앞서 논의한 5가지 문자의 꼴을 전서체, 예서체, 해서체, 행서체 그리고 초서체라 부른다. 그런데 어떤 명필의 특정한 서풍을 그 사람의 이름이나 호를 붙여 또 체라고 부른다. 예를 들면 왕희지체王羲之體, 추사체秋史體 등이 바로 이러한 예이다. 따라서 문자의 꼴에 부친 체라는 말은 형태라는 말이며 뒤에 특정 서풍에 부치는 체라는 말은 서풍 즉 스타일Style을 의미한다. 따라서 서예에 체라는 말은 두 가지의 의미가 있다는 것을 이해할 필요가 있다.

한마디로 동양철학의 핵심은 과거를 숭상하는 상고주의尙古主義에 있기에 지금까지도 전서와 예서를 경우에 따라 사용하고 있다. 여기에서 주의할 점은 전서와 예서에 있어서는 쓰는 법이 확실히 정제되지 못했다는 사실이다. 이때에는 쓴다는 일에 대한 정신적 의미만을 강조하였다고 할 수 있다. 구체적으로 필법은 오직 종이가 발명되고 원통의 모필毛筆이 형성된 이후 해서를 통해 완성되었다. 그런데 전서와 예서를 쓰는 것도 서예의 장르에 포함시키게 된 것은 청나라 고증학파의 노력에 기인한다. 이들을 통해 발굴된 진 및 한나라의 다양한 비문들은 전서와 예서에 대한 조형미를 새롭게 논의하게 함으로써, 서예가들을 통해 해서에서 형성된 모필의 필법을 활용하여 이를 써보려는 노력이 이루어졌기 때문이다.[2]

2) 서의 핵심 개념인 필력

상기 설명한 서의 개념에 따라 쓴다는 의미는 더욱 구체적인 방법을 연구하게 했는데 그 핵심에는 필력筆力이라는 개념이 있다. 필력은 말

2 김용신, 『서의 미학』, pp.41~62, 참조.

그대로 하면 '붓의 힘'이지만 실제로는 '붓으로 쓴 획의 힘'을 말한다. 옛날 사람들은 쓴다는 의미에 단순한 기록으로서의 의미를 넘어서 쓰는 사람의 정신까지를 표현해야 된다고 믿었다. 힘과 정신은 생명의 원천이다. 이런 의미에서 문자 자체를 의인화하여 그 속에 생명력을 불어넣으려는 시도를 하게 되었다. 따라서 필력은 획 혹은 글자 속에 내재된 생명력을 의미한다고 할 수 있다.

그러면 어떻게 한 획 혹은 문자 속에 생명력을 불어넣으면서 쓸 수 있는가? 이러한 질문으로부터 출발한 것이 소위 필법을 별도로 연구하고 논의하게 된 기본 이유이다. 이에 따라 처음으로 채옹이 해서의 획을 8가지로 분류하고 각 획을 쓰는 법을 나름대로 창안하였다. 그런데 그 기본이 되는 것은 쓰는 자세에 있다. 마음을 청결히 하고 붓을 매우 세게 잡고 온 몸으로 운필해야 한다는 것이 그 핵심이다. 그 뒤 필법은 다양하게 연구되었지만 적어도 필력의 개념을 의식한다면 상기 기본 자세만은 아직도 필력을 행사하는 가장 중요한 요소로 지켜지고 있다.

이러한 원리를 지키려면 서서 써야 한다. 앉아서 쓰면 온몸의 힘이 엉덩이 쪽에 집중됨으로 붓 끝에 힘을 집중시키기 어렵다. 그리고 큰 글자를 쓸 때에는 거의 걸어가면서 써야할 때도 있는데 앉아서 쓴다면 아주 큰 글씨를 쓸 수 없게 될 것이다. 다만 우리나라의 경우 조선시대 온돌이 발달되어 방에 정좌하여 쓰는 방법이 일반화되었으나 엄격히 말하면 이러한 자세는 필력을 행사하는 데 한계가 있다. 온몸의 힘을 붓 끝에 집중시키기 위해서는 극단적으로 표현하면 붓 끝에 힘을 주고 마치 물구나무를 서듯이 운필해야 함을 말한다. 그리고 손이나 팔목을 움직여서 쓰면 손목이나 팔의 힘만이 붓 끝에 전달된다. 온몸을 움직여 운필하라는 말은 바로 이 때문이다.

그간 여러 가지로 논의된 집필법과 운필법은 다 이러한 원리를 기본으로 하고 있다. 만약 이러한 원리를 배척한 집필법과 운필법이 있다면 이는 서의 핵심 개념인 필법의 본질을 외면한 방법이라고 할 수밖에 없다. 서예가 정신 예술로서 서양의 조형미술의 장르에서 이해될 수 없는 가장 큰 요소는 바로 필력이다. 조형미술은 단순히 선과 공간의 적절한 조화에 초점이 있다. 그런데 서예는 선과 공간의 조화 이전에 생명력을 가직 획을 요구하고 있다. 즉 필력을 요구한다는 것이다. 아무리 조형적으로 조화를 이루더라도 획에 생명력이 보이지 않는다면 이는 서의 본질을 외면한 것이다. 그런데 힘의 의미를 가진 획들을 행사하면 선과 공간의 조화를 위한 변수가 하나가 더 늘어나기 때문에 보다 고차원적인 조화를 이룰 수 있다. 어떤 획은 약하게 그리고 어떤 획은 강하게 보이게 표현함으로써 2차원의 평면에 3차원의 생명력을 보다 효과적으로 표현할 수 있다.

그러면 실제로 어떤 획이 살아 움직이게 보이는가? 그것은 무엇보다도 입체감이 있어야 한다. 모든 생명은 3차원의 입체성을 가지고 있기 때문이다. 그리고 어떤 획이 힘이 있게 보이는가? 그것은 쉽게 말하면 획이 가지는 탄성의 마지막 한계에 다다른 것처럼 보여야 한다는 것이다. 획이 더 이상 늘어날 것 같이 안보이면 강한 힘을 느끼게 되기 때문이다.

이러한 필력을 행사하기 위해서는 기본적으로 몇 가지 원리들이 필요하다. 첫째로는 '역입회출逆入回出' 혹은 '역입도출逆入倒出'의 법칙을 지켜야 한다. 이는 붓이 처음 운필하려고 하는 방향의 반대로 약간 갔다가 다시 그 방향으로 가고, 획을 그칠 때에도 마지막 마무리를 하고 다시 왔던 방향으로 붓을 돌려 나가는 것을 말한다. 막 시작하고 바로 끝내면 첫 부분과 마지막 부분에 몸의 힘이 전달되지 않은 힘 없는 먹칠만 된 부분이 남기 때문이다. 이는 마치 태권도 선수가 격파를 할 때 먼저 몸에 힘을 집중시키는 준비 동작을 하고 격파 후에도 몸을 푸는 동작을 하는 것과 같은 이치에 따른 것이다. 채옹이 "붓 내리는 형적을 감추어 주고, 붓 그칠 때의 형적을 감싸주면 힘은 자 속에 들게 되고…"[3]라고 말한 이유는 바로 이 때문이다. 또한 한 획을 구사할 때는 호흡도 조정해야 한다. 즉 한 숨으로 한 획을 구사해야 한다. 물론 오랜 연습을 한 후라면 역입회출 없이도 온몸의 힘을 획에 집중시키는 능력이 배양될 수 있다.

둘째로는 중봉中鋒을 하고 운필을 해야 한다. 중봉이란 운필 시 붓털의 결이 가려고하는 획의 방향과 나란히 되는 것을 말한다. 붓털의 결대로 운필하면 획에 입체감이 나타나다. 그렇지 않고 붓털이 씻기어 운필되면 면적의 의미만 느껴지고 부피의 의미가 나타나지 않는다. 중봉을 하고 쓴 획은 통획筒畫 그리고 그렇지 않은 획을 편획偏畫이라고 한 이유는 바로 여기에 있다. 2차원의 지면에 3차원의 생명력을 묘사하려면 중봉으로 운필하는 것이 필수적이다. 원통의 모필이 서예의 필기도구로 정착된 것도 바로 이러한 중봉과 통획을 구사하기 위한 것이라고 이해할 수 있다. 물론 고점자가 되면 가끔씩 편획을 행사할 수 있다. 쓰여 진 글자나 문장 전체에 입체와 평면의 의미를 적절히 사용함으로써 보다 고차원적인 생명력의 조화미를 이룰 수도 있기 때문이다. 그러나 초심자

---

3 馮武 편, 『書法正傳』, p.80. 원문: "…藏頭護尾 力在字中…" 김용신, 『서의 미학』, p.24.

는 무조건 중봉 운필을 연습해야 한다.

셋째로는 붓이 언제나 지면과 수직을 이루면서 움직이는 운필을 해야 한다. 특히 붓을 사선으로 노이게 하고 끌어가면서 운필하면 몸의 힘이 획에 나타나기 어렵다. 특히 행서나 초서를 쓸 경우 붓대를 마음대로 눕혀서 쓰는 경우가 허다한데 이는 필력을 가로막는 가장 큰 잘못이다. 수직이 아니라면 차라리 붓을 밀면서 운필하는 것이 끌면서 운필하는 것보다 힘의 전달도가 더 높다. 무엇을 끌어당길 때에는 나에게 힘이 집중된다. 그러나 밀 때에는 그 물건에 나의 힘이 집중되기 때문일 것이다.

실제로 이러한 필력의 의미를 충분히 이해할 때 우리는 서의 본질을 제대로 파악할 수 있다. 동양의 서예는 글씨를 붓으로 단순히 쓰는 것이 아니다. 또한 선과 공간의 조화만을 추구하는 것도 아니다. 그 핵심은 바로 생명력이 있는 획을 구사하는데 있다. 따라서 동양의 서예는 조형미술의 장르에 병합될 수 없는 독특한 나름의 원리를 가지고 있다. 그리고 생명력이 부과된 획을 구사하는 운필법 속에는 정신의 집중과 호흡조절을 통한 자기 수양적 요소들을 다분히 가지고 있다. 이런 점에서 우리는 서예를 특별히 정신예술이라고 칭하는 것이다.

2. 동양 서예의 서파 이해

지난 2000년간의 서예사에서는 수많은 명필들의 독특한 서풍들이 전개되어 왔다. 그런데 그 근원은 운필과 결구에서 서로 상반된 입장을 취하고 있는 위진남북조시대에 형성된 북파와 남파에 있다고 해도 과언은 아니다. 이 문제는 앞서 추사 김정희의 서체를 분석하면서 일부 설명하였다. 따라서 이번에는 서파의 형성에 대한 논의는 간략하게 설명하고, 시대에 따라 독특한 서풍을 창안한 중요 명필들의 서풍들을 서파의 계승과 흐름이라는 차원에서 설명하려고 한다.

1) 서파의 형성과 구별에 대한 이론

서파에 대한 최초의 연구는 원나라 조맹견에서 출발하여 청나라 완원이 북비남첩론이라는 글을 통해 보다 구체적으로 규명하였다는 점은 이미 밝힌 바 있다. 이러한 서파 출현의 배경을 좀 더 자세히 살펴보면 원래 서법이 형성되기 시작했던 한나라 말경에는 종이의 발명에 따라 예서가 해서와 행서 그리고 초서의 꼴로 변모하던 시기였다. 따라서 주로 예서의 문자 꼴에 근거한 결구법이 많이 고려되었고, 원통의 모필로 쓰지 않았던 비문의 획이 가지는 성질에 따라 그 운필법이 창안되었다. 이는 바로 북파적 요소의 특징인 방필과 배적 결구가 기본으로 사용되었다는 말이다. 그런데 이때는 서파라는 개념 자체가 존재하지 않았으며 후일 이와 상대적인 서법이 개발되자 이를 북파라고 부르게 되었다. 그러니 굳이 따지자면 북파가 서법의 원조라고 볼 수 있다.

이에 대응하여 개발된 남파는 크게 두 가지의 이유에 근거하고 있다. 그 하나는 남쪽 지방에서 비문의 건립에 대한 규제이며, 비교적 풍요로운 경제적 상황이라고 할 수 있다. 위魏나라 조조曹操, 155~220는 비를 세우는 일을 금하였고, 서진西晉을 세운 무제武帝, 司馬炎, 236 혹은 237~290도 비는 개인적인 업적을 과대하게 표시하므로 역사를 왜곡시킬 수 있다는 점에서 입비立碑를 규제하였다.[4] 이러한 역사적 배경에 따라 비문을 접할 기회가 적어진 남쪽에서는 주로 선인들이 종이에 쓴 필체를 보고 서법을 개발하였다. 또한 남쪽은 양자강 이남의 농사기법이 발달되어 북쪽에 비해 비교적 경제적으로 풍요하였기에 종이의 사용도 가능하고 또 낭만적인 감성이 보다 발달되어 있었다. 남파가 부드럽고 원형의 미를 추구하는 쪽으로 전개 된 이유로 바로 이 때문일 것이다. 이러한 까닭에 북파와 비교하여 보면 운필은 원필 그리고 결구는 향적 의미를 많이 띠게 되었다.

이렇게 보면 북파가 서법의 원조이며 그 대항으로서 남파가 탄생하였다고 할 수 있다. 이러한 북파와 남파는 처음에는 지역에 따른 서법과 서풍의 차이로부터 출발된 것임에는 이의가 없다. 그런데 위진남북조시대를 거치면서 수隋나라와 당唐나라에 이르기까지 서파는 이제 지역의 구별을 떠나 문호門戶를 중심으로 계승 발전되었다. 북쪽에 살아도 남파적 글씨를 쓰는 서가書家: 서예가가 있었으며, 남쪽에 살아도 북파를 따르는 서가들이 생겨나게 되었다는 것이다. 그리고 이러한 양파의 특징들은 당나라에 와서 보다 명백하게 정리되었다고 보면 크게 틀리지 않을 것이다.

완원의 북비남첩론에 따르면 지역과 문호에 따른 남북 양파를 아래와 같이 구분하고 있다.[5] 위진남북조시대부터 수나라까지 북파 지역은 조趙, 연燕, 위魏, 주周, 수隋이며, 남파 지역은 동진東晉, 송宋, 제齊, 양梁, 진陳 나라이다. 그리고 당나라에 이르기까지 문호 혹은 작가별로 보면

---

4 麥華三, "中國書藝史," 김응현 번역, 동방연서회 편 『동방서예강좌』 제5권 (서울: 동방연서회, 1971), p.29. 김용신 『서의 미학』, p.101.

5 韓非木, 高雲塍 편저, 『字學及書法』 (臺灣: 臺灣中華書局, 중화민국 46년), pp.51~52. 최완수 번역, 김정희 저, 『秋史集』, p.69. 劉熙載, 『書概』 (서울 운림필방, 1977), p.93. 김용신, 『서의 미학』, p.103.

북파는 종요鍾繇, 위관衛瓘, 삭정索靖, 최열崔悅, 노심盧諶, 고주高遵, 심복沈馥, 요원표姚元標, 조문심趙文深, 정도호丁道護 그리고 당나라 구양순歐陽詢과 저수량褚遂良으로 이어진다. 또한 남파는 종요鍾繇, 위관衛瓘, 왕희지王羲之, 왕헌지王獻之, 왕승건王僧虔, 왕지영王智永에서 당나라 우세남虞世南으로 이어진다. 후한의 종요와 위나라의 위관이 남북 양파의 선두에 공히 있는 이유는 남북 양파의 근원을 찾아 올라가면 결국에는 이 두 사람의 서법으로 연결된다는 것으로 이해된다.

북파가 딱딱하고 각이 진 특징들을 가졌다면 남파는 보다 부드럽고 자유스러운 꼴을 하고 있는 이유는 남파가 북파의 대응적 입장에서 개발되었기 때문이라고도 할 수 있다. 이 말은 북파는 보수적이며 남파는 보다 혁신적 의미를 가진다는 말로 바꾸어 말할 수 있다. 실제로 당나라 이후 모든 서풍들은 그 근원을 찾아가면 위진남북조시대 형성된 북파 혹은 남파 중 어느 한 곳으로 귀속한다고 분석할 수 있다. 당나라 이후 중국의 서풍은 보수와 혁신의 반복적 흐름을 통해 전개되어 왔다고 보는 이유는 시대에 따라 북파 혹은 남파적 요소가 강조되어 왔음을 의미한다.

그런데 여기에 한 가지 주목할 점은 같은 북파적 색채를 가지더라도 수많은 창조적 변화를 통해 자신만의 서풍을 만들 수 있고 또 남파도 마찬가지라는 점이다. 다만 그 운필과 결구에서 앞서 제시한 4가지 요소들을 기준으로 할 때 본질적으로 북파는 방필과 배적 결구 그리고 남파는 원필과 향적 결구를 즐겨할 뿐이다. 물론 이 4가지 요소를 적절히 가미한 서가들도 있다. 그런데 이 경우는 자칫 글씨에 특색이 없어질 수 있어 창조성이 떨어지고 나아가 공감도도 낮아질 수 있다.

2) 서파의 계승과 다양한 서풍들

앞선 문호별 남북 양파 구별에서 보았듯이 왕희지는 종요와 위관의 서법으로부터 많은 것을 배운 사람이다. 그런데 위 두 서가들은 북파에게도 절대적 영향을 미쳤다. 그렇다면 우리는 왕희지를 남파의 시조라고 볼 수 있다. 그런데 동진 사람인 왕희지307~365의 서체는 70%는 북파적 요소를 가지고 있고 오직 30%만의 남파적 요소를 가지고 있다. 이는 북파가 주류를 이루고 있던 때 최초로 남파적 요소를 비록 30%이지만 표현했다는 점에서 이를 남파의 시조라고 부를 수 있다는 점을 암시하고 있다. 우리는 흔히 왕희지를 서성書聖이라고 칭한다. 이는 양립되기 어려운 남북 양파의 의미들을 교묘하게 섞어서 새로운 경지를 개척했기 때문이다. 그런데 한편으로 서예계에서는 왕희지를 따라하다 보면 자신의 창조성을 발휘하기 어렵다고 말하기도 한다. 자칫 모든 요소들을 포함하면 특징 없는 잡스러운 모습으로 저락할 수도 있기 때문이다.

당나라에 와서 북파를 계승한 구양순557~641도 왕희지의 영향을 받았다. 그런데 그는 왕희지체가 내포하고 있는 70%의 북파적 요소를 해서에서 100%로 개발하여 표현하였다. 따라서 우리는 그를 북파적인 해서의 모범을 제시한 서가라고 칭하고 있다. 서예를 처음 시작할 때 구양순의 대표작인 "구성궁예천명九成宮禮泉銘"부터 배우는 이유는 바로 북파의 기본 원리를 배우기 위함이다. 구양순은 운필에서는 삐치는 획의 마지막 부분은 모아져 있지만 주로 방필로 운필하며 문자의 외형은 배가 되도록 구성한다. 특히 그는 횡획의 오른쪽을 보다 위로 올려 씀으로써 글자의 중심이 왼쪽으로 오게 하다 보니 글자 전체가 비틀어진 사다리꼴을 취하고 있다.[6]

이러한 구양순의 북파적 서풍은 당나라 후기 손과정孫過庭, 648~703과 안진경顏眞卿, 709~785에 의해 큰 도전을 받게 된다. 손과정은 주로 초서를 쓰는 사람인데 여기에서 분명히 원필과 향적 결구를 독특한 특징으로 잘 표현하고 있다. 그리고 안진경은 해서에서 남파의 특징을 잘 묘사하고 있다. 나는 안진경은 왕희지가 표출한 30%의 남파적 요소를 100%로 확대한 해서의 꼴을 개발한 사람이라고 생각하고 있다. 특히 그는 구양순의 미려한 획의 성질과는 반대의 두껍고 둔탁한 획을 사용하며 외형도 정방형을 취함으로써 대담하고 투박한 해서의 창조미를 구현하였다. 때문에 우리는 안진경을 그 이전 구양순의 보수적 입장에 반기를 든 혁신파로 부르기도 한다. 이러한 특징은 그가 55세 이후의 작품들에서 잘 나타나 있다.[7]

송나라에 와서는 또 한 명의 걸출한 명필이 나타나는데 그는 황정견黃庭堅, 1045~1105이다. 그는 어려서 안진경의 서체를 많이 공부했다고 해서 남파로 분류되기도 한다. 그런데 황정견은 안진경과는 다른 입장에서 서예의 새로운 창조성을 발휘하였다. 그의 특징은 아래와 같이 요약할 수 있다.[8] 그의 획은 거칠지만 매우 활발하다. 그리고 특히 왼쪽으로 삐치는 획을 강조하여 표현하며 횡획의 경우 2–3번에 걸쳐 힘을 새롭게 주어 운필하는 소위 '삼과법三過法'을 창안하기도 하였다. 삼과법이란 한 번에 쉬지 않고 한 획을 운필하면 힘이 부족할 수도 있기 때문에 보다 힘찬 획을 위해 3번 머뭇거려서 힘을 재충전하여 운필한다는 의미를

6 김용신, 『서의 미학』, pp.124~139, 참조.
7 *Ibid.*, pp.140~165, 참조.
8 *Ibid.*, pp.165~179, 참조.

가지고 있다. 그런데 글자의 왼쪽 부분은 주로 안진경의 영향을 받았지만 문자의 오른쪽 부분은 배적 의미를 가지게 표현하는 경우가 많다. 그는 행서가 전공인데 3~4자를 합하여 구양순이 한 자에서 표현한 비틀어진 사다리꼴을 취하게 함으로써 변화무쌍한 감을 주면서도 균형미를 보이고 있다. 황정견의 서풍을 이해하지 않고는 행서의 묘미를 말하지 마라는 말이 있을 정도로 그의 서체는 활발하다.

송나라가 멸망하고 원나라가 성립이 되자 다시 문화 전반에 걸친 복고운동이 전개되었다. 이는 한족이 원나라에 동화되지 않고 그들의 문화를 지키려는 일련의 노력에 따른 것이다. 이 때 나타난 조맹부趙孟頫, 1254~1322는 왕희지의 재현을 부르짖게 된다. 이는 왕희지체에 내재된 70%의 북파적 요소를 강조하자는 말로 이해할 수도 있다. 이러한 뜻으로 그는 왕희지에서 나타난 30%의 향적 구조를 완전히 제거하고 배적 결구로 해서와 행서를 주로 썼는데 마치 부드러운 구양순체를 보는듯하다.[9] 조맹부 서체는 고려 말과 조선초의 서풍에도 큰 영향을 미쳤다. 특히 안평대군의 글씨에는 조맹부의 냄새가 짙게 깔려 있다.

서예에 있어서 복고적 운동은 명明나라 초까지 이어졌다. 그런데 이에 반기를 들고 고법의 전형을 거부한 서예가가 나타났는데 그가 바로 명나라 동기창董其昌, 1555~1636이다. 그는 고법의 강조를 들고 나온 원의 조맹부는 나름의 창조성을 이루지 못하고 구양순의 구조를 벗어나지 못했다고 비판하면서 서예의 새로운 창조성을 주장하기에 이른다. 그런데 그가 말하는 창조성은 남북 양파의 운필법이나 결구에 초점을 맞추기보다는

9 *Ibid.*, pp.179~190, 참조.

정신이나 감성적인 부분에 초점을 둔 혁신이었다. 그는 남종화의 정신을 높게 평가한 서예가로서 전형적인 문자의 꼴보다는 추상성 혹은 상징성에 초점을 두고 문자를 써야 한다고 믿은 것 같다. 나는 그가 말하는 정신의 핵심을 자유와 비판으로 이해하고 있다. 그의 서체를 보면 어디론가 글자가 멀리 떠나려고 하는 모습을 하고 있으며, 오른 쪽 부분을 위로 높이 올려 쓰는 것은 현실에 대한 저항적 의미를 가지고 있다.[10] 다만 남북 서파적 입장에서 보면 그의 획은 남파적 특징도 가지고 있지만 문자의 외형은 북파적 요소를 더 많이 띠고 있다.

청나라에 와서는 고증학자의 노력에 의해 특히 한나라 비문들에 대한 연구가 활발하여졌다는 말은 이미 밝힌 바 있다. 이렇게 비문을 중심으로 서를 연구하는 사람들을 비파라고 불렀는데 이는 말할 것도 없이 다시 북파적 요소가 강조되었음을 의미한다. 그리고 그 선두에는 앞서 논의 한 조선의 김정희가 있었다. 김정희야말로 북파적 입장을 다시 확대 해석하여 나름의 서풍을 창안하였다. 그리고 청나라에선 조지겸趙之謙, 1829~1884이라는 서예가가 나타나 북파적 의미를 강조하면서 나름의 독특한 서풍을 창안하기도 하였다.[11] 그 핵심은 말할 것도 없이 방필과 배적인 결구를 강조하고 있다는 점이다. 그리고 남파는 하소기何紹基, 1799~1873에 의해 계승되었다. 하소기는 원래 비학을 공부하였기에 초창기 예서 등에서는 북파적 냄새가 물씬 나는 글씨를 썼다. 그러나 결국에는 안진경에 근거하면서도 나름의 창조성을 살린 남파적인 행서의 독특한 서풍을 창안하였는데 이는 마치 하늘에서 눈이 내리는 것 같은 상징

10 *Ibid.*, pp.190~202, 참조.
11 *Ibid.*, pp.240~247, 참조.

미를 우리에게 선사하고 있다.[12]

3. 예술로서 서예의 창조 정신

서예가 필력이라는 개념을 통해 정신 예술로서 독자적인 의미를 가지고 있지만 이와 더불어 예술적 창조 정신을 가지고 있다는 점도 부인할 수 없다. 따라서 이번에는 서예가 가지는 미적 창조 정신의 핵심은 무엇인가를 살펴보려고 한다. 그리고 추가하여 소리 문자를 서예로 표기하는 것은 어떤 입장으로 이해할 수 있는가도 함께 살펴볼 것이다.

1) 과거 명필들의 창조 정신

앞서 설명했듯이 2000년 서예사에는 무수한 명필들이 있었으며 각기 나름의 서풍을 창안하려는 노력을 끊임없이 경주해 왔다. 그런데 그 핵심은 서파적 입장에서 보면 남북 양파의 가장 기본이 되는 4가지 요소들에 근거하되 나름의 창조성을 발휘하는 방향이 대세를 이루었다. 어떤 이는 4가지 요소들이 전가보도의 진리도 아닌데 이를 꼭 고려해야 하는가라고 질문 할 수도 있다. 물론 예술의 창조성에 어떤 객관적 기준을 제시한다는 것 자체는 창조적 의미를 폄하하는 결과를 가져올 것이다. 그런데 필자는 오랜 연구 끝에 이러한 4가지 요소들을 무시한 서풍들은 그간 높은 공감도를 얻지 못했다는 것을 발견하였다.

필자의 판단으로는 이 4가지 요소들은 문자의 조형미에 대한 최소한

---

12 *Ibid.*, pp.216~224, 참조.

의 원리이다. 문자란 선과 점으로 구성되어 있기에 그 선을 원통의 모필로 표현하는 데는 가장 기본적으로 방필과 원필이 있다. 그리고 문자가 대체로 정방형의 꼴을 취하고 있는 한 그 외향을 만드는 일은 크게 향과 배적 결구이다. 물론 모든 선을 바르게 구성하는 직법直法도 있을 수는 있을 것이나 너무나 평범한 구조이므로 창조적 공감도를 높이는 데는 일정한 한계가 있을 것이다.

그런데 이러한 4가지 요소들을 기본으로 하더라도 그 창조적 표현은 무궁무진하다. 먼저 필기도구가 원통의 모필이기 때문에 한 선이라 하더라도 두께의 변화를 다양하게 할 수 있다. 또한 선이 가지는 질감도 미려하거나 거친 것을 대표로 수많은 느낌들을 가지도록 표현할 수 있다. 또한 붓에 있는 먹물의 함유량에 따라서도 다양한 질감의 선들을 표현할 수 있다. 그리고 결구에 있어서도 같은 배와 향의 원리를 지킨다 해도 무궁무진한 변화를 가져올 수 있다. 일반적으로 문자는 음양오행이론에 따라 오른쪽을 양이라 칭하기 때문에 오른쪽이 배적 결구면 배라하고 향적 구조면 향이라 부른다. 그렇지만 같은 배 혹은 향이라고 해도 그 정도에 따라 수많은 변화의 꼴을 만들어 낼 수 있다.

따라서 상기 논의한 4가지 요소들을 창조성을 저하시키는 것이라고 볼 수 없다. 회고하면 지금까지 공감도가 매우 높은 창조적 서체를 개발한 명필들의 서풍들은 모두가 근저에는 이 4가지 요소들의 의미를 서파적 입장에서 분석 가능하도록 하고 있다는 점이 이를 입증하고 있다. 이는 서파적 입장에서 분석이 불가능한 표현을 통해서는 설령 그 모습이 매우 창조적이라 하더라도 높은 공감도를 이끌어내지 못한다는 것을 의미하기도 한다.

2) 표음문자의 서예적 의미

한자의 표기가 조형적인 입장에서 예술성을 가지게 된 데는 크게 3가지 요소 때문이다. 첫째 한자의 상형성이다. 따라서 한자의 꼴 속에서는 회화적 의미를 찾을 수 있다. 둘째로 원통의 모필로 인한 표현의 다양상이다. 철필로 표기한 문자들은 그 선에 변화를 주는 일에 한계가 있으므로 다양한 조형미를 구사하기 어렵다. 셋째로는 송나라 이전 한문의 문장구조(특히 한시)는 4언, 혹은 5언 그리고 7언으로 끝나는 대칭미를 가지고 있으므로 표기에서도 대칭적 조형미를 구사할 수 있다.

그런데 표음문자는 상형성과 대칭성을 결여하고 있다. 따라서 다만 붓으로 쓴다는 이유만으로 서예의 장르로 이해할 수 있는가라는 질문이 나올 수밖에 없다. 그런데 따지고 보면 한자도 해서에 이르러서는 거의 부호화되었다. 또한 문장의 구조도 대칭성이 필수적인 요소가 되지는 않는다. 그럼에도 불구하고 서예라는 독특한 장르가 2000년 이상 지속되어 온 것은 앞서 누누이 강조한 필력이라는 독특한 개념 때문이다. 그렇다면 이 세상의 모든 문자를 원통의 모필로 쓰면서 거기에 필력이라는 개념을 추가하면 모두 서예의 장르로 이해될 수 있다는 것이 나의 생각이다. 예를 들면 알파벳Alphabet 문자이든 아랍문자이든 원통의 모필로 쓰면서 필력의 의미를 표현한다면 이는 서예의 장르로 이해할 수 있다는 것이다.

우리나라 한글은 제정 당시 필기도구가 원통의 모필밖에 없었다. 따라서 모필로 표기하면서 몇 가지 서체들이 개발되기도 하였다. 조선시대 궁녀들이 주로 한글을 붓으로 표기한 것을 우리는 궁체라고 부른다. 그런데 당시에는 남파가 유행하였으므로 선의 질감이 남파적 요소를 많이 띠게 되었다. 이후 해방이 되자 한글서예의 정체를 꼭 궁체로 볼 수 있는가라는 의문이 일기 시작했다. 그것은 궁녀들이 애호한 스타일을 우리 민족 모두가 인정하는 표준 서체로 볼 수 없다는 이유 때문이다.

그러다 보니 한글의 원 모습은 훈민정음 목판에 기록된 것으로 보아야 하기 때문에 그러한 꼴이 한글의 정체라는 논의가 이루어졌다. 그래서 이를 훈민정음 목판체라는 의미로 판본체板本體라고 부르고 이를 원통의 붓으로 쓰는 흐름이 나타났다. 또 해방 후 한국서예를 이끈 나의 스승이시기도 한 소전素筌 손재형孫在馨, 1903~1981은 한글에 동그라미가 있다는 점에 유의하여 한자의 전서 꼴로 한글을 쓰는 한글 전서체도 개발하였다. 또한 한나라 예서의 꼴과 흡사하게 한글을 구사하는 서예가들도 나타났다. 나아가서는 역대 동양의 명필들이 구사한 어느 한 서풍을 따라 한글을 표기하려는 움직임도 나타났다.

그런데 가장 중요한 문제는 어느 꼴로 한글을 쓰든 그것을 원통의 모필로 쓰는 한 필력이라는 개념이 상실된 글씨는 서예의 장르로 이해할 수 없다는 점이다. 요즈음 우리 사회에서는 '캘리그래피Calligraphy' 혹은 손 글씨라고 불리는 붓글씨들이 일부 유행하고 있다. 그런데 이러한 시도는 단순히 붓으로 쓴다는 이유만으로 서예의 장르로 이해될 수는 없다. 적어도 서예의 장르로 이해되려면 필력이라는 개념을 포함하고 있어야 한다. 만약 필력의 개념을 상실한 채 선과 공간의 적절한 조화에만 머문다면 이는 조형 미술적 입장에서 이해될 수는 있을 것이다. 그러나 그 이상 서예적인 특정 의미를 부과하기는 어렵다.

3) 생동적 상징주의

나는 60세를 넘어서면서 나의 서예 작품이 지향하는 바를 '생동적 상징주의生動的 象徵主義: Vital Symbolism'라 칭하기로 하였다. 동양의 서예에서는 독특한 창조적 서체에 대해 일반적으로 작가의 호를 따서 아무개체라고 부르고 있다. 그런데 나는 평소에 개인적인 호를 딴 체의 이름보다는 무언가 그 작가의 표현정신을 따서 서양처럼 주의라는 말을 사용하는 것이 보다 의미 있다는 생각을 하여 왔다. 예를 들면 서양 예술사조에서 언급이 되고 있는 자연주의, 사실주의, 표현주의 등은 바로 그 작품이 표현하려고 하는 정신을 함축적으로 나타내고 있기 때문이다.

생동적 상징주의는 크게 두 가지의 표현 정신을 강조하는 용어이다. 그 첫째는 바로 생동성이라는 점이다. 이는 서예의 필력이라는 개념을 강조하는 말이기도 하다. 즉 모든 획 그리고 문자에 생명력을 부과하여 쓰자는 것이다. 만약 이러한 생명력이 결여된다면 서예의 기본 정신이 소멸되고 말 것이다. 안타깝게도 현대에 들어와서 동양의 서예는 우리나라는 물론 중국이나 일본에서도 필력의 개념이 크게 강조되지 않고 있는 것 같다. 이러한 이유로 현대 서예가들의 작품들은 과거 필력을 강조했던 시대 명필들의 작품들보다 공감도가 떨어지고 있음을 느끼기에 매우 안타깝다.

두 번째 정신은 작품 속에 상징적 의미가 있도록 하자는 것이다. 상징성을 표현하는 방법들은 다양하게 설명될 수 있다. 좁게는 각 글자가 가지는 의미와 그 표현에서 느끼는 감정도 어느 정도 일치성이 있게 하는 것이다. 예를 들면 풍風자는 바람처럼 쓰고, 회廻자는 돌아가는 것처럼 쓰고, 암岩자는 바위의 느낌이 들게 쓴다면 공감도가 더 확대될 것이다. 과거 수많은 명필들도 이러한 상징성을 글자에 나타내려고 하였다. 또 넓게는 작품 전체에 흐르는 전체적인 상징성을 표현할 수도 있다. 그 핵심은 슬픈 문장은 슬픈 느낌이 들게 쓰고, 강력한 의지를 나타내는 글귀는 강한 느낌이 들도록 쓴다는 것이다. 예를 들어 즐거운 내용의 문장을 쓰는데 보는 이가 답답함을 느낀다면 이 역시 공감도를 높이기 어려울 것이다.

물론 이러한 상징성을 표현한다고 하더라도 앞서 논의한 서파적 의미를 무시할 수는 없다. 즉 어떠한 상징성을 나타내더라도 모든 글씨에 공히 적용되는 운필법 내지는 결구법이 있어야 한다. 즉 방필과 배적 결구로 혹은 원필과 향적 결구로 상징성을 나타내든지 해야 한다는 것이다. 상징성이라는 이름으로 운필 내지는 결구의 원리를 무분별하게 사용하면 그 공감도가 높아지기 어렵다. 단 한마디 추가하자면 대체로 북파적 서풍은 강력하고 보수적인 느낌을 주고 남파적 표현은 부드럽고 낭만적인 느낌을 준다. 따라서 북파적 운필과 결구를 통하여 부드러운 감성을 나타내는 데는 일련의 한계가 있을 수도 있다. 그러나 보다 차원 높은 창조성이 발현된다면 이 또한 불가능한 일은 아닐 것이다.

4. 심리치료를 위한 서예의 유용성

지금까지 서예의 핵심적인 의미를 살펴보았는데 그 내용은 두 가지로 요약될 수 있다. 하나는 필력이라는 개념이며 다른 하나는 조형적 의미이다. 이는 서예가 자기수양을 위한 정신적 요소와 조형 미술적 의미를 동시에 내포하고 있다는 것이다. 그렇다면 서예야말로 우리의 심리적 상처를 치유하는 좋은 도구가 될 수 있다. 이미 심리치료의 한 방편으로 예술치료라는 논리는 널리 소개되고 있고 의미 있는 효과를 내고 있음도 여러 각도에서 증명되고 있다. 예술치료의 원리는 두말할 것도 없이 앞서 논의한 예술의 역할 때문이다. 그런데 아직까지 서예치료에 대한 논의는 어디에서도 논의되고 있지 않고 있다. 따라서 이번에는 서예가 우리들의 심리적 상처를 치료하는 데 어떤 역할을 하는지 나름대로 설명하려고 한다.

1) 필력 행사를 통한 집중력 제고

서예가 조형미술과 다른 근본 이유는 필력이라는 개념을 가지고 있기 때문이라는 말은 누차 강조한 바 있다. 이러한 필력을 제대로 행사하려면 먼저 글씨를 쓰기 전 마음을 진정시켜야 한다. 그리고 붓을 지면과 수직이 되고 하고 온몸을 움직이는 운필을 해야 한다. 또한 붓대를 힘차게 잡고 온몸의 힘을 붓 끝에 집중시키는 연습을 해야 한다. 나아가 한 획을 그을 때는 숨도 멈춰야 한다.

정신을 집중시키지 않으면 이러한 기본 동작을 제대로 지키기 어렵다. 모든 일을 효율적으로 하려면 정신을 집중해야 함은 두말할 것도 없다. 그런데 정신 집중이 그렇게 쉽게 되는 것은 아니다. 그런데 서예에서는 필력을 행사하기 위한 기본 법칙들을 그대로 따르다보면 자연적으로 정신 집중이 이루어진다. 제대로 필법을 따라 글씨를 쓰면 몇 시간이 순식간에 지나간 이유는 바로 다른 것을 생각할 겨를도 없이 정신이 집중되기 때문이다.

정신을 집중시킨다는 것은 그 순간 다른 일들을 잊는다는 말도 된다.

기분 나쁜 일이 있어도 정신을 집중하여 붓글씨를 쓰면 그 순간은 기분 나쁜 감정이 사라진다. 물론 글씨를 쓴 후에 다시 기분 나쁜 감정이 되살아 날 수 있다. 그런데 우리가 기분이 나쁜 상태로 계속 있는 것보다는 몇 시간이라도 그러한 감정에서 탈피해 보는 것은 자신의 감성을 순화시키는 데 매우 효과적이다. 그리고 일단 잠시라도 마음이 진정이 되면 그 기분 나쁜 감정에 대한 냉정한 판단력이 뒤따르게 되고 이러한 판단을 통해 긍정적 감정을 회복할 수 있게 될 것이다. 정신분석학적으로 말하면 잠시 감정이 진정되면 초자아가 작동하여 현실성을 보다 구체적으로 인식할 수 있다.

2) 표현하려는 글귀가 주는 승화성

서예는 문자 혹은 문장을 원통의 붓으로 표현하는 작업이다. 따라서 모든 서예가들은 평소 자신이 의미 있다고 생각하는 글귀를 쓰려고 한다. 서예에서 쓰려는 글귀는 노래에서 가사와 같은 의미를 내포하고 있다. 이는 붓으로 글자를 표현하는 것 이외에 그 쓰려고 하는 글귀가 가진 의미가 우리를 감동시키기도 한다는 말이다. 그러니 서예가들은 항상 의미 있는 글귀를 대하고 산다. 이 자체가 기쁘고 만족한 감정을 불러일으키는 하나의 원인이 되기도 한다. 경우에 따라서는 자신이 글귀를 지어 쓰기도 한다. 이 경우는 시인의 역할까지 담당하게 된다. 한마디로 서예는 부수적으로 우리 마음의 상처를 감싸줄 수 있는 좋은 문장을 대하는 기회를 제공함으로써 만족감을 가져다준다.

과거 명필들을 보면 대 다수는 다 유명한 시인이며 문장가들이었다. 그래서 서예는 문학과도 떨어질 수 없는 관련성을 가지고 있다. 또한 철학적인 의미의 글귀도 자주 쓰게 되므로 쓰려고 하는 글귀를 통해 사고의 지평을 확대시켜 나갈 수 있는 이점이 있다. 고래로 "무식한 명필이 없다"함은 바로 이를 두고 한 말일 것이다. 사실 동양의 서예는 동양의 역사 그리고 철학 및 문학과 함께 변천하여 왔다. 따라서 서예를 제대로만 공부한다면 문자의 형성에 따른 역사적 사실 그리고 필법의 형성 원리에 따른 철학적 의미를 파악하지 않을 수 없다. 여기에 추가하여 과거 선인들의 훌륭한 문학특히 시 작품까지를 이해하게 된다.

3) 미의 구현을 통한 만족감

모든 예술이 그렇듯 우리는 서예를 통해 문자의 미적 의미를 느낄 수 있다. 이것은 바로 서예라는 예술을 통해 얻어지는 만족감이다. 이러한 만족감은 앞서 예술의 역할을 통해 논의한 바 있다. 글씨를 쓰면서 자신이 표현하려고 하는 의미가 나름대로 잘 될 때 얻어지는 희열은 이루 말할 수 없다. 그리고 그 속에서 우리는 마음의 안정을 가지면서 다른 심리적 상처를 일부나마 씻어낼 수가 있다.

나아가 창조정신을 발휘하여 자신만의 독창적인 문자의 꼴을 구상한다든지 혹은 그러한 시도가 일부나마 호응을 얻게 되면 이 또한 자신에게 기쁨을 주는 원동력이 될 것이다. 창조 정신이 주는 만족감 그리고 성취감이야말로 다른 곳에서 받은 상처를 승화시키는 데 매우 효과적이다. 또한 마음이 산란할 때 붓을 들고 자신의 감정을 그대로 표출하면 일련의 스트레스도 해소됨을 느낀다. 예술을 통한 카타르시스를 맛 볼 수 있다는 것이다.

이러한 예술적 의미의 치유는 크게는 2가지 측면에서 논의될 수 있다.

그 하나는 자신이 직접 특정 예술 장르를 배우고, 전문 작가가 아니더라도 예술 활동을 하는 것이다. 그리고 두 번째는 어느 장르에 대한 기본 지식을 습득한 후 주로 작품 감상을 통해 예술이 주는 만족감을 느끼는 것이다. 서예의 경우 자신이 직접 서예의 원리를 배우고 공부하면 서예가 가지고 있는 정신 치유의 의미를 더욱 실감나게 느낄 수 있을 것이다. 그러나 그렇지 못하더라도 기본적인 서예의 원리와 서파의 의미만 이해해도 과거 명필들의 작품 감상을 통해서 스스로 만족감을 얻을 수 있다. 이러한 일련의 행위들은 모두 우리의 마음을 순화하고 상처를 치유하는 데 중요한 역할을 한다.

4) 나만의 오솔길을 통한 상처 치유

어느 누구나 자신만의 독특한 환상의 세계가 있으면 현실의 고통을 이겨내는 데 매우 편리하다. 여기서 환상이라고 함은 부정적인 망상을 말하는 것이 아니라 지금은 아니더라도 언젠가는 현실에서 이루어 질 수 있는 충분한 가능성이 있어야 한다. 또한 그렇지 못하더라도 자신만의 취미 생활이 있다면 이를 통해 현실의 고통을 해소시킬 수 있을 것이다. 이런 점에서 여기에서 말하는 자신만의 오솔길이란 상상뿐만 아니라 취미생활까지를 포함하고 있다.

넓은 의미로 서예는 하나의 취미일 수 있다. 따라서 현실의 어려움이 있을 때 자신의 취미 생활인 서예의 세계에 들어가 있으면 잠시라도 그 고통에서 벗어날 수 있다. 나는 어려서부터 서예를 스스로 기쁨을 느낄 수 있는 나만의 오솔길로 생각하고 지금까지 계속하고 있다. 현실 속에서 여러 가지의 괴로움들을 느끼지 않고 사는 사람들은 한 명도 없을 것이다. 이 경우 특별한 취미가 있는 사람하고 그렇지 못한 사람 간에는 그 괴로움을 극복하는 데 현격한 차이가 있다. 우울증세가 약간 있다하더라도 취미생활을 즐기면 이를 쉽게 이겨낼 수 있다. 따라서 서예는 하나의 취미로서도 우리의 상처를 치유하는 데 큰 역할을 할 수 있다.

제 3 부

정신분석학과 사회과학

© Yong Shin Kim

정신분석학과 사회과학

정신분석학적 지식이 사회과학 전반에 걸쳐 활용된 지는 꽤 오래되었다. 특히 정치 · 사회문제를 정신분석학적으로 이해하는 소위 정신분석학적 정치 · 사회이론은 1980년 초반부터 미국의 학계에서 하나의 학문 영역으로 자리매김하게 되었다. 특히 메릴랜드 주립대학교 정치학과는 정신분석학적 정치이론을 박사 과정의 세부 전공으로 개설하기도 하였다. 그리고 정신분석학적 정치이론의 1세대 대가들인 제임스 글래스(James Glass)와 프레드 알포드(Fred Alford) 교수가 지도교수 역할을 하였다.

정신분석학적 지식을 사회나 정치 현상 연구에 활용하는 일은 그간 몇몇 학자들의 노력으로 큰 성과를 내기 시작하였다. 조지워싱턴대학교의 제랄드 포스트(Jerrold Post) 교수는 정신과 의사로서 정신분석학적 리더십 연구를 하였고, 캘리포니아 주립대학교 빅토 울펜스타인(E. Victor Wolfenstein) 교수는 사회학자로서 정신분석학 지식을 활용한 혁명적 성격 분석에 관한 연구를 하였다. 그리고 버지니아대학교 바믹 볼칸(Vamick Volkan) 교수 역시 정신과 의사로서 국제정치를 정신분석학적 입장에서 분석하여 왔다. 또한 로체스터대학교 역사학과의 크리스토퍼 래쉬(Christopher Lasch) 교수는 정신분석학적 지식을 활용하여 사회 및 문화 분석에 관한 많은 책을 발간하였다.

나는 상기 학자들의 연구를 바탕으로 그간 정치 및 사회적인 문제들에 대하여 정신분석학적 지식을 활용한 분석을 시도하여 왔다. 따라서 제3부에서는 평소에 내가 관심을 가져온 정신분석학적 정치 및 사회이론에 관련된 몇 가지 주제들에 대한 나름대로의 생각을 정리하려고 한다. 나는 이러한 시도가 후학들에게 정신분석학 지식을 활용하여 다양한 사회과학 분야들을 연구하는데 조금이라도 도움이 되기를 바라고 있다.

제1장

정신분석학으로 본 민주주의와 공산주의

민주주의와 공산주의라는 이념들은 정신분석학적으로 바라볼 때 어떠한 문제점이 있는가? 이러한 질문은 필자가 정신분석학적 정치 및 사회이론을 공부하면서 항상 머리에 담아둔 문제였다. 일반적으로 민주주의 특히 자유민주주의는 자유를 강조하고 공산주의는 평등을 강조한다고 말하고 있다. 따지고 보면 자유와 평등이라는 두 개념은 우리의 자아이상이 꿈꾸는 바이기도 하다. 그런데 이 두 개념들은 양립할 수 없는 것인지, 어느 쪽은 자유를 그리고 어느 쪽은 평등을 강조하고 있다. 이러한 일련의 생각들을 하면서 이번에는 민주주의와 공산주의의 본질을 설명하고 이에 대한 정신분석학적인 의미를 나름대로 찾아보려고 한다.

1. 이념의 정신분석학적 이해

헤겔 철학에 근거한 국제정치이론을 펼치고 있는 일본 출신의 미국

Francis Yoshihiro Fukuyama, 1952~

정치학자인 후쿠야마Francis Yoshihiro Fukuyama, 1952~는 "역사의 종말?*The End of History?*"1이라는 논문을 통하여 이념 대결에서 자유주의 승리는 바로 역사의 마지막 단계일수도 있다는 주장을 제기하여 화제를 모았다. 그는 냉전 종식 이후 역사는 자유민주주의가 대세가 되어 흐르는 것을 보고 이제 이념의 논쟁은 더 이상 존재하지 않을 수도 있다고 했다. 그런데 인간의 무의식에 자아이상이 있는 한 이념의 논쟁은 끊임없이 진행될 수밖에 없다는 것이 나의 생각이다. 그렇다면 이념이란 어떻게 이해될 수 있는가? 이념에 대해서는 이미 제2부, 제5장, "문화의 정신분석학적 이해"에서 설명하였다. 다만 여기에서는 민주주의와 공산주의를 논하기 위한 전제로서 그 의미를 다시 한 번 약술하려고 한다.

1) 이념과 자아이상

이념이란 앞서 언급했듯이 이상적으로 생각하는 견해이다. 따라서 만약 플라톤이나 아리스토텔레스의 입장에서 이념을 바라본다면 이념이란 이성을 통하여 찾을 수 있는 최고의 선이며 진리를 향한 관념으로 이해될 수 있다. 근대 철학에서도 이성을 강조하는 입장에서는 플라톤의 이데아 정신을 이어받아 이념을 규정하고 있다. 예를 들면 칸트의 철학에 있어서는 의지능력으로서 실천이성 자체가 이념이라고 볼 수도 있다.

1 Francis Fukuyama, "The End of History?, *National Interest* (Summer 1989), 참조.

그리고 헤겔의 철학에 있어서는 정반합의 변증법을 통해 도달하는 자유 정신의 실현을 위한 것이 바로 이념이라고 말할 수 있다.

그러나 이데아를 부정하고 보면 이성이란 진리와는 무관한 것이 되고 만다. 그저 인간이 이상적으로 생각하는 것 자체가 이념일 뿐이다. 인간은 태초부터 스스로의 비자족성을 해결하기 위해, 그리고 문명 시대 이후에는 문명의 불만족을 해결하기 위하여 수많은 이상적인 상상들을 해 왔다. 그런데 문제는 그 이상적인 생각이라는 것은 사람에 따라 그 의미가 달라질 수밖에 없다는 점이다. 이 세상에는 수많은 가치들이 있다. 예를 들면 어떤 이들은 자유를 강조할 수도 있고 또 어떤 이들은 평등을 강조할 수도 있다. 그렇다면 인간이 생각할 수 있는 수많은 가치들 중 어느 면을 강조하느냐에 따라 이념의 색채는 달라질 것이다.

정신분석학적으로 보면 인간의 상상은 바로 자아이상의 역할에 따른 것이다. 자아이상이야말로 기쁨을 확대하고 슬픔을 줄이려는 인간의 본질적 욕구이다. 따라서 인간의 비자족성 그리고 문명의 불만족을 해소하려는 생각들이야말로 완전성을 향한 꿈이며 희망으로서 우리 자아이상의 표현이다. 따라서 이념은 바로 자아이상의 표현이라고 해도 과언은 아니다. 그리고 그 자아이상의 표현이 어디에 초점을 두느냐에 따라 이념의 특성은 다르게 표현된다.

2) 이념과 환상

그럼에도 불구하고 자아이상이 가지는 함정이 없는 것은 아니다. 그것은 바로 자신의 이상을 진리로 착각하게 될 수도 있다는 점이다. 특히 자아이상이 현실의 원리를 완전히 부정하게 되면 오직 자신의 이상만이 진리라는 환상을 가져옴으로써 타인의 이상을 부정하고 자신의 이상만을 강조하게 된다. 이 경우 현실의 원리 혹은 타인의 이상은 비진리이기 때문에 진리를 위하여 파괴해야 된다는 생각까지 불러일으키게 된다. 지금까지 역사를 통해 이념의 이름으로 수많은 사람들이 희생되어온 것은 바로 이러한 논리를 잘 설명해 주고 있다. 예를 들면 민주주의도 공산주의도 진리는 아니다. 그런데 우리는 가끔 이러한 이념들을 진리로 착각하여 자신의 이념을 따르지 않는 사람들을 적으로 몰아내고 나아가 비진리의 이름으로 처단하려고 하였던 것이다.

그동안 우리는 이념에 따라 각기 여러 가지의 체제를 확립시켜 왔다. 그런데 제2부 제6장, "예술에 대한 정신분석학적 해석"에서 언급한 페이에라벤드가 말한 것처럼 우리 모두를 만족시킬 수 있는 유일한 이론은 존재하지 않듯이 우리를 모든 면에서 완전히 만족시켜주는 체제는 아직 역사상에는 존재하지 않았다. 따라서 또 더 나은 체제를 위한 새로운 이념들은 끝없이 생성될 수밖에 없다. 인간의 이상을 대변하는 이념이 한곳에 머무르지 않고 시간에 따라 계속 변해가는 것은 바로 이 때문이다.

지금도 우리는 보다 나은 세상을 위해 새로운 이념을 생각하고 있으며 이에 근거한 새로운 체제의 건설을 꿈꾸고 있다. 그렇다면 이념의 새로운 변화 그리고 이에 따른 새로운 체제의 확립을 위한 노력의 과정이 인간의 역사라고 할 수도 있다. 그리고 그 과정에서 자신의 이념만이 진리라는 퇴행적 환상이 존재했던 것도 역사적 사실이었음을 부정할 수 없다.

2. 정신분석학으로 본 민주주의와 선거

일반적으로 민주주의는 앞서 언급한 근대 제2의 물결을 주도한 이성 강조의 철학에 이론적 근거를 두고 있다고 주장되고 있다. 그렇다면 민주주의가 주장하는 준법 정신 혹은 시민 정신은 이성에 의한 것인가? 정신분석학을 공부하는 나로서는 여기에 큰 의문을 가지고 있다. 또한 민주주의 제도가 택하고 있는 대의제도하에서 선거란 이성적으로 행해지는 합리적 절차도 아닌 것으로 보인다. 이런 점에서 이번에는 민주주의를 작동시키는 기본적인 요소와 선거의 문제에 대한 나름의 생각을 요약하려고 한다.

1) 민주주의와 이성의 문제

민주주의란 말 그대로 국민이 국가의 주인이 되는 정치 이념을 말한다. 과거 플라톤의 철학에서는 철인정치를 강조했는데 이는 국민은 우매할 수 있음으로 현자賢者: Philosopher King가 나타나 통치를 해야 정의를 실현할 수 있다는 데 초점을 둔 사상이었다. 그러나 근대에 들어와서 이러한 철인정치의 개념은 무너지고 말았다, 이는 철학적으로는 칸트가 말한 것처럼 모든 인간은 오성Understanding의 힘을 가지고 태어났기 때문에 옳고 그름을 판단할 능력이 있다는 것을 인정하는 데 기인한 것이라 볼 수 있다. 이러한 생각은 다분히 인간 이성의 힘을 강조한 철학과 깊은 연관성을 가지고 있다. 즉 인간은 이성의 힘에 의해 합리적 선택을 함으로써 사회를 보다 건전한 방향으로 가꾸어 갈 수 있다는 것이다.

이러한 이유로 우리는 그간 민주주의이론의 철학적 배경을 영국의

John Stuart Mill, 1806~1873

로크나 밀John Stuart Mill, 1806~1873 등에서 찾고 있었다. 얼핏 로크는 홉스의 영향을 받은 것 같지만 기본적으로 자연법에 대한 인식에 큰 차이를 보이고 있다. 홉스가 만인이 투쟁하는 것이 자연 상태라고 하고 자기보존을 위해 문명 즉 자연법이 출발되었다고 한 점은 이미 지적한 바 있다. 그런데 로크는 자연법을 단순히 홉스가 강조하는 자기보존을 넘어서서 이기적 욕망을 넘어서는 도덕적 준칙을 강조하고 있다.[2] 이는 바로 이성의 존재를 가정한 주장이다. 즉 이성을 통해 도덕적 준칙을 따를 수 있는 것이 인간이라는 전제가 숨어 있다는 것이다.

밀은 자유 정신을 강조한 철학자로서 자유민주주의의 이념 구축에 지대한 영향을 미쳤다. 그는 인간의 오류 가능성Fallibility을 인정함으로써 이성의 한계를 지적하였다. 그에 따르면 대다수가 공유한 의견이더라도 이에 반박할 수 있는 권리가 부여되어야 한다고 말하고 토론을 통해 보다 나은 의견을 도출해야 한다고 주장하고 있다.[3] 그런데 이 말도 자세히 살펴보면 그 속에는 또 다른 문제가 있다. 즉 다수의 의견이라 하더라도 거기에 오류가 있을 수 있다는 것은 이해할 만하다. 그런데 그 오류를 토론을 통해 바르게 교정할 수 있다는 것 자체는 인간은 이성의 힘을 가졌기에 오류를 합리적으로 교정할 수 있다는 논리가 숨어있

2 John Locke, *Questions Concerning the Law of Nature*, Translated by Robert Horwitz, Jenny S. Clay, and Diskin Clay (Ithaca, NY: Cornell University Press, 1990), p.95 and p.101, 참조.

3 John Stuart Mill, *On Liberty*, in *On Liberty in Focus*, Edited by John Gray & G. W. Smith (London: Routledge, 1991), 참고.

다. 그렇다면 이성은 오류를 범할 수도 혹은 완전할 수도 있다는 애매한 개념이 되고 만다. 또한 밀의 주장 중 널리 알려진 남의 자유를 침해하지 않은 범위 내에서 자신의 자유의 실현이라는 말도 따지고 보면 이성의 힘을 믿고 합리적인 자유의 실현을 이야기한 것이다. 그런데 이 말도 각자에 따라 자유 침해를 느끼는 한계가 다르다면 그 합리적 한계를 설정하기는 어려울 것이다.

Adam Smith, 1723~1790

이와는 별도로 자유주의체제의 경제 상황을 설명한 스코틀랜드 출신 아담 스미스Adam Smith, 1723~1790 역시 이성의 힘을 강조한 사람이다. 그의 명저인 『국부론*The Wealth of Nations*』4에서 단 한 차례 나오지만 자유시장 경제이론의 초석이 된 '보이지 않는 손*Invisible Hand*' 이야말로 인간 이성을 강조하는 대표적인 용어라고 볼 수 있다. 그가 말한 보이지 않는 손이란 생산자와 소비자 공히 자신의 이익을 극대화하기 위한 과정에서 자연히 물건의 가격이 형성되며 또한 생산과 소비의 비율도 스스로 조정되어짐을 말한다. 그는 이러한 시장경제의 균형이야말로 다수를 만족시킨다고 주장하고 있다. 이러한 주장 역시 인간은 이성적인 존재이므로 스스로 생산과 소비 그리고 가격을 합리적으로 결정하고 그에 만족하는 능력이 있음을 암시하고 있다.

지금까지 현대 민주주의와 자유시장 경제이론의 기초를 이룬 세 명의 철학자들 주장을 간단하게나마 소개한 이유는 민주주의 자체가 이성의

4 『국부론』의 원명은 『국부의 성격과 요인들에 관한 연구 (*An Inquiry into the Nature and Causes of the Wealth of Nations*)』이며 1776년 출판되었다.

강조라는 측면에서 이해되어 왔음을 지적하기 위한 것이었다. 그렇다면 여기에서 나는 정말 민주주의는 이성의 힘에 의해서만 유지될 수 있는가?는 질문을 한번 제기해 보려고 한다. 만약 이성의 힘에 의해서 민주주의가 유지되는 것이라면 이성을 부정한 마키아벨리와 홉스 그리고 니체와 프로이트 이론들은 민주주의와 상관이 없게 되고 말 것이다. 그런데 나는 정신분석학적으로 보면 현대 민주주의란 상기 철학자들의 주장처럼 이성의 힘에 의해 유지되고 있지 않다고 생각하고 있다.

나는 학창 시절에 미국은 민주주의가 가장 잘 되는 나라인데 그 국민의 의식이 매우 이성적이라는 말을 들은 바 있다. 그래서 미국에서는 주차장에서 혹시라도 다른 사람의 차량에 훼손을 가했다면 피해 차량의 차주를 찾을 수 없을 때 쪽지에 자신의 전화번호를 적어 놓고 간다는 말을 들었다. 아무도 안보지만 이성의 힘을 발휘하여 스스로 자신이 그 훼손에 대한 책임을 지려는 태도로 생각해서 크게 감명받은 적 있다. 그런데 내가 미국에서 상당 기간 살면서 그 이유를 알았다. 혹시라도 누가 볼 수도 있고 그래서 자신이 그 차량을 훼손한 사실이 발각되면 더 큰 책임을 져야 하기 때문에 만약에 대비하여 자신의 전화번호를 적어놓고 간다는 것이다. 이건 이성에 의한 것이 아니고 더 큰 벌을 무서워하는 심정의 발로라고도 할 수 있다.

민주주의를 잘 지켜내기 위해서는 높은 시민 정신이 요구되고 있다. 예를 들면 무엇이 잘못되었을 때 이를 고발하는 정신이 대표적인 시민 정신이다. 다른 사람이 법을 위반했을 때에도 이를 묵과하지 않고 지적하고 고발하는 정신은 민주주의의 준법 정신을 앙양시키는 데 큰 역할을 한다. 이는 얼핏 이성에 근거한 것 같지만 깊이 따져보면 그러한 잘못으로 나중에라도 자신이 피해를 볼 수 있다는 이기적인 심정의 발로인 경우가 더 많다고 볼 수도 있다.

내가 미국에 거주할 때 어느 날 주정부에서 경고장이 날아왔다. 내용은 내 차에 어린이들이 있었는데 어린이 보호 좌석을 착용하지 않았으므로 앞으로는 어린이용 보호 의자를 꼭 설치하고 어린이들을 차에 태우라는 것이었다. 교통경찰에게 지적받은 바도 없는데 누가 내 차량에 어린이용 보호 의자가 설치되지 않은 것을 알았는지 의문이 들었다. 나중에 알고 보니 내 차량 옆을 지나던 차량의 운전자가 이를 발견하고 당국에 고발했던 것이다. 그 사람은 왜 고발을 했을까? 그것은 혹시라도 아이들이 차량에서 마음대로 움직이다가 내가 차 사고를 일으키면 자신도 다칠 수 있다는 자기 보호 차원에서 고발한 것이다. 이성에 의한 것이 아니었다.

그렇다면 민주주의에서 준법 정신이란 이성에 의한 것이 아니라 법의 형벌이 무서워서 지키는 것이 된다. 또한 시민 정신이란 자신도 다칠 수 있다는 자기 보호 차원에서 상대방의 불법을 고발하는 태도이다. 비교적 민주주의가 완숙되지 않는 국가에서 고발 정신은 어느 면으로 속칭 고자질 정신이라고 볼 수도 있다. 우리나라에서는 아직도 남의 잘못을 고발하면 고자질을 했다고 해서 오히려 그 사람을 비난하는 경우가 허다하다. 우리 사회가 아직도 고자질을 비난하는 이유는 비교적 단일 민족성이 강하기 때문이다. 서너 다리 걸치면 다 일가며 친구가 된다. 그러니 비록 잘못이 있다하더라도 일가나 친구를 고자질하기는 어려운 점이 있는 것이다.

그런데 미국은 다민족 국가이다. 꿈에도 보지 못한 사람들과 이웃을 하고 산다. 그러니 그 사람들 사정 봐줄 이유가 없다. 서로 마주치면

Laurence Berns,
1928~2011

먼저 인사하는 것도 사실은 이성의 힘에 의한 것이 아니고 혹시라도 상대방으로부터 해침을 당할까 우려되어 먼저 인사한다고 볼 수도 있다. 모두가 자신의 보존을 위한 행위일 뿐인데 우리는 이를 이성의 힘이라고 잘못 알고 있는 것이다. 이성이라고 생각하는 것은 굳이 따지자면 정신분석학적으로 현실에서 자기보존을 위한 초자아의 기능에 의한 것이라고 말할 수 있다.

지금까지의 설명을 기초로 본다면 이는 분명 만인의 투쟁에서 자기보존을 위한 서로에 대한 경계심이 준법 정신을 키우고 시민 정신을 만든다고 할 수 있다. 이는 마치 홉스가 주장한 인간의 심리 상태를 그대로 반영한 것이 아닌가? 따라서 정치철학자인 번스Laurence Berns, 1928~2011는 근대 민주주의의 유지 근거를 홉스의 자기보존 철학에서 찾아야 한다고 주장하고 있다.[5] 나는 번스의 주장을 적극적으로 수용하고 있다. 홉스가 말한 대로 인간은 신과 같은 '보이지 않는 힘Invisible Power'에 대해서는 두려움이 없다. 오직 '보이는 힘Visible Power'에만 두려움을 가지고 있는 것이다. 이성이란 홉스의 말대로 현실을 살아가기 위한 계산에 불과하다. 그리고 정신분석학적으로 보면 현실의 생존을 위한 초자아의 기능인 것이다.

5 Laurence Berns, "Thomas Hobbes," in *History of Political Philosophy* Edited by Leo Strauss and Joseph Cropsey, eds, (Chicago: The University of Chicago Press, 1987), pp.396~420, 참조.

2) 민주주의 하에서 선거의 비합리성

민주주의는 대의제를 기본으로 하고 있다. 때문에 선거를 통해 우리는 우리의 의견을 국정에 반영할 대표자를 선출한다. 근대 민주주의는 만인은 평등하다는 원리 아래 선거에서 일인 일표 제도를 취하고 있다. 이러한 철학 속에는 앞서 언급했듯이 인간은 타고날 때부터 재산과 학력에 상관없이 옳고 그름을 판단할 수 있는 능력을 가졌다는 의미가 숨겨져 있다. 그런데 현대 민주주의제도를 취하고 있는 모든 나라에서 선거는 큰 문제점을 야기하고 있다. 우리의 의견을 그대로 성실히 전달할 능력이 있는 사람이 꼭 당선되지 않는 현상이 비일비재하기 때문이다. 즉 지도력과 당선이 정비례 관계를 가지지 않고 있다는 말이다. 특히 매스컴Mass Communication의 발달로 인해 이러한 현상은 날이 갈수록 심화되고 있다. 이야말로 유권자들의 투표 성향이 이성보다는 감성에 좌우되고 있기 때문이다.

미국 에모리대학교 심리학과 교수로 있는 웨스턴Drew Western은 『감성의 정치학*Political Brain*』에서 선거에 이기는 흥미 있는 전략들을 소개하고 있다. 그는 정치적 두뇌는 감성적이며 유권자는 합리적이지 않기 때문에 냉정한 계산 혹은 합리적인 결정은 당선에 도움이 되지 않는다고 전제하고 다음 몇 가지 내용들을 강조하고 있다.[6] 그 내용들은 비이성적 선거운동, 유권자의 감정 자극, 감동적인 이야기 창출, 분명한 태도, 긍정성을 내포한 상대방 후보 비난, 유권자들의 공통된 정서 찾기 등이다. 이 얼마나 비이성적인 조언인가! 웨스턴의 말이 일리가 있다면 현대

6 뉴스위크 한국판 옮김, 드루 웨스턴, 『감성의 정치학』 (서울: 뉴스위크 한국판, 2007), p.xi 및 차례 참조.

선거는 조작적인 면이 너무 많다고 하지 않을 수 없다. 즉 후보자가 자신의 이미지를 어떻게 조작해 내느냐가 당선의 관건이 된다는 것이다. 훌륭한 인품을 가지고 유권자를 위해 온몸을 바칠 마음이 있어도 유권자의 감정을 움직일 수 있는 자신의 이미지를 만들어내지 못하면 당선이 어렵게 되고 만다.

민주주의 제도에서 선거란 능력 있는 후보를 선출하는 일이다. 그런데 여기에도 문제는 있다. 그것은 바로 능력 있는 사람이 입후보를 안 할 수도 있으니 선거가 꼭 가장 능력 있는 사람을 뽑는 일이 되지 못한다는 것이다. 따라서 선거를 통해 뽑힌 사람들이 언제나 유권자들의 의사를 제대로 반영할 최적의 사람이 아닐 수도 있다. 이것이 대의 민주주의에서 선거의 본질적인 한계이다.

그리고 또 더 중요한 문제가 있다. 그것은 선거가 이성적인 행위가 되지 못한다면 차선의 후보는 커녕 가장 질이 낮은 후보가 선출될 수도 있다는 사실이다. 자신의 이미지를 조작하고 사실과 다른 얼굴로 포장하여 당선된다면 이는 큰 문제가 아닐 수 없다. 그러한 사람들은 국가를 위하고 유권자의 진의를 반영한다기보다는 자신의 개인적인 이익을 위해 일할 확률이 높기 때문이다. 이것이야말로 능력과 당선 사이에 오히려 부정적인 상관관계만 있게 되니 이성의 힘에 의한 가장 훌륭한 대표의 선출이라는 민주주의의 기본 정신은 실제로 작동되지 않게 된다는 것을 의미한다. 이 현상은 현대 사회의 선거에서 유권자 중 기권자가 많아진 이유 중의 하나라고 볼 수 있다.

따라서 나는 오래 전부터 투표용지의 변화를 요구하고 있다.[7] 그것은 '해당자 없음'이라는 난을 별도로 하나 만들자는 것이다. 즉 투표용지에

1번 누구, 2번 누구 그렇게 후보자들을 다 표기하고 말미에 해당자 없음이라는 난을 추가하자는 것이다. 이렇게 되면 유권자들이 투표 시 자신의 맘에 드는 후보가 없을 때에는 여기에 기표하면 된다. 그리고 법으로 해당자 없음이라는 난에 기표수가 총 유효표 중 몇 퍼센트를 초과하면 재선거를 실시하도록 하면 된다. 그리고 재선거 시에는 이미 출마한 후보들은 입후보 할 수 없게 만들어야 한다. 그 사람들은 이미 유권자들로부터 거부당한 사람들이기 때문이다.

이러한 제도를 도입한다면 지금의 선거보다는 뽑을 사람이 없다고 한탄하면서 기권하는 사람들도 줄어들고, 조금은 나은 후보를 뽑을 수 있는 길이 열리는 것이 아닌가? 물론 이렇게 한다고 해도 현대 민주주의의 선거에 대한 한계를 완전히 극복하지는 못할 것이다. 그럼에도 불구하고 이러한 제도를 제시하는 것은 그만큼 현대 민주주의의 선거제도에 숨어 있는 문제점들이 많기 때문이다.

3. 정신분석학으로 본 공산주의

모든 이념은 분명 환상적 요소들을 가지고 있다. 그럼에도 불구고 나는 평소 공산주의는 자유민주주의보다 더 강한 환상을 가지고 있다는 생각을 하고 있었다. 이는 공산주의의 퇴조를 통해 역사가 증명하고 있다. 나는 처음 공산주의에 많은 관심을 가졌었다. 분단된 한반도의 현실을 보면서 피보다 진한 것이 이념인가라는 의문을 가졌기 때문이다.

---

7 김용신, 『지도력의 허상』 (서울: 아카원 2016), pp.75~79, 참조.

그러나 프로이트의 정신분석학을 접하고 나서 나의 생각은 바뀌어 인간의 본성을 연구하는 정신분석학을 전공하게 되었다. 따라서 이번에는 공산주의 배경과 공산혁명의 의미 그리고 그 환상적 의미에 대한 나름의 생각을 요약하려고 한다.

1) 공산주의의 이론적 근거

공산주의란 마르크스가 헤겔의 정신적인 변증법을 물질적인 변증법으로 전환하여 체계를 세운 하나의 정치 이념이다. 그는 인간이 갈등을 가지게 된 가장 큰 이유를 사유 재산에 근거한 것이라고 보고 말 그대로 모든 것을 공유하는 공산주의 체제가 성립되면 인간의 가장 본질적인 갈등은 사라질 것이라는 믿음을 가졌던 것 같다. 그런데 따지고 보면 국가가 주도한 공산사회에 대한 근원은 플라톤이 『국가론*The Republic*』에서 밝힌 이상 국가로까지 거슬러 올라갈 수 있다. 그리고 모어Thomas More, 1478~1535의 소설 『유토피아*Utopia*』에서도 마르크스 공산주의적 의미를 일부 찾을 수 있다. 또한 마르크스는 프랑스의 공상적 사회주의자들 중 특히 생시몽Henri de Saint-Simon: 1760-1825의 영향도 일부 받았다고 볼 수 있는데, 특히 독일의 포이에르바하Ludwig Feuerbach, 1804~1872로부터는 큰 영향을 받은 것으로 알려지고 있다.

Thomas More, 1478~1535

Ludwig Feuerbach, 1804~1872

플라톤은 국가론에서 도시국가 형태로서 이상

국가의 모델을 제시하고 있다.[8] 이상 국가의 시민은 크게 생산과 국가의 수호 그리고 통치를 담당하는 부류로 나누어지고 있다. 그리고 어린이들은 태어나면 공동 관리를 하는데 그 능력에 따라 생산계급과 국가를 수호하는 군인 그리고 통치계급이 될 수 있는 철학가의 길을 걷도록 한다. 이야말로 공동체 생활의 전형적인 모델이라고 할 수 있다. 그런데 이는 꼭 경제적인 면에서 만의 공동체 생활이 아닌 인간의 능력에 따른 공동체주의라고 볼 수 있다. 이러한 점에서 나는 가끔 플라톤의 이상 국가는 정신적인 공동체주의라고 말하고 있다.

모어는 유토피아에서 모든 사람들이 희망하는 미래의 이상적인 국가를 그리고 있다.[9] 인간이 희망을 가지고 있는 한 그 희망하는 바는 미래에 언젠가는 이루어질 수도 있다는 가정 하에서 그는 자신이 생각하는 이상 국가를 설명하려고 한 것이다. 그가 설명하고 있는 이상 국가의 핵심적 생각은 사유재산의 폐지이다. 모어는 사유재산이야말로 인간의 이기심을 부추겨 갈등의 씨앗이 된다고 생각한 것 같다. 즉 공동생산 및 재화의 평등한 분배를 통해 경제적인 계급이 형성되지 않으면 삶의 안정과 평화가 올 것이라는 점을 기대한 것이다. 그리고 모어는 보다 도덕적인 사회 건설을 위해 종교의 힘을 강조하면서 기독교 국가를 꿈꾸었다. 그는 기독교야말로 인간의 가치를 존중하고 도덕심을 길러주는 가장 이상적인 종교라고 생각한 것이다.

생시몽은 프랑스혁명을 보면서 역사를 정치적인 면에서 탈피하여

8 Platon, *The Republic of Plato* (London and New York: Oxford University Press, 1980), pp.41～174(Part II: Justice in the State and in the Individual), 참조.

9 Thomas More, *Utopia*, Translated and Edited by H. V. S. Ogden (Arlington Heights, IL: AHM Publishing Corporation, 1949), 참고.

경제적인 면인 물질적인 생산력과 노동의 관계 속에서 살펴보려고 하였다.[10] 그는 산업계급Industrial Class라는 개념 속에 노동자와 상인 그리고 은행가와 과학자까지를 포함시키고 있으며 일하지 않은 계급은 유한계급Idling Class로 구별하고 있다. 그에 따르면 당시 산업 사회로 들어서는 프랑스에서 전체인구의 대 다수가 산업계급에 속해 있음에도 이들이 제대로 대접을 받지 못하는 하위 계급으로 인정되고 있고, 오히려 일하지 않은 계급이 사회를 좌지우지하고 있다는 점을 비판하고 있다. 따라서 그는 산업계급이 사회적인 중심 세력이 되어야 보다 원활한 산업사회로의 길을 걸을 수 있다고 강조하고 있는 것이다. 이는 정치적인 구조가 아닌 생산 조직을 통하여 이상적인 사회를 찾으려고 했음을 의미한다.

독일의 철학자 포이에르바하는 1939년 헤겔의 이상주의와 결별하면서 펴낸 『헤겔철학의 비판을 향하여*Towards a Critique of Hegel's Philosophy*』[11]에서 헤겔의 절대정신을 부정하고 모든 존재는 물질적인 토대 위에서 철학적 사유가 이루어진다는 유물론의 철학을 나름대로 정립하였다. 그리고 1841년에 출판한 『기독교의 본질*The Essence of Christianity*』[12]에서 인간은 자신이 만든 신의 노예가 되어 자아를 상실하고 스스로 소외되고 있다고 강조하고 있는데 이야말로 유물사관과 인간 소외론에 대한 그의 기본적

10 Keith Taylor(Edited and Translated). *Henri de Saint Simon, 1760~1825: Selected Writings on Science, Industry and Social Organization*. (New York: Holmes and Meier Publishers, Inc, 1975), 참고 (특히 pp.158-161).

11 Ludwig Feuerbach, *Towards a Critique of Hegel's Philosophy* (South Carolina: Createspace Independent Publishing Platform, 2013), 참고.

12 Ludwig Feuerbach, *The Essence of Christianity*, Translated from the original German by George Eliot (Mt. San Antonio College, Walnut, CA: the MSAC Philosophy Group, 2008), 참고.

인 논리라고 할 수 있다. 이러한 그의 유물론과 인간 소외론은 후일 마르크스가 헤겔의 정신적인 변증법을 물질적 변증법으로 해석하는 데 큰 영향을 미쳤다.

마르크스는 그 이전 상기 철학자들의 이론에 많은 영향을 받고 인간의 갈등이란 소유욕에서 비롯된다는 전제를 받아들인 것이다. 그리고 이를 해결할 수 있는 논리를 개발하면서 헤겔의 철학에 기초하여 사유재산 철폐를 통한 계급 없는 사회야말로 인간이 꿈꾸는 이상을 향한 역사 발전의 마지막 단계로 보고 있었다. 여기에서 마르크스가 계급 없는 사회를 꿈꾸는 것은 당연히 사유재산을 철폐함으로써 인간의 소유에 따른 경제적 계급이 사라지고 그렇게 되면 인간의 원초적 갈등이 존재하지 않는 평화로운 사회가 도래하며, 이것이 바로 인간이 스스로 소외되는 모순을 극복하는 길이라고 생각한 것이다.

이러한 발상을 통해 그는 앞서 언급한 그 이전 철학자들이 주장한 이론들을 보다 정교하게 정리하여 소위 과학적 공산주의라는 이념의 체계를 정립하였다. 그리고 지금까지의 철학자들은 세상을 이해하는 데 그쳤지만 중요한 것은 세상을 바꾸는 일이라고 주장한 것이다.[13] 이것이 바로 행동으로서 그가 공산주의 혁명을 부르짖게 되는 중요한 이유이다. 이처럼 과학적이라는 이름 아래 실천을 강조한 그의 이론은 지금까지 다양한 방면들의 연구에 영향을 미치고 있다고 해도 과언은 아니다.

13 Karl Marx, "Theses on Feuerbach," in *Karl Marx and Frederick Engels: Selected Works* (New York: International Publishers, 1968), p.30, 참조.

2) 공산주의 혁명의 의미

마르크스에 따르면 역사의 마지막 단계로서 계급 없는 사회는 공산혁명을 통해 이루어지는데 이야말로 역사의 필연이라는 것이다. 그가 말한 양이 질을 바꾼다는 것은 쉽게 설명하면 자본주의가 마지막 단계에 들어가면 극히 소수의 자본가와 절대다수의 노동자로 구성되고 이때 자연히 노동자의 혁명이 유발되어 사회가 변화된다는 것을 말한다. 이는 그가 말하는 필연성에 대한 설명의 핵심이라고 할 수도 있다. 따라서 마르크스는 자본주의가 가장 발달한 곳에서부터 공산혁명이 유발될 것이라고 주장하였다. 그가 당시 자본주의가 가장 발달되었다고 생각한 미국에서 공산혁명이 제일 먼저 발생할 수도 있다고 말했다는 것은 이미 널리 알려진 사실이다.

그런데 아무리 기다려도 미국에서는 노동자가 중심이 된 공산혁명이 이루어지지 않고 있었다. 이에 자생적 사회주의의 운동에 힘을 얻은 러시아의 공산주의 추종자들 사이에서는 자본주의를 거치지 않고도 공산혁명으로 돌입할 수 있는가의 여부에 대한 논란이 이루어지기도 하였다. 이에 대해 마르크스는 말년에 그의 초기 생각을 조금 수정하고 있다. 그는 1882년에 출판된 러시아어판 공산당선언Communist Manifesto 서문에서 "러시아 혁명이 서구의 노동자혁명의 신호탄이 되어 이 두 혁명이 서로 보충한다면, 현재 러시아의 공동 소유는 공산주의 혁명의 출발점이 될 수 있을 것이다"[14]라고 말하고 있다.

여기에는 한 가지 사항을 추가 설명할 필요가 있다. 그것은 마르크스

---

14 이진우 옮김, 칼 마르크스 · 프레데릭 엥겔스 저, 『공산당 선언』 (서울: 책세상, 2018), 참고.

가 사유재산 철폐를 통한 평등 사회를 강조한다는 것 자체는 서양 사회에서 칸트를 통해 더욱 명백해진 나는 누구인가라는 개인주의적인 철학적 질문에 문제를 던지고 있었다는 점이다. 다시 말하면 마르크스는 평등을 강조함으로써 개인보다는 공동체의 중요성을 강조하고 나섰으니 서양 사회에서 보기 드물게 내가 아닌 "우리는 누구인가"라는 철학적 질문에 대한 답을 추구하였다는 것이다.[15] 이러한 질문은 농경문화를 중심으로 한 동양 사회에서 전통적으로 내려온 철학적특히 유학적 질문이라고 해도 과언은 아니다. 러시아의 전통적인 공동체가 공산혁명의 씨앗이 될 것이라는 기대도 사실 따져보면 이러한 그의 철학적 배경에 기인한 것이라 볼 수 있다.

이러한 마르크스의 철학의 의미를 알아차렸는지 여부는 알 수 없으나 결국 레닌은 러시아에서 공산주의 혁명은 마르크스의 주장대로 자본주의가 성숙될 때까지 기다릴 것이 아니라 만들어야 된다고 주장하고 나섰다. 사실 이러한 혁명이론은 1870년대 활동한 러시아 자생적 사회주의자인 트카체프Pyotr Tkachev, 러시아어 Петр Никитич Ткачев, 1844~1886에 의해 이미 주장되었는데 레닌이 이를 받아들인 것이다. 당시 트카체프는 전체 민중이 참여할 때까지 혁명을 기다릴 수 없다고 보고 소수 훈련된 혁명가들을 중심으로 혁명을 일으켜야 한다는 즉각 혁명론을 부르짖고 있었다.[16] 레닌이 1902년 쓴 『무엇이 이루어져야 하

Pyotr Tkachev, 1844~1886

15 Carl A. Linden, *The Soviet Party-State: The Politics of Ideocratic Despotism* (New York: Praeger Publishers, 1983), p.9. 참조.

는가What Is To Be Done』는 이러한 혁명 이론을 기술한 것이다. 본 저술의 제목은 러시아 자생적 사회주의 철학가이면서 혁명가인 체르니셰브스키Nikolay Gavrilovich Cherny- shevsky, 1828~1889가 1863년 쓴 소설의 제목을 그대로 따른 것인데 트카체프 역시 이 소설을 통해 즉각 혁명론을 정립하였다.

Nikolay Gavrilovich Chernyshevsky, 1828~1889

Nicolas Berdyaeve, 1874~1948

이러한 이유로 러시아 출신 철학가 베르다이에프Nicolas Berdyaeve, 러시아어 Никола́й Алекса́ндрович Бердя́ев, 1874~1948는 그의 유명한 저서 『러시아 공산주의 기원*The Origin of Russian Communism*』에서 러시아혁명은 마르크스의 이론에 근거한 것이 아니라 러시아의 자생적 사회주의 이론에 의지하여 이루어졌다고 주장한다.[17] 이는 러시아 혁명이 진정한 마르크스의 공산주의 이론에 근거한 것이 아니라는 의미를 내포하고 있다. 따라서 많은 사람들은 결과론적으로 역사는 마르크스가 아닌 레닌의 손을 들어줬다고 말한다. 레닌에 의해 최초의 공산혁명이 이루어졌기 때문이다.

이러한 이유에서인지 공산주의 혁명은 중국과 우리 한반도로 유입되면서도 마르크스가 주장하는 인민에 의한 정치는 퇴색되었다. 레닌은

---

16 Orlando Figes, *A People's Tragedy: The Russian Revolution 1891-1924* (London: The Bodley Head, 2014), pp.122~146, 참조.

17 Nikolai Berdyaev, *The Origin of Russian Communism* (Ann Arbor, Michigan: University of Michigan Press, 1959), 참고.

공산혁명의 정착을 위해 무산자의 독재체제가 한시적으로 필요하다고 주장하였지만 그 한시성은 사라지고 계속하여 혁명 세력에 의한 독재체제가 유지되었다는 것이다. 따라서 헝가리 공산주의 이론가인 질라스Milovan Djilas, 1911~1995는 『새로운 계급*New Class*』18에서 계급 없는 사회를 만들겠다는 마르크스의 꿈은 사라지고 공산체제에서는 노동당원이라는 새로운 계급이 형성되어 인민을 억압하고 있음을 비판하고 나선 것이다.

Milovan Djilas, 1911~1995

3) 공산주의의 한계

인간이 사유재산만 없앤다고 갈등이 사라지는가? 정신분석학적 입장에서 보면 인간은 자아이상과 초자아의 갈등을 매 순간 경험하고 있다. 이는 인간은 어떠한 조건에서도 그리고 적어도 문명사회에서는 사유재산과 상관없이도 내적 갈등을 면하지 못하고 있는 존재이다. 프로이트는 『문명과 그 불만족』에서 인간의 갈등은 사유재산이 의미가 없을 때부터 존재했는데 이는 바로 공격의 본능에 의한 것이라고 말하고 있다.19그렇다면 마르크스가 주장하는 사유재산 철폐가 인간 갈등을 해소하는 유일한 길이 된다는 것은 환상에 불과한 것이라고 볼 수 있다. 한마디로 공산주의란 출발부터 인간성의 본질을 잘못 이해하고 있었다고 볼 수밖

18 Milova Djilas, *New Class: An Analysis of the Communist System* (New York: Mariner Books, 1982) 참고

19 Sigmund Freud, *Civilization and Its discontents*, p.60.

에 없다.

나아가 공산주의가 강조하는 평등이라는 개념 자체도 정신분석학적으로는 매우 애매한 개념이다. 인간의 감성과 육체적 조건은 천차만별하다. 따라서 평등에 대한 객관적인 기준을 세우기가 거의 불가능하다. 말로만 능력껏 일하고 원하는 만큼 가진다는 공산주의 슬로건이 환상에 기초한 것임은 바로 이 때문이다. 예를 들면 어느 사람은 몸이 크고 어느 사람은 몸이 작은데 모두 밥을 한 그릇씩 배분한다면 큰 사람은 배고프고 작은 사람은 배가 너무 부르게 될 것이다.

우리는 역사를 통해 자유와 평등의 가치를 항상 추구하고 있었다. 그런데 이 두 개의 가치들은 양립하기가 매우 어렵다. 자유를 강조하면 평등이 훼손되고 또 평등을 강조하면 자유가 훼손된다. 그리고 자유와 평등에 대한 기준도 애매하기 그지없다. 그러니 인간의 자아이상이 추구하는 완전성을 향한 노력은 현실 속에서 항상 환상적 요소를 포함하고 있는 것이 아닌가? 때문에 나는 이러한 현상을 이념의 환상성이라고 말하고 있다.

추가하여 공산혁명의 진행과 결과를 보면 앞서 언급했듯이 마르크스의 공산주의가 환상적이라 하더라도 거기에 근거한 것도 아니라고 할 수 있다. 러시아의 경우는 제정러시아의 억압에서 벗어나려는 러시아 지식인들에 의한 혁명이었다고 할 수 있다. 그리고 마르크스의 기대와는 달리 레닌과 스탈린에 의한 독재체제를 형성시키고 말았다. 나아가 중국의 공산혁명도 장개석蔣介石: 1887-1975이 이끄는 국민군의 부패에 힘입어 성공하게 된 일종의 농민혁명의 성격이 강하다. 또한 한반도의 경우 공산주의 운동은 일제 식민지를 벗어나려는 독립운동과 연결성을 가지고 있었지만 결국은 김일성 독재체제를 형성시키고 말았다. 이는 공산주의라는 명분을 걸고 시행된 혁명은 마르크스의 환상을 실현한 것이 아니라 또 다른 독재체제를 성립시킨 모순적 결과를 도출한 것이다. 만약 마르크스가 지하에서 이러한 사실을 알면 어떻게 생각할까?

제2장

보수와 진보의 정신분석학적 이해

우리 사회에서는 상당 기간 보수와 진보의 논쟁이 계속되고 있다. 이에 나는 보수와 진보의 참의미를 밝히기 위해 2008년 『보수와 진보의 정신분석』[1]이라는 단행본을 출판한 바 있다. 이번에는 여기에 기초하여 보다 구체적이지만 간략하게 정신분석학적으로 본 보수와 진보의 의미를 밝히려고 한다. 그리고 추가하여 현재 한국 사회에서 야기되고 있는 보수와 진보의 논쟁은 어떻게 이해해야 할 것인가도 살펴보려고 한다.

1. 보수와 급진의 의미

보수와 급진에 대한 의미는 잘못 이해하기 쉽다. 두 개의 개념들은 어떤 특정 내용을 가진 정치적 이념이라기보다는 정치적인 행동에 따른

1 김용신, 『보수와 진보의 정신분석』 (서울: 살림출판사, 2008), 참고.

하나의 이름표에 불과하기 때문이다. 따라서 이번에는 보수주의 기원과 그 의미 그리고 보수의 상대어로서 급진 혹은 혁명의 의미를 살펴볼 것이다. 그리고 보수와 혁명 세력들이 원하는 사회 변화의 방법에 대한 문제도 추가하여 논의하려고 한다.

1) 보수와 혁명 혹은 급진의 의미

보수주의Conservatism를 논할 때 우리는 그 시원을 일반적으로 영국의 철학자 버크Edmund Burke, 1729~1797에서 찾고 있다. 그는 프랑스혁명 직후 『프랑스 혁명에 대한 성찰*Reflections on the Revolution in France*』이라는 정치적 팜플렛Pamphlet을 통해 인류는 역사 속에서 지키고 보존해야 할 가치들이 있음을 강조하였다.[2] 그는 전제왕권을 무너트리고 진정한 자유를 찾기 위해 일어선 프랑스 국민들이 왕권 타파에 몰두한 나머지 질서가 무너지고 있는 프랑스혁명을 바라보면서 심각한 문제의식을 느꼈기 때문이다. 또한 그는 이러한 무질서한 일들이 영국에까지 번질 것이라는 우려도 하였던 것 같다. 따라서 그는 왕권 타도에만 함몰된 폭도들의 행동은 책임성이 없다고 비판하면서 인간이 지켜야만 하는 명예와 질서 그리고 전통을 강조하고 이에 따라 소위 보수라는 용어를 사용한 것이다.

Edmund Burke, 1729~1797

그런데 이러한 버크의 주장은 왕권을 수호하고 싶은 사람들에게는 좋은 호재가 되었다. 그들

2 Edmund Burke, *Reflection on Revolution in France*, Edited by L. G. Mitchell (London: Oxford University Press, 2009 Reissue Edition), 참고.

은 폭도에 가까운 시민들의 왕권 부정을 완화시키고 다시금 왕권 유지의 근거를 제시하는 데 버크의 주장을 활용한 것이다. 즉 그들은 왕권을 지키는 것은 우리가 지켜야할 역사 속의 가치라고 강조하면서 그들대로의 왕권유지에 대한 명분을 찾으려고 하였다. 그리고 버크의 주장대로 왕권 타도에 명분을 준다하더라도 이러한 무질서는 역사 발전에 도움이 안 된다는 주장까지를 하면서 자신들의 신분 보장을 꾀하려고 하였다. 그러하니 왕권을 지키려는 사람들을 일명 보수주의자라고 부르게 된 것이다. 이에 반하여 왕권을 무너트리고 민중의 세상을 만들려고 하는 사람들에게는 소위 혁명주의자Revolutionary 혹은 급진주의자Radical이라는 꼬리표가 붙게 되었다.

이때부터 소위 보수주의의 대칭어로는 혁명 혹은 급진주의라는 개념이 사용되게 된 것이다. 현실을 지키려는 세력을 보수주의자 그리고 현실을 무너트리고 새로운 체제를 확립하려는 세력에게는 혁명 혹은 급진주의자라는 이름표가 붙게 되었다는 것이다. 이는 보수와 급진 혹은 혁명이라는 용어는 그 자체가 어떤 특정 이념을 가진 주의로서 존재하는 것이 아니라는 것을 의미한다. 즉 어떤 이념을 가졌건 지키려는 자는 보수주의자요, 무너트리려고 하면 급진 혹은 혁명주의자라고 부르게 되었다는 것이다. 그렇다면 보수와 급진 혹은 혁명이라는 개념은 이념이 아닌 정치적인 이름표에 불과하다.

구체적으로 설명하자면 처음 프랑스혁명이 발발했을 시 왕권 수호 세력은 당연히 보수주의자로 불려졌다. 그리고 자유주의 혁명을 부르짖고 왕권을 타도하려는 세력에게는 급진 혹은 혁명주의자라는 이름표가 붙었다. 아무튼 프랑스혁명이 성공하자 프랑스는 왕권이 파괴되고 새로운 자유주의 국가가 건설될 기미를 보였다. 그런데 역사의 아이러니인지 나폴레옹의 왕권이 다시 성립하게 된다. 그러나 이것은 잠시 후 사라지고 유럽에서는 자유주의 국가 건설이 대세가 되었다. 이때부터는 자유주의 수호 세력이 보수주의자가 된 것이다. 그리고 이후 새로운 세력이 등장했는데 그것은 바로 공산주의 혁명 세력이었다. 주지하는 바와 같이 공산주의는 왕권을 부정하지만 자본주의에 기초한 자유주의는 노동자의 착취에 근거하고 있다는 생각으로 노동자가 주인이 되는 세상을 혁명을 통해 만들자는 이념이다. 그러니 공산혁명을 주장하는 사람들은 당연히 혁명 혹은 급진 세력으로 불리게 된 것이다.

언제나 혁명의 구호는 현란하다. 기존의 문제를 해결하고 새로운 세상을 만들자는 것이 혁명이다. 따라서 다수 사람들의 자아이상을 움직이지 않고는 혁명의 불씨는 붙을 수 없기 때문에 현란한 청사진을 제시한다. 왕권 시절에는 국민이 주인이 되는 자유주의 이념은 다수의 자아이상을 움직여서 결국 자유주의 혁명이 성공하게 되었다. 그리고 자유주의로 정착이 된 후에는 노동자의 문제가 심각히 받아들여져 계급 없는 사회를 주창하는 공산혁명이론은 충분한 매력을 가지고 있었다고 볼 수 있다. 이에 대해 자유주의의 가치를 지키려는 세력들은 새로운 도전에 응전하기 위해 개혁이라는 구호를 내세우게 된다. 개혁이란 혁명을 하지 않고도 스스로 문제를 기존 체제의 골격 아래 바꾸겠다는 것을 의미한다. 따라서 따지고 보면 개혁이란 보수주의자의 구호이며 혁명과는 의미가 다른 것이라고 볼 수 있다. 혁명이란 체제의 근간을 송두리째 새롭게 만든다는 의미이기 때문이다.

공산주의 혁명 세력이 나타난 뒤로 보수와 공산주의 혁명 세력에게는 또 다른 이름표가 붙기 시작 하였는데 그것은 소위 우파와 좌파라는 용어이다. 좌파와 우파의 유래는 프랑스 혁명 당시 사회 변동에 온건한 지롱드Girondins당이 의회의 오른쪽에 그리고 급진파인 몽테뉴Montagnards당이 왼쪽에 자리하고 있었다는 데서부터 유래한다고 알려지고 있다.[3] 그런데 우파는 보수적이며 좌파는 급진적이었다는 이유로 자유민주주의가 성립한 후에 자유민주주의 수호 세력에게는 우파라는 그리고 공산주의 혁명 세력에게 좌파라는 이름표가 계승되었다. 이러한 전통은 계속 유지되어 우리 사회에서는 사회주의적 색채를 가진 세력에게 좌파 그리고 자유민주주의를 강조하는 세력에게는 우파라는 이름표를 지금도 부치고 있다. 여기에서 우리는 좌파와 우파라는 용어도 그 기원을 따지자면 특정 이념에 매겨진 고정적 개념이 아니라 상황에 따라 지키려는 자와 바꾸려는 세력에게 붙여진 정치적 이름표였다는 사실을 알 수 있다.

2) 보수와 혁명 세력들이 원하는 사회변화의 방법

Karl Popper, 1902~1994

보수주의자의 개혁과 관련하여서는 우리 사회에서도 널리 알려진 오스트리아 출신 영국 철학자인 포퍼Karl Popper, 1902~1994의 이론을 한번 살펴볼 필요가 있다. 그는 소위 점진적 개혁Piecemeal Social Engineering을 주장하고 있다. 그의 이론에 따르면 사회는 과학의 실험장이 될 수 없으므로 일시에 혁명적으로 모든 것을 바꾸면

3 Willie Thompson, *The Left in History: Revolution and Reform in Twenty Century Politics* (Chicago: University of Chicago Press, Distributed for Pluto Press, 1997), 참고.

오히려 부작용이 더 클 수 있기 때문에 문제가 되는 부분을 시행착오를 거치면서 조금씩 점진적으로 바꾸어나가는 것이 합리적이라는 것이다.[4] 그는 플라톤이나 마르크스가 주장한 바와 같이 인간의 필연성을 강조하고 자신의 주장을 강조하는 것은 자칫 도그마를 형성하여 이를 따르지 않는 사람들에게는 커다란 억압을 줄 수 있다고 믿고 있었다. 정신분석학적으로 보면 마치 자신의 자아이상을 통한 꿈과 희망을 진리로 받아들이는 환상의 상태에 돌입할 수 있다는 것이다. 이는 비판은 하되 점진적인 방법을 통해 합리적으로 문제를 풀어가자는 것이므로 우리는 그의 주장을 비판적 합리주의Critical Rationalism라고 말하기도 한다. 합리라는 말 뒤에는 이성의 힘을 믿는다는 뜻이 내재되어 있으므로 정신분석학적으로 보면 애매한 표현이다. 그러나 시행착오를 통한 현실적 수정이라는 점은 정신분석학적으로도 이해할 만하다.

상기 논의한 내용들을 중심으로 보면 사회의 문제를 풀어가는 데는 크게 개혁과 혁명이라는 두 가지 방법이 있을 수 있다. 일반적으로 이러한 개혁과 혁명적 방법은 미식축구의 게임 방법으로 비유되기도 한다. 미식축구에는 크게 패싱Passing과 러닝Running 게임이 있다. 패싱 게임에서는 한 번에 전방에 있는 선수에 멀리 공을 던지면 긴 거리를 단숨에 전진할 수 있는 이점이 있다. 그리고 러닝 게임은 차근차근 공을 돌려 조금씩 앞으로 나아가는 게임을 말한다. 패싱 게임은 한 번에 멀리 전진할 수 있지만 만약 패스가 실패하면 더 큰 위험을 맞이할 수 있는 단점이 있다. 반대로 러닝 게임은 한 번에 멀리 전진하기는 어려워도 실수를 가능한

4 Karl Popper, *Open Society and Its Enemies*, Vol. 1 (Princeton: Princeton University Press, 1966), pp.66~56, 참조. 김용신, 『보수와 진보의 정신분석』, p.11.

줄이면서 앞으로 나아갈 수 있는 이점이 있다. 따라서 패싱 게임은 혁명적 방법으로 그리고 러닝 게임은 개혁적 방법으로 비교할 수 있다.

2. 보수와 급진의 정신분석학적 의미

특정 이념의 색채를 가진 고정적 개념이 아닌 하나의 정치적 이름표로서 보수와 급진 혹은 혁명의 의미는 정신분석학적으로는 어떻게 이해될 수 있는가? 여기에 대한 답은 앞서 제1부에서 논의한 자아이상의 진행 경로를 살펴보면 매우 쉽게 풀 수 있다. 특히 이념이 자아이상의 표출이라고 한다면 더욱 그렇다. 따지고 보면 인간의 무의식에는 사람에 따라 무슨 일을 함에 있어서 크게 두 가지의 성격 차이를 보인다. 즉 무슨 일에든 신중하고 급속한 변화를 꺼려하는 성격이 있고, 반면 무슨 일이든 한번 생각하면 현실의 장애에도 불구하고 즉시 관철하려는 성격을 가진 사람들이 있다. 따지고 보면 이 역시 자아이상이 향하는 두 가지의 진행 경로에 따른 결과라고 볼 수 있다.

1) 자아이상의 점진적 경로와 보수적 성격

자아이상은 기쁨의 원리에 근거한 무의식적 욕구라는 점은 이미 수차례 밝힌 바 있다. 그런데 자아이상은 현실 속에서 그 이상을 완전히 실현하는 데는 여러 가지의 제약들이 따르게 된다. 따라서 보통의 경우는 현실의 원리에 근거한 초자아의 욕구와 일련의 타협을 하게 된다. 즉 어린아이가 오이디푸스 콤플렉스를 거치면서 자신이 사랑하는 어머니의 사랑의 대상은 자신이 아니고 아버지임을 알게 될 때 자아이상은 두 개 중 하나의 길을 택하게 된다. 그 중 하나의 길이 바로 성인이 되기를 기다리면서 후일 어머니 같은 아내를 맞이하겠다는 생각을 하게 된다. 이 경우는 프로이트가 남아 중심적인 입장에서 설명한 내용인데 여아의 경우는 남아와는 반대로 자라서 아버지 같은 배우자를 만나야겠다는 생각을 하게 될 수 있다.

샤스귀에르 스미젤은 이러한 경우를 자아이상이 점진적 경로를 택했다고 분석하고 있음은 제1부에서 밝힌 바 있다. 이는 자신의 이상을 실현하는 것을 연기한다는 의미도 있지만 더 본질적으로는 현실을 인식하고 현실이 인정하는 범위 내에서 자신의 이상을 실현하겠다는 의미이다. 이처럼 자아이상이 초자아의 욕구를 일부 받아들이게 되면 급진적인 행동이 자제된다. 매사에 신중하고 급속한 변화에 두려움을 가지게 되는 성격을 갖게 되는 것이다. 이러한 성격은 지금의 급작스러운 변화에 두려움을 가지고 있다고도 할 수 있다. 두려움이란 프로이트가 말한 오이디푸스 콤플렉스를 거치면서 현실의 원리를 따르지 않을 때 있을 수도 있는 거세Castration의 공포감과 연결하여 생각할 수도 있다.

사회적으로도 마찬가지이다. 지금 현실 속에서 적응을 잘해 나가고 있는 사람들은 대개의 경우 변화를 꺼려한다. 변화가 이루어지면 자신의 입장이 보다 불리해질 수도 있다는 공포감이 있기 때문이다. 설령 그 변화가 다수의 사람들에게 유리하다 하더라도 인간은 이기적이기 때문에 자신의 입장을 중심으로 모든 일을 이해하려고 한다. 그리고 자신에게도 유리한 변화라 하더라도 그 변화의 결과를 예측하기 어려울 때는 혹시나 하는 두려움에 변화를 꺼려하기도 한다. 그럼에도 불구하고 다수가 변화를 요구하면 급격한 변화보다는 점진적인 변화를 요구하고 자신이 적응하고 대체해 나갈 시간을 벌려고 하는 마음을 가지게 되는 것이다. 물론 이런 때에는 여러 가지 명분들을 내세워 급격한 변화의 폐해를 지적하기도 할 것이다. 정치적으로 보면 이러한 세력들을 우리는 보수적 성향이 짙은 부류라고 볼 수 있다.

2) 자아이상의 급진적 경로와 급진 혹은 혁명적 성격

보수적인 성향과는 별개로 항상 현실에 불만을 가지고 있는 사람들도 있다. 이들은 어떤 변화이든 변화가 이루어지면 지금보다 자신의 처지가 더 좋아질 것이라는 희망을 가지고 있다. 그럴 경우 일부는 변화에 앞장을 서서 오히려 손해를 볼 수 있다는 두려움에 참고 있기도 하지만, 일부는 현실의 제약이 무엇이든 이를 극복하고 즉각적인 변화를 주장하는 경우도 있다. 전자는 변화는 바라지만 용기가 부족한 것이니 오히려 자아이상이 점진적 경로를 택한 경우와 같은 결과를 가져온다. 그러나 후자의 경우는 어떠한 변화라도 적어도 지금보다는 자신의 입장이 더 나아질 것이라는 기대에 함몰되어 즉각적인 변화를 강조하게 된다.

이러한 경우는 제1부에서 샤스귀에르 스미젤이 언급한 대로 자아이상이 급진적인 경로를 택할 때 나타나는 성향이라고 할 수 있다. 오이디푸스 콤플렉스를 거치면서 자아이상이 초자아의 요구를 전면 거부하고 나는 지금 어머니 혹은 아버지의 성적 파트너가 될 수 있다는 환상을 가지게 되는 것이 바로 이 경우이다. 즉 현실의 원리를 송두리 채 무시한다는 것이다. 특히 자아이상이 초자아를 완전히 집어삼켜버리는 경우에는 자신의 이상이 진리라는 착각까지를 불러일으켜서 현실의 모든 것을 부정하는 일도 벌어진다. 이 경우 행동은 매우 퇴행적인 모습을 보이기도 하지만 때로는 창조성을 발휘하기도 한다는 점도 이미 설명한 바 있다.

사회적으로도 지금 현실 속에서 미래에 대한 꿈을 살릴 수 없다는 생각이 있는 사람들은 언제나 변화를 요구한다. 그리고 그 정도가 강해지면 혁명적 방법으로라도 변화를 해야 한다는 믿음을 가지게 된다. 이들은 그 변화의 결과가 어떻게 되든 적어도 지금보다는 자신의 입장이 더 좋아질 것이라는 기대를 가지고 있다. 그리고 그 변화에 대한 나름의 명분과 논리를 세우게 되는 것이다. 이러한 성향의 사람들은 소위 급진 혹은 혁명적 성품을 가진 사람들이라고 볼 수 있다.

그런데 이러한 급진 혹은 혁명적 성향은 자신의 주장을 진리로 착각하는 환상까지를 동반하기 일쑤이다. 그리고 자신들의 생각에 반대하는 사람들을 비진리의 추종자로 매도하기도 한다. 그러나 이들의 환상이 결과적으로 모두 퇴행적으로 가는 것만은 아니다. 때로는 인류의 문명사에 새로운 변화를 유도함으로써 다수가 더 만족할 수 있는 세상을 만드는 기폭제가 되기도 한다. 따지고 보면 인류의 역사는 이러한 혁명적 성향을 가진 사람들에 의해 보다 빨리 변화를 거듭하여 왔는지도 모른다. 여기에서 보다 빨리라는 말을 사용한 이유는 보수주의자도 스스로의 개혁을 통한 점진적인 사회 변화를 꾀하고 있기 때문이다. 물론 어떠한 변화이든 그 자체가 진리를 향한 것은 아니지만…….

3. 한국 사회에 있어서 보수와 진보에 대한 개념의 문제

한국 사회에서는 특이하게 보수의 상대어로 혁명 혹은 급진이 아닌 진보라는 용어가 사용되고 있다. 왜 그럴까? 이번에는 이러한 질문을 기초로 특히 진보의 의미와 이것이 사용되게 된 배경을 살펴보려고 한다. 그리고 21세기 시장경제체제에서 자유와 평등의 가치를 강조하는 세력에 대한 이름표는 어떻게 부쳐지고 있는가도 논의하게 될 것이다. 추가하여 한국 사회에서 보수와 진보의 논쟁이 건전하게 흘러가기를 기대하면서 그들 세력들이 가지고 있는 콤플렉스도 한번 살펴보려고 한다.

1) 진보의 의미와 사용 배경

한국 사회에서 사용되고 있는 진보의 개념은 분단국가라는 한계에서 비롯되었다. 우리는 해방 이후 자유민주주의와 공산주의 혹은 사회주의라는 양극적 이념의 대결을 거치면서 종국에는 분단국가의 신세를 면치 못하게 되었다. 북쪽에는 공산주의 체제가 성립되었으며, 남쪽에는 자유민주주의 체제가 들어서면서 민족이 둘로 나누어졌다. 따라서 북쪽에서는 자유민주주의자가 반동 세력으로 규정되고 남쪽의 대한민국은 사회주의 혹은 공산주의 세력을 체제의 적으로 간주할 수밖에 없는 지경에 이르게 된 것이다. 이러한 상황에서 남쪽에서 사회주의 혹은 공산주의 혁명을 이야기하는 데는 엄청난 제약이 따를 수밖에 없었다.

물론 해방 후 남쪽의 대한민국에도 사회주의를 표방하는 정당들이 있었다. 그러나 그들의 정강정책은 사회주의적인 평등 가치를 실현하되 자유민주주의의 체제를 인정하고 그 속에서 나름의 사회주의적 가치를 실현한다는 점을 강조하였기에 혁명 세력이라고는 볼 수 없었다. 이는 독일의 베른슈타인Eduard Bernstein, 1850~1932이 주장한 자유 민주주의 체제하에서 사회주의적 가치를 실현한다는 점진적 사회주의Evolutionary Socialism[5] 입장과 유사하다. 정통 마르크스주의자들의 입장에서 보면 베른슈타인의 주장을 수정주의라고 할 수 있다. 실로 오늘날 서구의 사회민주주의는 베른슈타인의 점진적 사회주의에 큰 영향을 받았다.

Eduard Bernstein, 1850~1932

우리나라에서는 1956년 조봉암이 이끄는 진보당이 창립되었는데 이 역시 수정주의적 입장을 유지한 정당이라고 할 수 있다. 조봉암은 1925년 조선공산당 창립에 참여한 사람이지만 해방 후 프롤레타리아Proletariat 독재에 반대를 선언하고 대한민국의 건국에 참여하여 제헌의회 의원으로 선출되었다.[6] 그가 1956년 의회를 통해 사회주의적 가치를 실현한다는 가치 아래 세운 진보당은 공산주의의 역사관에서 차용한 용어라고 생각된다. 주지하는 바와 같이 인류의 역사는 계급 없는 사회를 향해 진보한다는 것이 공산주의의 역사관이기 때문이다. 나는 이때부터 우리 사회에는 사회주의 대신 진보라는 용어가 공식적으로 사용되었다고 보고 있다. 즉 당시의 실정으로 공산주의는 말할 것도 없고 사회주의라는 용어도 사용하기가 조금은 부담으로 느껴졌기에 대신 진보라는 용어를 사용했던 것이다.

물론 이후 군사독재를 거치면서 진보라는 용어도 별로 사용되지는

5 Eduard Bernstein, *Evolutionary Socialism*, Translated by Edith C. Harvey (New York: Schocken Books, 1961), 참고 (특히 p.xiii in Introduction by Sydney Hook, 참조).

6 조선일보, 2008년 6월 27일, 참조.

못하였다. 그러나 문민정부 이후 특히 김대중 정부 이후부터 소위 사회주의적인 색체를 가진 세력을 우리는 진보 세력이라고 공식적으로 부르기 시작했다. 그리고 진보가 보수의 대칭어로 사용되게 되었다. 그런데 거두절미하고 '진보'는 사전적으로 "앞으로 나아간다"는 의미가 있으니 공산주의나 사회주의 그리고 좌파적 색채가 직접적으로 들어나지는 않는다. 그리고 보수는 무엇이든지 지키려고만 한다는 수구적 이미지로 저락되었다. 대개의 젊은이들이 보수보다는 진보라는 용어를 더 선호하는 이유는 바로 여기에 있다고 나는 생각하고 있다.

2) 한국 사회에서 진보라는 개념의 혼동

한국 사회에서는 진보주의라는 별도의 정치 이념이 있는 것으로 착각하는 사람들이 있다. 사전에는 물론 '진보주의Progressivism'라는 용어가 있다. 그리고 그 의미는 일반적으로 "사회의 모순을 변화와 개혁을 통하여 점진적으로 해결해 나가려는 사고 방식"[7]으로 설명되고 있다. 그런데 철학적으로 본 용어는 특정한 정치적 이념으로 자리매김되지는 못하고 있다. 어떤 이념이든 앞으로 나아간다는 의미가 없는 것은 없기 때문이다. 즉 보수도 개혁을 외치고 있다는 것이다. 한마디로 한국에서 진보란 그 단어의 근본을 진보당에서 찾는다면 좌파 혹은 사회주의적 가치를 주장하는 세력에게 부쳐진 이름표임에도 얼핏 단어가 주는 뉘앙스 때문에 그 본질이 왜곡되고 있다고 보지 않을 수 없다.

이러한 이야기를 장황하게 하는 이유는 바로 보수의 상대어는 원칙적

7 "진보주의," 국어사전, NAVER, 참조.

으로 진보가 아니라 혁명 혹은 급진이라는 점을 강조하기 위한 것이다. 그리고 한국 사회에서 진보란 굳이 따지자면 공산혁명은 아니더라도 사회주의적 가치의 실현을 주장하는 세력에게 부쳐진 이름표라는 것이다. 이러한 용어의 혼란 때문에 한국 사회에서는 보수와 진보의 논쟁이 본질을 외면한 채 매우 애매하게 흘러가고 있는 것이 사실이다. 일반적으로 21세기는 혁명의 시대는 아니다. 그리고 마르크스의 공산혁명이론은 이미 역사에서 그 문제점이 노출됨으로써 폐기되다시피 한 개념이라고까지 말할 수 있다. 지금 우리 사회에서 공산혁명을 꿈꾸는 사람들이 있다면 이는 시대 착오적인 태도일 것이다.

이러한 일련의 복잡한 사정 때문에 우리 사회에서는 보수와 진보라는 단어 앞에 여러 가지 수식어들이 붙기도 한다. 합리적 보수 혹은 건전한 진보 등이 바로 이러한 예이다. 이는 한국의 보수 세력이 보수의 참의미를 망각한 채 기득권 지키기에만 몰두하고, 진보는 그 참뜻을 모른 채 대안 없는 비판만 일삼고 있기 때문이다. 따라서 이러한 혼동을 막기 위해서는 현재 자유시장경제체제 아래서 자유와 평등, 혹은 개인과 공동체 중 어느 한 쪽을 더 강조하느냐에 따라 보수와 진보의 개념이 사용되어야 한다. 앞서 언급했듯이 칸트 철학에 근거하여 개인의 권리와 자유를 보다 강조한다면 자유주의자요 혹은 헤겔 철학에 근거하여 공동체의 이익을 강조하면서 평등적 가치를 보다 강조한다면 이는 진보주의자라고 할 수 있다.

그런데 서양에서는 진보 대신 공동체주의Communitarianism라는 용어가 사용되고 있다. 이는 자유시장경제의 틀은 인정하지만 그 속에서 공동체의 이익과 평등적 가치를 보다 강조한다는 의미가 숨겨져 있다. 이 말은 다시 풀어보면 이제 혁명의 시대는 갔으며 자유시장경제 체제가 21세기의 보편적 가치로 등장했음을 의미한다. 그런데 그 속에서도 자유와 평등의 가치 중 어느 쪽을 보다 강조하느냐에 따라 그에 따른 이름표가 붙여지고 있다는 것이다. 따라서 현재 미국에서는 같은 자유주의자라는 뜻을 가지고 있지만 칸트적인 자유를 강조하는 사람들은 '리버타리안 Libertarian'이라고 부르고 평등적 가치를 강조하는 자유주의자들은 '리버럴Liberal'이라고 부르고 있다.[8]

3) 보수와 진보의 콤플렉스와 퇴행성

우리 사회에서 보수는 자유민주주의를 수호하려는 세력이지만 군사독재를 묵인하였다는 일련의 비판을 받고 있다. 5 · 16군사혁명 이래 대한민국은 경제발전이라는 슬로건 아래 개발독재의 시대를 겪어야 했다. 특히 군사정권은 그들 정권의 적합성을 강조하기 위해 자유민주주의를 부르짖고 경제발전을 외쳤다. 이러한 현실에서 한국 사회는 군사독재를 거부하는 민주주의와 경제발전이라는 명분 아래 군사독재를 묵인하는 파로 양분되었다. 군사독재를 묵인하는 세력은 자유민주주의를 주장하지만 경제발전을 위해 잠시 독재체제를 용인할 수밖에 없는 어려움을 안게 되었다. 그리고 군사독재 타파를 외친 세력은 경제성장도 중요하지만 더욱 중요한 것은 민주주의 정착이라는 점을 강조하였다.

그 뒤 문민정부를 시작으로 한국에서 군사독재는 물러갔다. 그러자 민주 세력 간에도 일련의 분화가 이루어졌다. 일부는 자유시장경제의

8 김용신, "보수 · 진보의 정치철학적 분석: '진보깡통' 보수꼴통'은 선진한국의 걸림돌", 『신동아』, 2009년 4월호, pp.135~147, 참조 (특히 pp.142~143).

틀을 강조하게 되고 또 일부는 사회주의적인 평등의 가치를 더 강조하게 된다. 이때 평등의 가치를 더 강조하는 세력에게는 진보라는 수식어가 붙었다. 그리고 시장경제의 틀을 강조하면서 경제성장을 강조하는 세력은 과거 군사독재를 묵인하였던 산업 세력까지를 포함하여 보수라는 이름표가 붙었다.

따라서 한국의 보수는 군사독재 묵인이라는 책임까지를 감수해야하는 운명에 처하게 되었다. 또한 진보주의자들은 아직도 분단이 해소되지 않고 있는 입장에서 자칫 좌파 혹은 친북 세력으로 매도될 수 있는 소지를 안게 되었다. 한마디로 한국의 보수는 경제적인 관점에서 보면 경제성장주의자라고 할 수 있다. 그리고 한국의 진보는 분배에 보다 초점을 둔 세력이다. 그런데 이 두 세력들 간에 논쟁이 고조되면 당연한 일처럼 과거 군사독재 그리고 북한의 공산주의적 발상과 연결되기가 일쑤였다. 한국의 진보는 보수를 향해 군사독재를 묵인한 세력이라는 비판을 가한다. 그리고 진보 세력이 평등과 분배를 너무 강조하게 되면 보수 세력은 이를 북한의 공산주의와 연결하여 친북 좌파라는 누명을 씌우기 일쑤였다.

지금도 북한의 정통성을 대한민국보다 더 인정하고 북한식 체제를 꿈꾸는 진보 세력이 있다면 이는 분명 친북 좌파라고 볼 수 있다. 그러나 나는 적어도 이러한 세력들은 우리 사회에 있어도 매우 소수일 것이라는 믿음을 가지고 있다. 그리고 보수 역시 지금도 개발독재를 염두에 두고 인권을 무시한 채 경제성장만을 강조한 사람들이 있다면 이는 반민주적인 세력이라고 밖에 말할 수 없다. 이 세력 또한 우리 사회에는 거의 없을 것으로 나는 믿고 있다. 그런데도 불구하고 이들 두 세력들은 상대 세력의 비판에 따른 콤플렉스를 벗어 던져버리기가 어려운 것 또한 현실이다.

그러면 어떻게 할 것인가? 이에 대한 답은 일반적으로 크게 3가지로 요약하여 말할 수 있다. 첫째로 보수의 상대어로 진보라라는 용어를 사용하지 말아야 한다. 보수는 역사성을 가지고 있는 정치 세력에 대한 이름표이다. 그러나 진보라는 용어는 우리 사회에서만 통용되는 용어로 오해의 소지를 다분히 가지고 있다. 따라서 진보 대신 공동체주의자 혹은 분배주의자, 아니면 평등주의자라고 이름표를 바꾸어야 한다. 둘째로는 역사성을 가지고 있다고 하지만 보수라는 용어도 필요하다면 바꿀 필요가 있다. 즉 성장주의자 혹은 개인 자유 강조자 등으로 바꿀 수 있을 것이다. 셋째로 현대사회는 다양한 계층으로 이루어진 다원적 요소를 가지고 있다. 따라서 무엇이든 보수와 진보라는 개념으로 양분할 것이 아니라 정책에 따라 거기에 합당한 이름표를 부치면 된다. 그런데 나는 셋째의 대안이 보다 실용적이며 양극적인 갈등을 해소하는 길이라고 믿고 있다.

조금은 극단적이지만 남북문제와 기타 정책들을 연결하여 생각하면 보다 쉽게 나의 생각을 이해 할 수 있을 것이다. 일반적으로 진보는 남북대화를 강조하고 보수는 북한에 대해 보다 엄격한 제제를 강조하는 것으로 알려지고 있다. 그러나 깊이 따지면 대한민국의 경제 정책에 대해서는 분배를 강조하지만 북한에 대해서는 강력한 제제가 필요하다고 생각하는 사람도 있을 수 있다. 또한 반대로 성장을 강조하지만 북한과는 대화를 강조하는 사람들도 있다. 그런데도 불구하고 우리 사회는 모든 것을 보수와 진보라는 이분법으로 재단하려는 경향을 가지고 있다. 심하게는 보수와 진보의 참의도 모른 채 자기가 싫어하는 사람이 보수라고 하면 자신은 진보라고 하고, 또 그 반대적인 현상을 보이기도 한다. 그러니 매사에 보수와 진보의 소모적인 갈등만 계속되고 있는 것이 아닌가?

제3장

사회적 갈등과 폭력에 대한 정신분석학적 이해

인간은 갈등을 떠나서 살 수 없는 존재이다. 그러나 그 갈등의 빈도가 잦고 또 그 강도가 높아지면 편안한 삶을 유지하기 어렵다. 나아가 갈등이 폭력을 동반하게 된다면 이야말로 문명 시대의 가치를 저버리는 꼴이 된다. 문명의 가치를 무시하게 되면 현실의 형벌까지를 감수해야 할 것이다. 이러한 점 때문에 보다 평화로운 삶을 위해 갈등과 폭력에 대한 연구는 다양하게 전개되어 왔고 상당히 의미 있는 주장들을 펼쳐왔다. 그럼에도 불구하고 대개의 기존 이론들은 무의식적인 동적 양상의 원리를 간과한 점이 있다.

이러한 점에서 이번에는 기존 이론들 중 핵심적인 논리들을 소개하고 그 문제점들을 지적한 후 우리를 갈등과 폭력에 이르게 하는 무의식적인 욕구를 제시해보려고 한다. 그리고 마지막으로는 갈등과 폭력을 완화시키는 정신분석학적 원리도 한번 살펴볼 것이다. 물론 여기에서는 갈등과 폭력에 대한 특정한 이론을 구축하기보다는 갈등을 유발하는 무의식의 욕구를 설명하는 데 초점을 두게 될 것이다. 이러한 설명은 갈등과 폭력에 대한 새로운 이론들을 세우는 데 기본적인 자료를 제공할 것이라 믿는다. 참고로 여기에서 논의되는 내용들은 2018년 출판한 『우리는 왜 싸우는가: 갈등의 정신분석』에 기초한 것임을 밝힌다.

1. 갈등 및 폭력에 대한 기존 이론과 문제점

갈등과 폭력에 관한 이론들은 대개의 경우 심리학적인 입장에서 분석되어 왔다. 갈등과 폭력이란 인간 마음의 작동에 근거하고 있기 때문이다. 나는 이러한 기본 이론들을 크게 세 가지로 분류하였다. 먼저 기초적인 이론으로 프로이트의 본능이론을 소개하고 심리학적 접근으로 불만-공격 이론과 사회적 학습이론, 그리고 마지막으로 정신분석학적인 접근을 통해 폭력을 바라보는 몇 가지 이론들을 소개하려고 한다. 물론 각 이론을 소개할 때 그 문제점들도 함께 지적할 것이다.

1) 프로이트의 본능이론

프로이트의 본능이론에 대해서는 제1부에서 그 핵심을 이미 논의한 바 있다. 따라서 여기에서는 폭력 및 갈등과 관련되는 점만 다시 한 번 요약 정리하려고 한다. 프로이트는 초기에 인간의 행동을 유발하는 기본 원인은 모두 본능에 근거한 것이라고 했다. 따라서 그는 갈등과 폭력도 본능의 소산이라는 믿음을 가졌다. 그 중 제일 중요한 것은 인간에게는 죽임이라는 본능이 있다는 것이다. 인간은 밥과 사랑 이라는 두 가지 요소를 충족해야 하는 운명을 가지고 있다. 아무리 육체적으로 잘 살아도 사랑이 없으면 그 삶은 황폐하다. 즉 사랑이 있어야 보다 행복한 삶을 누릴 수 있다.

그런데 현실적으로 자신의 육체를 보존하기 위해서는 밥도 먹어야 하는 것이다. 이러한 이유로 프로이트는 사랑과 죽임이라는 두 가지의 본능을 제시한 것이라고 볼 수 있다. 이 두 개의 본능 중 갈등과 폭력의 문제는 당연히 그 근원지가 죽임 혹은 공격적 본능에 기인한 것이라고 보는 것이 프로이트의 생각이다.

우리는 삶을 유지하기 위하여 타 동물들을 잡아먹어야 한다. 혹은 타인이 자신에게 위해를 가할 때 이를 방어할 수 있는 최소한의 공격성을 가지고 있어야 한다. 그렇지 못한다면 그 사람은 생명을 유지하기 어려울 것이다. 또한 자신의 이익을 위해서도 공격성을 발휘해야 할 때가 있다. 마냥 손해만 보고 살면 그 자체가 우리를 억압하는 기본적인 요인이 되어 정신적으로도 평화로운 삶을 유지하기 어려울 것이다. 그런데 모든 사람들이 자신의 이익만을 챙긴다면 여기에는 분명 갈등이 자리할 수밖에 없다. 따라서 자신의 삶을 위한 공격 본능이 바로 여러 사람들과 함께 살 때 갈등의 씨앗이 되는 것이다.

Konrad Lorenz, 1908~1989

프로이트의 본능에 기인한 이론은 후일 동물들의 공격적 행위를 분석하는 기초 자료로 많이 활용되었다. 그 중 하나의 흥미로운 연구는 오스트리아 출신 동물 행동 연구가인 로렌츠Konrad Lorenz, 1908~1989의 『공격에 대하여*On Aggression*』이다. 그는 본 연구를 통해서 인간이 다른 동물들보다 실질적으로 공격적 본능이 자제되지 못하고 있다는 점을 밝히고 있다. 만약 우리가 인간의 이성적인 힘을 강조한다면 인간은 동물들보다 공격성을 자제하는 힘이 압도적으로 높을 것이라는 생각을 할 수 있다. 그러나 실제로 그렇지 못하다는 것이 로렌츠 연구 결과이다.

그의 연구에 따르면 동물들도 물론 공격적 본능을 가지고 있다. 그러나 동물들은 고도의 꾀를 쓰고 다양한 도구들을 사용하지 못하기 때문에 서로 갈등의 상황에 놓이면 그저 단순히 육체적으로 상대를 제압하려고 한다. 그런데 이때 단 한 번의 펀치로 상대방을 제압하지 못하면 오히려 자신이 봉변을 당할 수 있다는 우려가 있다는 것이다. 따라서 로렌츠는 동물들에게는 서로가 자멸Self-Extermination을 피하기 위한 공격 억제Aggression-Inhibition의 기능이 인간보다 훨씬 발달되었다고 주장한다.[1]

이에 반해 인간들은 머리를 쓴다. 또 도구를 사용한다. 따라서 여러 가지 방법으로 상대를 공격할 수 있기 때문에 공격 억제 유전자가 진화하지 못한 것이다. 인간의 죽음에 대한 원인은 여러 가지가 있다. 자연적으로 노화하여 죽게 되고 병을 얻어 죽게도 된다. 교통사고나 불의의 재난으로 본의 아니게 생명을 잃기도 한다. 나아가 자살로 목숨을 끊기도 한다. 이러한 죽음은 실제로 공격성과는 무관하다.

그런데 따지고 보면 공격적 본능에 의하여 죽임을 당하는 경우는 우리의 상상을 뛰어 넘는다. 그 대표적인 사례가 전쟁이다. 회고해 보면 무수한 사람들이 그간 역사 속에서 여러 가지의 전쟁들로 목숨을 잃었다. 요즈음에는 살상을 목적으로 한 가공할 무기들까지 개발되었기 때문

1 Konrad Lorenz, *On Aggression* (New York: Harcourt, Brace, and World, 1966), 참고 (특히 pp.28~29, 참조).

에 잘못하면 인류의 파괴라는 우려까지 낳게 하고 있다. 인간은 얼마나 어리석은가! 동물보다 못한 것은 아닌가?

이렇게 보면 인간은 공격 자제력이 진화되지 않는 한 끊임없이 자신을 위한 공격 본능을 활용하게 될 것이다. 그리고 갈등이 부추겨지고 급기야는 폭력으로 연결되는 현상이 지속될 것이다. 이런 점에서 프로이트의 본능이론은 갈등과 폭력을 이해하는 데 기본적인 설명을 잘 해주고 있다.

그렇다면 남은 문제는 어떻게 공격자제력을 확대하느냐이다. 그런데 홉스가 주장한 것처럼 인간은 종교나 도덕 같은 보이지 않는 힘에는 별로 길들여지지 않은 것 같다. 물론 문명은 법을 통한 보이는 힘을 작동시켜 갈등과 폭력을 억제시키려고 하고 있다. 그럼에도 불구하고 인간의 공격 자제력은 아직도 진화할 기미를 보이지 않고 있는 것 같으니 인간은 분명 비합리적인 동물임이 확실한 것 아닌가?

2) 심리학적 접근: 불만-공격 및 사회적 학습이론

따지고 보면 프로이트의 본능이론은 모든 갈등과 폭력이 본능에 기인한다는 결과적인 주장만을 했기 때문에 매우 단순한 논리라는 비판을 받기 시작하였다. 물론 본능이 갈등과 폭력의 내적 요인임에는 틀림없다. 그러나 일부 학자들은 구체적으로 갈등과 폭력을 유발하는 분노의 감정이 유발되는 환경 혹은 상황의 문제까지를 논의해야 한다는 주장을 하게 된다.

이러한 관점에서 불만과 공격성의 발현 관계를 연구하기 시작하였는데 그 중심에는 달라드John Dollard, 두브Leonard W. Doob, 밀러Neal E. Miller, 마우러O. H. Mowrer, 시어스Robert R. Sears 등의 학자들이 있었다. 이들은

『불만과 공격*Frustration and Aggression*』에서 불만이야말로 공격성 발현의 기초가 된다고 주장하고 불만이 공격으로 이어지게 되는 조건을 몇 가지로 요약하였다.[2] 그것은 바로 '불만의 양Amount of Frustration,' '처벌의 영향Effect of Punishment,' '공격의 전치Displacement of Aggression,' '폭력의 정화Catharsis of Aggression'이다. 그리고 결론적으로 이들은 처벌이 강하면 강할수록 공격성이 줄어들며, 불만이 높으면 높을수록 공격성이 확대된다고 설명한다.

달라드와 그의 동료들은 불만과 공격성을 하나의 묶음으로 이해하고 있음이 틀림없다. 따라서 일부에서는 불만이 있어도 공격성을 발휘하지 않는 상태에 대한 보다 구체적인 연구를 해야 한다고 주장하고 나섰다. 버코위츠Leonard Berkowitz가 『공격성의 뿌리*Roots of Aggression*』에서 나름대로 이러한 주장을 펼치고 있다. 그는 공격적인 행동이란 스스로 예견되는 결과에 대한 반응에 따라 야기된다고 강조하고 있다.[3] 즉 불만이 상당히 많이 있다하더라도 그 불만을 표출하게 된 후 예견되는 결과가 자신에게 흡족하게 다가오지 못하면 공격성으로 연결되지 못한다는 것이다. 이는 불만이 높으면 높을수록 공격적 행위가 유발될 확률이 높다는 달라드와 그의 동료들의 연구에 일련의 수정을 가한 것이라고 볼 수 있다.

이와 관련하여 정치학자로서 심리학적 접근을 일부 활용한 거Ted Robert Gurr의 '상대적 상실이론 Relative-Deprivation: RD'도 한번 소개할 필요가 있다. 그는 『인간의 저항이유*Qhy Men Rebel*』에서 갈등 혹은 공격적 행위는

2 John Dollard, Leonard W. Doob, Neal E. Miller, O. H. Mowrer, Robert R. Sears, *Frustration and Aggression* (New Haven: Yale University Press, 1939), 참고.

3 Leonard Berkowitz, *Roots of Aggression* (New York: Atherton Press, 1969), 참고.

분노Anger에 기인하고 있는데 분노는 기대와 현실간의 불균형에서 비롯된다고 주장한다.[4] 상대적 상실 이론은 머리글을 따서 'RD 모델'이라고도 부르고 있는데 그 핵심은 현실과 기대 간의 차이가 심하여 상실감 혹은 박탈감이 높아질수록 공격성이 발현될 확률이 높다는 것이다. 그리고 현실과 기대의 괴리는 사람마다 편차가 있기 때문에 여기에 굳이 상대적이라는 용어를 사용한 것이다.

그런데 RD 모델은 상대적이라는 개념을 사용하고 있기 때문에 한편으로는 약간 애매하다고 볼 수밖에 없다. 따라서 뮬러Edward N. Muller는 보다 객관적인 공격적 행위의 유발을 설명하기 위해 공격적 행위를 유발하게 되는 기본적인 요소를 추가하고 있다. 그는 『공격적인 정치참여*Aggressive Political Participation*』에서 매우 흥미로운 소위 '기대 가치 규범Expectancy-Value-Norm'이라는 것을 개발하였다.[5] 이러한 규범의 기본 요소는 바로 '행동에 대한 태도Attitude of Action,' '행동에 대한 규범적 신념Normative Beliefs about Action' 그리고 '규범을 만족시키는 동기Motivation to Comply with Norm'이다. 따라서 그는 폭력 행위란 개인의 심리적 동기, 개인의 도덕적 동기, 그리고 사회적 규범의 영향에 따라 결정된다고 강조하고 있다.

추가하여 심리학적 접근으로는 '사회적 학습이론Social Learning Theory'도 한번 집어볼 필요가 있다. 그 핵심은 폭력 행위는 사회적으로 학습되는 바 크다는 내용이다. 이는 인간의 행동이란 본능보다는 환경적 영향을

---

4 Ted R. Gurr, *Why Men Rebel* (Princeton: Princeton University Press, 1970), pp.3~4 그리고 pp.197~232, 참조.

5 Edward N. Muller, *Aggressive Political Participation* (Princeton: Princeton University Press, 1979), pp.17~18 그리고 pp.30~31, 참조. 또한 Edward Muller, "Psychology of Political Protest and Violence in *Handbook of Political Conflict*, Edited by Ted Gurr (New York: Free Press, 1980, p.85, 참조.

많이 받는다는 것을 의미한다. 따라서 이 논리는 다분히 제1부에서 언급한 설리번의 대인정신분석학 혹은 신프로이트학파의 견해에 뿌리를 두고 있다.

폭력과 관련하여 사회적 학습의 문제를 강조한 연구는 반두라Albert Bandura와 그의 동료들이 연구한 『공격성: 사회적 학습 분석*Aggression: A Social Learning Analysis*』이 대표적이다. 이들은 인간의 행동은 사회적인 영향을 크게 받는다는 전제 위에 폭력성 유발에 대한 그들 나름대로의 논리를 전개하고 있다. 그 핵심은 인간은 사회적으로 타인들의 폭력 행위를 경험하면서 학습되고 나아가 타인들의 폭력 행위들이 가져오는 결과에 따라 영향을 받는다는 것이다.[6]

이는 타인들의 폭력 행위가 사회적으로 큰 제재를 받지 않는 다면 이를 따라하려는 경우가 더 늘어날 것이라는 점을 암시하고 있다. 요즈음 영화나 텔레비전 등에서 폭력 행위를 보고 따라하는 청소년들이 있는 것은 사회적 학습이론의 유효성을 입증하는 좋은 예라고 볼 수 있다. 그렇다하더라도 사회적 학습이론은 인간의 행동은 전부 사회적으로 학습되는가라는 의문을 낳게 한다. 이러한 이유에서인지 반두라는 제1부에서 언급한 대로 가정 내에서 보다 엄격한 통제를 받고 있는 청소년들은 그렇지 않은 경우보다 폭력에 대한 죄의식이 강하다는 단서를 달기도 하였다.

3) 정신분석학적 접근

폭력에 대한 정신분석학적 접근법으로는 그간 나치Nazi 폭력에 대한

6 Albert Bandura, *Aggression: A Social Learning Analysis* (Englewood Cliffs, NJ: Prentice-Hall, Inc., 1972), 참고(특히 pp.12, 16, 44, 5 참조).

연구가 주류를 이루고 있었다. 이러한 연구들은 나치 치하에서 대량학살Holocaust 등의 행위들은 정신분석학적으로 어떻게 이해될 수 있는가에 초점이 맞추어졌다고 할 수 있다. 그리고 혁명적 성격을 이해하려는 연구도 갈등과 폭력에 대한 정신분석학적 접근으로 이해할 수 있다. 혁명이란 기존 질서를 완전히 파괴하고 새로운 세상을 만들겠다는 신념에 기초함으로써 가끔은 폭력적 행위를 유발하기 때문이다. 추가하여 정신분석학적 입장에서 집단을 연구하는 과정에서도 폭력에 대한 문제가 논의되고 있다. 그런데 이 문제는 다음에 논의할 집단 연구에서 다루기로 하고 여기에서는 정신분석학적인 접근으로 나치 폭력 행위에 대한 연구와 혁명적 성격에 대한 연구들만 간단히 소개하고자 한다.

대개의 나치 폭력에 대한 사례 연구들은 피해자들의 정신 상태를 분석하는 데 초점을 두고 있으므로 폭력을 유발하는 원인을 이해하는 데는 한계가 있다. 그런데 미국의 정신분석학자인 리프톤Robert Lifton은 『나치 의사들*The Nazi Doctors*』에서 폭력 행사자들의 정신을 분석하고 있다는 점에서 매우 흥미롭다. 그는 본 연구에서 나치 체제하에서 고문이나 생체실험에 직접 참여한 의사들을 면담하고 소위 '삶과 죽음의 상징화Symbolization of Life and Death'라는 점에서 그 의사들의 정신 상태를 분석하였다.[7]

프로이트의 본능이론에 따르면 폭력 행위란 죽임 혹은 공격 본능에 의거한 가학성Sadism이라고 설명할 수 있다. 그러나 리프톤은 나치의 폭력이란 이념과 연결된 개인의 정신 구조 변화에 따른 것이라고 주장하

---

7 Robert Lifton, *The Nazi Doctors: Medical Killing and the Psychology of Genocide* (New York: Basic Books, 1986), 참고(특히 pp.13~15).

였다. 그에 따르면 나치 의사들의 행위는 '치료와 살인Healing and Killing'의 경계가 파괴된 결과라는 것이다. 다시 말하면 치료와 살인을 혼동하게 되는 정신분열적 증상에 따른 행위였다는 것이다. 결론적으로 리프톤은 고문과 생체실험에 참여한 의사들은 자기 가정에 돌아와서는 아주 좋은 남편과 아버지였는데 직장에서는 살인을 치료와 혼동한 나머지 그 무자비한 살인 행위를 죄책감 없이 하게 되었다고 한다.

나치 폭력에 관한 다른 연구는 나치문화의 정신분석학적 이해를 통해 간접적으로 이해할 수 있다. 이 연구들은 이미 신프로이트학파의 논리들을 설명하면서 언급한 바 있기 때문에 여기에서는 별도로 긴 설명을 하지 않을 것이다. 다만 폭력과 관련하여 프롬나 핸슨의 나치문화 연구에서 나타난 핵심 논리는 당시 독일 국민들이 가지고 있었던 강함에 대한 환상적 욕구가 오히려 나치즘을 만들었고 그 속에서 '가학-피학적Sado-Masochistic' 관계가 성립하게 되었다는 것이다. 이때 가학적이란 나치 지도자들의 죄의식 없는 폭력적 행위를 말하며 피학적이란 그러한 가학적 행위에 저항하지 않고 강함이라는 환상에 빠져 이를 추종한 독일 국민들의 퇴행적 행위를 의미한다.

폭력과 관련하여 혁명적 성격에 대한 연구는 프로이트의 정신분석학 이론을 일부 받아들인 정치학자 라스웰Harold C. Lasswell, 1902~1978과 오이디푸스 콤플렉스 이론에 근거한 분석을 시도한 울펜슈타인Eugen Victor Wolfenstein, 1940~2010의 연구가 대표적이다. 이들은 혁명가의 성격을 분석하고 그 속에 내재되어 있는 퇴행성을 지적하고 있다. 그런데 그 퇴행성이란 바로 폭력성과 깊은 관련성을 가지고 있기 때문에 폭력 연구에 대한 정신분석학적인 논리의 일부를 제공해주고 있다.

라스웰은 『정신병리학과 정치*Psychopathology and Politics*』에서 대개의 정치인들은 자기의 사적인 욕구를 공공의 이익이라는 이름으로 '전치Displacement'시키려고 한다고 주장한다.[8] 이 말은 결국은 자신의 욕망을 충족시키기 위해 정치를 하는데 그 명분으로 공공의 이익을 주장한다는 것이다. 그러니 여기에서도 퇴행적인 행위가 수시로 유발될 수 있다. 또한 그는 대개의 혁명가들은 어린 시절 자신이 받았던 심리적 상처를 보상받기 위한 방법으로 혁명을 부르짖는 경우가 많기 때문에 퇴행성을 동반할 수 있다고 주장하고 있다. 진정한 의미로 국민을 위하고 새로운 시대를 원하는 것이 아니라 자신의 이익과 상처를 보상받기 위하여 혁명을 명분으로 내세우게 되면, 당연히 수단을 무시하고 목적에 함몰되기 쉬우므로 과격한 행위가 수반될 수 있다.

정신분석학에서 전치란 어떠한 개인적 욕구를 사회적으로 의미 있는 가치로 전환시키는 것을 의미한다. 이러한 점에서 울펜스타인은 라스웰이 주장하는 전치의 논리를 오이디푸스 콤플렉스 개념을 활용하여 설명하고 있다. 일반적으로 오이디푸스 콤플렉스를 사회적인 구조에 비교하자면 아버지의 권위는 현실의 권력으로 그리고 어린이의 도전은 현실의 권위를 부정하는 혁명적인 사고로 비유될 수 있다. 그런데 울펜슈타인은 좋은 아버지와 나쁜 아버지를 대비시키면서 조금은 이색적인 주장을 하고 있다. 그는 레닌Vladimir Lenin, 1870~1924과 트

Vladimir Lenin, 1870~1924

8 Harold C. Lasswell, *Psychopathology and Politics* (New York: The Viking Press, 1960) 참고 (특히 p.175 그리고 pp.264~265, 참조).

Leon Trosky, 1879~1940

Mahatma Gandhi, 1869~1948

로스키Leon Trosky, 1879~1940, 그리고 간디Mahatma Gandhi, 1869~1948를 분석하면서 나쁜 아버지는 레닌과 트로스키의 경우 차르 전체주의 그리고 간디의 경우는 영국의 제국주의로 전치되었다고 보고 있다. 또한 좋은 아버지는 레닌과 트로스키의 경우는 공산주의 그리고 간디의 경우는 독립으로 전치되었다고 주장하고 있다.

울펜스타인의 핵심 주장은 결국 나쁜 아버지를 파괴하고 좋은 아버지 역할을 자신들이 하겠다는 욕구가 레닌과 트로스키 그리고 간디의 욕구였다는 것이다. 그들이 이처럼 나쁜 아버지를 처단하겠다는 욕구는 자신들은 좋은 아버지가 될 수 있다는 환상에 기초한 것이다. 그리고 그 환상이 진리로 연결되면 나쁜 아버지는 악이므로 수단과 방법을 가리지 않고 파괴해야 한다는 논리가 서게 된다. 이것이 바로 혁명이 퇴행적 폭력을 불러일으키는 원인이 되기도 한다.

그런데 나의 이론으로 보면 울펜슈타인의 논리는 조금 어색한 면이 있다. 나는 이념으로 연결되는 것은 바로 완전성을 추구하는 자아이상이라고 강조하고 있다. 그리고 그 자아이상의 뿌리는 아버지가 아니라 어머니임을 샤스귀에르 스미젤은 강조하고 있다. 그렇다면 오이디푸스 콤플렉스 현상과 비교하면 현실의 권력은 아버지가 되고 새로운 세상은 어머니에 대한 사랑 혹은 어머니의 자궁 속으로 돌아가려는 원초적인 자아도취의 욕구여야 한다. 따라서 나는 레닌과 트로스키 그리고 간디에 있어서 공산주의와 독립이라는 현상은 바로 어머니로 전치된 것이라고 설명하는 것이 보다 설득력이 있다고 보고 있다.

2. 갈등과 폭력을 유발하는 무의식적 욕구

지금까지 기존의 이론들을 살펴보았다. 그런데 보다 진전되고 설득력 있는 갈등과 폭력에 대한 이론을 구축하기 위해서는 인간 무의식의 동적 양상을 깊이 있게 살펴볼 필요가 있다. 프로이트의 본능이론은 모든 것을 본능에만 돌리려는 단순성이 있다. 그리고 심리학적 접근들은 무의식의 동적 양상을 간과한 면이 있다. 또한 위에서 설명한 정신분석학적 접근들은 심리적 상처에 대한 전치 혹은 오이디푸스 콤플렉스라는 개념에만 의지한 면이 있다. 따라서 이번에는 보다 정교한 이론 구축을 위한 기본 자료로써 인간이 폭력과 갈등을 야기하는 무의식의 요소들을 살펴보려고 한다.

1) 육체적 생존을 위한 욕구

모든 생명체들은 살기를 원한다. 죽을 수밖에 없는 운명을 타고 났지만 죽는 것은 가장 두려운 일이다. 어떤 생명체이든 만약 생명에 위협을 느낀다면 그 자리에서 그냥 당하고 만 있지 않는다. 비록 힘이 부족하여 당해내지 못할 지라도 마지막 힘이라도 써보려고 할 것이다. 프로이트가 말한 양대 본능으로서 사랑과 죽임의 본능도 따지고 보면 삶을 위한 본능이다. 인간은 죽임의 본능을 통해 생명을 유지하면서 또 타인의 공격을 방어하려고 한다. 사랑의 본능도 정신과 육체적으로 보다 만족스러운 삶을 위한 본능이라고 볼 수 있다.

현실에서 나타나는 갈등 그리고 폭력들은 상당 부분 육체적인 삶을 위하여 발생되고 있다고 해도 과언은 아니다. 자신의 생명에 위협이 있는 것은 말할 것도 없고 재산상의 손실이 와도 인간은 저항하게 되어 있다. 기대와 현실의 괴리 혹은 상대적인 박탈감이 갈등의 본질이라고 보는 심리학적 접근들은 정신분석학적 입장에서 보면 상당 부분 생존을 위한 욕구에서 기인한 것이라고 보아도 타당할 것이다. 다만 그 한계가 개인별 혹은 문화에 따라 편차가 심하기 때문에 객관적 지표를 만들기가 어려울 뿐이다. 아니 객관적 지표라는 것 자체가 정신분석학적으로는 불가능한 일이라고 해도 과언은 아니다.

인간의 삶은 육체와 정신적인 면을 동시에 살펴보아야 한다. 그리고 육체와 정신을 분리하여 보기도 어렵다 그러나 편의상 여기에서는 육체적인 면을 우선 말하고, 정신적인 면은 다음 자아이상의 실현 욕구에서 보다 깊이 있기 논의하게 될 것이다. 여기에서 육체적이라 함은 육체와 물질적인 면에 초점을 두고 있다. 따라서 육체적인 위협 그리고 물질적인 손실이나 박탈 등은 갈등과 폭력의 기본적인 요인이라고 볼 수 있다.

2) 영향력과 이익의 확대를 위한 욕구

인간은 생명의 유지와 삶을 위한 물질적 기반이 필요하다. 그런데 이러한 육체와 물질의 최소 욕구라는 것은 존재하지 않는다. 인간은 보다 오래살고 보다 많이 가지려는 욕심을 버릴 수 없는 존재이기 때문이다. 갈등과 폭력을 야기하는 기본적인 한계를 설정하기 어려운 것은 바로 이러한 욕심 때문이다. 인간의 욕심은 크게 두 가지 측면에서 살펴볼 수 있다. 그 하나는 영향력 확대이며 다른 하나는 이기심이다. 따지고 보면 이 둘은 굳이 분리할 필요도 없이 동전의 양면 같은 것이지만 구체적인 설명을 위해 분리할 뿐이다.

영향력 확대를 위한 욕구는 니체의 '권력에로의 의지Will to Power'라는 개념으로 설명할 수 있다. 니체는 인간이란 보다 활력적인 삶을 위해 권력을 향한 의지가 있어야 한다고 주장하고 있고, 그 자체가 인간의 기본적인 욕망이라고 설명하고 있다. 이러한 그의 주장은 다분히 다윈Charles Robert Darwin, 1809~1882의 진화론 혹은 스펜서Herbert Spencer, 1820~1903의 '적자생존Survival of Fitness' 논리에 근거한 것이라고 할 수 있다. 힘을 가진 자가 살아남을 확률이 더 높기 때문이다.

Charles Robert Darwin, 1809~1882

Herbert Spencer, 1820~1903

니체가 권력이라고 말한 것은 꼭 정치적인 힘만을 의미하지는 않는다. 이것은 삶에 있어서 자신이 타인에게 가지는 영향력 혹은 힘이라고 광범위하게 보는 것이 보다 타당하다. 인간은 최소한의 생명 유지에 만족하지 않는다. 보다 강한 힘을 가지고 타인보다 우위에 서려는 욕망을 가지고 있다. 그리고 그러한 욕망을 실현함으로써 삶에 대한 긍정적인 의미를 더욱 많이 느끼게 된다. 따라서 니체는 권력을 향한 의지야 말로 인간의 삶을 풍요롭게 하는 기본적인 요소라고 강조하고 있다.[9]

---

9 Friedrich Nietzsche, "Will to Power," in *The Complete Works of Nietzsche,* Vol. 14, Translated by Anthony M. Ludovici (New York: Russel & Russel, 1964), 참고.

적자생존이란 환경에 적응력이 뛰어날수록 생존율이 높음을 의미한다. 그런데 환경에 적응력이 높다는 말은 자신에게 불리한 환경도 극복한다는 의미를 가지고 있다. 그 극복은 어떻게 이루어지는가? 그것은 바로 투쟁 정신이다. 이러한 투쟁 정신이 없는 한 그 생명체는 어려운 환경에서 살아남기 어려울 것이다. 이러한 투쟁 정신은 프로이트가 말한 죽임 혹은 공격적 본능의 소산이라고도 할 수 있다.

그런데 투쟁 정신이야말로 따지고 보면 갈등과 폭력의 기초가 되는 인간의 욕구가 되고 만다. 인간은 혼자서 살 수 없다. 그래서 투쟁을 통해 타인을 제압하여야 보다 활기찬 삶을 유지하게 된다면 이야말로 나의 활력을 위해 타인에게 불리함을 준다는 말로도 연결이 된다. 또한 투쟁 정신은 나만 가지고 있는 것이 아니라 인간이면 누구나 가지고 있는 욕구라고 한다면 이 또한 갈등을 부추기는 본질이 된다. 니체는 이러한 사실을 몰랐을까?

영향력 확대와 관련하여 인간은 이기적인 동물임을 알아야 한다. 그 이기심은 끝이 없다. 집이 없을 때에는 어디에서 잠만 잘 곳이 있으면 좋겠다는 생각을 하지만 집이 생기면 보다 넓고 화려한 집을 요구하게 된다. 먹는 것도 마찬가지이다. 처음에는 배만 채우면 될 것 같았는데 생활이 조금씩 나아지면 보다 맛있는 것이 먹고 싶다. 소지품도 마찬가지이다. 점점 욕심이 늘어 나중에는 명품을 찾아 헤매게 된다. 그리고 모든 사람들이 이러한 이기심을 가지고 있기에 갈등을 끝나지 않는다. 오죽했으면 마르크스가 사유재산을 철폐하면 갈등이 사라질 수 있겠다고 믿었을까!

얼마 전 동경대학교 총장으로 영장류사회생태학자인 야마기와 주이치

山極寿一는 소유욕과 관련된 폭력 이론을 주장한 바 있다. 그는 『폭력은 어디서 왔나』에서 폭력은 인류가 진화하는 과정에서 소유욕으로부터 출발하였다고 한다. 인류가 문명 시대를 맞이하면서 제일 먼저 규제의 대상이 된 것은 바로 성Sex의 문제이다. 누구하고 누구하고는 혼인을 할 수 없다는 규제가 바로 문명의 출발이라고 보는 것은 다분히 프로이트의 이론이라고 볼 수 있다. 그런데 야마기와는 이러한 성적 규제에 따른 불만을 해소하기 위하여 음식을 나누어주는 일이 발생했는데 바로 이 과정에서 서로 많이 먹으려는 이기심이 발동하여 싸움이 시작 되었다고 한다.[10]

그러면 이 이전에는 폭력이 없었는가? 야마기와는 이전 수렵시대에는 땅은 넓고 사람의 수는 적었기에 사냥을 가더라도 서로 마주칠 일이 별로 없었기 때문에 충돌을 일으키는 경우가 적었다고 한다. 그렇다 하더라도 야마기와의 이론은 폭력에 대한 본질적인 답을 주는 것은 아니다. 인간은 프로이트가 말한 대로 공격적 본능을 원초적으로 가지고 있다. 인간이 존재하는 그 순간부터 소유의 개념은 존재할 수밖에 없다. 다만 우리는 그의 주장으로부터 음식을 나누어 먹기 시작할 때부터 폭력이 잦아졌다고 이해할 수는 있을 것이다.

3) 자아이상의 실현을 위한 욕구

자아이상은 기쁨의 원리에 근거한 본질적인 욕구이다. 그런데 그 기쁨이란 육체적인 것에만 국한된 것이 아니다. 우리의 마음을 기쁘게

10 야마기와 주이치, 『폭력은 어디서 왔나』, 한동승 옮김 (서울: 곰출판, 2015), 참고.

하는 모든 것을 의미한다고 보아야 할 것이다. 그리고 이러한 기쁨은 미래에 돌아올 자신의 기대와 꿈까지를 포함하고 있다. 나아가 기쁨의 원리는 자아의 정체성을 확립시키는 데도 가장 중요한 역할을 한다. 정체성이 없는 기쁨은 단순한 육체적 기쁨에 지나지 않을 것이다. 정체성은 자신이 누구이며 무엇을 향해가는가를 결정짓는 일이기 때문에 다분히 자아이상의 역할에 따라 그 특색이 정해진다.

따라서 자아이상을 실현하기 위해 인간은 각자 끊임없는 노력을 한다. 그리고 그 과정에서 정체성이 확립되고 또 그 정체성을 유지하기 위하여 노력한다. 그런데 자아이상의 실현이 현실에 가로막히게 되면 이야말로 가장 큰 심리적 상처가 될 수 있다. 이는 기대와 현실의 불일치를 이루는 원동력이 되기 때문에 이에 따른 갈등이 야기된다. 또한 자아이상의 실현을 가로막는 장애물이 있다면 이를 제거하려는 욕구가 발동된다. 현실의 장애물 제거가 어려우면 환상을 통해서라도 이를 제거하려고 하는 것이 자아이상의 본질이다. 그런데 한편으로 이러한 환상은 자신의 자아이상이 진리라는 믿음으로까지 연결되므로 이의 실현을 방해하는 장애물들은 비진리라는 이름으로 파괴하려는 욕구까지를 동반한다.

이러한 설명은 이미 언급한 바 있다. 그런데 문제는 자신의 자아이상이 진리라는 믿음으로 연결되면 진리의 실현이라는 목적에 함몰되어 수단을 망각함으로써 퇴행적 행위가 나타나게 되는데 그 중 가장 문제가 되는 것이 폭력성이다. 특히 각자의 자아이상이 진리라는 믿음을 가지게 되면 그리고 그 자아이상이 타인의 자아이상과 다를 경우에는 그 갈등은 타협을 거부하고 상대방의 자아이상을 비진리 혹은 악으로 몰아세우는 극한 행동이 야기된다.

지금까지 역사 속에서 모든 전쟁들은 따지고 보면 집단 간 혹은 국가 간에 상대방을 악으로 몰아세우는 과정에서 야기된 것이라고 해도 과언은 아니다. 개인들 간에도 마찬가지이다. 서로의 자아이상이 다르다면 이는 결국 타협을 거부한 채 서로를 이겨내려고만 할 것이기에 심한 갈등이 야기되고 급기야는 폭력성까지를 동반하게 된다.

요즈음 '아이에스IS: Islam State'와 미국 간의 갈등 및 전쟁도 결국은 서로의 자아이상이 다르기 때문에 상대방을 악으로 규정하고 있는 데서 야기된 것이라고 할 수 있다. 그리고 우리 사회에서 보수와 진보 간 타협점을 좀처럼 찾지 못하고 심한 갈등만을 부추기는 이유도 따지고 보면 각 집단 간의 자아이상이 현저히 다르기 때문이라고 해석할 수 있다. 따라서 갈등 중 가장 타협이 어려운 갈등은 바로 자아이상의 차이로부터 나타나는 갈등이라고 해도 무방하다.

또한 자아이상은 자신의 정체성을 확립시키는 기초가 된다. 그런데 자신의 정체성을 이해하지 못하거나 인정하지 못한 사람이 있다면 이야말로 자신의 존재 의미가 상실되는 것이다. 따라서 정체성이 훼손될 때에도 인간은 참지 못하고 저항하게 되어 있다. 정체성이란 육체적인 생존 못지않게 한 생명을 유지하기 위한 중요한 요소이다. 만약 남자로서 정체성을 유지하고 사는데 여자라고 한다면 이에 저항하지 않을 사람이 어디 있겠는가! 이러한 예는 극단적인 것이지만 조금 범위를 넓혀보면 나를 나답게 하고 있는 것에 비판이 따른다면 자연히 저항과 갈등이 야기될 수밖에 없다.

인간은 경우에 따라 육체적 생명을 포기하면서도 자신의 정신적인 정체성을 유지하려고 한다. 이처럼 정체성은 인간의 삶을 유지시키는 중요한 요소이다. 독립운동이나 민주화운동을 하다 산화한 사람들도 자신의 자아이상을 실현하기 위하여 혹은 정체성 유지를 위하여 육체적인 생명을 내놓은 것이라고 할 수 있다. 경우에 따라서는 자살도 정체성 유지를 위한 하나의 방법으로 택해지고 있다고 볼 수 있다.

4) 긴장 완화를 위한 욕구

프로이트의 정신분석학에는 '항상성 원리Constancy Principle'라는 개념이 있다. 이는 인간은 그 정서적 긴장을 항상 '제로Zero' 상태로 만들려고 하는 욕구가 있다는 말이다. 구체적으로 말하자면 인간은 자아에 대한 어떤 자극이나 긴장 상태가 유발되었을 때 무의식적으로 이를 없애거나 완화하려는 욕구가 작동한다.[11] 몸에 수분이 부족하면 물이 먹고 싶고, 비타민 성분이 부족하면 과일이 먹고 싶은 것도 모두 육체적으로 균형을 찾고자하는 항상성 원리에 기인한 것이다. 그리고 심리적으로 불안하면 이를 벗어나려고 하고, 또 기분 나쁜 일이 있으면 이를 잊어버리거나 기분을 만회하려는 정서적 욕구가 생기는 것 또한 항상성 원리 때문이다.

우리나라 속담에는 "종로에서 뺨 맞고 한강에서 눈을 흘긴다"는 말이 있다. 종로에서 뺨을 맞았는데 그 분을 풀지 못하면 아무 저항력이 없는 한강을 바라보고 한번 찡그리기라도 해야 분이 일부라도 풀린다는 것인데, 이야말로 항상성 원리를 잘 표현하는 말이라고 할 수 있다. 인간은

11 Sigmund Freud and Josef Breuer, "Studies on Hysteria", in *S.E.* Vol. 2, 참고. 또한 Jay R. Greenberg and Stephen A. Mitchell, *Object Relations in Psychoanalytic Theory* (Cambridge, Massachusetts and London: Harvard University Press, 1983), pp.25~28, 참조.

정서적으로 긴장이 생기면 이를 풀어 줘야 한다. 그렇지 못하면 마음에 병이 걸릴 수 있다. 마음의 병들은 따지고 보면 긴장이 해소 되지 못한 결과라고 해도 과언은 아니다.

그런데 문제는 긴장을 완화 혹은 제거하려고 하는 과정에서 또 다른 갈등이 야기될 수 있다는 사실이다. 집에서 부부싸움을 하고 마음이 불편한 상태에서 회사에 와서 이유 없이 동료들에게 짜증을 내는 일도 사실은 항상성 원리에 기인한다. 그런데 이유 없이 짜증을 내면 그것이 또 다른 갈등의 씨앗이 된다. 그리고 짜증을 받은 동료가 이를 이해하지 못하면 싸움까지 유발할 수 있다. 따라서 긴장을 완화시키려는 과정에서 야기된 갈등은 자신의 입장에서 보면 2차적인 갈등이지만 그것이 오히려 본 갈등보다 훨씬 큰 갈등으로 번질 수 있는 요소를 가지고 있다.

이러한 갈등은 비단 개인들 간에만 있는 것이 아니라 국가나 집단 간에도 존재한다. 그 대표적인 예는 2003년 미국의 이라크 침공이다. 미국은 2001년 뉴욕의 무역 센터와 워싱턴의 국방성 건물이 여객기 공격으로 파괴된다. 미국 역사상 가장 큰 피해였다. 그런데 다행히 알카에다Al-Qaeda 조직이 스스로 공격했다고 말하고 나섰다. 그러니 미국으로서는 알카에다를 공격해야하는 당위성을 얻게 되었다.

그런데 알카에다의 수장인 오사마 빈라덴Osama bin Laden을 잡으려고 은신처인 아프카니스탄Afghanistan을 샅샅이 뒤졌지만 실패하고 말았다. 미국으로서는 참을 수 없는 수모를 겪게 된 것이다. 이때 이라크가 다량 살상무기를 보유하고 이를 알카에다 조직에게 제공하려고 한다는 정보가 입수되었다. 그러니 오사마 빈라덴을 잡지 못하여 자존심을 구기고 있었던 미국은 이를 일부라도 만회하기 위하여 다량살상무기 제거라는 명분으로 이라크를 침공하고, 결국은 이라크 대통령인 사담 후세인 Saddam Hussein을 체포하였다.

사담 후세인은 결국 재판에 회부되어 사형당하고 만다. 그리고 후일 이라크가 다량살상무기를 가지졌다는 정보 그 자체가 애매한 것이라는 이야기도 나돌았다.[12] 그래서 나는 후세인은 알카에다의 미국 공격에 대한 희생자라는 생각을 가끔 하고 있다. 고래 싸움에 새우 등 터진 꼴이다. 미국이 화를 직접 못 풀자 대신 희생되었다는 말이다.

미국은 후세인의 처형에도 만족할 수가 없었다. 기어이 오사마 빈라덴을 잡아야했던 것이다. 그리고 결국은 2011년 오사마 빈라덴은 파키스탄Pakistan의 한 은신처에서 미국의 특수부대에 의해 잡혀 죽게 되고 만다. 오바마Barack Hussein Obama 미국 대통령은 오사마 빈라덴을 잡았다는 이유로 재선에 성공하였다고 볼 수 있다. 미국의 명예를 지켰기 때문이다.

미국의 이라크 침공이야말로 긴장을 완화시키기 위한 과정에서 제2의 갈등이 야기된다는 것을 잘 입증시켜 주고 있다. 그런데 이러한 제2의 갈등은 또 다른 갈등의 씨앗이 된다. 갈등을 해소하는 것 자체가 갈등의 악순환을 초래하기 때문이다. 이는 우리에게 본능처럼 자리하고 있는 항상성 원리가 약도 주고 병도 줄 수 있다는 것을 의미한다. 그리고 한편으로는 인간은 갈등적일 수밖에 없음을 시사한다. 현실을 살아가면서 완전한 마음의 평화가 있는 순간은 그리 많지 않다.

12 중앙일보, 2003년 6월 2일, 참조.

3. 갈등과 폭력을 완화시키는 정신분석학 원리

인간은 본질적으로 갈등적 존재이다. 따라서 우리는 갈등에 따른 심리적 상처를 안고 살 수밖에 없다. 그러나 한편으로는 항상성 원리에 따라 갈등에 따른 상처를 완화하고 싶은 마음도 동시에 가지고 있는 것이다. 그렇다면 갈등을 완화하고 그로인해 심리적 상처를 조금이라도 치유할 길은 없는가?

이번에는 이러한 질문에 답을 위한 정신분석학적 원리를 몇 가지 제시하려고 한다. 단 대 전제는 갈등 완화를 위해서는 현재 자신이 겪고 있는 갈등이 어디에서 비롯된 것인가라는 자기 분석이 필수적이다. 좀 확대하여 설명하자면 갈등의 원인을 나름대로 분석할 경우 그 치유의 법도 스스로 터득하게 될 수 있다. 이러한 자기 분석을 위해서는 앞서 설명한 갈등을 유발하는 무의식의 요소들을 참고할 필요가 있다.

1) 사랑의 감정 확대

인간은 공격의 본능만 있는 것이 아니라 사랑의 본능도 가지고 있다. 따라서 사랑의 감정을 확대하는 일은 갈등 완화의 가장 기본적인 작업이다. 물론 사랑의 감정을 확대시키는 일은 쉬운 일은 아니다. 그래서인지 과거 수많은 철학자들은 나름대로 사랑의 감정을 확대하는 방법들을 제시했는데 그 중심에는 이성의 힘이 자리하고 있다. 이성의 힘에 의존하고 있는 철학자들의 주장의 핵심에는 인간은 다른 동물과 달리 이성의 힘을 가지고 있기 때문에 합리적인 길을 택할 수 있으므로 스스로 갈등을 자제할 수 있다는 논리가 있다. 그런데 이성의 힘을 부정하는 정신분석학에서는 이러한 방법을 그대로 받아들이기는 어려울 것이다.

한편 이 문제를 다른 각도에서 풀어보면 정신분석학적으로도 스스로 갈등의 감성을 자제하는 원리를 설명할 수 있다. 이성을 강조하는 논리에서 이성을 통한 자기 억제는 더 큰 행복을 가져 온다고 주장하고 있다. 기쁨에 정도의 의미를 추가한다는 것은 조금은 애매한 일이다. 그런데 이성을 통한 감성의 억제가 종국적으로 기쁨으로 이어지지 않을 때 이성의 힘은 의미 없는 현실을 살아가려는 욕구로 저락하고 만다는 생각을 하면 한 가지 실마리를 찾을 수 있다. 따라서 이성을 통한 마음의 평화 혹은 기쁨은 자아이상이 추구하는 완전성으로의 회귀와 본질적으로 다르지 않을 때에만 긍정적으로 작용할 수 있다.

그렇다면 정신분석학적으로는 자아이상이 만족을 얻을 수 있는 방법으로 자신의 감정을 조정하는 것이야말로 기쁨의 원리를 벗어나지 않으면서 현실을 살아가는 길을 발견하는 일이다. 즉 지금 화가 나서 이를 숨김없이 발현하면 미래에 닥칠 더 큰 괴로움들이 있으리라는 예견을 하면 미래의 기쁨을 위해 지금의 흥분을 가라앉힐 수 있는 또 다른 정서가 작동 될 수 있다. 이는 앞서 논의한 갈등에 대한 심리학적 접근에서 갈등의 결과에 대한 예견이 갈등의 폭발 혹은 자제의 변수가 된다는 논리와 비슷하다. 그렇다면 굳이 이성이라는 개념을 적용하지 않더라도 우리는 정서적으로 보다 길고 의미 있는 기쁨을 위해 지금의 나쁜 감정을 완화할 수 있게 될 것이다. 다시 말하면 이를 위해 사랑의 감성이 확대될 수 있으며, 거꾸로 사랑의 감성을 확대함으로써 예견되는 슬픔을 더 완화시킬 수 있다. 이러한 노력은 항상성 원리와도 일치되기 때문에 결코 어려운 일은 아니다.

2) 자아이상과 초자아의 적절한 조화

인간은 꿈을 먹고 사는 동물이다. 그리고 그 핵심에는 자아이상이라는 본질적 욕구가 자리하고 있다. 그런데 문제는 인간이 육체를 가지고 있는 한 먹어야 되고, 입어야 하고 또 편안히 잠을 자기도 해야 한다. 다시 말하면 현실의 논리 그자체도 무시할 수 없다는 말이다. 따라서 인간은 꿈과 현실의 괴리를 어떻게 조화하고 사느냐에 따라 만족과 불만의 정도가 결정된다. 꿈만을 강조하면 현실의 생활이 어려워지고 또 현실만을 강조하면 자신의 꿈이 줄어드는 불만을 가질 수 있다. 꿈과 현실에서 모두 행복하다면 얼마나 좋을까? 그러나 대개의 인간들은 그렇지 못하다. 아니 본질적으로 그렇게 구조되어 있지 않다. 따라서 자아이상과 초자아는 항상 갈등할 수밖에 없다.

그런데 갈등에 국한하여 보면 자아이상이 현실을 너무 무시하거나 외면했을 때 야기되는 경우가 허다하다. 오직 자신의 기쁨만을 추구할 때 타인과의 갈등이 야기되기 때문이다. 따라서 타인의 자아이상도 어느 정도 인정할 필요가 있는데 인간은 이기적인 동물이기 때문에 입장을 바꾸어 생각하기가 쉬운 것은 아니다. 다만 현실을 큰 갈등 없이 지내려면 초자아의 기능을 조금 확대시켜 자신의 자아이상과 일련의 조화를 가지도록 해야 한다. 이때 초자아란 상대방의 입장도 일부 이해하는 감정까지를 포함한다. 그 자체가 바로 현실이기 때문이다. 정서적으로 이러한 조화야 말로 가장 정상적인 삶을 유도하는 기본 조건이다.

이 경우 문제는 항상 현실과 타협만 하게 되면 자아이상이 상처를 입게 된다는 점이다. 즉 꿈이 이루어지기가 어렵다는 것이다. 그렇다면 자아이상의 상처를 최소화하면서 초자아와 조화를 가정해볼 수밖에 없다. 물론 이 역시 쉬운 일은 아니다. 그러나 우리의 현실 생활이 별무리 없이 유지되어야 꿈도 실현될 수 있다. 우리의 자아이상은 환상속에서 그 욕구가 이루어지는 것보다 현실 속에서 이루어질 때 완전한 만족을 얻을 수 있다. 따라서 현실을 무시한 환상을 통한 자아이상의 성취는 우리를 나름대로 위안시키지만 완전한 것이라고 볼 수는 없다. 그렇다면 현실을 막무가내 무시할 수는 없다는 정서가 싹트게 된다.

이러한 주장은 자아이상이 점진적 방향을 택해가는 것을 말한다. 그런데 이 주장은 자칫 창조성을 상실할 수도 있는 위험이 따른다. 그렇다고 자아이상이 현실을 완전히 무시하면 퇴행성이 발현될 수도 있다. 그런데 그 퇴행성이라는 것도 반문명적이 아닌 한 시공에 따라 새로운 창조성으로 인식되기도 한다. 여기에서 한 가지 주목할 것은 지금이 아닌 미래에 또 내가 사는 공간이 아닌 타 공간에서 자신의 현실을 무시한 자아이상이 인정된다고 해도 지금 이 자리에서 본인은 만족하기 어렵다는 것이다. 이 경우는 과감한 선택이 필요하다. 지금은 비록 이해되지 않더라도 먼 훗날 그러기를 기대하며 계속 자신의 자아이상을 고집할 것인가? 아니면 시간이 걸리더라도 초자아와의 적절한 타협을 통하여 자아이상을 점진적으로 실현할 것인가? 이 문제는 각자가 결정할 일이다.

추가하여 이러한 상황도 가정할 수 있다. 즉 지금의 감정을 그대로 풀어버림으로써 이에 따른 현실적인 부작용이 있다하더라고 지금 푸는 것이 자신에게 더욱 큰 만족을 줄 수 있다는 확신이 들면 풀어야 할 것이다. 미래에 도래할 부작용이 두려워 지금의 감정을 억제만하면 더 큰 마음의 상처를 얻을 수도 있기 때문이다. 그런데 우리는 오늘만 사는 것이 아니고 내일도 있고 모레도 있다는 생각을 하면 초자아의 기능이 조금은 확대될 수 있을 것이다. 이러한 이중적 논리를 제시하는 이유는 결국 모든 것은 우리의 마음을 편하게 하는 데 초점을 두어야 하기 때문이다.

3) 불만의 승화와 정화

앞서 논의한 불만과 공격성의 관련성을 강조한 이론에서는 모든 불만이 갈등과 폭력의 원인이 되는 것으로 주장되고 있다. 그렇다면 문제는 불만을 어떻게 해소할 수 있는가에 대한 원리도 생각해 봐야 한다. 그런데 모든 불만이 삶의 활력을 방해하지는 않는다는 사실도 알아야 한다. 이번에는 이러한 불만의 이중적 구조를 염두에 두고 부정적 결과를 도출할 수 있는 불만을 해소할 수 있는 대책을 논의하려고 한다.

정신분석학에서는 스트레스 지수라는 말을 가끔 쓴다. 이는 스트레스가 제로일 경우는 죽음을 의미하기 때문이다. 물론 과도한 스트레스는 우리의 마음을 병들게 한다. 이렇게 보면 인간은 본질적으로 갈등적 존재이기 때문에 스트레스 없는 세상을 살아 갈 수는 없다. 문제는 스트레스 혹은 불만을 긍정적으로 풀어야한다는 것이다.

지금 가난하다. 그런데도 아무런 불만을 갖지 않고 있다면 현실적으로 나아질 수가 없을 것이다. 가난에 대한 불만이 있다면 열심히 일을 해서 그 불만을 극복하도록 해야 한다. 노력하지도 않고 가난에 대한 불만만 한다면 이야말로 부정적인 태도이다. 매사가 마찬가지이다. 자신의 자아이상의 실현을 위해서는 공상만 할 것이 아니라 이를 실현하기 위한 세밀한 계획을 세우고 이에 따른 끝없는 노력을 해야 한다. 노력

없는 성공은 없다는 것은 노력 없이 자아이상이 실현되지는 않는다는 것을 의미한다. 물론 노력의 과정에서는 제2차적인 불만이나 스트레스가 쌓일 수 있다. 그러나 미래 자아이상이 실현되는 상황을 상상하면서 그 고통을 참아야 하고 그럴 경우 그 고통은 큰 불만으로 연결되지 않는다. 이러한 논리는 꿈을 위한 스트레스는 자기 발전에 긍정적으로 작용된다는 점을 설명하기 위한 것이다.

그런데 살다보면 자신의 발전과 상관이 없는 불만도 허다히 존재한다. 이러한 불만들은 우리의 마음의 상처가 되어 우리를 괴롭힌다. 부정적으로 작용된다는 말이다 그렇다면 이 불만은 보다 활기차고 즐거운 삶을 위해서 해소하거나 적어도 완화시킬 필요가 있다. 이를 완화하는 정신분석학적 논리는 앞서 예술의 정신분석학적 해석에서 언급했듯이 크게 승화와 배설 혹은 정화라는 방법으로 논의될 수 있다.

먼저 승화의 방법으로는 하나의 불만을 해소하기 위하여 다른 부분의 일에 몰두하는 것을 의미한다. 취미생활이 그 대표적인 예이다. 취미생활을 하고 있는 사람들은 그 속에서 자신의 만족을 일부 느끼고 있기 때문에 다른 부분에서의 불만을 나름대로 잘 소화할 수 있게 된다. 괴로울 때 등산을 한다거나 스포츠를 즐기고 또 영화감상을 하거나 음악을 듣는 일도 여기에 속한다. 나아가 동료들과 즐거운 음식을 먹고 아름다운 대화를 나누게 되더라도 일상의 불만을 어느 정도 해소할 수 있다. 물론 이러한 승화의 행위가 불만을 제로로 만들 수 있는가는 의문이 있을 수 있다. 그러나 적어도 완화시킬 수 있다는 데는 이론의 여지가 없을 것이다. 자신의 불만을 승화시키는 방법을 알고 있는 사람들은 갈등으로 부터도 한 발짝 떨어질 수 있게 될 것이다.

다음으로 정화 및 배설의 핵심은 감정을 나름대로 표출시키는 것을 말한다. 기쁘면 웃고 슬프면 울어야 한다는 것이다. 기쁜데도 웃지 않고 슬퍼도 울지 않으려하면 그 자체가 마음의 병으로 발전되기 쉽다. 이 문제는 제2부 제8장에서 설명하였기에 굳이 재론하지는 않을 것이다. 이처럼 감성을 느낀 대로 그 때 그 때 풀면서 살아가게 되면 마음의 불만이 나름대로 완화됨을 느끼게 될 것이다. 그리고 이러한 마음의 상태는 불만을 악화시켜 큰 갈등으로 번지는 것을 예방하여 준다. 모든 것을 참기만하는 것이 능사가 아니라는 것이다.

과거 이성의 힘을 강조한 사람들은 이성의 이름으로 모든 부정적인 감성을 참기만하라는 주장을 하여 왔다. 그러나 정신분석학적으로 보면 이러한 방법은 우리의 마음을 더욱 병들게 한다. 참지만 말고 다만 문명의 도덕률이라는 범위 내에서 일부라도 풀면서 살아가면 보다 편안한 삶을 살아가게 될 것이다. 말할 것도 없이 이러한 태도는 부정적인 갈등의 늪으로 빠지지 않게 되는 하나의 방법이 될 것이다.

제4장

집단에 대한 정신분석학적 연구

집단의 심리와 성격에 대한 정신분석학적 연구는 프로이트 이후 상당히 활발히 전개되어 오고 있다. 이러한 연구들은 정치 및 사회현상의 분석하는 데도 유용한 자료들로 활용되고 있다. 인간이 집단을 이루고 사는 사회적인 동물인 이상 집단에 대한 연구는 정신분석학적 사회 및 정치 이론에 있어서 중요한 자리를 차지하고 있다.

따라서 이번에는 프로이트 이전의 심리학적 연구로부터 프로이트이후 정신분석학적 연구의 핵심 이론들을 설명하려고 한다. 그리고 말미에는 최근에 내가 발견한 집단의 행동에 대한 새로운 의미도 소개할 것이다. 참고로 본 장에서 논의되는 내용들은 2016년에 펴낸 『지도력의 허상』과 2018년에 펴낸 『우리는 왜 싸우는가』에 일부 소개되어 있음을 밝힌다.

1. 군중과 집단심리에 대한 초기 연구

프로이트는 1921년 『집단심리와 자아의 분석*Group Psychology and the Analysis of the Ego*』에서 집단의 심리에 대한 연구를 발표하였다. 그런데 프로이트 이전에도 심리학적인 측면에서 군중 및 집단에 대한 분석은 있어 왔다. 따라서 이번에는 먼저 군중과 집단의 의미를 간략히 살피고 프로이트가 자신의 집단심리를 밝히기 위하여 인용한 이전 학자들의 주장 및 프로이트가 주장하는 집단심리의 핵심을 설명하려고 한다.

1) 군중과 집단의 의미

군중의 사전적 의미는 "공통된 규범이나 조직성 없이 우연히 조직된 인간의 일시적 집합"[1]이다. 일반적으로 본 정의는 이해할 만하다. 그런데 우연히 모였다 하더라도 그 목적이 전혀 없을 수는 없다. 구체적으로 특정 축제를 위하여 모일 수도 있고 특정 행사를 위하여 모일 수도 있으며, 때로는 저항운동을 하기 위하여 모일 수도 있을 것이다. 따라서 목적이 전혀 없다고는 볼 수 없으며, 다만 그 규모가 매우 커서 특정한 조직 체계를 가지지 못한다는 점을 그 주요 특색이라고 할 수 있다.

이에 반해 집단이라는 용어는 "공동 목적을 달성하기 위해 구성원 사이에 상호작용interaction을 하며, 이러한 상호작용을 통해 이해를 함께 나누는 조직체"[2]라고 할 수 있다. 이는 집단이란 군중보다는 조직적인

1 "군중," 두산백과, NAVER 지식백과에서 인용.
2 "집단," 행정학 사전, NAVER 지식백과에서 인용.

체계가 구체성을 띠고 있다는 것이 가장 중요한 특색이다. 그런데 일반적으로 광범위하게 사용할 때에는 인간의 집합체는 모두 집단이라고 말할 수 있다. 그렇다면 군중도 일련의 집단이라고 부를 수 있을 것이다. 그러나 나는 기본적으로 조직의 정도와 집단이 가지고 있는 구체적인 규범 등이 약한 집단을 군중으로 분류하여 설명하는 것이 보다 구체적이라고 보고 있다.

조직의 정도를 논하자면 조직체라는 용어도 있다. 이는 집단보다도 더 구체적이고 정교한 규범 및 행동 강령들을 가지고 있는 집단이라고 이해할 수 있다. 그런데 어떤 한계를 기준으로 여기에서 말하는 집단과 조직체를 구별 지을 수 있는 가는 사실 애매하다. 따라서 나는 조직체란 여기에서 말하는 집단의 의미와 크게 구별하지 않고 사용하고 있다. 이는 결국 인간의 집합체란 크게 군중과 집단으로 분류될 수 있다는 것을 의미한다. 다만 군중과 집단 그리고 조직체가 가지고 있는 행동 양식과 구성원들의 심리를 분석하는 데 조직의 강도에 따른 차이를 구체적으로 설명한다면 집단과 군중 그리고 조직체에 대한 구별의 의미가 살아날 것이다.

Gustav Le Bon, 1841~1931

2) 프로이트 이전의 연구

프로이트는 집단심리에 대한 자신의 논리를 전개하면서 몇 사람들의 선행 연구들을 소개하고 있다. 그 대표적인 연구는 프랑스 출신의 인류학자인 르봉Gustav Le Bon, 1841~1931 그리고 영국 출신으로 미국에서 활동한 사회심리학자 맥도갈William McDougall, 1871~1938 및 영국 출신 의사인 트로터Wilfred Trotter, 1872~1939의 주장들이다. 물론 이들은 집단과 군중에 대한 엄격한 구별은 하고 있지 않다. 그런데 굳이 따지자면 이들 주장들은 대개가 군중심리를 분석하는 데 초점을 두고 있다.

William McDougall, 1871~1938

Wilfred Trotter, 1872~1939

르봉은 『군중: 대중의 마음에 관한 연구*Crowd: A Study of the Popular Mind*』에서 인간이란 개인적으로 있을 때와 어느 집단 특히 군중 속에 있을 때 그 행동 양상이 판이하게 달라질 수 있다고 주장하고 나섰다. 그에 따르면 한 개인은 각자 그에 따른 전형적인 행동 패턴이 존재할 수 있는데 일단 특정 집단에 소속이 되면 개인의 생각과 충동을 버리고 집단, 특히 집단의 지도자가 요구하는 행동 양식을 따르게 된다는 것이다.[3] 평소에 온화한 성품을 가진 사람이 어느 집단 속에서는 과격한 행동을 하는 사람으로 태도가 급변되는 상황을 우리는 가끔 목도하고 있다. 이러한 현상이야말로 르봉이 주장하는 이론을 잘 입증하고 있는 것이다. 따지고 보면 정신분석학은 개인의 무의식적인 동적 양상을 연구하는 데 초점을 두고 출발하였다. 그런데 한 인간이 개인적으로 있을 때와 집단에 속해 있을 때 행동 양상

3 Gustav Le Bong, *Crowd: A Study of the Popular Mind* (Sunnyvale, CA: Loki's Publishing, 2016)참고. 본 저서는 프랑스어로 1895년 그리고 영문으로는 1896년 초판이 발행되었다. 또한 Sigmund Freud, *Group Psychology and the Analysis of the Ego*, pp.4~13 (특히 p.5) 참조.

이 달라지는 현상이 있다면 이 또한 정신분석학의 연구 대상이 되어야 한다. 이런 점에서 르봉의 주장은 후일 정신분석학적으로 집단의 행동을 연구하게 되는 단초를 제공한 셈이다.

맥도갈은 먼저 군중과 집단을 구별하고 있다. 그는 군중이란 구체적인 조직 체계가 이루어지지 않고 있으며, 집단이란 조직적 요소를 구비하고 있다고 한다. 이는 앞서 내가 분류한 군중과 집단의 의미와 궤를 같이 한다. 그러나 그는 군중도 어떤 특별한 계기가 주어지지 않는 한 함께 모여지기가 어렵다고 주장하고 있다. 이는 군중 역시 대집단의 일부로 이해할 수 있다는 의미를 함축하고 있다. 그는 『집단의 마음: 집단심리의 원리에 대한 개요*The Group Mind: A Sketch of the Principle of Collective Psychology*』에서 개인의 감성적 요소는 집단 내에서 보다 격렬해질 수 있으며 경우에 따라서는 감성 통제 기능이 상실될 수 도 있다고 지적하고 있다.[4] 이러한 그의 논리는 당연히 집단보다 조직적 의미가 약한 군중에서 감성 통제 기능이 더 약화된다는 의미를 함축하고 있다.

트로터의 분석은 다분히 군중심리에 대한 것이다. 그는 『평화와 전쟁에 있어서 군중의 본능*Instincts of the Herd in Peace and War*』에서 개인이 군중 속에 들어가게 되면 매우 원초적인 본능적 행위를 할 우려가 높다는 점을 지적하고 있다.[5] 그가 군중이란 용어를 "Herd"라고 표현한 것은 인간은 본질적으로 지도자가 필요한 군거 동물이라는 데에 근거한 것이

4 William McDougall, *The Group Mind: A Sketch of the Principle of Collective Psychology* (Arno Press, 1973). 본 저서의 초판은 1920년에 출판되었다. 또한 Sigmund Freud, *Group Psychology and the Analysis of the Ego*, Edited and Translated by James Strachey (New York: W. W. Norton & Co., 1959), pp.15~18 참조.

5 Wilfred Trotter, *Instincts of the Herd in Peace and War* (London: Adelphi Terrace, 1916, First Published) 참고. 또한 Sigmund Freud, *Group Psychology and the Analysis of the Ego*, p.19 참조.

다. 그리고 본능을 거론한 것은 프로이트의 정신분석학적으로 본다면 현실의 원리를 무시한 채 기쁨의 원리에만 집착한 행동을 강조하기 위한 것이다. 이렇게 보면 트로터는 군중은 지도자를 필요로 하고, 경우에 따라서는 초자아가 작동되지 않는 퇴행적 행위를 유발할 수 있음을 주장한 것이다.

3) 프로이트의 집단심리

프로이트는 상기 학자들의 집단행동에 대한 이론들을 소개하면서 나름대로의 이론을 전개하고 있다. 그의 집단심리에 대한 논리는 앞서 자주 언급한 1921년에 쓴『집단심리와 자아의 분석』에 잘 기술되어 있다. 본 저서는 프로이트의 집단심리를 이해하는 데 필수적이다. 또한 여기에서 언급한 자아이상의 개념은 앞서 언급하였듯이 후일 이드와 에고 그리고 초자아의 관계를 새롭게 이해하는 실마리를 제공하고 있다.

프로이트의 집단심리에 대한 연구는 트로터의 군거 동물적 입장을 많이 반영한 것이라고 볼 수 있다. 이는 그의 집단심리는 다분히 지도자와 깊은 연관성을 가지고 있음을 의미한다. 프로이트에 따르면 지도자가 없는 집단은 단순한 개인들의 집합체에 불과하기 때문에 진정한 집단이 아니라는 것이다. 따라서 프로이트는 집단의 성격이란 지도자와 구성원의 감성적 연결성을 살펴볼 때 비로소 규정될 수 있다고 강조하고 있다. 이러한 그의 주장은 일면 집단의 구성원들은 그 지도자의 권위 아래 본능적으로 그들의 모든 문제를 맡길 수 있다는 르봉의 주장을 받아들인 것으로 평가할 수 있다.

이러한 점에서 프로이트는 집단의 지도자를 그의 문명 이론에서 거론된 '원초적인 아버지Primal Father'로 비교하고 있다. 이는 구성원들은 집단의 지도자를 두려워하면서도 한편으로는 그의 이상을 따르고 그 지배를 받기를 원한다는 점을 의미한다. 따라서 그는 한 집단 내에서 "개인들은 자신의 자아이상을 포기하고 이를 지도자로 구체화된 집단 이상으로 대체한다"[6]고 한다. 이러한 논리 속에는 집단의 구성원이란 지도자 없이는 존재할 수 없는 '복종적 무리Obedient Herd'라고 밖에 생각할 수 없을 것이다.

프로이트의 이론에 따르면 집단 내에서 모든 구성원들은 평등하다. 그리고 지도자는 자신만을 사랑하는 특별한 자아도취적 위치에 있다. 따라서 구성원들은 지도자를 두려워하고 그의 명령에만 복종하려는 태도를 가지게 된다. 이 경우 구성원들에게 개별적인 초자아가 작동되기 어렵다. 지도자의 이상이 자신의 이상으로 전환되는 환상적 상태에 빠지게 되면 퇴행적 행위를 자행할 수 있다. 이때 퇴행적 행동이란 현실의 원리를 무시하고 본능에만 의존된 행위를 말하는 것이다.

2. 프로이트 이후의 정신분석학적 집단 연구

사실 프로이트의 집단심리에 대한 주장은 지도자와 구성원들이 특정한 상황에 놓인 경우를 강조하는 것으로 모든 집단들의 행동을 이해하는 데는 한계가 있음을 지적하지 않을 수 없다. 이에 프로이트 이후 몇몇 정신분석학자들은 보다 구체적인 집단의 성질에 대한 연구를 시작하

6 Sigmund Freud, *Group Psychology and the Analysis of the Ego*, p.61 그리고 pp.53~60, 참조.

게 되었다. 그 중 가장 선도적인 업적을 낸 학자는 영국의 정신분석학자인 바이언Wilfred Ruprecht Bion, 1897~1979이며 그 뒤를 이어서는 미국 정신분석학계에 중요한 영향을 미친 컨버그Otto Kernberg, 1928~이다. 여기에서는 이 두 학자들의 이론들을 중심으로 설명하고자 한다.

Wilfred Ruprecht Bion, 1897~1979

Otto Kernberg, 1928~

1) 바이언의 집단의 종류

바이언이 1961년에 발표한 『집단에서의 경험 및 기타연구*Experiences in Group and Other papers*』[7]는 집단에 대한 정신분석학적 연구에 큰 영향을 끼쳤다. 그는 본 연구에서 집단을 우선 크게 '과업 수행 집단Working Group'과 '기본 전제 집단Basic Assumption Group'으로 구별하여 설명하고 있다. 과업 수행 집단은 어떤 집단이 그의 목적을 실현하기 위하여 활동하는 집단을 말하기 때문에 정상적인 집단이라고 할 수 있다. 그런데 이러한 과업 수행 집단은 집단의 지도자와 구성원들의 정서적 양상에 따라 그 본 과업 수행이 방해받게 되는 경우가 허다하다는 것이다. 따라서 그는 과업 수행 집단이 과업을 합리적으로 수행하지 못하게 되는 이유를 밝히기 위해 기본 전제 집단이라는 개념을 개발하였다. 기본 전제라는 용어를 사용한 이유는 과업 수행 집단의 행위가 왜곡되는 기본 전제를 논의

7 Wilfred Bion, *Experiences in Group and Other Papers* (New York: Basic Books, 1961), 참고 (특히 pp.141~190, 참조).

하기 위한 것이다.

이 세상에는 그 집단의 목적을 지속적으로 가장 성실하게 수행하는 과업 수행 집단을 찾기가 매우 어렵다. 대개의 경우는 지도자와 구성원의 정서에 따라 그 집단의 특성이 변모되어 가기가 일쑤이기 때문이다. 따라서 바이언은 집단의 활동을 왜곡시키는 기본 전제로써 크게 세 가지 입장들을 고려하여 이에 따른 왜곡된 집단의 종류를 설명하고 있다. 그 결과 그는 '종속적Dependent', '짝짓기pairring', 그리고 '투쟁적Fight-Flight' 집단을 제시하고 있다.

종속적 집단이란 프로이트가 말한 집단의 성격을 반영하고 있다. 즉 구성원들이 물질적 및 정신적으로 완전히 지도자에 의존한다는 것이다. 이러한 집단에서 구성원들은 스스로 문제를 해결할 능력을 가지지 못하고 있으며 모든 결정은 오직 지도자에 의해서만 이루어진다. 나아가 구성원들 각자의 자아이상은 지도자의 자아이상으로 전환되며 그 자체가 바로 집단의 이상이 된다. 따라서 이러한 집단은 지도자가 없으면 바로 파괴될 수밖에 없는 한계가 있다. 그리고 지도자의 자아이상 실현을 위하여 현실적인 원리가 무시되기도 한다. 즉 수단 방법을 가리지 않고 지도자의 자아이상을 따르려는 퇴행적 행위가 유발될 수 있다. 사이비 종교 집단들이 이러한 대표적인 보기가 될 것이다.

짝짓기 집단은 그 전제가 지금은 지도자가 없지만 그 집단을 이끌 지도자를 생산해내는 데 초점을 둔 집단을 의미한다. 짝짓기라는 용어를 사용한 것은 새로운 지도자의 탄생을 위하여 짝짓기 구실을 한다는 점을 강조하기 위함이다. 이러한 집단의 구성원들은 그들이 바라는 목적을 달성하기 위하여 이를 주도적으로 이끌어갈 지도자를 찾게 된다. 물론 이러한 지도자를 찾기 위한 과정에는 그들을 만족시킬 수 있는 새로운 이념과 사상의 창출까지도 논의될 수 있다. 지금은 대통령 후보가 없지만 자신들이 먼저 정당의 이념을 설정하고 이를 주도적으로 이끌 대통령 후보를 찾는 정당이 그 대표적인 사례라고 볼 수 있다.

마지막으로 투쟁 집단이란 그 집단의 이익을 위해 타 집단과의 투쟁 혹은 사회의 개혁을 위한 투쟁을 목적으로 하여 결성된 집단을 말한다. 이러한 투쟁 집단의 지도자가 되기 위해서는 집단이 요구하는 이익을 위해 과감히 투쟁 전선에 나갈 수 있는 용기가 필요하다. 그렇지 못할 경우에는 구성원들로부터 지도자의 자격이 박탈될 수 있을 것이다. 반정부 혹은 혁명적 집단이 바로 대표적인 투쟁 집단이라고 볼 수 있다. 이러한 집단들은 기존 체제와의 투쟁이 불가피하기 때문이다. 나아가 노동자의 권익을 위하여 투쟁하는 노동조합 등도 이러한 투쟁 집단의 범주로 이해할 수 있다.

2) 컨버그의 대집단 연구

컨버그는 바이언의 논리에 대하여 매우 긍정적인 반응을 보이고 있다. 그러나 바이언의 연구가 주로 소집단Small Grou에 국한되어 있다는 점을 한계로 지적하고 있다. 또한 프로이트의 『집단심리와 자아의 분석』의 독일어 제목은 『*Massenpsychologie und Ich-Analyse*』라는 점을 강조하면서 프로이트 연구는 군중심리연구에 가깝다고 한다. 따라서 그는 군중과 구별되는 집단으로서 비교적 규모가 큰 대집단Large Group 연구에 보다 초점을 맞추고 있다. 이러한 그의 시도는 그의 『내적 세계와 외부 현실: 대상관계이론의 적용*Internal World and External Reality: Object*

Relation Theory Applied』에 구체적으로 잘 설명되었는데 아래와 같이 요약할 수 있다.[8]

그는 대상관계이론을 따르는 학자이므로 본능과 환경 간의 내사와 투사적 의미를 감안하여 집단의 성격 및 구성원들의 행태를 분석하고 있다. 그 핵심은 바이언의 소집단 연구에 추가하여 집단의 퇴행성을 구체적으로 밝히고, 이를 프로이트의 군중심리에서 나타난 퇴행성과 비교하려는 시도이다. 한 번 더 강조하자면 컨버그의 이론은 본능이나 환경적 요소 중 어느 한 면만을 강조한 이전 연구와는 달리 이를 종합적으로 분석하려는 데 그 의미가 크다고 볼 수 있다.

그는 먼저 소집단과 군중 간의 동질성과 차이점을 지적하고 있다. 그에 따르면 군중에서와 마찬가지로 소집단에서도 바이언이 종속적 집단의 특징으로 지적한 바와 같이 지도자를 이상화함으로써 구성원간의 동질성을 찾고 이에 근거한 퇴행적 행동들이 발현된다는 점을 주장하고 있다. 그러나 군중과 소집단에는 일련의 차이가 있는데 소집단의 경우 지도자가 부여된 과업을 구성원들이 기대한 만큼 이루지 못할 때에는 구성원들로부터 비판을 받고 교체될 수 있다는 점이다. 또한 소집단에서는 군중과 달리 규모가 작기 때문에 구성원들 간의 논의 및 지도자와 구성원들 간의 소통을 통해서 퇴행적 행위들이 일부 조정도 될 수 있다는 것이다.

그는 대집단에서도 구성원들이 지도자에 의해 그 주체적 자아이상이 위협을 당할 수도 있다고 주장하고 있다. 이 경우는 군중에서와 마찬가

8 Otto Kernberg, *Internal World and External Reality: Object Relation Theory Applied* (New York: J. Aronson, 1980), pp.211~251, 참조.

지로 퇴행적 행위를 충분히 유발할 수 있다는 것이다. 그는 특히 대집단이라 하더라도 조직이 느슨할수록 정제되지 않은 행위들이 유발할 가능성이 높다고 보고 있다. 이는 대집단이라 하더라도 조직과 규율이 확고하면 할수록 구성원들의 퇴행적 행위들이 제어될 수 있음을 의미한다. 집단의 조직이 확고하고 행동 강령의 실천을 강하게 요구하는 것은 그 집단의 초자아 기능을 향상시키게 한다. 집단의 초자아 기능이 강화되면 구성원들의 자아이상이 지도자의 이상으로 전환되어 목적을 위한 수단과 방법이 무시될 우려가 있다하더라도 이를 현실적인 방법으로 완화시키게 될 것이다. 이러한 그의 분석은 군중에서는 초자아의 기능이 작동되기 어렵다는 것을 의미한다.

3. 군중과 집단심리에 대한 새로운 발견

우리 사회에는 2016년 11월과 12월에 속칭 '최순실게이트' 문제로 박근혜 대통령 탄핵을 위한 대규모 촛불집회가 있었다. 나는 이 과정을 살펴보면서 지금까지 군중이나 집단 이론에서 주장되어온 바와는 다른 현상을 목격하였다. 즉 예상과는 달리 심각한 폭력적 행동들이 나타나지 않았다는 것이다. 앞서 논의한 대로 기존의 군중심리 이론들은 이와 같은 일종의 반정부적 대규모 군중 모임은 퇴행적 행위를 수반할 확률이 매우 높다고 주장하여 왔다. 그런데 그렇지 않았다면 무엇 때문인가? 나는 이러한 질문의 답으로 크게 2가지의 새로운 논리를 찾아내었다. 이러한 설명은 군중심리를 이해하는 또 다른 논리를 제공할 수 있다는 점에서 매우 의미 있다고 하겠다.

1) 양이 질을 바꾼다

대규모의 군중 그리고 엄격한 조직이 이루어지지 않는 대규모 집단은 일종의 군중이라고 보아도 될 것이다. 지난 2016년 촛불 집회는 비록 몇 시민단체들이 주관을 하였다고 하더라도 이를 엄격히 조직된 집단이라고 보기는 어려울 것이다. 그리고 이 집회를 위하여 특별한 지도자가 있었던 것도 아니다. 대부분의 참가자들은 자발적으로 촛불집회에 참가한 것이다. 당시 경찰이나 언론사들의 집계를 보면 100만 명에서 150만 명 이상이 촛불집회에 참가하였다. 엄청난 숫자이다. 그런데 주지하는 바와 같이 집회는 매우 평화적으로 이루어졌다.

왜 그랬을까? 나는 그 답을 양이 질을 바꾼다는 마르크스의 이론에서 힌트를 얻었다. 이는 바로 군중의 심리에서 숫자는 군중의 초자아를 불러일으키는 데 일련의 역할을 한다는 점이다. 처음 시위 참여자들은 대한민국의 적폐 청산을 외치는 집회에 동참한다는 의미로 모였다. 그런데 가서보니 그 숫자가 상상을 초월한 것이다. 그 때부터 “아! 이미 게임은 끝났다”는 생각을 하게 된 것이다. 한 곳에 100만 혹은 150만의 사람들이 모인다는 것은 흔치 않은 일이다. 이러한 군중의 숫자를 보고 참석자들도 놀랄 수밖에 없었을 것이다. 그러니 거기에 모인 사람들은 이미 자기들이 대세임을 느끼고 폭력적 방법을 쓸 필요도 없다는 생각을 하게 된 것이다.

이처럼 촛불집회 참가자들이 퇴행적 행위를 하지 않게 되니, 그 뒤 박근혜 대통령을 응원하려는 태극기 집회 역시 폭력을 사용할 명분을 상실한 것이다. 그리고 두 집단들 간에는 경쟁적 관계에 있었으나 각기 정당성을 강조하려고 자연히 서로 간 행동을 조심하기에 이르렀다. 즉 군중이지만 처음에는 엄청난 숫자에서 승리감을 느꼈으므로 초자아가 작동되어 행동이 정제되었고, 다음에는 태극기 집회와의 경쟁 속에서 양 집단들 간의 초자아가 더욱 강화되었던 것이다.

상대방을 논리적으로 제압하기 어려울 때는 퇴행적 행위가 유발될 수도 있다. 테러리스트Terrorist들이 폭력을 쓰는 이유는 정상적인 방법으로는 자신들의 의견이 받아들여질 수 없다는 믿음 때문이다. 그런데 엄청난 숫자가 모여 대세를 형성하게 되면 굳이 퇴행적 방법을 쓸 필요를 느끼지 못하게 된다. 이미 승리했다는 믿음 때문이다. 이 경우 퇴행적 행위는 자칫 그들의 정당성을 훼손시킬 수도 있다는 생각이 들기 때문에 스스로 초자아가 강화된다고 볼 수 있다.

2) 군중의 저항과 축제

촛불집회를 보면서 느낀 또 한 가지 사실은 군중의 행동은 어떤 조건을 갖추게 되면 퇴행적 행위가 아니라 축제적 행위로 승화될 수 있다는 점이다. 이 역시 군중의 숫자와 일부 관련성을 가지고 있다. 지난 촛불집회에 100만 명 이상이 참가하고 보니 이들은 그들이 대세이며 자신들의 주장이 관철되는 것은 시간 문제라는 승리감을 얻게 되었다. 그래서 초자아가 발동이 되어 퇴행적 행위들을 보이지 않았던 것이다. 그런데 이러한 태도는 단순히 초자아의 작동을 통한 정제된 행위로 그치는 것이 아니라 축제라는 의미로 승화되었음을 우리는 알 수 있다.

특히 2016년 12월 10일 열린 촛불집회에서는 국회에서 박근혜 대통령 탄핵 소추안이 가결되었으므로 그간 박근혜 대통령에 대한 군중의 울분은 축제의 의미로 전환되었다. 이날 많은 언론에서는 "'우리가 승리했다'...7차 촛불집회도 평화롭게 마무리," "전국 100만 촛불...자축은 소박하게, 함성은 뜨겁게," "7차 촛불집회 60만 명 참가...다양한 이벤트 '축제 분위기'" 등의 기사 제목들이 등장했다.[9] 이러한 분위기는 탄핵이 국회를 통과하기 전부터 낌새를 보이기 시작 했다. 촛불집회에 모인 사람들은 승리했다는 믿음으로 그들의 울분을 각종 이벤트성 문화 행사 혹은 축제적 의미로 승화시켰던 것이다. 그리고 뒤를 이은 태극기 집회도 탄핵 소추안 결의 이후에도 비록 결과는 그들이 바라는 대로 이루어지지 않았지만 그들의 울분을 축제로 풀려는 양상까지를 보인 것이다. 모임 때마다 태극기를 흔들고 때로는 음악가들이 나와 연주 및 노래를 함으로써 그들의 울분을 퇴행적으로 풀지 않고 승화시킨 것이다.

그렇다면 지금까지 군중심리를 논할 때 무조건 군중은 퇴행적 행위를 할 요소가 많다는 논리는 무언가 새로운 구체적인 조건들이 제시되어야 하리라 본다. 그 조건들 중 이번 촛불집회에서 발견된 가장 핵심적인 요소는 바로 군중의 숫자라고 할 수 있다. 어떤 목적을 위해 모였던 그 숫자가 엄청나게 많으면 참석자들은 자신들이 대세가 되었다는 인식을 하게 되고 이러한 생각이 승리감으로 연결되어 퇴행적 행위를 스스로 자제한다. 이 경우 그간의 울분은 오히려 축제적 의미로 승화된 것이다. 이러한 발견은 앞으로 군중의 행동 연구에 좋은 자료로 활용될 것이라 믿는다.

9 뉴시스, 서울신문, 그리고 동아일보, 2016년 12월 10일, 참조.

제5장

지도자와 구성원의 병리적 현상

바이언에 따르면 원래의 목적을 합리적으로 수행하는 과업 수행 집단은 거의 없으며, 대개의 경우는 지도자와 구성원의 심리적 상태에 따라 그 집단의 원래 성격이 변질된다고 한다. 그렇다면 집단의 성격을 이해하기 위해서는 지도자와 구성원의 심리에 대한 문제를 논의하지 않을 수 없다. 이러한 점에서 이번에는 지도자들이 정상적인 업무 수행과는 동 떨어진 병리적 현상을 발현할 수 있는 데 그 특징은 무엇인가를 먼저 밝혀야 한다. 그리고 이와 더불어 구성원들의 심리가 지도자와 관련하여 어떻게 변해지는가도 함께 논의되어야 한다. 이 문제는 필자가 2016년 출판한 『지도자의 허상』에서 논의된 바 있음을 밝힌다.[1]

1 김용신, 『지도력의 허상』, pp.126~162, 참조.

1. 지도자의 병리 현상

정신분석학의 입장에서 지도자의 병리 현상을 분석하는 데는 앞서 집단 연구에 업적을 낸 컨버그의 분류가 널리 활용되고 있다. 그의 집단 연구에 대한 핵심들이 정리된 『내적 세계와 외부 현실: 대상관계이론의 적용*Internal World and External Reality: Object Relation Theory Applied*』은 집단의 업무 특성과 지도자의 성격에 기인한 병리적 현상을 크게 4가지 유형으로 설명하고 있다. 컨버그의 분류는 매우 설득력이 있다. 그럼에도 불구하고 나는 그의 연구에 다른 한 가지 중요한 병리 현상이 간과되고 있다는 생각을 평소에 하고 있었다. 따라서 여기에서는 한 가지 특징을 더 추가하여 5가지의 병리 현상들을 설명하려고 한다.

1) 컨버그의 지도자 병리 현상 분류

일반적으로 모든 조직들 내에서 지도자는 항상 긴장감을 가질 수밖에 없다. 지도자는 항상 외롭다. 모든 마지막 결정은 자신이 내려야 하기 때문이다. 구성원들로부터 자발적인 피드백Feedback이 결여된다면 더욱 그렇다. 나아가 모든 조직들에서는 지도자의 정책이나 태도에 반대를 하는 구성원들이 있기 마련인데 이점도 지도자에게 긴장감을 고조시킬 것이다.

지도자들은 조직 내에서 긴장감을 극복하고 해결하는 데는 지도자 자신의 성격이 큰 역할을 한다. 즉 성격에 따라 그 문제 해결의 방법이 달라진다는 것이다. 그리고 추가로 그 문제를 해결하기 위한 나름대로의 전략들에 따라 지도력의 특징이 결정될 것이다. 이러한 점을 염두에 두고 컨버그는 크게 4가지 형태의 지도력에 대한 퇴행적 태도들을 지적하고 있다. 그것은 바로 '분열적Schizoid', '강박적Obsessive', '편집적Paranoid', 그리고 자아도취적Narcissistic' 태도이다. 그가 설명한 각 유형의 특징들은 아래와 같이 요약할 수 있다.[2]

첫째로 분열적 성격이란 일체감이 결여된 경우를 말한다. 그런데 여기에서 지도력을 이야기할 때 분열적이라는 용어는 구성원들과 원활한 소통이 없고 지도자 자신이 정책 결정에 강력한 힘을 발휘하지 않는 경우를 대변한다. 대체적으로 내성적인 성격의 소유자들에게 이러한 성향이 나타나기 쉽다. 따라서 분열적 성격의 지도자가 존재하는 집단은 그 집단의 실권자가 누구인지 알기 어렵다. 지도자가 항상 한 걸음 뒤에 있는 듯 보이기 때문이다.

이러한 경우 중간 간부들의 자율권이 나름대로 보장되어 있는 것으로 보이며 나아가서는 매우 민주적인 조직으로 보일 수도 있다. 그러나 실질적으로 중간 간부들은 그들 마음대로 자유권을 행사하기도 어렵다. 분열적 지도자는 직접적으로 강력한 의사를 표출하지 않지만 내적으로 모든 의사 결정에 대한 민감한 반응을 보이기 때문이다. 현실적으로 분열적 지도자는 조직 내에서 자신의 자리를 보존하는 데는 일부 효과가 있을 수 있다. 강력한 의사를 발표하지 않기에 강력한 비판자도 존재하기 어렵기 때문이다. 그렇다면 분열적 지도력은 적당한 입장에서 자신의 지위를 유지하는 전략으로 활용될 수도 있다.

둘째로 강박적 성격이란 매사에 완벽을 기하려는 경향을 보인다. 본 성격의 지도자는 구성원들에게 정교하고 정확한 업무 처리를 강조한다.

2 Otto Kernberg, *Internal World and External Reality: Object Relation Theory Applied*, pp.256~268, 참조.

따라서 매사를 간섭하고 부하 직원의 업무 능력에 항상 의심을 가지고 확인하려는 경향을 보인다. 이러한 태도는 조직의 업무 활성화 내지는 조직의 목표 달성에 일부 긍정적 역할을 할 수 있다.

그러나 과도한 완전성을 요구하게 되면 구성원들에게는 피로감이 높아진다. 또한 구성원들은 지도자로부터 신뢰를 받지 못한다는 생각 때문에 자율적인 창의성을 발휘하지 않으려고 한다. 결국은 지도자가 인정해야 자신의 계획이 승인될 수 있기 때문이다. 이런 경우 구성원들은 지도자의 눈치만 살피게 될 것이다. 다만 중간 간부로서 강박적 성격을 가지게 되면 최고 지도자로부터는 칭찬을 받을 수도 있다. 자기가 맡은 분야에 실수가 적기 때문이다. 한 마디로 다방면에 학식과 경험이 많은 지도자들이 이러한 성향을 보이기 쉽다.

셋째로 편집적 성격은 모든 사태를 흑과 백으로 양분하려고 한다. 그 집단이 행하는 일들을 옳고 그름으로 혹은 타 집단들과의 관계를 동지와 적으로 양분하려고 한다는 것이다. 뿐만 아니라 조직 내의 구성원들에 대해서도 자신을 지지하는 구성원과 그렇지 않은 구성원들로 양분하여 보려는 시각을 가지고 있다. 나아가 자신의 생각에 동의하지 않는 구성원들은 물론 적으로 간주하는 타 집단들을 제압하려는 성향을 보이기도 한다.

때문에 이러한 지도자는 바이언이 제시한 투쟁적 집단의 수장으로는 그 역할을 잘 할 수 있을 것이다. 특히 자신의 의견에 동조하는 세력으로부터는 항상 명쾌하고 분명하다는 칭찬을 받을 수도 있다. 이러한 이유 때문에 전략적으로도 극단적인 언어나 행동들을 자행하는 지도자들도 있다.

넷째로 자아도취적 성격은 정도의 차이는 있을 지라도 모든 지도자들에게 나타나는 일반적인 성향이다. 스스로가 훌륭하다는 생각을 하지 않는다면 지도자가 되기 위한 도전조차 할 수 없을 것이기 때문이다. 그런데 자아도취성이 강하게 되면 몇 가지 병리적 양상들이 나타나기 마련이다. 이러한 지도자들은 자신만을 사랑하고 모든 구성원들에게는 사랑만 받으려는 경향이 있다. 따라서 자신에 대한 합리적인 비판마저 인정하지 않으려는 경향이 있다.

그리고 자신의 경쟁 대상자들을 폄하하려는 경향을 보이기도 한다. 또한 자신에 대한 찬사를 늘어놓는 구성원들만 생각하고 모든 구성원들에게 복종을 강요하기도 한다. 한마디로 매우 이기적 혹은 자기 중심적인 태도를 보인다고 할 수 있다. 이러한 성향의 지도자들은 강력한 권력욕을 소유하기가 일쑤이기 때문에 지금의 위치에서 보다 높은 곳을 향하려는 의지를 보이기도 한다.

2) 병리적 성격의 복합성과 추가적 병리 현상

사실 컨버그의 4가지 유형들은 각기 완전한 독립성을 유지한다기보다는 대개의 경우는 서로 복합적 현상을 띠고 있다고 할 수 있다. 한 지도자의 병리 현상은 상기 4개의 유형들 중 2개 이상을 겸비할 수도 있다는 것이다. 이는 지도자의 성향이 컨버그가 제시한 4가지 유형들 중 오직 한 가지 유형만을 가진 것이 아니고 기타 유형의 색채까지를 함께 소유할 수 있으며 또 그 정도도 가지각색이라는 의미로 이해할 수 있다. 예를 들면 어떤 이는 주로 자아도취적 성품을 가졌지만 일부는 강박성 혹은 편집적 경향도 동시에 가지고 있다는 것이다.

컨버그의 분류들은 보다 쉬운 이해를 위해 다른 용어로 변환하여 설명되기도 한다. 그 대표적인 예는 정신의학자로서 리더십에 대한 의미 있는 연구들을 내놓고 있는 포스트Jerrold M. Post의 해석이다. 포스트는 컨버그의 분류를 기초로 세계 여러 지도자들의 성향을 분석하면서 편집성이나 자아도취 성향은 우리가 흔히 말하는 카리스마적 요소를 동시에 가질 수 있다고 한다.

이러한 복합성을 인식한다면 컨버그의 4가지 분류로도 다양한 성품들을 이해할 수 있다. 그럼에도 불구하고 컨버그의 분류에는 약간은 단조로운 점이 있다. 나의 분석으로는 지도자의 병리적 성격 중에는 상기 4개의 분류 혹은 그 복합적인 의미로 해석이 어려운 한 가지 독특한 특징이 있다. 그것은 바로 '폐쇄적Closed' 성품이다. 폐쇄적 성품에 대한 일부 요소는 분열적인 성품에서 나타날 수도 있다. 그러나 폐쇄성은 분열적인 요소로만은 설명이 불가능하다. 따라서 나는 컨버그가 분류한 지도자의 병리 현상 4가지 유형에 폐쇄성을 추가하고자 한다.

폐쇄적 성품을 지닌 지도자는 자신의 마음을 절대 공개하지 않는다. 구성원들과의 대화도 거의 하지 않으려고 한다. 어쩌다 대화가 이루어지더라도 주로 듣기만 할 뿐 자신의 의사를 드러내지 않는다. 그러니 구성원들은 그가 무슨 생각을 하고 있는지 알기 어렵다. 이러한 부류들은 대부분 공적 라인이 아닌 사적인 최측근을 두기 쉽다. 이는 자신이 폐쇄적이나 영원히 자신을 떠날 수 없다고 생각하는 사람들을 옆에 두고 매우 제한적인 소통을 하려고 하기 때문이다.

따라서 폐쇄적 성품의 지도자는 자신의 최측근을 제외하고는 어느 누구도 믿지 않으려는 경향이 있다. 이러한 성향은 일부 비밀적인 요소를 많이 가지게 되며 또한 속을 들어내 보이지 않기 때문에 자신의 약점이나 치부를 감추는 데는 긍정적 역할을 할 수 있다. 또한 최측근을 통한 간접적 방법으로 자신의 반대파를 처벌하려는 경향도 보인다. 겉으로는 매우 온화하게 느껴져도 내부적으로는 매우 강인한 면도 함께 가지고 있다. 이러한 폐쇄적 성품을 추가로 제시하는 것은 특히 우리 사회에 이러한 유형의 지도자들이 눈에 띄기 때문이다.

3) 기타 지도력 분류

정신분석학을 떠나 심리학 혹은 정치학적인 입장에서 지도자의 유형을 분류한 학자들도 있다. 나는 이러한 분류들은 인간 무의식의 동적 양상을 고려하고 있지 않다는 점에서 큰 의미를 두고 있지는 않다. 다만 지도력의 특성을 보다 광범위하게 이해한다는 점에서 여기에서는 크게 두 가지 이론들만을 소개하려고 한다.

첫째는 '감성지수EQ: Emotional Quotient'라는 용어를 개발한 골만Daniel Goleman과 보야치스Richard Boyatzis 그리고 맥키Annie Mckee가 공동으로 작업한 분류이다. 이들은『감성의 리더십: 감성지능의 힘을 실현하기*Primal Leadership: Realizing the Power of Emotional Intelligence*』에서 지도력을 6가지 유형으로 제시하고 있다.[3] 그것들은 '전망제시형Visionary', '코치형Coaching', '관계중시형Affiliative', '민주형Democratic', '선도형Pace Setting', 그리고 '지시형Commanding'이다.

---

3 장석훈 역, 골만 외 저,『감성의 리더십』(서울: 청림출판사, 2003), 참고. 원 저서는 Daniel Goleman, Richard Boyatzis, and Annie Mckee, *Primal Leadership: Realizing the Power of Emotional Intelligence* (Boston: Harvard Business School Press, 2002), 참고.

이러한 분류는 다분히 지도자와 구성원과의 감성적 교류를 기준으로 분류한 것이다. 골만과 그의 동료들은 이러한 분류를 시도한 후 비교적 구성원과 감성 교류가 적은 선도형과 지시형은 바람직하지 않는 지도 유형이라고 지적하고 있다. 그렇다면 이러한 분류는 구성원과 감성 교류가 많은 지도력일수록 바람직하다는 의미를 내포하고 있다. 그런데 어떠한 유형의 지도력이 바람직하느냐에 초점을 둔다는 것은 그 한계가 무엇이냐는 또 다른 질문을 야기한다. 뿐만 아니라 조직의 목적과 특성을 간과한 분류라고 밖에 볼 수 없다.

둘째로는 정치학적인 입장에서 대통령의 성격을 분석한 바버James David Barber, 1930~2004의 연구이다. 그는 『대통령의 성격*Presidential Character*』에서 개인적 및 환경적인 측면을 고려한 4가지의 지도자 유형들을 제시하였다.[4] 이러한 4개의 유형들은 다시 긍정적인 유형과 부정적인 유형으로 분류된다. 긍정적인 유형으로 '활동적-적응적Active-Adaptive' 및 '수동적-유순형Passive Compliant' 유형이며 부정적인 유형으로는 '활동적-강제적Active-Compulsive' 및 수동적-고립적Passive-Withdrawn' 유형이다.

활동적-적응적 유형은 매우 활동적이며 또한 적응력이 있으며, 수동적-유순형은 비록 수동적이나 여러 사항들에 대한 조정 능력은 가지고 있는 경우를 말한다. 그리고 활동적-강제적 유형은 자아실현을 위해 권력을 추구하는 성향을 말하며, 수동적-고립형은 갈등을 피하려고만 하는 보신주의 입장을 말한다. 그런데 이러한 분류도 결국은 긍정과

4 James David Barber, *Presidential Character: Predicting Performance in the White House* (New York: Prentice Hall, 1992), 참고. 또한 "6가지 유형의 리더십, 당신의 보스는 어떤 형?," 월스트리트저널(한국판), 2014년 5월 2일, 참조.

부정의 양면적인 입장으로 분류하려는 데 한계가 있다. 나아가 능동적이냐 아니면 수동적이냐는 면에 초점을 두고 있다는 점에서 단편적인 분석의 한계를 벗어나지 못하고 있다.

2. 구성원의 병리 현상

집단의 성격에 따라 지도 유형이 나누어질 수 있고 또한 지도자의 성향에 따라 집단의 성격이 영향을 받을 수 있다. 그런데 여기에 추가하여 구성원의 태도도 지도자의 유형과 집단의 성격을 특징지우는 중요한 변수라고 볼 수 있다. 그런데도 불구하고 지금까지 정신분석학적인 집단과 지도자의 특성 및 병리 현상에 대한 연구는 구성원의 태도를 간과한 면이 있었다. 특히 구성원의 태도 혹은 그 병리 현상을 분석한 연구는 거의 진행되어 오지 못했다. 따라서 나는 얼마 전부터 지도력에 영향을 미치는 구성원의 태도(특히 병리적 태도)에 대한 연구를 시작하였다. 이러한 연구는 앞서 설명한 『지도자의 허상』에 자세히 설명되어 있는데 여기에서는 이를 간단히 요약하려고 한다.

1) 구성원의 병리 현상 분류

나는 지도력과 연결된 구성원의 병리적 태도를 크게 5가지로 분류하였다. 그리고 지도력의 병리 현상을 5개로 분류한 다음 이에 상응하는 의미를 부과하였다. 그것은 '책임 회피형', '대세 추종형', '자기소신형', '불평불만형', 그리고 '절대복종형'이다. 각 유형이 가지고 있는 특징들은 아래와 같이 요약할 수 있다.[5]

책임 회피형은 자신의 잘못에 대한 문제를 핑계를 대어 책임을 회피하려는 태도를 말한다. 정신분석학의 방어기제 중 투사적 의미와 매우 흡사하다. 투사적 성품을 가지고 있는 사람들은 조직 생활을 하는데 있어서도 핑계를 잘 댄다. 무슨 일이든 그럴듯한 이유를 대서 자신의 책임을 벗어나려고 한다는 것이다. 또한 사실을 왜곡하여 자신의 입장을 정당화하려는 경향도 이에 속한다고 볼 수 있다. 이는 왜곡이나 합리화라는 방어기제와 깊은 연관성을 가진다고 보아야 할 것이다.

대세 추종형은 자신의 소신을 밝히지 않고 다수가 하는 대로 따라가려는 태도를 말한다. 이러한 유형은 어설프게 자신의 소신을 밝혀봤자 잘못하면 역풍을 맞을 수도 있다는 우려와 두려움을 가진 경우 나타나는 태도이다. 결국은 조직 내에서 적당히 현상 유지만하면 된다는 생각이 짙게 깔린 자기 보신적 행위라고 분석할 수 있다. 이러한 태도를 가진 구성원들은 조직의 발전이나 그 목표 달성에 대해서는 별로 관심이 없다. 적당히 일하고 월급만 받거나 혹은 자신의 위치에 대한 현상 유지만 하면 된다는 생각을 한다.

자기 소신형은 조직 생활에 있어서 매사에 자신의 소신을 강하게 피력하려는 태도를 말한다. 그런데 그러한 소신은 조직의 진정한 발전을 위한 것이라기보다는 자신의 존재감을 드러내려는 경향이 많을수록 퇴행적으로 흐를 수 있다. 이런 유형은 매사에 간섭을 하거나 모든 결정 과정에 자신의 입장이 반영되기를 원하다. 방어기제 중 통제의 의미를 다분히 가지고 있다고 보아야 할 것이다. 그런데 때로는 자신의 주장에 동의하는

5 김용신, 『지도력의 허상』, pp.147~151, 참조.

사람들이 별로 없어도 그 주장을 굽히지 않기도 한다. 이러한 태도는 조직의 화목이나 융화보다는 자신의 존재감을 드러내려는 데 초점이 있다. 또한 반대를 함으로써 지도자 및 기타 사람들에게 이를 무마하는 대신 이에 대한 대가를 받으려는 전략적 의미를 내포할 수도 있다.

불평불만형은 조직 내에서 매사에 부정적인 시각을 드러내면서 불평불만을 일삼는 태도를 말한다. 그런데 그 불만의 핵심이 공적인 면보다 사적인 문제로 기울수록 그 퇴행성은 짙어진다. 이들은 대개의 경우 자신의 불만을 해소할 수 있는 대안은 제시하지 않고 불평만을 일삼는 것이 특징이다. 이러한 유형의 전형적인 태도는 지도자 앞에서는 가만히 있다가 뒤돌아서서 불평을 늘어놓는다는 것이다. 매우 수동적인 공격적 성품이라고 할 수 있다. 추가하여 지적할 일은 그 불평이 사적인 점으로 기울게 되면 마치 "우는 아이에게 젖준다"는 속담과 같이 결국은 불평을 통해 사적인 이익을 얻으려는 전략으로도 해석이 가능하다.

절대복종형은 지도자의 의견에 절대적인 복종적 자세를 보이는 경우를 말한다. 이러한 유형에게 있어서 자신의 소신은 존재하지 않는다. 오직 실세 혹은 최고 권력자에게 감성적으로 잘 보이려고 하는 노력만을 한다. 일명 아부형이라고 부를 수 있다. 이들은 비록 능력이 없어도 지도자에게 잘만 보이면 자신의 입지에 이상이 없고 나아가 승진도 할 수 있다는 기대를 가지고 있다. 이러한 유형은 상관에게 잘 보이려고 새벽부터 밤늦게까지 일을 할 수도 있기 때문에 얼핏 열심히 일하는 사람으로 보이기도 한다. 상관의 사적 심부름까지도 마다하지 않기 때문 능력과는 상관없이 일단은 상관에게 미움만은 받지 않으려는 전략적 행위로 볼 수도 있다.

2) 지도자와 구성원 간의 병리적 상호연관성

상기 설명한 구성원의 태도는 지도자의 원래 성격과는 조금 별개로 지도 유형에 영향을 미치는 변수가 되기도 한다. 또한 지도자의 유형에 따라 구성원의 태도가 변화될 수도 있다. 그렇다면 지도자와 구성원의 태도에는 어떠한 관련성이 있는가? 이 문제에 대한 답들은 지금까지 논의되지 못한 지도자의 성격분석에 새로운 변수로 작용될 것이다. 이를 요약하면 아래와 같다.[6]

우선 구성원의 태도가 지도 성향에 영향을 주는 점으로는 다음 몇 가지들을 예로 들 수 있다. 구성원들 중 절대복종형이 많은 조직에서는 그 수장이 자신도 모르게 자기도취적 성향을 드러내기 쉽게 된다. 설령 자기도취적 성향이 적은 지도자라 할지라도 다수 구성원들이 자신에 대해 복종만을 일삼는다면 자연히 자아도취적 성품이 강화된다는 것이다. 또한 대세 추종형이 다수를 차지하고 있는 조직에서도 지도자는 자기도취적 성향이 높아질 수 있다. 자신의 지도력에 반기를 드는 사람들이 적기 때문이다.

그러나 자기 소신형이 많으면 이를 통제할 수단이 필요하므로 지도자는 강한 편집적 현상을 보이거나 강박적으로 완전성 추구를 구성원들에게 강요하게 될 것이다. 아니면 반대로 분열적 성품으로 변화될 수도 있다. 구성원의 강력한 주장들에 대해 일일이 대꾸하는 것이 피곤할 경우 민주적인 회의 절차를 통해 이를 완화시키려고 할 것이기 때문이다. 그리고 종국에는 폐쇄적 성품으로 바뀌어져 구성원과의 소통을 중단

6 *Ibid.*, pp.151~153, 참조.

하는 현상도 나타나게 될 것이다.

또한 불평불만형이 많은 조직에서는 지도자는 이를 무마하기 위해 스스로 폐쇄적 입장을 취할 수도 있다. 나아가 비밀리에 이를 통제하려는 전략을 세울 수도 있다. 그리고 책임 회피형이 많은 조직에서는 지도자들은 그들을 통제하기 위하여 모든 것을 세세히 따지려고 할 것이다. 따라서 강박적 성향을 더욱 강하게 들어낼 확률이 높아질 것이다.

이와는 다른 측면에서 지도자의 병리 현상이 구성원의 병리적 태도를 부추기는 경향도 있다. 지도자가 과도한 자기도취적 태도를 보인다면 구성원들 중에는 자연히 절대복종형이 많아질 수밖에 없다. 그렇지 않으면 지도자에게 미움을 사기 때문이다. 지도자가 강박적 성품을 가졌다면 구성원들은 매우 피곤할 수 있다. 따라서 이러한 피곤함을 극복하기 위해서는 구성원들은 적당히 넘어가려는 대세 추종 혹은 책임 회피적 아니면 불평불만적 태도를 보이기 쉽다. 편집적 지도자는 자신의 의견과 반대만 되지 않는다면 자기 소신형적인 구성원을 좋아하게 된다. 절대복종형도 편집적 지도자에 대한 문제 의식을 제기하지 않을 것이다.

그런데 대세 추종형이나 불평불만형은 편집적 지도자 밑에서는 인정을 받기가 어려울 것이다. 그리고 폐쇄적 지도자는 구성원들과의 소통을 거부하기 때문에 구성원 다수는 자신의 특별한 소신을 밝히지 않고 대세 추종적으로 처신하는 경우가 늘어날 것이다. 물론 절대복종형도 늘어날 수 있다. 이러한 현상은 분열적 지도자의 경우에도 나타날 수 있다. 분열적 지도자 밑에서는 강한 소신을 펼쳐봤자 잘 먹히지 않는다. 또한 아부마저도 지도자가 피곤하게 생각할 수가 있다. 그러니 구성원들 간에는 대충 넘어가려는 태도가 확산될 것이다.

이 외에도 지도적 성향과 구성원의 태도는 다양하게 논의될 수 있다. 그런데 중요한 것은 이 두 가지 요소들이 상호간에 영향을 미친다는 점이다. 이러한 상호 영향력을 이해하는 것은 지도 유형과 구성원의 태도 간의 연관성을 자세히 분석하는 것이 필수적이다. 여기에서는 그 핵심적인 요소만을 간단히 요약하였을 뿐이다. 그러나 앞으로 정신분석학적인 지도력의 특성을 이해하기 위해서는 여기에서 밝히지 못한 보다 폭넓은 구성원과 지도자의 태도에 관한 연관성이 연구되어야 할 것이다.

제6장

한국인의 집단무의식: 그 빛과 그림자

한국인의 집단무의식적 특징은 어떻게 설명할 수 있는가? 한 집단의 구성원들은 모두 똑같은 무의식을 가질 수는 없다. 어느 집단이든지 그 구성원은 각기 자신의 독특한 무의식을 가지고 있다. 다만 한 집단을 이룰 때 구성원 중 다수가 공통적으로 가지고 있는 무의식적 요소들을 우리는 소위 집단무의식적 특징이라고 말한다. 집단무의식이란 한 집단이 외부 환경과의 내사와 투사과정을 거쳐 형성된다는 점은 이미 논의하였다. 따라서 이번에는 한국인이 겪었던 역사적 흐름 속에서 한국인 다수가 내사와 투사과정을 거쳐 어떠한 공통적인 무의식적 요소들을 가지게 되었는가를 설명하려고 한다. 본장의 내용 중 상당부분은 2010년 출판된 『심리학 한국인을 만나다』[1]에서 밝힌 바 있다.

1 김용신, 『심리학 한국인을 만나다』 (서울: 시담, 2010), 참고.

1. 한민족이 겪은 환경적 배경

한국인들은 오랜 역사 속에서 다양한 경험들을 공유하여 왔다. 한국인들이 공통으로 겪었던 경험들은 한국인의 집단무의식의 형성에 깊은 영향을 미쳤다. 인간의 경험이란 정신분석학적으로 보면 바로 무의식을 형성하는 내사와 투사의 연속적 과정이라고 해도 과언은 아니다. 환경에 영향을 일부 받으면서 또 그 환경에 대응하는 것 자체가 경험을 만들어 가기 때문이다. 한국인들이 맞이했던 환경적 요소들은 철학적, 정치적, 사회경제적 그리고 문화적인 측면들로 분류하여 설명할 수 있다.

1) 철학적 배경

한 민족이 경험한 철학적 요소는 그 민족이 받아들인 종교와 밀접한 관계가 있다. 사유의 체계 자체가 종교적 입장과 관계가 있기 때문이다. 어느 민족이든지 고대 인류는 무속Shamanism을 벗어날 수가 없었다. 무속의 원천은 바로 삶과 죽음에 대한 질문으로 시작되었고 인간의 비자족성을 풀어보려는 노력으로 발생되었다. 한민족도 예외는 아니다. 한민족은 그간의 역사 속에서 다양한 종교들을 받아들여왔지만 무속은 오늘날까지도 전통으로 살아남아 한국인의 사생관死生觀에 영향을 미치고 있다. 현대에 와서는 이러한 무속적 요소들이 미신이라고 치부되고 있다. 그럼에도 불구하고 상당수 한국인들은 현재까지도 액을 풀기 위해 살풀이굿을 하고 점쟁이를 찾아가 자신의 운수를 알아보려고 한다.

한민족에게 처음 받아들여진 종교는 불교佛敎였다. 종교는 무속보다는 체계적인 논리로 인간 삶의 의미를 규정하는 교리를 가지고 있다. 한반도에 유입된 불교의 근본 교리는 '공空' 사상이라고 할 수 있다. 그런데 이 사상은 일반인들이 이해하기에는 상당한 어려움이 있다. 따라서 일반인들에게는 불교의 또 다른 핵심 논리인 '연기론緣起論'이 보다 실질적으로 다가왔다고 나는 보고 있다. 이것이 있으므로 저것이 있고 저것이 있으므로 이것이 있다[2]는 연기론은 일면 모든 것은 하나라는 일원론적 의미를 다분히 내포하고 있다. 이러한 사상은 모든 것을 나누어 분석하려는 서양적 사고보다는 모든 것을 함께 통합하여 이해하려는 한국인의 태도에 깊은 영향을 미친 것으로 보인다. 나아가 연기론은 한민족에게 공동체 혹은 '우리'를 강조하는 데도 일부 영향을 미쳤다고 볼 수 있다.

元曉大師, 617~686

또한 한국인들은 모든 것은 마음먹기에 달린 것이라는 불교의 일체유심조一切唯心造[3]에도 상당한 영향을 받았다. 주지하는 바와 같이 신라新羅 고승高僧 원효대사元曉大師, 617~686는 중국으로 불교 공부를 하러 가는 길에 어느 날 밤 목이 말라 주변의 바가지에 담겨 있는 물을 마시고 잘 잤는데 아침이 되어보니 그 물은 해골 속에 들어 있는 물이였다는 것을 알고 모든 것은 마음먹기에 달렸다는 불교의 원리를 깨닫고 바로 돌아왔다는 전설도 있다. 이러한 일체유심조사상은 감성이 풍부한 한민족에게는 어려운 삶 속에서 나름대로 긍정적인 힘을 발휘할 수 있는 요소로 작용하였을 것이다.

불교 다음으로 한민족에게 다가온 삶의 논리는 유교사상儒教思想이다.

2 "연기론", 원불교대사전, NAVER 지식백과, 참조.

3 "일체유심조", 두산백과, NAVER 지식백과, 참조.

孔子, BC 551~BC 479

유교사상은 삼국시대부터 한반도에 유입되었으나 학문적 입장에 주로 머물다가 조선朝鮮시대에는 국교로까지 그 영향력을 확대시켜 한민족에게 강한 영향력을 미쳤다. 유학의 원리 중 한민족의 일상생활에 가장 큰 영향을 미친 부분은 수직적 인간관계라고 할 수 있다. 유학이 강조하는 윤리체계로서 삼강오륜三綱五倫이란 한마디로 인간관계를 규정하는 논리이다. 신하와 임금의 관계, 부모와 자식 간의 관계, 그리고 부부관계 및 친구와의 관계 등이 그 핵심인데 문제는 평등적인 관계라기보다는 다분히 수직적인 인간관계를 설정하고 있다. 일반적으로 유학을 실천적 사상이라고 하는데 유학의 창시자인 공자孔子, 551 BC~479 BC는 사회질서를 위해 이러한 수직적 인간관계를 강조한 것으로 이해할 수 있다.

조선말이 되자 기독교사상까지가 한반도에 유입되기 시작하였다. 기독교 사상은 유일신을 신봉하는 종교이지만 서양의 사상까지 함께 섞여져서 한반도에 유입되었다. 이러한 기독교는 전통적인 유교와 불교의 사상과는 사뭇 그 의미가 다르기 때문에 유입초기에는 엄청난 박해를 받기도 하였다. 그러나 점차 시간이 흐르면서 기독교사상이 널리 전파되어 한민족의 사고 체계에도 상당한 영향을 미쳤다. 한마디로 기독교의 유입은 서구 사상을 우리 사회에 전파하게 된 계기를 만들었고, 이로 인해 서구 사회에서 인간 삶의 기초적 가치로 강조된 자유와 평등의 정신이 한민족에게까지 유입되었다. 말할 것도 없이 현대를 살아가는 한민족은 적어도 의식적으로는 자유와 평등의 가치를 강조하고 있다.

물론 아직도 무의식적으로는 무속과 불교 그리고 유교적 사상이 서로 혼재하고 있겠지만…

2) 정치적 배경

한민족은 지난 오천 년의 역사 속에서 수많은 전쟁을 겪어야 했다. 그리고 같은 민족끼리도 왕조를 달리하여 왔음도 사실이다. 이 과정에서 백성들은 많은 고초를 겪어야 했음은 불을 보듯 뻔하다. 전쟁이 나면 승리와 패배 여부를 떠나 피난을 가야 하고 또 적군의 포로가 되기도 하고 나아가 억울한 죽음까지를 맞이해야 했다. 왕조시대에는 성군을 만난 경우 그나마 다행이지만 그렇지 못한 경우에 백성들의 고초는 더욱 컸다. 특히 전제군주나 다름없는 왕 그리고 그 밑에서 권력 유지에 골몰한 관료들의 파벌싸움 등은 백성들에게 권력에 대한 공포감을 불러일으키기 충분하다.

조선왕조의 퇴락과 함께 찾아온 일제강점기 시대 한민족은 식민지 총독부의 권력 앞에 숨죽이고 살 수밖에 없는 나라 잃은 슬픔을 경험하기도 하였다. 위대한 독립투사들이 나서서 일제를 곤경에 빠트리기도 하였지만 일반적으로 고향을 떠나지도 못하고 살았던 대부분의 민초들은 한없는 억압과 차별의 세월을 보내야만 했다. 이러한 식민지 생활의 경험은 대부분의 경우 의식적으로는 일제에 대항하여야 한다고 생각했을지라도 현실적으로는 생명과 재산 그리고 자녀들을 위해 일제에 끌려가는 삶을 살아야 했을 것이다. 그러니 그 심적인 갈등은 말로 헤아릴 수 없다.

드디어 독립이 되었지만 한민족은 이념의 갈등으로 해방의 기쁨을 누리기도 전에 동족상잔同族相殘의 6 · 25전쟁을 경험하게 된다. 이념은 피보다 진한 것인가? 대부분의 경우 이념의 본질도 모른 채 좌우로 나누어진 정치적인 갈등으로 수많은 민초들은 어느 편에 서야 할지도 모른 채 전쟁의 고통을 겪어야 했다. 낮에는 국군, 밤에는 인민군이 판을 치던 전쟁의 시절 일반인들이 택해야 했던 행동들은 모두가 갈등 그 자체였을 것이다. 나는 70년 전에 발생한 6 · 25 전쟁의 상처는 지금까지 우리의 가슴에 완치되지 못하고 남아 있다고 생각하고 있다. 현재 우리 사회에 만연된 보수와 진보의 갈등도 따지고 보면 그 근원은 6 · 25 전쟁에 있다고 해도 과언은 아닐 것이다.

전쟁은 끝났지만 한민족은 상당 기간 군사독재체제를 경험하였다. 군사독재체제 하에서 한국은 엄청난 경제성장을 이루었음을 부인할 수는 없다. 그러나 군사독재가 주는 권력의 힘은 한민족에게 또다시 왕조시대에 겪었던 권력의 공포감을 재현시켰다. 마음대로 정권을 비판할 수도 없었다. 그리고 혹시라도 반정부 사람으로 낙인이 찍히면 좌파 혹은 '빨갱이'라는 낙인을 부쳐 고문을 당하고 감옥살이를 해야 했던 시절도 있었다. 이때에는 소위 군사문화라는 용어가 생기기도 하였는데, 획일적이고 수단 방법 가리지 않고 승리라는 목표만을 향해 가는 전쟁터의 군인들 태도를 강요받기도 하였다.

3) 사회 경제적 배경

한민족은 오랜 기간 왕조 사회의 신분제도 하에서 평등 의식을 구현하지 못했다. 특히 조선시대 양방과 상놈의 구별은 각 개인이 가지는 나름의 능력을 제대로 발현할 기회마저 박탈하였다. 노비는 그 아들과 딸들도 노비가 되어 대를 이어 고통을 겪어야 하고, 양반 출신들은 능력이 없어도 대대로 큰 소리를 치고 살았으니 지금 생각하면 어이가 없는 세상을 산 것이다. 한마디로 한민족은 100여 년 전만하더라도 양반들의 위세 그리고 상놈과 노비의 처량함이 교차된 그런 사회 속에 있었던 것이다. 그리고 일제강점기에는 친일파들이 호위호식을 하며 과거 양반들처럼 위세를 부리고 일반 백성은 일제의 노비처럼 살았으니 이 또한 통탄할 노릇이 아닐 수 없다. 해방이 되어 군사독재 하에서는 정권의 하수인들은 과거 양반 같은 노릇을 하고 독재를 비판한 세력들은 마치 과거 노비처럼 억압받았다고 표현하면 조금 과한 것인가?

농업에 경제적 기반을 둔 한민족은 경제적으로도 소수의 지주와 대부분의 소작인들로 구성된 불평등한 시대를 경험했다. 한민족의 왕조사를 경제적으로 보면 각 왕조는 토지의 적절한 배분에 실패함으로써 멸망했다고 보아도 과언은 아니다. 어느 사회이든 모든 사람들이 경제적 평등을 누리기는 어렵다. 그러나 문제는 정도의 차이이다. 현대 시장경제체제하에서도 가장 큰 부작용이 빈부 격차의 심화라고 하는데, 한민족은 과거에도 심각한 경제적 불평들을 경험하였다. 특히 소수 지주들의 다수의 소작인들에 대한 횡포는 서민의 고통을 더욱 가중시켰다.

가난은 나라님도 해결 못한다는 패배주의적 사고에 길들여진 대부분의 백성들은 오랜 기간 가난을 숙명으로 알고 살 수밖에 없었다. 요즈음 젊은이들은 '보릿고개'를 모른다. 소작인들이 일한 대가로 받은 곡식이 동절기를 지나면서 다 떨어지면 먹고 살 것이 없어서 말 그대로 '초근목피(草根木皮)'로 끼니를 때우며 생활을 해야 했다. 그런데 그 때가 마침 보리가 자랄 때라 가난의 상징으로 보릿고개라는 말이 생긴 것이다.

보리가 다 자라야 소작농들은 다시 지주들의 농사일을 해서 임금으로 곡식을 받아야만 했다. 이러한 가난은 해방 후 경제발전을 외치면서 성립된 군사독재체제를 정당화시키는 명분을 주기도 했으니 이야말로 참 아이러니한 일이 아닐 수 없다. 인간은 먹어야 산다. 한동안 한민족의 다수는 생존을 위해 자유와 권리를 포기해야만 했던 슬픈 세월을 경험한 것이다.

4) 문화적 배경

문화란 크게 보면 철학, 정치, 경제, 사회 등 모든 분야에 흐르는 일련의 현상을 의미한다. 그러나 이번에는 특히 한민족이 경험한 농경문화의 속성을 골자로 그 문화적 배경을 살펴보려고 한다. 농사는 혼자서 지을 수 없고 여러 명이 힘을 합쳐 지어야한다. 그러니 자연히 '우리'가 강조된다. 또한 농작물이란 한반도의 경우 봄에 씨앗을 뿌리고 가을에 가서야 수확을 하기 때문에 한민족은 고래로부터 마을을 이루고 한 곳에 정주함으로써 동네를 이루게 되었다. 말할 것도 없이 한민족은 농경문화를 오랫동안 경험하였기에 자기 마을 그리고 우리라는 의미가 강조되는 삶을 살아 왔다.

농경문화에서는 무엇보다 중요한 것이 농작물의 수확이라는 목적이다. 따라서 농경문화에서는 언제나 목적이 강조된다. 그래서인지 농경문화의 언어 구조는 목적어가 동사보다 먼저 오게 되어 있다. 나는 목적이 강조되고 목적을 위해 기다려야 하는 상황이 한민족의 무의식 형성에 상당 부분 영향을 주었다고 보고 있다. 반대로 유목문화의 언어 구조는 동사가 목적어보다 먼저 오게 된다. 가축에게 풀을 먹이려면 이곳저곳을 혼자서 돌아다녀야 한다. 그러니 동작이 중요하다. 따라서 서양 유목문화에서는 단체가 아닌 개인주의가 발달될 수밖에 없다.

추가하여 나는 한민족의 유전적 요소도 한 번쯤 생각해야 된다고 보고 있다. 유전적 요소는 현실을 향한 반응으로써 정신분석학적으로 투사적 요소라고 볼 수 있다. 프로이트의 본능이론과 연결하여 보면 유전자란 본능적 요소로 비유할 수 있다. 특정 민족이 가지는 유전적 요소를 체계적으로 분석하는 일은 매우 복잡하다. 그리고 그 정확한 근거를 제시하는 데도 많은 어려움이 따르는 것을 부인 할 수는 없다. 그러나 나는 여기에서 한민족이 가지는 공통된 감성으로서 '흥'이라는 의미를 감히 유전적 요소로 간주하여 설명하곤 한다. 흥의 유전적 요인은 제2부 제7장에서 논의한 바와 같다.

2. 한국인의 집단무의식

이번에는 먼저 논의한 한민족이 겪은 환경적 요인들의 영향과 이를 향한 반응을 통해 형성된 한민족의 무의식적 특징을 설명하려고 한다. 그 특징은 다양하게 논의 될 수 있으나 여기에서는 크게 다섯 가지 정도로 그 특징을 요약할 것이다. 물론 앞서도 언급했지만 여기에서 논의된 여섯 가지의 특징들을 한국인 모두가 가지고 있다고 보기는 어렵다. 그러나 대개의 한국인들 무의식 속에는 여기에서 열거한 특징들 중 적어도 2-3개 이상의 요소들이 있을 것이다.

1) 수직적 인간관계에 길들여진 자아

서구 사회에서는 나이에 관계없이 친하면 친구라고 한다. 그런데 우리 사회는 조금 다르다. 선배와 후배의 개념이 확실하다. 나이나 학번을 따져서 1년이라도 빠르면 선배 대접을 해야 한다. 아마도 유교의 장유유서長幼有序라는 개념이 지금까지 작동되고 있는 것 같다. 나이 많은 것이 벼슬은 아닌데 아무튼 나이 많은 선배들에게는 매우 공손한 자세를 취해야 예의가 있는 사람으로 인정이 된다. 자유 민주주의 하에서는 어른이든 어린이든 모두가 존중받아야 한다. 그런데 우리 사회는 선배 후배의 구별이 아직도 유별나다는 점을 부정하기 어렵다.

직책도 그렇다. 아직도 권위주의적 잔재가 남아서인지 직장 상사에 대해서는 매우 공손한 자세를 취해야 한다. 때로는 업무의 범위를 벗어나서까지도 상관을 군주시대 상전 모시듯 해야 하는 분위기도 아직 남아 있는 것 같다. 특히 공직 사회는 이러한 분위기가 더욱 강하다. 그러니 부서장의 의견을 벗어난 창의적 의견이 제안되거나 수렴되기가 어렵다. 대개의 경우는 자신의 상관 이야기를 그대로 따르는 것이 여러 가지로 편하다. 그렇지 않으면 마치 상관의 의견에 저항하는 이미지를 주어 직장생활이 조금 피곤하게 될 수도 있다.

나는 오래전부터 이러한 문제의 근본적 해결을 위해 '대통령'이라는 직함부터 바꾸어야 한다고 주장하고 있다. '통령統領'이라는 직함은 전체주의적 용어이다. 거기에다 "큰 대大"자를 하나 더 부쳤으니 이는 분명 민주주의 사회에서는 맞지 않은 직책명이다. 아시다시피 미국은 '프레지던트President'라는 용어를 쓴다. 이는 '주재하다'라는 의미를 가진 '프레사이드Preside'에서 유래한 것으로 일종의 중재자란 의미를 내포하고 있다.

한마디로 민주사회에서 지도자는 중재자이다. 때문에 미국에서는 회사 사장도, 대학 총장도 모두 프레지던트라고 한다. 그러나 우리나라에 대통령이라는 직함은 오직 하나밖에 없다. 그러니 자연히 권위주의가 작동할 수밖에 없다. 나는 다시 한 번 대통령이라는 직함을 '국가대표' 혹은 '국민대표'라는 용어로 바꾸어야 함을 주장한다.[4]

회고하면 우리나라는 그간 군사독재의 권위주의 하에서 급속한 경제성장을 이루었다. 이는 명령의 일사불란一絲不亂한 지휘 체계를 통한 관치경제가 역할을 하였다고 볼 수도 있다. 건전한 권위는 사회의 질서를 유지하는 데 도움이 되기도 한다. 그러나 더 깊게 따지고 보면 민주주의란 결과보다는 절차를 중요시하고 있다. 따라서 아무리 목적이 좋아도 그 시행이 권위주의적 명령에 기인하는 것은 민주주의의 본질을 훼손하는 것이다. 인간관계에 있어서 본질적으로 높은 사람과 낮은 사람은 없다. 모두가 역할에 따라 창의적 발상을 하면서 그 직분을 책임 있게 행하면 된다.

2) 목적 중심적 자아

한국인은 농경문화의 영향 때문인지 과정보다는 목적을 더 중요시하는 경향이 있다. "모로 가도 서울만 가면된다" 혹은 "꿩 잡는 게 매이다" 등의 속담은 이를 잘 대변해 주고 있다. 부정행위를 해서라도 당선만 되면 되고, 수단과 방법을 가리지 않고 돈만 벌면 된다는 사고를 가진 사람들이 아직도 우리 사회에 존재한다. 그리고 대충 얼버무려서 공기만

4 김용신, 『심리학 한국인을 만나다』, pp.35~57, 참조.

맞추면 된다는 각종 건설공사들을 우리는 지금도 목격하고 있다. 이모든 것들은 우리 사회를 좀먹는 가장 잘못된 태도이다. 우리 모두는 이러한 태도가 잘못된 것임을 잘 알고 있다. 그런데도 무의식적으로는 아직 이러한 태도에서 완전히 벗어나지 못한 것은 아닌가?

외국인들이 한국에 와서 제일 먼저 배우는 우리 말이 '빨리빨리'라고 한다. 이러한 것도 따져보면 결국은 목적 중심적 사고에서 기인된 것이다. 과정은 안중에도 없고 오직 목적을 향한 욕망이 우리를 빨리빨리 움직이게 한다. 봄에 씨를 뿌리고 수확을 위해 가을까지 기다려야 함은 지루한 일일 수도 있다. 그래서 우리들은 일면 기다림에 익숙하면서도 그 역반응으로 빨리라는 말을 외치고 있는지도 모른다.

이러한 태도는 그간 한민족이 겪었던 많은 전쟁 혹은 정치적 사건들로부터 길들여진 태도일 수도 있다. 전쟁이 났는데 이것저것 따지다가는 목숨을 잃을 수도 있다. 동작이 빨라야 살아남을 확률이 높다. 꾸물대다가는 만사가 뒤틀어질 수도 있다. 이러한 긴급 상황들을 자주 경험한 사람들은 대개 동작이 매우 빠르게 길들여져 있다. 물론 생각하는 시간도 빠르다. 순간적인 판단 능력이 발달하게 되어 있다. 그래서인지 대개의 한국인들은 순간 판단력이 빠르다. 동작도 빠르다. 그런데 모든 것을 빨리 결정하고 실행하면 당연히 실수도 많을 것이다.

목적 중심적이며 또한 빠른 사고와 동작들은 짧은 기간에 경제성장과 민주화라는 두 마리의 토끼를 잡은 한민족의 저력이었는지도 모른다. 한국인들은 대개의 경우 매우 성질이 급하다. 그래서 어려운 순간에서 벗어나려는 목적 의식과 이를 위한 행동이 매우 속도감이 있다. 어떻게 해서든지 가난을 극복하려고 발버둥 쳤고, 어떻게 해서든지 대학을 가려고 노력했고, 어떻게 해서든지 출세를 하려고 했던 그 마음이 오늘의 대한민국을 만들었다고 해도 과언은 일 것이다. 그러나 지금은 개인과 회사 혹은 단체 그리고 국가 모두 목적을 향한 맹목적인 질주가 아니라 주변도 돌아보면서 조금 천천히 실수를 줄이면서 나아가야 할 때가 아닌가?

3) 배타적인 집단적 자아

농경문화와 유교문화를 동시에 경험한 한민족은 내사와 투사과정을 통해 또 다른 집단무의식적 요소를 가지게 되는데 이것은 바로 '우리'의 강조이다. 넓은 의미로 개인주의가 발달된 유목문화권에서 철학의 마지막 질문은 "나는 누구인가?"이다. 그런데 동양의 유교문화권 그리고 농경문화 속에서 철학의 마지막 질문은 "우리는 누구인가?"라고 해도 과언은 아니다. 개인보다는 사회가 더 강조되었기 때문이다. 따지고 보면 우리를 강조한 공산혁명이 마르크스의 예언과 달리 러시아에서 제일 먼저 발생하고 중국을 거쳐 한반도 이르게 된 것은 자본주의의 모순 때문에 야기된 것이 아닐 수도 있다. 나는 우리가 강조된 사회에서 마르크시즘이 보다 쉽게 받아들여질 수 있었기 때문이라고 판단하고 있다.

얼핏 러시아는 유럽권으로 볼 수 있으나 몽골 지배 이후 상당부분 동양적 요소를 가지고 있었고, 공산혁명이 나기 전부터 집단농장 제도가 있었다. 추운 곳에서 농사를 짓기 위해서는 서로가 협동하는 정신이 강조되었고, 그 때문에 토지의 공동 소유 및 경작제도인 공동체Obshchina가 발달하였다. 따라서 앞서 지적한대로 마르크스도 말년에는 자신의 공산혁명론이 서구의 역사를 중심으로 분석되었고, 동양적 요소인 '우리'를 고려하지 못했음을 인식한 것 같다.

우리는 언어 속에서도 개인인 나보다는 우리가 주어로 사용되는 경우가 더 많다. 심지어 "우리 남편" 혹은 "우리 아내"라는 말도 쓴다. 우리 남편이란 말에는 남편은 1명인데 아내가 여럿이 있다는 의미를 내포하고 있다. 우리 아내라고 하면 아내는 1명인데 남편은 여러 명이라는 웃기는 의미를 가진다. 그런데 문제는 또 있다. 이러한 우리가 매우 배타적이라는 것이다. 따라서 사회는 우리와 그들로 나누어진다. 다시 말하면 우리 편과 남의 편으로 구별되는 묘한 경계가 만들어진다. 이러한 구분이 퇴행적으로 흐르면 우리가 하는 일은 잘못된 일이라도 용서가 되고, 그들이 하면 조금만 잘못되어도 큰 비판을 면할 길이 없는 편집 증세가 나타나게 된다. 배타적인 우리의 강조는 사회를 분열시키는 원인이 될 수 있다.

그런데 긍정적으로 보면 '우리'의 강조는 매우 큰 힘을 발휘하기도 한다. 1997년 외환 위기를 맞자 한국인들은 금모으기 운동을 통해 외환 위기 극복에 큰 역할을 하였다. 세계가 놀란 이 운동은 바로 '우리'의 긍정적인 힘의 표출이다. 또한 2007년 서해안 기름유출사건이 일어났을 때 모든 사람들은 상당 기간이 지나야 오염이 해소될 것이라고 걱정하였다. 그러나 한국인들은 '우리'의 힘을 발휘하여 수백만 명이 직접 기름 묻은 돌들을 일일이 닦아냄으로써 빠른 시일 내에 오염 제거에 성공하였다. 그런데 이 과정에서는 재미있는 일도 일어났다. 예를 들면 "오늘은 호남향우회에서 기름 제거하러 간다고 하니 내일은 우리 영남향우회에서도 가야합니다"라는 식으로 우리가 서로 경쟁함으로써 가속이 붙은 면도 있었다는 것이다. 이러한 현상은 배타적인 우리들이 경쟁

심리가 긍정적으로 작동한 대표적인 예라고 볼 수 있다.

4) 대세주의와 흑백논리 그리고 동시성적 자아

수많은 전쟁과 정치적 격동의 세월을 보내면서 한민족은 스스로도 모른 채 대세주의에 익숙해졌다고 할 수 있다. 분명한 의사표현은 때로는 자신의 입장을 어렵게 만들 수도 있다는 교훈을 얻었기 때문일 것이다. 일제강점기 시절 독립을 부르짖어야 마땅하지만 일제의 무서운 공포정치에 나서서 대항하기도 쉬운 일은 아니었을 것이다. 또 6 · 25전쟁이 발발하자 밤에는 빨치산 낮에는 국군이, 즉 점령군이 수시로 바뀌는 환경에서 대개의 사람들은 자신의 뚜렷한 의사를 표현하기가 어려웠다. 5 · 16 군사정변이 일어났을 때도 그들의 행동이 옳은 것인지 아닌지를 판단하기에 앞서 군인들의 위세에 자신의 의견을 개진하기도 어려웠다.

이러한 경험들은 무슨 사건이 일어 날 때마다 그저 중간쯤 있으면 큰 탈은 모면한다는 지혜(?)를 주게 되었을 것이다. “가만히 있으면 중간이라도 간다” 혹은 “모난 돌이 정 맞는다”는 우리 속담은 이러한 상황을 잘 묘사해 주고 있다. 그러니 항상 자신의 소신을 뚜렷하게 밝히는 데 대한 두려움이 무의식에 존재하게 된 것이다. 우리 말 중에 “거시기”라는 표현이 있다. 무엇이라고 똑 부러지게 말하기가 곤란할 때 쓰는 구어적 표현이다. 이러한 상황에서 보다 적극적으로 행동하려면 어느 편에든 과감히 참여하는 길뿐인데 이런 경우는 모험을 단행해야 한다. 때로는 자기가 서 있는 곳이 큰 위험을 당할 수도 있기 때문이다. 그래서인지 우리 사회에는 아직도 “줄을 잘 서야 출세한다”는 말이 없어지지 않고 있다.

이러한 대세주의는 제1부에서 논의한 동시성적 자아와 연관성이 있다. 대세주의는 어떤 특정한 소신이 없이 자신의 편리에 따라 여러 가지 가치를 선별하여 사용하는 것을 허락하기 때문이다. 물론 이러한 동시성적 자아는 현실 적응적인 면에서는 일부 긍정 효과를 나타낼 수도 있다. 상황 판단에 따라 자신이 유리한 가치를 강조하고 또 상황이 바뀌면 대세를 따라 다른 가치를 따르면 자신을 보호하는 데 유리하기 때문이다. 우리 민족이 강력한 외세에 둘러 쌓여 있으면서도 나름대로 국가를 유지하게 된 이유 중에 하나가 현실 적응력 혹은 현실에 대한 빠른 판단력 혹은 융통성 등이라고 말할 수 있다. 그렇다면 그 속에는 우리 민족이 가지고 있는 무의식적인 동시성적 자아의 요소도 일부 포함되어 있을 것으로 나는 보고 있다.

그런데 대세주의는 거꾸로 흑백논리라는 편집적 태도로 전환되기도 한다. 소신 없었던 자신에 대한 스스로의 죄책감이 타인을 향에서는 흑이든 백이든 분명한 태도를 요구하기 때문이다. 정신분석학적으로 보면 소신 없는 자신의 문제를 감추고 자신도 소신이 분명한 사람이라는 점을 겉으로나마 내보이고 싶은 일종의 자기 방어적 태도라고 볼 수 있다. 우리는 지도자들이 이 편 저 편도 아닌 애매한 소리를 하면 소신 없다고 비판한다. 긍정적인 면에서 양측의 갈등을 해소하기 위해 조정자 역할을 하려고 해도 자칫하다가는 소신 없다는 평을 듣게 된다. 그러니 중간지대가 성립되기 매우 어렵다. 서로에게 막말이라도 분명한 말을 하면 소신을 밝히는 것 같은 이미지를 주기 때문에 대중들로부터 칭찬을 받을 수 있다. 이러한 이유 때문인지 우리 정치인들 중에는 막말을 즐겨하는 사람들도 있다. 이는 유권자의 감성을 건드려 마치 자신이 분명한 소신을 가진 지도자임을 각인시키려는 무의식적 작동이라고 분석할 수 있다.

5) 비논리적인 감성적 자아

앞서 한국인의 유전적 요소를 언급하였는데 무속에 익숙한 사람들은 대개 매우 감성적이라고 볼 수 있다. 신에 대한 기도 혹은 원혼을 달래려는 행위는 현실을 벗어난 일종의 상상의 세계를 인정하고 행해지는 행위이다. 즉 극적인 요소가 많다는 것이다. 이러한 행위는 감정의 이입이 없이는 진정성이 결여된다. 마치 배우가 연기에 몰두하기 위해서는 감정이입이 중요한 것과 마찬가지이다. 따라서 무당은 감정이입을 통해서 사실처럼 신과 대화하고 여기에 감동받은 사람들은 무당과 함께 울고 웃는다. 무속이 발달되었던 은나라 사람들의 유전자를 받아서일까? 한민족은 매우 감성적이다.

한민족은 언어에서도 감성적임이 잘 나타나 있다. 감성적인 표현을 위해서는 형용사나 부사가 많이 필요하다. 그래서인지 우리말에는 특히 구어체에 많은 형용사와 부사들이 동원된다. 예를 들어 빨강 색만 하더라도 '빨강', '시뻘건', '뻘겅', '붉은', '자주', '꽃 자주', '불그스럼', '불그르죽죽' 등 매우 다양하다. 무엇이 많이 있다는 말할 때에도 '지독히', '엄청', '무지하게', '무지막지하게' 등을 위시하여 전라도 사투리에는 '허벌나게'라는 말을 붙이기도 한다, 한마디로 구체적이고 논리적인 표현보다 매우 추상적이고 감성적 표현이 많다는 것이다. 길을 가르쳐 줄 때에도 '저기', '여기', '위로', '아래로', '조금가면', '조금 더 가면', '한참 가면' 등 애매한 말투가 많다.

감성이 풍부하니 당연히 정도 많다. 일반적으로 정은 감성Emotion을 의미한다. 그런데 앞서도 언급하였듯이 한국인에게 정이란 단순한 감성이 아니라 사랑과 미움을 동시에 가지고 있는 묘한 개념이다. 또 한이 많지만 이를 극복하려는 노력을 한다. 이는 바로 다수의 한국인들이 가지고 있는 유전적 요소로 흥興: Merriment 때문이라는 점도 이미 밝힌 바 있다. 따라서 한국인들은 즉흥적 감성 변화에 매우 익숙하다고 볼 수 있다. 이러한 흥은 신바람을 만들어내기도 한다. 외환 위기 시 금 모으기 운동이나 서해안 기름 유출 사고의 해결에는 바로 이러한 신바람이 '우리'라는 의미와 연결된 결과이기도 하다.

제7장

한국 사회의 부와 빈에 대한 정신분석학적 이해

오래 전부터 나는 정신분석학적으로 한국 사회에 있어서 부자와 가난한 사람들의 무의식적 욕구는 무엇으로 요약할 수 있을까라는 문제에 많은 관심을 가지고 있었다. 부와 빈에 대한 무의식적인 동적 양상을 살펴보는 일은 소위 정신분석학적 정치 및 사회이론의 핵심적 주제가 될 수도 있기 때문이다. 그런데 아직까지 정신분석학적 입장에서 이러한 연구는 거의 이루어지지 않고 있었다. 이번 장에서는 2015년에 발표한 『한국 사회 빈부의식은 어떻게 변했는가: 부와 빈의 정신분석』[1]에서 언급된 내용들을 기초로 하되 몇 가지 내용들을 추가 내지는 보완하여 오늘날 한국 사회에 있어서 부자와 가난한 사람들의 마음을 일부나마 설명해 보고자 한다.

1 김용신, 『한국 사회 빈부의식은 어떻게 변했는가: 부와 빈의 정신분석』 (서울: 살림출판사, 2015), 참고.

1. 한국 사회에서 부와 빈의 심리적 변화

한국 사회는 해방 이후 절대적인 빈곤의 상태에서 오늘날에는 세계 10대 경제 대국으로 발돋움하였다. 세계적으로 유례를 볼 수 없는 경이적인 발전이다. 이 과정에서 부와 가난을 인식하고 이해하는 마음의 상태도 엄청난 변화를 가져왔다. 이는 부와 빈에 대한 개념과 이를 인식하는 태도란 고정적인 것이 아니라 매우 동적인 것이라는 점을 극명하게 증명하고 있다. 그렇다면 실로 한국 사회는 빈부 의식을 연구할 수 있는 좋은 실험실이라고 해도 과언은 아닐 것이다. 따라서 이번에는 정신분석학적 입장에서 한국 사회에 있어서 부와 빈에 대한 인식의 변화를 살펴보려고 한다.

1) 부와 빈에 대한 운명론

우리나라는 1960년대 초까지도 원시적인 농경사회 구조를 탈피하지 못하고 있었다.[2] 당시 부자들은 말할 것도 없이 극소수의 대토지를 소유한 지주들이었고, 나머지 80% 이상은 소작농 혹은 부자들의 농사일을 하여 그 대가로 받은 곡물로 연명할 수밖에 없었다. 그럴듯한 산업 시설들이 없었으니 경제 행위는 자연적으로 농업에 집중되었다. 물론 어부들도 있었으나 극소수의 부자들만 어선을 가지고 있었으니 대다수는 그 배에 타서 고기를 잡는 노동의 대가로 연명하였다.

당시 대지주나 어선을 소유한 사람들은 그들의 경제력 때문에 일제강점기에도 서울로 유학하였고, 심지어는 일본 유학까지 할 수 있었으므로

2 "새로운 20년 미래 직업의 세계," 전자신문, 2002년 9월 16일, 참조.

상당히 유식한 사람들이었다. 그들 중에는 정계에 진출한 사람들도 있었으니 부는 곧 권력과 연관되는 개념으로 이해되었다. 특별한 직책을 가지고 있지 않더라도 토지 소유 그 자체는 수많은 일꾼들을 고용할 수 있는 지위를 확보함으로써 막강한 경제적 권력을 가지고 있었다. 그러니 부자들은 당연히 그 지역의 유지로 대접을 받고 가난한 사람들의 지도자로까지 군림할 수 있었다.

그런데 이때에는 빈부에 대한 위화감이 오늘날처럼 심하지는 않았다. 이러한 데는 몇 가지 이유들이 있었다. 첫째는 가난한 사람들의 가난에 대한 시각이 매우 운명론적이었다는 점이다. 가난한 사람들은 농경사회에서 자신들이 아무리 노력하더라도 스스로 자립할 수 있는 토지를 소유할 수 없다는 한계를 너무나 잘 알고 있었다. "가난은 나라님도 어쩔 수 없다"는 논리 속에서 스스로의 경제적 조건을 개선하려는 의지를 상실하고 있었다.

둘째로는 당시에는 과학기술이 널리 보급되지 못하였기 때문에 부자와 가난한 자의 외형적 구분이 지금과 같이 다양하게 이루어지지 않았다. 부자들도 고무신에 무명옷 입고, 잘해야 자전거를 타고 다녔다. 그런데 가난한 사람들도 낡았지만 무명옷 입고, 신이 없으면 집신 혹은 맨발로 다녔으나 그 외형적 구별은 그리 심하지 않았다고 할 수 있다. 다만 큰 차이는 먹는 것에 있었다. 부자들은 고기에 쌀밥을 먹지만 가난한 사람들은 하루 세끼도 못 먹고 때로는 고구마나 감자 그리고 죽으로 연명하였다. 그런데 음식은 다른 사람들이 안보는 자신의 집에서 먹기 때문에 밖에 나와서는 그 차이를 실체적으로 느끼는 데 한계가 있었다는 것이다.

이러한 조건들 때문에 가난한 자들은 부자를 미워하지는 않았다. 특히 그들 덕분에 품삯을 받아 연명하니 고맙게 생각했다. 나아가 대개가 문맹이었던 가난한 사람들은 그들의 여러 가지 생활 문제들을 부자들로부터 조언을 받아 해결할 수 있었으니 부자들을 존경하기까지도 하였다. 물론 가난한 사람들은 부자들을 부러워했을 것이다. 그러나 자신들이 현실적으로 부자가 된다는 것은 상상하기 어려웠다. 나아가 가난한 사람들은 부자들 때문에 자신들이 못 산다는 생각을 하지도 않았다. 따라서 가난한 사람들은 부자들을 부러워했을지라도 적어도 자신들의 적으로 간주하지는 않았다는 것이다.

2) 가난 극복을 위한 노력과 희망

1970년대를 맞이하면서 가난을 숙명으로 알고 살았던 우리 국민에게는 새로운 희망이 싹트기 시작했다. 소위 5 · 16 군사정변 이후 군사정권은 그들의 정당성을 확보하기 위하여 유난히 경제개발을 강조하기 시작했고, 1970년대 들어와서 구체적인 계획들이 추진되기 시작했다. 그 대표적인 사례는 "잘살아보세!"라는 슬로건이었다. 정부는 이때부터 경제개발 5개년계획[3]을 수립하여 시행하기 시작하였다. 그리고 한편으로는 월남 파병,[4] 광부 및 간호사들의 독일 파견[5], 건설 인력의 중동 파견,[6] 브라질 농업이민 등으로 우리들은 외국으로부터 돈을 벌어들이게 되었

---

3 "경제개발 5개년계획," 브리태니커, daum, 참조.
4 "박태군의 베트남전쟁: 쏟아지는 외화 입을 다물지 못하다," 한겨레, 2014년 11월 14일, 참조.
5 "박 대통령, 파독 광부 · 간호사 만나...나라 종잣돈 만들어준 분들," 뉴시스 2014년 3월 29일, 참조.
6 "70~80년대 중동 건설 수주," 헤럴드경제, 2012년 6월 29일, 참조.

다. 또한 더불어 그간 잘 알지 못했던 세계에 대한 이해도 높아지고 있었다.

경제개발 계획에 따라 고속도로가 생기고 다목적 댐들과 저수지들이 생겨나면서 그간 가난을 운명으로 알고 살았던 서민들의 마음에는 우리도 노력하면 잘 살 수 있겠다는 용기가 생겨난 것이다. 특히 하늘의 비에만 의존하고 농사를 지었던 농부들에게 저수지와 다목적댐 등을 통한 물 해결 및 농작물의 품종 개량[7]을 통한 수확의 증대는 이러한 용기를 더욱 부추기게 만든 것이다. 특히 이 당시 시작되었던 새마을운동[8]은 우리들의 농촌 삶을 상당히 많이 변화시켰다. 농로의 개발과 가옥 구조 개선 등은 주민들 스스로 자신의 처지를 바꿀 수 있다는 용기를 북돋아주고 있었다. 실제로 새마을운동이 성공하게 된 가장 큰 이유는 앞서 한국인의 집단무의식을 논하면서 언급한 우리라는 응집력에 흥의 감성이 결합된 결과라고 할 수 있다.

이러한 경제개발의 시대를 맞아 우리나라에는 소위 재벌이라는 개념이 생겨났다. 정부는 경제개발의 효율성을 높이기 위해 능력 있는 기업들을 절대적으로 지원함으로서 그들이 수출 전선에 앞장설 수 있도록 독려하였다.[9] 때문에 이름도 없었던 기업들 중 엄청난 부를 축적하는 사례도 나타났다. 이렇게 하여 부를 축적한 기업들은 문어발처럼 그들의 세력을 확장하였으며, 그 결과 재벌이 등장하였다. 그런데 당시 서민들은 이러한 재벌에 대해 큰 거부감을 갖지는 않았다. 오히려 그들의 덕으

7 "통일벼 보급 · 종자개발," 농민신문, 2014년 9월 17일, 참조.

8 "새마을 운동," 브리태니커, daum 참조.

9 1961년부터 2008년 까지 한국 수출통계에 대해서는 헤럴드경제, 2013년 11월 29일(특히 위크엔드 시리즈 중 "2013년 대한민국, '수출 3.0'을 논하다") 참조.

로 국민생산량이 늘어나고 있다는 데 감사한 마음까지를 가지고 있었다.

재벌의 반열에 오르지는 못했더라도 당시 시골에서 농사 짓던 지주들도 새로운 시도를 하기 시작하였다. 개발의 시대를 맞아 도시의 토지값은 천정부지로 뛰어오르고 대신 시골 농토의 값은 제자리걸음을 하자, 시골 중간 지주들은 땅을 팔아 도시로 진출하여 새로운 사업을 시작하려고 했다. 물론 일부는 시골에서 정미소를 운영하기도 하였지만 대개는 도시로 나와 극장운영을 하든지 아니면 부동산 사업에 뛰어들었다.

이러한 변화를 맞이하면서 대개의 사람들은 가난은 숙명이 아니라 노력을 하고 운이 닿으면 벗어날 수 있다는 생각을 하게 된다. 시골에서 소작농 집의 자녀들도 도시로 나와 공장에 취직을 해서 나름대로 윤택한 생활을 하게 되었다. 또 일부는 빚을 얻어 땅을 샀는데 그 값이 엄청 올라 갑자기 부자가 된 경우도 있었다. 이러한 상황에서 과거에 가졌던 가난에 대한 인식은 크게 바뀌었다. 부자라도 땅 투기 잘못하여 쪽박을 찬 경우도 있고, 소작농 자손이더라도 땅 잘 사서 큰돈을 번 사람들도 있었다. 그러하니 누구나 기회만 잘 만나면 부를 이룰 수 있다는 새로운 인식이 폭 넓게 퍼지게 되었다. 이러한 시대에 있어서 부를 이루는 데는 희망과 우려가 함께 교차하고 있었다. 잘하면 부를 이룰 수도 있고 그렇지 못하면 가난으로 저락할 수 있었기 때문이다.

3) 중산층의 형성과 자부심

미국에서 오랜 기간 유학 생활을 하다 1989년에 잠깐 귀국한 적이 있다. 그때 여러 가지 면에서 깜짝 놀란 일들을 발견하였다. 웬만한 사람은 자가용을 가지고 있었고 또 아파트에서 상당히 고급 생활을 하고 있었기 때문이었다. 전화기가 없는 집도 거의 없었으며, 명품 백이나 구두 혹은 옷을 입고 있는 사람들도 눈에 많이 띄었다. 내가 유학을 위해 우리나라를 떠날 때 양옥집과 자가용은 모든 서민들의 꿈이었다. 그런데 겨우 10여년 정도밖에 흐르지 않았는데 그동안 한국의 경제가 엄청나게 발전하였던 것이다.

내가 우리나라를 떠날 때만 해도 많은 사람들이 미국으로 유학가는 것을 부러워했다. 그리고 공항에 마중을 나와 당시에는 송영대라는 곳에서 걸어서 비행기 트랩을 오르는 것까지 보고 돌아갔다. 그런데 1989년에는 상황이 바뀌어 있었다. 보는 사람들마다 "외국 생활이 어렵지?"라는 질문이었다. 그만큼 한국 사회가 경제적으로 풍요해진 것이다. 심지어 길거리 공중전화에서 미국으로 국제전화까지 할 수 있고, 곳곳에 고속도로가 새로이 건설되어 편리하기 이루 말할 수 없었다. 국민소득의 가파른 상승으로 인해[10] 한국 사람들은 어느덧 웬만한 유럽의 국가들보다 오히려 산업 사회의 혜택을 더 누리고 있었다.

앞서 언급했던 래쉬가 지적한 자아도취적 문화가 드디어 한국 사회에도 나타난 것이었다. 대개의 한국인들은 1980년대 후반 혹은 1990년대부터는 이제 시간이 나면 인생을 즐겨야 한다는 생각을 가지게 된 것 같다. 다만 래쉬가 지적한 자아도취의 문화 중 경쟁 심리에 대한 부분은 조금 달랐다. 래쉬는 자아도취 문화 속에서 경쟁은 자신을 피곤하게 한다는 이유로 경쟁을 떠나 혼자서 만족하려는 경향이 늘어나고 있다고 지적하였다. 그런데 한국 사회는 어느 정도 생활이 윤택해지자 인생을

10 한국은행 통계자료 참고.

즐기려는 자아도취적 요소도 있었지만 보다 나은 미래를 위해 계속 노력하려고 하는 경쟁 심리는 사라지지 않은 것 같았다. 특히 어린아이들은 좋은 학교에 진학하기 위해 초등학교 때부터 과외를 받고 있었다. 한국인의 못 배운 한은 계속되고, 자녀들에게라도 보다 좋은 교육을 시키려는 부모들의 열정은 아이들에게 경쟁을 더욱 부추기고 있었다.

이러한 상황에서 대개의 서민들은 자신들도 중산층에 들어갔다는 평가를 서슴없이 하게 되었다. 물론 중산층의 기준을 어디에 두느냐에 차이가 있었겠지만 중요한 것은 심리적으로 다수의 사람들이 스스로를 중산층이라고 인식하고 있었다. 그런데 그들은 재벌들과 자신들의 처지를 직접 비교하지는 않고 있었다는 점이 특이했다. 재벌은 재벌이니 그렇다 치고, 자신들도 이제는 아이들 교육시키고 살만큼 산다는 자긍심 때문인 것으로 보였다. 이때까지만 하더라도 중산층들은 재벌들이 추구하는 부의 축적이 자신들의 사업에 큰 영향을 미치지 않을 것이라는 생각을 한 것으로 보인다. 물론 모든 사람들은 재벌을 부러워했을 것이다. 그러나 한편으로는 재벌들의 수출로 그들도 더불어 사업을 번창시킬 수 있다는 믿음이 있었던 것 같다. 이러한 태도는 당시에만 하더라도 재벌에 대한 부정적인 시각이 팽배하지는 않았다는 것을 입증한다고 볼 수 있다.

4) 시장경제체제 하에서의 빈부 격차

한동안 잘나가던 한국 경제는 1997년 외환 위기[11]를 맞으면서 새로운

11 김인중 · 이찬룡, 『외환위기 10년: 한국금융의 변화와 전망』 (서울: 서울대학교 출판부, 2008), 참고. 이규성, 『한국의 외환위기』 (서울: 박영사, 2006), 참고. 이종규, 『경제위기: 원인과 발생과정』

국면으로 접어들게 되었다. 이러한 위기는 고속 성장 국가가 겪을 수도 있는 예견된 일이었지만 당시 국민들은 국가도 부도가 날 수 있다는 사실에 큰 충격을 받았다. 당시 일반인들은 재벌이라고 하는 대기업들은 어떤 경우에도 부도가 나지 않을 것으로 생각했다. 그러나 외환 위기를 계기로 기업구조조정[12]이라는 이름 아래 기업이 해체되거나 합병되는 사례들을 직접 목격하였다. 나아가 은행도 부도가나면서 은행에 대한 신뢰도 허물어지게 되었다.

이러한 상황에서 한국인들은 다시 '우리'라는 응집력을 발휘하게 된다. 그 대표적인 것은 '금 모으기 운동'[13]이었다. 대개의 국민들은 우리는 못 살아도 적어도 국가가 부도가 나는 일은 막아야 된다는 애국심으로 집에 있는 금들을 스스로 내놓아 외환 위기를 극복하는데 큰 보탬을 주었다. 한편으로 외환 위기를 계기로 기업의 구조 조정에 따라 직장을 잃게 된 사람들도 꽤 있었으나 그 중 일부는 국가를 위한 불가피한 사태로 보고 이를 이해하려는 자세를 보이기도 하였다. 이는 한마디로 한국인들의 애국심은 대단히 강하다는 사실이며 그 덕에 우리는 빠른 시일 내에 외환위기를 벗어날 수 있었다.

그럼에도 불구하고 우리는 또 다른 문제에 봉착하게 되었다. 재벌기업들이 문어발식으로 그 규모를 확장한 결과 전문성의 부족으로 인하여 세계 시장에서 경쟁력을 상실했다는 이유로 구조 조정을 한 것은

(서울: 한국은행 특별연구실, 2000), 참고. 이종욱 외, 『한국의 금융 · 외환위기와 IMF』 (서울: 서경문화사, 1998), 참고.

12 허재성 · 유혜미, 『외환위기 이후 금융 및 기업 구조조정에 대한 평가와 향후과제』 (서울: 한국은행 2002), 참고.

13 "금모으기 운동," 지식백과, NAVER, 참조.

바람직한 일이었다. 그러나 정부가 외환 위기를 극복하기 위하여 재벌 기업들이 분야별 전문성에 집중하도록 하는 구조 조정은 새로운 문제를 야기하였다. 그것은 바로 대기업들에 대한 분야별 독점성을 높여주는 결과였다. 이러한 대기업의 독점성은 그 분야에 새롭게 등장할 수 있는 중소기업들의 성장을 가로막는 부작용이 있었다. 이는 중소기업들이 새로운 아이템을 개발하기 어렵게 함으로써 결국은 대기업의 하청공장으로 저락하는 계기가 된 것이다. 나아가 독점성을 가진 대기업들의 이익만을 증가시키게 됨으로써 한국 사회에 있어서 부의 불균형을 초래한 기본 원인이 되기도 하였다.

2002년에 이르러서는 일인당 국민 소득이 외환 위기 이전의 수준으로 회복되었다. 그러나 대기업의 계속적인 성장 및 중소기업의 한계와 더불어 한국 사회에서는 '카드 대란'이라는 또 다른 문제가 대두되었다. 외환 위기 극복에 힘을 집중하고 있을 때 각종 카드 회사들은 신용카드를 부별하게 발행했던 것이다. 외환 위기로 직장을 잃고 어렵게 사는 사람들에게 신용카드란 매우 편리하게 느껴졌다. 실제 돈을 값을 능력도 없으면서 카드만을 사용한다는 것은 매우 어리석은 일이었으나 당장의 경제적 어려움을 벋어나기 위해 어쩔 수 없이 신용카드를 사용하는 경우도 늘어났다. 그 결과 2003년 통계에 따르면 무려 372만 명이 신용불량자로 등록이 되었는데 그 중 신용카드로 인한 건이 64%에 달한 것으로 나타났다.[14]

한국 사회는 땅은 좁고 인구는 많기 때문에 1970년대 개발 시대 이후

14 "카드 대란(2002) 때보다 2,000만 장 더 뿌렸다," 조선일보, 2012년 2월 2일, 참조. 또한 "'규제개혁' 카드 대란 · 신용불량자 홍수 부른 '탈규제'," 한국일보, 2014년 3월 19일, 참조.

부동산 경기가 한국경제의 체감도에 직접적인 영향을 미쳐왔다. 부동산 경기가 좋으면 비록 자기 집이 없는 서민들로 덩달아 벌이가 좋아졌다. 건설 공사로 인한 여러 가지 일자리들이 생기게 되면 돈이 돌기 때문에 다방면에서 경기가 활성화되었다. 그런데 2008년 미국의 부동산 거품으로 인한 금융 위기는 한국의 부동산 경기까지 위축시켰다. 물론 당시 부동산 경기가 위축된 이유는 더 이상 개발할 곳이 없었다는 데에 기인하기도 할 것이다. 그리고 추가하여 부동산 투기의 근절을 위한 정부의 규제 정책은 경기 활성화에 제동을 건 꼴이 되기도 하였다.

결과적으로 미국발 금융 위기 이후 우리나라의 고용지표도 매우 부정적으로 나타나기 시작하였다. 2000년대 초반까지도 매년 약 50만 개의 신규 일자리들이 있었는데 2006년 이후에는 30만개의 일자리밖에 창출하지 못하였다. 2008년 10월 고용지표에 따르면 약 40만 명의 대졸자들이 사회에 나왔는데 취업자 수는 고작 97,000명 정도에 그쳤다.[15] 이러한 청년실업은 지금에 이르기까지 개선되지 못하고 오히려 점점 악화만 되어가고 있다. 2019년 2월에 발표된 통계청 자료에 따르면 1월 실업률은 4.5%로 9년 만에 최고치를 기록하고 있고 실업자 수도 122만 명으로 19년 만에 가장 높게 나타나고 있다.[16]

이러한 상황에서 빈부의 격차는 날로 심화되었다. 이제 중산층은 사라졌고 자신이 중산층이라고 말하는 사람들도 현저히 줄어들었다. 이는 시장경제체제의 한 단면이기도 하다. 프랑스의 젊은 경제학자인 피케티 Thomas Piketty는 『21세기의 자본』에서 돈이 돈을 버는 속도는 노동이 돈을

15 "한국도 이제 취업 포기시대 접어드나," 매일경제 2008년 12월 9일, 참조.
16 "실업자 19년만에 최고... 청년실업 타개책은?," KBS News, 2019년 2월 14일, 참조.

버는 속도보다 비교가 되지 않을 정도로 높아지고 있다고 주장하고 있다.[17] 그러니 돈 있는 사람들의 부는 계속 증가하고, 노동에 의지하는 사람들은 점점 더 살아가기가 어려운 것이다. 이탈리아의 경제학자인 파레토Vilfredo Pareto, 1848~1923가 전체 결과의 80%는 전체 원인 중 20%에서 비롯된다는 '2080'이란 용어가 경제적인 계층 구조에 적용되고 있다고 볼 수 있다. 즉 전체 인구의 20%가 전체 국민 생산량의 80%를 만들어 내고 있다.[18]

이러한 상황에서 일인당 국민소득은 별 의미가 없다. 이는 전체 국민 생산량을 국민의 숫자로 나눈 것이기 때문이다. 다시 말하면 소수의 기업들의 생산량이 엄청나기 때문에 평균 일인당 소득이란 허상에 불과하다. 평균 소득이 3만 달러 넘는다 해도 실제적으로 대부분은 이에 훨씬 미치지 못하는 소득에 머물러 있다. 이러한 시장경제체제에서의 빈부 격차는 상층부는 좁고 하층부는 넓은 프랑스의 에펠탑에 비교할 수 있다. 저소득층은 넓게 퍼져 있고 중산층은 없으며, 소수 부자들은 높은 소득으로 탑의 뾰쪽한 부분처럼 구성되어 있기 때문이다. 2018년 기준으로 우리나라는 사상 처음으로 수출 6,000억 달러를 돌파하여 세계 7번째 수출국이 되었다.[19] 매우 경이로운 일이다. 그런데 이러한 종합적인 숫자도 다음에 나열될 통계를 감안하면 다수 국민들의 가난과는 거리가 있다.

2018년 12월 통계청 발표에 따르면 우리나라 전체 기업의 매출액은

17 장영덕 옮김, 이강수 감수, 토마 피케티 저, 『21세기 자본(*Capital in the Twenty-First Century*)』 (서울: 글항아리, 2014), 참고.
18 김용신, 『한국 사회 빈부의식은 어떻게 변했는가: 부와 빈의 정신분석』, p.144참조.
19 "올 수출 사상 처음 6,000억 달러 돌파," 조선일보, 2018년, 12월 29일, 참조.

4,760조 원이며 영업이익은 291조 원에 달하는데 전체 기업 수의 0.3% 밖에 되지 않은 대기업들이 총 매출액의 48% 그리고 총 영업 이익의 61%를 차지하고 있다.[20] 또한 국토교통부의 조사에 따르면 2017년 말 기준 우리나라 인구 중 9.7%가 민간 토지의 54%를 소유하고 있으며, 75%의 인구는 자기 소유의 땅이 없다.[21] 그리고 한국경제원구원의 조사에 따르면 한국 근로자의 평균 연봉은 3,500만 원 수준인데 2,000만 원 이하가 30%에 달하고 6,700만 원 이상이면 상위 10% 안에 들어간다.[22] 또한 통계청이 발표한 2018년 4/4분기 분위별 소득을 보면 1분위 하위 20%의 소득은 2017년 같은 기간보다 17.7%근로소득은 36.8% 감소하였고, 5분위상위 20%의 소득은 10.4%근로소득은 14.2% 증가함으로써 빈부 간 소득 격차가 엄청나게 벌어지고 있다.[23] 한마디로 1997년 외환 위기 이후 소득 불평등은 최고로 악화되어 2019년 3월 10일 통계청 발표에 따르면 현재 OECD 회원 국가 중 최하위를 나타내고 있다.[24] 위의 통계 자료를 통해 확인한 것처럼 오늘날 우리 사회의 빈부 격차는 매우 심각한 수준에 이르렀다.

2. 한국 사회의 부자와 가난한 사람들의 심리

지금까지는 해방 이후 경제적 구조의 변화에 따른 부와 빈에 대한

20 "0.3% 대기업이 전체 이익 61%차지...'독식' 갈수록 심화," 뉴스1, 2018년 12월 6일, 참조.
21 "9.7%인구가 민간토지 54%소유...3명중 2명 '땅없다'," 노컷뉴스, 2018년 11월 1일, 참조.
22 CIVICnews, 2018년 11월 18일자 참조.
23 "저소득 가구 근로소득 또 다시 최대폭 감소…소득불평등 최악," 아시아경제, 2019년 2월 21일, 참조. 그리고 "하위 20%는 소득 18% ↓상위 20%는 10% ↑.. 빛바랜 '소주성'," 서울신문, 2019년 2월 22일, 참조.
24 "(한국경제 길을 묻다) 빈익빈 부익부...'1대 99의 사회'," 연합뉴스, 2019년 3월 10일, 참조.

일반 국민들의 심리적 변화를 대략적으로 살펴보았다. 그렇다면 현재 한국 사회에서 부자들과 가난한 사람들은 어떠한 생각을 가지고 있을까? 이번에는 이 답을 위해 구체적으로 부자들과 가난한 사람들이 일반적으로 세상을 보는 무의식적인 태도에 대해 살펴보려고 한다. 단 본 분석은 주로 퇴행적 입장에 초점을 두고 있기 때문에 모든 부자들과 가난한 사람들에게 적용되는 것은 아닐 것이다. 그렇지만 현재 이들이 가지고 있는 퇴행적 태도를 살펴보는 것은 부와 빈에 대한 정신분석학적 이해를 돕는데 일련의 기여를 할 것으로 믿는다.

1) 부자들의 심리

부자들 중 훌륭한 인격을 가진 이들은 상당히 많을 것이다. 그러나 그 중에는 퇴행적 태도를 가진 이들도 있다고 본다. 나의 관찰에 따르면 그들의 퇴행적 행위는 크게 세 가지 측면에서 논의할 수 있다. 그것은 바로 이기주의와 금전만능주의 그리고 자신들보다 경제력이 좋지 못한 특히 가난한 사람들을 무시하는 심리라고 할 수 있다.

시장경제체제에서 부란 열심히 노력하는 사람들에게 오게 돼있는 것이 일반적인 상식이다. 그런데 우리나라의 경우 속칭 불로소득으로 부를 이룬 사람들도 꽤 있다. 그 중 대표적인 경우는 부동산 투기이다. 우리 사회는 그간 부동산 경기가 일반적인 경기에 큰 영향을 미쳐왔음은 부인할 수 없다. 그 과정에서 정경유착을 통해 개발 정보를 미리 확보하여 땅을 사서 큰돈을 번 사람들도 없지는 않을 것이다. 또한 개발 사업이라는 명목으로 소비자를 현혹하여 돈을 번 사람들도 있다. 이 모두는 탈법 및 편법을 사용한 예이다. 물론 다른 분야에서 여러 가지 비정상적으로 돈을 번 사람들도 있을 것이다.

이러한 사람들의 심리에는 근본적으로 이기주의가 깊게 자리하고 있다. 이들에게는 자기가 속해 있는 공동체나 나아가 국가 등의 개념은 존재하지 않는다. 수단과 방법을 가리지 않고 개인적인 부만 확대하면 된다는 생각이 가득하다. 그러니 탈법 및 불법도 마다하지 않을 것이다. 또한 국가에 내는 세금도 어떤 수를 써서라도 적게 내려고 하고 또한 아예 내지도 않으려는 몰염치성도 가지고 있다.

2018년도 9월 한 언론 발표에 따르면 부동산 부자들이 증여세를 탈루하기 위하여 여러 가지 탈 · 편법을 활용하고 있다고 한다.[25] 또한 국세청이 공개한 2018년도 고액 세금 상습 체납자 명단개인 5022명, 법인 2136곳에 따르면 체납한 세금은 총 5조 2,440억 원으로 집계되고 있다.[26] 매우 많은 액수라고 하지 않을 수 없다. 비록 소수일지라도 한국 전체 국민의 경제 규모에 절대적인 부분을 차지하고 있는 일부 부자들의 세금 탈루 현상이야말로 부자들의 퇴행적인 이기주의를 여실히 보여주고 있는 셈이다.

수단과 방법을 가리지 않고 부를 축적하려는 이기적 마음에는 돈이면 무엇이든지 해결할 수 있다는 금전만능주의가 자리하고 있다. 자본주의 사회에서 경제력은 매우 중요한 힘을 발휘한다. 그런데 비정상적으로 부를 이룬 사람들은 이러한 힘을 퇴행적으로 활용하고 있다. 그들은 자신들이 부과 받은 세금보다 적은 돈으로 이를 무마할 수 있다고 믿는

25 "국세청도 모르는 부동산 부자들 증여세 탈루 백태," 동아일보, 2018년 9월 26일, 참조.
26 "고액 상습체납자 명단 공개! '29만원 뿐' 전두환 세금 31억 '나 몰라라'…최유정도?," 한국스포츠경제, 2018년 12월 6일, 참조.

다. 법적으로 문제가 되더라도 높은 변호사 비를 들이면 형을 경감할 수 있다고 믿는다. 이러한 문제는 사회적인 부정부패의 지수와도 깊은 관계가 있다.

우리 사회는 이미 부정부패 행위들이 점차 단절되어 가고 있다. 그럼에도 불구하고 소위 졸부라는 사람들은 무엇이든지 돈으로 해결하려고 한다. 이들의 눈에는 인간이란 돈 앞에 고개를 숙일 수밖에 없다는 무의식이 깊이 자리하고 있기 때문이다. 이들에게는 사회적인 정의의 개념이 존재하고 있지 않으며, 나아가 인격이라는 용어는 돈을 떠나 별도로 존재할 수 없다는 믿음이 있다.

이러한 이유 등으로 그들은 가난한 사람들을 무시한다. 자신들은 시장경제체제 하에서 성공한 사람들이라고 생각하기에 돈이 없는 사람들은 능력이 없는 아둔한 사람들로 평가한다. 그리고 바른길을 추구하는 사람들은 현실을 모르는 어리석은 사람들이라고 평가절하를 한다. 나아가 그들은 학식도 사랑도 돈으로 살수 있다고 생각한다. 그들에게는 인격적 존경이라는 개념이 없다. 물론 그들은 더 많은 돈을 벌기 원한다. 그래서 그들보다 더 큰 부자들을 선망한다. 그런데 그 선망의 마음에는 존경이라는 개념은 없다. 다만 부러워할 뿐이고, 어느 면으로는 그들보다 자신들이 탈·편법들을 잘 몰라서 이정도의 부만 축적했다고 생각한다.

이처럼 졸부들의 퇴행적 태도 때문에 우리 사회에는 지도급인사들의 책임을 말하는 '노블레스 오블리주Noblesse Oblige'의 개념이 작동하지 못하고 있다. 시장경제체제에서 부를 확보한 사람들은 경제적으로는 지도급 인사들이라고 할 수 있다. 그들은 이러한 체제 하에서 부를 축적하였기 때문에 그 사회에 대한 나름의 책임감을 느껴야 한다. 보다 가난한 사람들에 대한 배려가 필요하고 사회적으로도 공동체를 위한 책임이 필요하다. 특히 지금처럼 빈부의 격차가 심화되고 있는 상황에서는 그들은 자신들의 사회에 대한 책임을 더욱 무겁게 느껴야 한다.

따라서 나는 몇 년 전부터 가난한 사람들의 복지를 위한 대기업의 적극적 참여를 강조고 있다. 예를 들면 대기업들은 상품을 광고하는데 엄청난 돈을 사용하고 있다. 그런데 그들의 광고비 중 일부라도 사회복지 사업에 사용한다면 서민들로부터 좋은 기업이라는 이미지를 얻을 수 있다. 이러한 긍정적 이미지는 결국 그들 상품의 판매에도 긍정적 역할을 할 것이다. 다수의 소비자들은 서민들이기 때문이다. 물론 일부 대기업들은 이러한 사회복지에 관심을 가지고 나름대로 예산을 세우고 있다. 그러나 지금보다 조금 더 많은 노력이 필요하다. 그러면 대기업에 대한 부정적인 이미지도 지금보다는 훨씬 누그러질 것이다.

2) 가난한 사람들의 심리

빈부 격차의 심화 현상 속에는 다수의 가난한 사람들과 극소수의 부자들이 있음을 우리는 알아야 한다. 이러한 다수들 중 특히 미래를 낙관할 수 없는 지경에 이른 상당수의 가난한 사람들이 있는 것은 틀림없는 사실이다. 그 숫자는 비정규직 및 일용근로자 그리고 실업자와 생활보호 대상자들의 숫자만 합해 보아도 짐작이 될 것이다. 여기에 최저 임금도 안 되는 수입을 올리고 있거나 아니면 손해만 보고 있는 영세 자영업자들까지 합하면 그 숫자는 상당하다. 현실적인 경제 구조 하에서 상기 언급한 사람들은 실제로 하루하루 버티어 나가기에도 벅찬 사람들이다.

그렇다면 이러한 가난한 사람들은 어떤 마음을 가지고 있는가? 나는 이들의 마음에 대해 오래전부터 상당한 관심을 가지고 있었다. 시장경제 체제 하에서 가난한 사람들의 무의식적 욕구를 이해하는 것은 일부 졸부들의 퇴행적 무의식을 이해하는 것보다 더욱 중요하다. 가난한 사람들이 대다수를 차지하고 있는 현대 한국 사회에서 이들의 심리를 알아내는 일은 사회 전체의 문화를 이해하는 데도 주요한 변수가 될 것이기 때문이다. 가난한 사람들의 무의식적인 태도도 졸부들의 퇴행적 태도와 마찬가지로 크게 세 가지로 요약할 수 있다. 그것은 탈·불법에 대한 욕구, 변화와 파괴의 심리 그리고 자포자기의 무기력적 증상이다.

가난한 사람들도 졸부들과 마찬가지로 탈·불법에 대한 유혹에서 벗어나지 못하고 있다. 그들이 보는 부자들 중 비록 일부가 법을 지키지 않고 있더라고 가난한 사람들의 눈에는 현실에서 도덕이나 법을 앞세우다가는 부를 축적할 수 없다는 매우 퇴행적인 생각이 자리하고 있기 때문이다. 이는 졸부들의 영향이라고 할 수도 있다. 탈·불법을 통해서 부를 축적한 사람들이 상당히 있기 때문이다. 혹은 미래가 없는 사람들이 택할 수 있는 최후의 수단이라고 생각할 수도 있다. 긍정적 미래가 없는 경우 죽느냐 사느냐하는 판에 법과 도덕은 별 효력을 발휘하지 못한다.

몇 년 전 발표된 한 보고서에 따르면 "우리나라 국민 4명 중 1명은 누군가 현금 10억 원을 주면 위법 행위도 할 수 있다"[27]고 한다. 물론 본 결과는 성인 남녀 802명을 대상으로 한 설문조사에서 나타난 것이므로 이를 일반화하는 데는 한계가 있다. 그렇지만 이는 일반인을 상대로

27 "4명 중 1명, '10억 주면 위법 행위 하겠다'," 한국일보, 2014년 10월 27일, 참조.

한 것이기에 가난한 사람들만을 대상으로 한다면 이러한 결과는 더욱 높게 나타날 것이다. 이러한 가난한 사람들의 퇴행적 자세는 사회적으로 준법정신을 훼손하는 데 중요한 영향을 미치게 될 것이다.

실제로 미래의 비전이 상실되면 모든 사람들은 지금의 세상이 변화되기를 바라게 된다. 지금의 구조 하에서는 미래가 없지만 무언가 새로운 사회가 구축되면 적어도 지금보다는 자신의 처지가 더 나아질 수도 있을 것이라는 기대 심리 때문이다. 변화의 심리가 강해지면 강해질수록 현실 부정이라는 퇴행적 태도가 강화된다. 즉 파괴적이고 급진적인 심리가 발동된다는 것이다. 자아이상이란 현실의 원리를 거부할 때 급진적 방향을 선택하는 경향이 높기 때문이다.

예를 들면 신용 불량자들은 지금의 구조에서는 개인회생제도를 선택해도 본질적 치유가 안 될 경우 은행에 있는 자신의 서류가 불타 없어지기를 내심 바랄 것이다. 비록 현실성이 없다하더라도 이러한 생각을 하는 것 자체가 이미 파괴적이고 급진적인 행동을 유발하는 계기가 될 수 있다. 심지어 일부는 전쟁이라도 나서 모든 것이 파괴되고 새롭게 출발했으면 하는 생각을 가질 수도 있다. 이러한 사람들이 많을수록 그 사회의 시스템은 정상적으로 작동되기 어렵다. 모든 것이 부정적으로 이해되기 때문에 어떠한 정책을 내놓더라도 효과를 얻기가 어렵다. 이들에게서 보수가 내세우는 개혁이라는 용어는 잘 먹히지 않는다. 오직 사회가 근본적으로 바꾸어지기만을 기대할 뿐이다.

마지막으로 이도저도 갈 곳이 없을 때 우리 마음을 위안시켜 주는 하나의 탈출구는 포기라는 심리이다. 탈·불법이나 사회적 변화를 생각하는 사람들에게는 아직 어느 정도의 정열이라도 남아있다고 할 수 있다. 그러나 아예 궁지에 몰리게 되면 포기를 하지 않고는 마음의 울분을 다스릴 길이 없다. 서양의 정신분석학에서 마음의 치료로 포기라는 개념은 별로 사용되지 않고 있다. 그런데 비록 긍정적인 방법이 아니더라도 포기를 하면 모든 근심 걱정에서 벗어날 수 있음은 분명하다. 물론 이는 완전한 포기가 가능한가라는 질문을 야기한다. 그런데 어떠한 핑계를 대서라도 죽음이 아닌 포기의 마음도 일부 존재할 수 있다. 우리는 개인의 삶 속에서 가끔은 포기를 통해 마음의 상처가 달래지는 것을 발견하기 때문이다.

포기의 가장 극단적인 방법은 자살이다. 죽으면 모든 근심과 걱정에서 벗어날 수 있기 때문이다. 그런데 불행하게도 우리 사회는 수년 전부터 경제협력개발기구OECD 국가 중 자살률 1위라는 불명예를 안고 있다. 2018년 통계에 따르면 우리나라는 10만 명당 25.8명꼴로 자살을 하고 있는데 OECD 35개국 중 단연 1위를 차지하고 있고, 2위는 라트비아로 18.1명이라고 하니 우리나라는 1위치고는 너무나 현격한 1위이다.[28] 물론 모든 자살이 경제적인 원인에 의한 것이라고 볼 수는 없다. 그러나 우리는 상당의 비율이 경제적 이유에 있다고 부정하지는 못할 것이다. 자살은 어떠한 이유에서도 정당화되기 어렵다. 이는 생명 그 자체를 스스로 포기하는 것이니 삶의 의미를 거부하는 행위이다. 죽음은 모든 고통을 벗어나게 할 수 있다. 그런데 삶 속에서 고통을 벗어나려고 하지 않는 한 자살은 생명체의 본질과는 거리가 멀다.

죽음 이외에 또 다른 포기의 형태는 현실도피라고 볼 수 있다. 요즈음

28 "'자살률 1위' 국내 심리치료 새장을 연 '퍼스트펭귄'," 머니투데이, 2019년 2월 12일, 참조.

텔레비전에는 "나는 자연인이다"라는 프로그램이 방영되고 있다. 자연이 좋아서 자연과 함께하는 사람들을 취재한 프로그램이다. 실제로 자연이 좋아서 원래부터 자연의 삶을 택한다고 한다면 이는 단순히 취향의 문제로 볼 수 있다. 그런데 이 프로그램을 보면 상당수는 경제적 혹은 건강상의 이유 등으로 거의 포기 상태를 경험하고 산으로 가서 자연인 생활을 하고 있다는 사실을 발견하게 된다. 그들은 이구동성으로 죽음 직전에서 모든 것을 포기했는데 산이라는 출구를 통해 새로운 삶을 얻었다고 말하고 있다. 경제적 혹은 가정적인 상처와 질병의 고통을 자연인 생활을 통해 일부 치료할 수 있다는 점은 개인적으로는 긍정적이라고 볼 수 있다.

그러나 사회적으로 보면 이것도 긍정적으로만 볼 수는 없다. 삶의 의욕을 상실하여 현실을 떠난 사람들이 많다는 것은 매우 심각한 문제를 야기한다. 현재의 사회가 어려운 사람들에게 희망을 주지 못한다는 것을 의미하기 때문이다. 또한 현실을 포기한 사람들이 자연인 생활을 통해 개인적인 마음과 육체의 상처를 치유했다고 해도 사회적으로는 생산성을 발휘하지 못한다는 점에서 문제가 있다. 사회란 다수의 사람들이 비전을 가지고 열심히 활동할 때 그 긍정적인 힘이 발휘되는 것이다. 많은 사람들이 포기를 하고 현실을 떠날 경우 그 사회는 생명력을 잃게 되고 말 것이다.

요즈음에는 "개천에서 용이 난다"는 속담을 믿는 사람들은 거의 없다. 소위 시장경제의 모순에 기인한 빈부 격차의 심화 및 빈부 간의 위화감은 거의 위험 수준에 도달했다고 해도 과언은 아니다. 이러한 상황에서 가난한 사람들의 심리는 점점 극단적인 태도로 변하여 가고 있다. 또한 청년들의 실업률도 문제이고 취업을 해도 최저임금도 못 받는 경우가 허다한 것 역시 큰 문제이다. 한국노동연구원이 발행한 『노동리뷰』 2019년 2월호에 따르면 청년층(15~29세) 중 20%가 최저임금(시급 7,530원)도 받지 못하고 있는데 그 중 15~19세 청소년 근로자들의 60.9%가 최저임금도 못 받고 있다고 한다.[29] 이러한 현실은 젊은이들의 꿈까지도 앗아갈 수 있다. 지금 젊은이들은 창창한 미래를 꿈꾸어야 한다. 그러나 이들마저도 현실의 벽을 넘지 못하고 자포자기의 상태로 들어간다면 이야말로 큰 문제가 아닐 수 없다.

29 "청년 5명 중 1명 최저임금 못받아… 15~19세 비율 60.9%로 최다," 동아일보, 2019년 2월 19일, 참조.

제8장

한국정치의 정신분석

정신분석학적 지식을 활용하여 인문학과 사회과학 분야를 바라보는 동안 나는 오래 전부터 한국정치의 퇴행성을 정신분석학적 입장에서 간헐적으로 분석하여 왔다. 그 결과 현재의 한국정치는 흑백논리에 함몰된 편집증Paranoia과 대한민국의 미래를 향한 정체성 혼란Dissociative Identity Disorder이라는 큰 몸살을 치르고 있다는 결론에 도달했다. 이번에는 이 두 가지의 병리 현상들이 구체적으로 어떻게 나타나고 있는지에 대해 설명하고자 한다.

이를 위해서 크게 제도와 정치인들의 태도 그리고 유권자들 내지는 국민의 무의식적인 입장을 밝히려고 한다. 다만 지면상 그 핵심만 요약하게 될 것이다. 한국정치에 대한 정신분석학적 분석은 우리 사회에서는 생소한 분야이다. 그러나 이러한 분석은 성숙된 한국정치를 위한 여러 가지의 대안들을 제시하는 기초가 될 것이다.

1. 제도적 문제

제도는 문화와 밀접한 관계를 가지고 있다. 이는 앞서 제2부에서 밝힌 바와 같이 제도가 꼭 문화를 만드는 것이 아니라 문화로부터도 큰 영향을 받는다는 것을 말한다. 그럼에도 불구하고 이번에는 결과적으로 한국 정치의 병리 현상을 부추기게 되는 제도적인 문제들 중 특히 국가의 정체성과 제왕적인 대통령제도 그리고 정당 구조 및 선거제도의 문제에 초점을 맞추어 분석하고자 한다.

1) 통일 이후 대한민국의 정체성에 관한 문제

우리나라는 헌법 제1조에 명시된 대로 민주공화국이다. 그리고 자본주의에 근거한 시장경제체제를 기초로 하는 사회 구조를 가지고 있다. 그런데 안타깝게도 우리는 독립 이후 분단이라는 아픔을 겪으면서 민족이 둘로 나누어졌다. 남쪽은 자유민주주의를 기본으로 하는 체제가 성립되었고, 북쪽은 공산주의 이념에 근거한 체제가 탄생하였다.

그런데 대한민국의 헌법은 통일시대를 대비하여 제3조에 "대한민국의 영토는 한반도와 그 부속도서로 한다"고 규정함으로써 헌법상으로는 북쪽도 대한민국의 영토로 적시하고 있다. 그러나 통일의 염원을 달성하기 위해서는 북쪽 체제를 꼭 대한민국의 반란 세력으로 이해할 수만은 없었다. 그리고 틈만 나면 북측과 대화를 통하여 평화를 구축하고 나아가서는 통일까지를 이루려 한다는 사실을 모르는 국민은 없을 것이다.

이러한 문제는 우리 사회에 심한 이념적 갈등을 야기하였다. 아직도 북측을 정상 국가로 인정하지 않고 흡수 통일의 대상으로 보는 시각이 있으며, 한편에서는 북측의 실체를 인정하고 대화를 통해 평화와 통일을 이루어야 한다는 시각이 팽팽하게 대립하고 있다. 요즈음 한창 진행 중인 북미대화 혹은 북한의 핵무기 폐기에 관해서도 일부는 북한의 의도를 신뢰할 수 없다고 주장하고, 일부는 북한의 입장을 선의로 받아들여야 한다고 주장하고 있다.

해방 이후 한국정치는 분단이라는 현실 앞에서 북측을 보는 시각과 통일이라는 목표에 대해 항상 양극적 생각들이 대립하여 왔다. 이러한 문제는 한국정치 전반에 매우 큰 영향을 미쳐왔음도 부인할 수 없다. 대통령 선거 때마다 승리를 위하여 남북문제를 자신들에게 유리하도록 왜곡하는 일도 있었다. 때문에 북한은 대한민국의 정치에 상수로서 그 영향력을 발휘하여 왔다. 앞서 "보수와 진보의 정신분석학적 이해"에서 언급했듯이 보수는 진보를 친북 세력으로 그리고 진보는 보수를 독재체제 용인 세력으로 매도하기도 하였다.

이러한 이념적 갈등이야말로 한국 사회의 응집력을 훼손하는 가장 큰 요인이다. 자유 민주주의에 근거한 시장경제체재 하에서 성장이냐 분배냐, 혹은 자유냐 평등이냐는 문제는 이미 밝힌 바대로 자유주의자이냐 혹은 공동체주의자이냐는 문제로 축소되고 있는 것이 오늘날 세계적인 추세이다. 그런데 우리는 분단이라는 현실 앞에서 아직도 친북 세력이냐 혹은 독재정부의 기생 세력이냐는 등의 폄하된 용어로 갈등을 겪고 있다.

이러한 갈등 속에서 국민들은 대한민국의 정체성에 대한 혼동을 가져올 수밖에 없다. 민족주의적 입장에서 보면 북한의 인민들도 우리의 형제자매들이다. 그러니 그들에 대한 인간적인 사랑을 버릴 수 없다. 물론 북한은 김일성과 김정일 그리고 김정은으로 이어지는 삼대 세습의 왕조국가를 유지하고 있다. 말로는 공산주의를 부르짖지만 끔찍한 공포 정치를 계속하고 있다. 그러나 한편 생각하면 북측과 대화를 위해서는 그 체제의 지도자들과 만나지 않을 수 없다. 그들의 실체를 부정한다는 것은 그 체제를 붕괴시킨다는 의미가 깔려 있기 때문이다.

과거에는 북한을 대한민국의 분명한 적국으로 취급하는 것이 대세였다고 할 수 있다. 파괴해야 할 대상이었던 것이다. 그러나 현재 북한의 핵무기 폐기에 대한 협상과 평화체제 구축을 위해서 북한은 꼭 적국으로만 취급할 수도 없는 노릇이다. 2019년 1월 15일 발간된『국방백서』에서는 "대한민국을 위협하고 침해하는 세력"을 적으로 규정하고 있지만 "북한정권과 군은 적"이라는 표현은 삭제되었다.[1] 북한의 핵무기 폐기를 통한 평화체제 구축이라는 점에서 남북대화가 진행되고 있는데 북한을 자극하는 용어를 굳이 사용하는 것은 바람직하지 않다는 점은 일부 이해할 만하다.

앞서 언급한 볼칸의 주장에 따르면 한 국가가 그 정체성을 확고히 정립하기 위해서는 적과 동지의 개념이 명백해야 한다.[2] 그래야 국민의 애국심을 바탕으로 한 응집력이 강화된다. 그것이 바로 국가의 정체성을 공고히 하는 길이다. 그런데 우리는 지금 미국과 일본은 물론 과거 공산권에 속해 있었던 중국과 러시아와도 수교를 하고, 나아가 적국으로 이해되었던 북한과도 대화를 하려하고 있다. 전쟁 중에도 적과 대화는 할 수 있다. 때문에 지금의 상황을 평화와 통일을 위한 과도기적 현상이

1 "국방백서에서 빠진 '북=적'..."대한민국의 위협세력'으로 바뀌어." 중앙일보, 2019년 1월 15일, 참조.

2 Vamik D. Volkan, *The Need to have Enemies and Allies: From Clinical Practice to International Relationships* (Northvale, NJ and London: Jason Aronson Inc., 1988), 참고.

라고 이해할 수도 있다. 그럼에도 불구하고 한편으로는 지금 현재 대한민국은 분명한 적도 분명한 동지도 없는 어느 면으로는 중립지대에 있다는 느낌까지 들고 있다.

현대 국제정치에서는 영원한 적도 또한 영원한 동지도 없다. 그러나 그 핵심에는 국익이 자리하고 있어야 하며, 이념과 체제 면에서 나름대로 분명한 정체성을 확보하고 있어야 한다. 물론 그 정체성이란 다수의 국민이 정하는 것이다. 그런데 현재 상황에서 다수 국민들은 구체적으로 북한과의 평화체제가 구축이 되면 다음 단계로 통일 이후에는 어떠한 이념에 근거한 정치체제가 확립되어야 하는가에 대한 확실한 답을 얻지 못하고 있다.

2) 대통령중심제의 문제

대한민국의 헌법은 제4장 정부에 대한 규정(제1절, 제 66조)에서 "대통령은 국가의 원수이며, 외국에 대하여 국가를 대표한다"고 명시되어 있듯이 대통령중심제를 택하고 있다. 물론 대통령중심제라 하더라도 삼권분립의 정신은 헌법에 잘 명시되어 있다. 그러나 그간 헌법에 명시된 바와는 다른 방향으로 대통령제가 운영되어 왔음을 부인하기 어려울 것이다. 말로는 민주공화국으로서 삼권분립의 정신을 강조하였지만 5 · 16 군사정변 이후 장기간 지속된 군사독재체제는 대통령의 권한을 실질적으로 강화하여 왔다. 그러나 이러한 막강한 대통령의 권한은 이후 '문민정부'를 거쳐 '국민의 정부'에 까지도 지속되었다.

이러한 폐해를 막기 위해 노무현 대통령은 스스로의 행정부를 '참여정부'로 명명하고 비록 결과는 만족할 만하지 못했더라도 권위적 체제를 무너트리려는 노력을 하였다. 그러나 그 후 박근혜 정부와 이명박 정부에 이르러서 대통령의 막강한 권위는 다시 살아나고 말았다. 그리고 속칭 "촛불혁명"을 통하여 성립된 문재인 정부에서도 말로는 진정한 민주의의 실천을 외치고 있지만 막강한 청와대의 힘은 아직도 크게 변하지 않은 것 같다.

이러한 막강한 대통령의 권한이 대통령선거 때마다 우리 국민을 크게 양분 시키는 원인이 되고 있다. 대통령의 권한이 막강한 만큼 각 정당은 자당의 후보를 결사적으로 당선시키려 한다. 물론 모든 정당들은 자당의 대통령 후보를 내고 승리를 위해 혼 힘을 경주하는 것이다. 그런데 우리 사회에서 대통령 선거는 승자 독식이라는 개념에 함몰되어 사생결단을 하는 다분히 흑백논리에 함몰된 편집증을 보이고 있다. 이러하니 한국정치는 대통령 뽑기 경연장이 되고 있다. 정치권이 외치는 국민에 대한 봉사 등은 구호일 뿐 다수 정치인들의 속내는 오직 자신이 미는 후보를 대통령으로 만들어야 자신도 살 수 있다는 현실적 권력투쟁의 퇴행성만을 노출하고 있다.

따라서 나는 오래 전부터 '내각제'[3]로의 개헌을 주장하고 있다. 대통령 중심제가 병리적 현상을 들어내는 한 정치는 권력투쟁을 위한 양대 진영으로 나누어질 수밖에 없다. 제3의 세력이 존재하기 어렵다는 것이다. 처음 내각제가 거부된 이유는 정치적 갈등으로 인해 자주 내각이 해산되면 정치적 불안만이 가중될 수 있다는 이유에서였다. 그러나 한국 국민의 의식은 과거와 확연히 달라졌기 때문에 내각제를 한다고 해도 정치적

3 "내각제," 21세기 정치학대사전, NAVER, 참조.

불안은 크게 염려할 바가 아니다. 다시 말하자면 문화가 다당제와 내각제를 수용할 수 있다는 것이다. 나는 오히려 현재 제왕적 대통령제가 정치 불안을 더욱 가속시키고 있다고 보고 있다.

내각제가 되면 소수 정당도 존립 근거가 생기게 된다. 물론 여러 정당들이 동시에 존재하는 다당 구조는 선거제도와 밀접한 근거가 있다. 소선거구제도는 양대 정당으로의 구성을 부추기는 면이 있으나 중 · 대선거구제도 하에서는 여러 당들의 출신들이 당선될 확률이 높기 때문이다. 그러나 소선거구제도 하에서도 내각제는 다당제를 구성시킬 수 있는 공간이 생기게 된다. 연정이라는 것을 통해 소수 정당이라 하더라도 정권에 참여할 수 있는 길이 열리기 때문이다. 무슨 일이든 혼자 독식을 하면 문제가 발생한다. 물론 국민 다수가 내각제를 원치 않는다면 대통령과 총리가 권한을 나누어 가지는 '분권형 대통령제'[4]로의 변화라도 이루어져야 한다. 권력은 집중될수록 퇴행성을 발휘하게 되며 나누어질수록 보다 건전하게 되기 때문이다.

추가하여 앞서도 언급하였듯이 제왕적 대통령을 없애기 위해서는 대통령이라는 직명을 바꿀 필요가 있다. 그 직명 자체가 제왕적 의미이기 때문이다. 현대 민주주의 사회에서 지도자의 가장 중요한 역할은 다양한 의견들을 국가의 목표를 향해 조정하는 일이다. 그런데 우리 사회에서는 대통령이 한번 하려고 하면 국민의 반대가 있다하더라도 그대로 밀고 가려는 경향이 있다. 이는 잘못된 것이다. 따라서 지금이야말로 그 직명부터 민주적인 용어로 바꿀 때가 되었다.

4 "분권형 대통령제," 시사상식사전, NAVER, 참조.

나는 오래 전부터 대통령이라는 직명 대신 "국가대표"라는 용어를 사용할 것을 주장하고 있는데 귀를 기울이는 정치인들이 없는 것 같아 안타까울 뿐이다. 나는 굳이 국가대표라는 직명만을 고집하지는 않는다. 핵심은 대통령이 아닌 다른 민주적 용어를 선택해야 한다는 것이다. 예를 들면 일제강점기 우리나라 임시정부가 나중에 사용한 "주석"이라는 직명도 대통령보다는 훨씬 민주적인 용어이다. 정당 및 단체의 대표에 붙여져 왔던 직명으로서 "총재"라는 용어가 비민주적이라고 하여 다 바꾸었으면서도 왜 대통령이라는 직명만은 안 바꾸는가? 물론 이를 바꾸기 위해서는 헌법을 수정해야 하는 번거로움이 있다. 그러나 보다 민주적인 국가를 위해서는 제왕적 색채가 짙은 대통령의 직명을 민주적 용어로 바꾸는 것은 적극 고려해볼만 하다.

3) 정당의 특성과 선거제도의 문제

초기 자본주의하에서 정당은 대개가 노동자를 대변하는 정당과 자본가를 대변하는 정당으로 양별되었던 것이 세계적인 추세였다. 정당이란 자기 지지층의 이념과 경제 사회적 이익을 대변하기 때문이다. 그러나 후기 자본주의 시대에 와서 이러한 양별은 사라졌다. 다양한 계층들이 공존하는 다원화 사회가 되면서 각 정당들은 어느 한계층의 이익만을 대변해서는 정권을 잡기 어려워졌기 때문이다. 따라서 각 정당들은 대개의 계층들이 선호하는 정책들을 나열하다보니 그 분명한 색깔이 점차 쇠퇴되고 있다. 우리는 백화점식 정책들을 나열하고 가능한 많은 계층들로부터 지지를 얻으려는 정당을 '포괄 정당Catch-All Party'라고 부른다.

우리나라도 예외는 아니다. 지금 현존하는 정당들의 정책들을 보면 정의당을 제외하고는 대개가 대동소이하다. 그리고 역대 소위 보수정권들은 좌파적 정책들을 서슴없이 사용했고, 진보정권들도 우파적 정책들을 다양하게 펼쳐왔다. 보다 많은 표를 얻기 위한 전략이었다. 그럼에도 불구하고 우리 사회의 정당 구조는 양극적 태도를 버리지 못하고 있다. 정책에 대한 완전한 차이라기보다는 오히려 지역이나 국민정서에 근거한 양극적 갈등을 나타내고 있다. 물론 형식적으로는 국회에 진출한 정당들이 5개 이상이 되는 다당 구조를 가지고 있다. 그러나 실제적인 태도를 분석해보면 속칭 보수와 진보라는 두 개의 진영으로 구별된다. 우리 사회처럼 편집적 성향이 강한 곳에서 중도라는 개념은 잘 먹혀들지 않기 때문이다.

정책에 있어서 특별한 차이가 나는 점을 굳이 말한다면 경제와 통일 부분이다. 보수정당은 경제적으로는 성장을 보다 강조하고 자유민주주의에로의 통일을 위하여서는 북한을 압박해야 한다는 생각을 가지고 있다. 그러나 진보 진영의 정당들은 분배와 평등을 강조하고 통일에 있어서는 북한과 대화를 강조하고 있다. 그런데 조금 깊게 보면 보수정당들이라고 해서 분배와 평등을 도외시하거나 또한 북한과의 대화를 근원적으로 반대하는 것은 아니다. 진보 진영의 정당들도 성장을 무시하거나 북한과 대화를 하더라도 자유민주주의체제를 부정하는 것은 아니다. 다만 각론에 들어갈 때 전략적인 면에서 서로 다른 소리를 낼 뿐이다.

전략적인 면에서 다른 소리를 내는 차이를 정신분석학적으로 보면 다분히 감정적이며 정권 쟁취를 위한 공학적 요소가 더 많이 있음을 알 수 있다. "보수와 진보의 정신분석학적 이해"에서 잠깐 언급했듯이 그 본질적인 의미도 이해 못한 채 '우리'와 '그들'이라는 흑백논리에 근거한 편집증을 보이면서 마냥 싸우고만 있기 때문이다. 따라서 나는 한국 정당들의 갈등을 보면서 논어論語에 나오는 "군자 화이부동君子 和而不同, 소인 동이불화小人 同而不和"라는 명언을 떠올리곤 한다. 한국 정당들이 소인배들처럼 근본적으로 차이도 없으면서 서로 갈등한다는 것은 정신분석학으로는 퇴행성을 노출한다는 것으로 해석할 수 있다.

편집적 행위는 병리적으로 보면 스스로의 현실적인 존재 의미를 지키기 위해 심하면 망상에 젖어 여러 가지 이유들을 내세워 상대방을 비방만하는 것을 말한다. 자아이상이 급진적인 방향을 택할 때 자신의 논리만을 진리로 착각하여 이에 동의하지 않는 사람들을 비진리의 추종자들로 몰아세우려는 퇴행성도 이러한 편집적 증세의 대표적인 사례라고 볼 수 있다. 우리 사회의 정당들은 대부분의 이슈에 있어서 대안보다는 상대방 비방하기에만 열을 올린다. 또한 자당의 지지층에게 점수를 따려고 막말 대잔치를 서슴없이 행하고 있다. 나아가 일부 극렬분자들은 심지어 상대방을 없어져야 하는 존재로까지 인식하기도 한다. 자신들이 야당 때 여당에 대해 잘못된 것이라고 비판했던 일들을 자신들이 여당이 되면 또 서슴없이 자행하고 있다. 내가하면 로맨스요 타인이 하면 불륜이라는 자기중심적 가치 판단에 함몰된 퇴행성을 반복하고 있는 것이다. 한마디로 앞서 바이언이 말한 것처럼 투쟁 집단의 퇴행적 속성을 여실히 나타내고 있다.

선거도 마찬가지이다. 정책들은 무수히 공약公約으로 내 세우지만 '빌 공空'자 공약空約일 뿐 어떻게 해서라도 당선자수를 늘려 의회의 다수석을 확보하려는 데만 열을 올리고 있다. 정치지망생들은 일단은 주요 정당의 공천을 받아야 당선 가능성이 높아진다. 편집성이 강한 사회에서 무소속이나 소수 정당의 공천을 받아보았자 당선 가능성은 매우 낮다. 그저 양파로 갈라져 있는 어느 한 진영의 주된 정당의 공천을 받아야 그나마 당선 가능성이 높아진다. 과거에는 정당의 대표가 공천권을 마음대로 휘둘렀기 때문에 신인들은 줄서기에 바빴다. 그러나 지금은 상향식 공천이라고 하여 지역구에서 당원들의 투표로 공천자가 결정되도록 하는 방법이 확산되고 있어서 일부 문제점은 발견되고 있지만 그나마 다행이다.

앞서 민주주의와 선거를 논하면서 언급하였지만 오늘날 선거의 문제점은 바로 당선과 지도력 간에 아무 상관관계가 없다는 점이다. 우리 사회는 더욱 그렇다. 역설적으로 보면 나쁜 사람이 오히려 당선될 확률이 높은 퇴행적 현실을 우리는 경험하였다. 이러한 현대 선거의 문제점을 보완화기 위하여 국민소환제 등이 새롭게 대두되고 있다. 그럼에도 아직 기권율이 줄어들지 않은 것은 출마자들 중 찍을 만한 사람들이 없기 때문이다. 따라서 앞서 언급했듯이 투표용지에 해당자 없음이라는 난을 만들자고 주장하는 것이다. 이 난에 투표한 유권자들이 어느 정도의 비율이 되면 재선거를 실시하고, 그 때에는 지난번 출마했던 사람들이 후보가 되지 못하게 하면 각 정당 혹은 당원들도 후보자를 선정하는데 보다 심사숙고하게 될 것이다.

우리나라는 소선구제도를 선택하고 있다. 이러한 제도 하에서는 거대 양당의 후보자들이 당선될 확률이 높다. 한 지역구에서 한 명만 뽑기 때문이다. 주요 정당들이 자당 후보들의 당선을 위해 이러한 제도를 고치려 하고 있지 않다. 앞서 언급한 대로 중 · 대선거구[5]가 되어 한 선거구에서 3~5명 이상이 선출된다면 소수정당들도 의회 진출의 확률이 높아진다. 그렇게 되면 자연스럽게 다당제가 정착할 수 있다. 다당제가 가장 훌륭한 제도여서 이러한 주장을 하는 것이 아니다. 단지 오늘날 한국정치가 심한 편집증을 나타내고 있기 때문에 이를 완화하기 위해서 다당제를 유도할 수 있는 중·대선거구를 주장하는 것이다. 이렇게 되면 우선 선거가 양극적 현상으로 치닫는 병리적 상황이 조금이라도 줄어들게 될 것이다.

소선거구제도를 고칠 수 없다면 우선 요즈음 소수 정당들에서 주장하는 '연동형 비례대표제도'[6]라도 시행해야 한다. 소선거구제도 하에서는 한 표라도 많은 한 사람만 당선되기 때문에 낙선자에게 투표한 상당수의 의견은 전혀 반영될 길이 없다. 따라서 비례대표 의원수를 늘이고 정당 지지에 따라 비례대표 의석수를 배분한다면 그나마 조금이라도 표의 등가성을 높이게 될 것이다. 그리고 나아가 소수 정당들도 정당 지지도에 따라 비례대표 의원수를 확보할 수 있는 길이 생긴다. 그런데 이것마저도 거대 정당들이 쉽게 들어주지 않으려고 하는 것 같아 안타까울 뿐이다. 현재 우리나라 정당들, 특히 거대 양당들은 자신들의 기득권 지키기에만 열을 올리고 있으니 한심할 뿐이다. 그러므로 우리는 한국정치의 양극적인 편집적 퇴행성을 치료하기 위해서는 선거제도부터 개선해야 할 것이다.

5 "중 · 대선거구," 지식백과, NAVER, 참조.

6 "연동형 비례대표제도," 시사상식사전, NAVER, 참조.

2. 사회적 갈등

한국은 갈등공화국이라고 해도 될 만큼 여러 분야들에 있어서 첨예한 갈등 현상을 보이고 있다. 그리고 수많은 군중집회들도 있다. 무엇을 주장하려고 하는지 여의도 국회의사당 앞에는 하루도 거르지 않고 정부를 향하여 혹은 여당 내지는 야당들을 향하여 외치는 소리가 진동을 하고 있다. 이 역시 사회 전체가 자기들 주장만 내세우는 편집증을 앓고 있기 때문이다. 이러한 갈등들은 이념 갈등을 위시하여 지역 갈등 그리고 여타 사회적인 갈등으로 요약할 수 있다.

1) 이념 갈등

자유민주주의가 대세로 자리 잡고 있는 국제사회에서 과거처럼 공산혁명이냐 자유주의의 개혁이냐는 슬로건은 퇴색한 지 오래이다. 이미 1960년대 미국의 사회학자인 벨Daniel Bell, 1919~2011은 『이념의 종말*The End of Ideology*』[7]을 통해 후기 자본주의사회에서 이념의 퇴색을 주장하였다. 또한 앞서 언급한 후쿠야마도 『역사의 종말』에서 이념은 더 이상 작동하지 못하는 것이 아닌가라는 의문을 제시하였다.

그런데 한국 사회는 조금 다르다. 아직도 분단을 해결하지 못하고 있기 때문이다. 한국의 분단은 20세기 초부터 본격화된 자유주의와 공산주의라는 양대 이념 갈등의 결과였다. 따라서 지금의 이념적 갈등이 혁명이냐 개혁이냐를 주제로 하고 있지는 않지만 그 밑바닥에는 사회주의적 가치와 자유주의의 가치에 대한 충돌적 의미를 내포하고 있다.

---

7 Daniel Bell, *The End of Ideology: On the Exhaustion of Political Ideals in the Fifties* (New York: Free Press, A Division of Macmillan Publishing Co., Inc., 1962), 참고.

그런데 이러한 갈등은 자유주의를 신봉하는 국가에서도 기본적으로 존재한다. 그것이 바로 앞서 언급한 대로 시장경제체제 하에서 성장이냐 분배냐, 혹은 개인의 자유냐 공동체의 이익이냐에 대한 정책적 대결로 이어지고 있다.

우리 사회에도 이론적으로 보면 다른 자유주의 국가에서 야기되는 자유와 평등 혹은 성장과 분배의 가치들이 논의되고 있다. 그런데 문제는 이러한 이론적인 주장은 일종의 명분에 불과하고 그 갈등의 속성은 다분히 우리와 그들이라는 편 가르기 식 특징을 나타내고 있다는 것이다. 우리와 그들이라는 진영 간의 싸움은 이론적으로는 보수 아니면 진보라는 이름표를 가지고 있다. 그러나 이는 진정한 보수와 진보의 갈등이 아니며 극히 퇴행적인 우리 편 이기기의 투쟁에 불과하다. 그리고 그 퇴행의 속성이 바로 흑백논리에 함몰된 편집적 경향을 들어내고 있다는 것이 문제이다.

2) 지역감정

한국 사회는 언제부터인가 심한 지역적 갈등을 경험하고 있으며 아직까지 이 문제를 완전히 해결하지 못하고 있다. 지역에 근거한 집단의 정체성에 관한 감성적 요소가 국민들의 무의식에 깊이 깔려 있기 때문이다. 지역감정의 원인에 대한 연구는 무수히 진행되었다. 정치적으로 보면 1987년 민주통일당으로부터 김대중 계열의 정치인들이 탈당하여 평화민주당을 설립한 데서부터 현실적으로 노골화되었다. 심하게 말하자면 경상도 출신인 김영삼과 전라도 출신 김대중이 화합하지 못한 것에 직접적인 원인이 있다고 볼 수도 있다.

그 전에는 선거의 결과가 '여촌야도與村野都'라는 말로 묘사되었다. 이는 도시에서는 야당의 표가 많이 나오고 시골에서는 여당의 표가 많이 나온다는 것을 말한다. 따라서 경상도 출신인 박정희 대통령의 표도 전라도 시골에서는 야당보다 더 많이 나오기도 하였다. 그러나 평화민주당의 출현으로 전라도는 온통 그 당 사람들만 뽑고, 반대로 경상도는 모조리 김영삼이 주도하는 당의 후보들만 당선시켰다. 그리고 이러한 경향은 지금까지도 완전히 해소되지 못하고 이어지고 있다.

이러한 상황에서 전라도는 이념적으로 대부분 진보의 색채를 띄게 되었고 경상도는 보수의 색채를 띠게 되었다. 평화민주당을 이끌었던 김대중은 진보적 색채를 가진 사람이었고, 그와 반대로 경상도 출신인 김영삼은 민주투사였지만 비교적 보수적 색채를 가진 것에서도 그 원인을 찾을 수 있다. 주지하는 바와 같이 통일민주당을 이끈 김영삼은 1990년 초 노태우의 민주정의당과 김종필이 대표로 있던 신민주공화당과 합당을 통해 민주자유당을 성립시켰다.[8] 그리고 그 당의 후보로 대통령에 당선됨으로써 보수적이라는 이미지가 더욱 강화되었다고 볼 수 있다. 이후 지역감정은 단순한 지역적 이해의 문제를 넘어서서 이념적 색채까지를 띠게 되는 갈등으로 번지게 된 것이다. 따라서 지금은 진보정당을 표방하면 전라도에서 표가 많이 나오고, 보수정당을 표방하면 경상도에서 더 많은 표를 얻는 지경에까지 이르게 되었다.

여기에는 한 가지 더 추가할 사항이 있다. 그것은 바로 포괄 정당의 색채가 짙어지면 선거 때 너와 나를 구별하는 기준으로 정책보다는 지역

8 "3당 합당," 나무위키, NAVER 참조.

감정이 더 많이 작용한다는 것이다. 본질적으로 민주주의 원리에 따르면 선거 때 정당이나 후보를 선택하는 가장 큰 기준은 정책에 있게 된다. 그러나 포괄 정당의 시대에 정책들은 모두 대동소이하기 때문에 정당이나 후보자를 선택하는 데 혼동을 야기하게 된다. 이 경우 우리와 같은 농경문화의 영향이 남아있는 사회에서는 지역적 의미가 선택의 주된 기준이 되기 쉽다. 특히 이념적 구별까지를 겸비하고 있는 한국의 지역감정은 더욱 강하게 정치적 선택의 기준이 되고 있기에 아직도 우리 사회는 지역감정을 극복하지 못하고 있다.

3) 각종 사회적 갈등

우리 사회의 갈등은 지역감정 이외에도 대표적으로 사회적 계층 간의 갈등과 세대 간의 갈등을 들 수 있다. 그리고 추가하자면 각종의 이익집단들이 자신들의 권익을 위하여 정당들이나 정부를 향해 주장하는 목소리도 하나의 갈등 현상으로 간주할 수 있다. 따라서 여기에서는 이 세 가지 범주의 갈등을 간략히 설명하려고 한다.

계층적 갈등의 핵심은 빈부 격차로 인하여 다수 가난한 사람들이 소수 부자들을 바라보는 비판적인 시각에 있다고 해고 과언은 아니다. 앞서도 언급했지만 현재 한국 사회는 심한 빈부 격차를 실감하고 있다. 특히 소수 부자들의 사회적인 책임이 상대적으로 결여되어 있기 때문에 가난한 사람들이 부자를 보는 시각이 매우 부정적이다. 대부분의 부자들이 정상적으로 부를 확보한 것도 아니면서 가난한 사람들에 대한 배려가 부족하기 때문이다. 부자들 중에도 매우 훌륭한 사람이 많다. 그런데 일반적으로 우리 사회에서는 부자들을 부정적으로 생각하고 있다. 그도 그럴 것이 언론을 통해서 부자들의 탈세 및 비합법적인 행위들이 자주 발표되고 있기 때문이다. 여기에 더하여 요즈음에는 부자들의 인간적인 횡포까지 자주 언론에 노출되니 부자들에 대한 신뢰가 손상되고 있다.

세대별 갈등이란 어느 사회든지 존재하지 않을 수 없다. 특히 과학기술의 발달과 이에 따른 사회 경제적 구조의 급변은 세대 간의 이해 차이를 심화시키고 있기 때문이다. 우선 경제적으로 보면 노령화가 심화되고 있는 사회에서 일자리를 가진 젊은이들은 노인들의 복지를 위하여 그만큼 많은 세금을 내야 한다. 그러니 여기에 따른 불만이 있을 것이다. 한편 노인들의 입장에서 보면 사회적인 복지 시스템이 그들을 만족시키지 못하기 때문에 이에 대한 불평이 있을 수 있다. 이것이 결국은 젊은이와 노인층 간의 갈등을 부추기게 된다.

사고와 가치관에서도 노인과 중년 그리고 젊은 층에는 차이가 존재할 수밖에 없다. 젊은이들은 노인들이 새로운 문화를 모른다고 비판하고 있다. 반면에 노인층들은 과거의 가치관에 사로잡혀 요즈음 젊은이들의 행동을 버릇없다고만 한다. 그렇다면 중년들이 이 두 세대들 간 가교 역할을 해야 되는 것이 당연한 이치이다. 그런데 부정적인 면에서는 자신들은 샌드위치가 되어 이도저도 아니라는 생각을 하게 될 수 있다. 자신들의 부모에게는 공경을 해야 하지만 자식들에게는 대접도 못 받는다는 식의 푸념이 나올 수 있다. 그런데 경제적으로 어려움을 겪게 되면 대개의 경우는 긍정적이고 능동적인 사고보다는 부정적이고 수동적인 사고가 지배하기 쉽다. 이런 이유에선지 현재 한국의 중년세대들은 그 역할을 긍정적으로 수행하고 있지 못하다는 느낌을 지울 수 없다. 그럼에도 불구하고 나는 한국 사회에 있어서 세대 간의 갈등은 여타 갈등보다 심각하지는 않다고 보고 있다.

이익집단들의 갈등에 대해서는 먼저 전제할 사항이 있다. 우리 사회에서는 이익집단들 간의 갈등은 그렇게 심하지는 않다고 본다. 이해가 서로 충돌되는 이익집단들이 그렇게 많지는 않기 때문이다. 그런데 문제는 다수의 이익집단들이 그들의 이익을 위해 정부와 정당들에 대해 외치는 소리가 너무 빈번하고 강하다는 것이다. 물론 모든 이익 단체들은 그들의 이해를 충족시키기 위해 정부에 다양한 요구를 할 수 있다. 다만 민주주의 하에서는 적법한 절차를 따라야 한다.

그런데 우리 사회에서는 언제부터인가 목소리가 커야 정부로부터 관심을 받는다는 인식이 넓어지기 시작했다. 시위란 합법적인 길을 택하고 그것이 잘 안될 때 사용하는 마지막 수단이다. 그럼에도 불구하고 대개의 단체들은 처음부터 시위로 들어간다. 심지어 동원력이 없는 단체들은 시위 인력을 구해서라도 자신들의 주장을 펼치려고 한다. 그리고 날이 갈수록 그 시위의 양상은 더욱 격렬해지고 있다. 부드러운 시위는 정부나 국민들로부터 관심도 받을 수 없다는 강박증 때문인지도 모른다. 그 결과 한국 사회는 현재 다양한 집단들에 의한 퇴행적인 시위문화가 창출되고 있다.

3. 정치인과 유권자의 무의식

이번에는 한국정치문화를 이루는 핵심인 정치인들과 유권자들의 정치적인 무의식을 한번 살펴보려고 한다. 한 국가의 정치 수준은 그 국민의 의식에 달려 있다는 말도 있는데 나는 굳이 여기에 정치인들의 무의식까지를 살펴보려는 것은 나름의 이유가 있다. 그것은 바로 정치인들의 역할 때문이다. 정치인들은 한편으로는 국민들 의사를 대변하는 역할을 하지만 또 다른 한편으로는 국민의 정치에 대한 인식을 보다 선진적으로 유도해 나가는 역할까지 해야 한다. 이러한 점에서 나는 국민의 정치적 무의식을 크게 정치인들과 유권자들의 무의식으로 나누어 살펴보고자 한다.

1) 정치인들의 무의식적 태도

정치인들은 국민을 위해 봉사하겠다는 마음을 가진 사람들로 이해할 수 있다. 그런데 우리나라의 경우 진실로 나라를 위해 봉사하려고 하는 정치인들은 별로 보이지 않는다. 마치 앞서 언급한 라스웰의 지적처럼 정치인이란 어린 시절 자신의 상처를 치유하기 위하여 권력 획득의 욕망을 가진 사람들인가? 대개는 비록 정치에 입문하기 전에는 봉사정신을 가졌다 하더라도 일단 정치권에만 들어오면 몇 가지의 퇴행성들을 여지없이 발현하고 있다. 한 개인이 집단의 구성원이 되면 태도와 행동에 변화가 생긴다는 집단심리 이론을 여실히 증명하고 있다. 그 대표적인 사례들만 몇 가지 나열하면 아래와 같다.

그 첫 번째는 진영 논리에 함몰된 편집증이다. 우리나라의 정치는 일단 보수든 진보든 어느 한 편을 선택해야 그나마 선거에서 당선되기 쉽다. 어정쩡한 중도의 길을 외치면 대개는 실패하기 일쑤이다. 그래서 인지 처음에는 중도적 입장을 가졌다하더라도 일단 정치에 입문하면 자기 출세를 위해 보수건 진보건 어느 한편에서 맹렬한 전사가 된다. 그리고 일부는 극단적인 행동이나 말로 자기가 속한 정당을 위해 주저

없이 궤변을 늘어놓는다.

둘째는 계파 정치의 폐해이다. 정당이란 집단체이다. 그리고 그 집단은 대개의 경우 몇 개의 파벌들로 나누어지는 것이 일반적인 현상이다. 그런데 우리나라의 정당에서는 그 계파의 행위가 매우 퇴행적이다. 비록 같은 당에 있더라도 계파가 다르면 적을 대하듯 한다. 2019년 2월 시행된 자유한국당 전당대회에서 속칭 '친박'과 '비박'의 혈투는 이를 잘 입증하고 있다. 여당인 더불어민주당에도 여당이지만 '친문'과 '비문' 혹은 '친노'와 '비노'라는 계파가 아직도 사라지지 않고 있다. 언론들이 의원의 성향을 분석할 때에도 대개는 이러한 계파적 분류를 하고 있다. 모든 집단의 의견이 하나로 일치되기는 어렵다. 그래서 여러 목소리가 있기 마련이다. 그런데 자신들의 목소리를 건전하게 내는 것이 아니라 자신의 계파가 상대방을 제압해야 한다는 감성적 욕구가 높아질수록 계파의 행위는 퇴행적으로 흐르게 돼 있다. 이러한 계파정치는 한국정치의 질을 떨어트리는 기본 원인이 되고 있다.

셋째로는 정치인들의 준법정신 및 도덕률이 국민들의 기대치에 한참 못 미치고 있다는 사실이다. 대개의 정치인들은 권력욕에만 사로잡혀 있고 사욕을 채우는 데 급급한 나머지 국가와 국민은 별로 안중에 없는 듯 보인다. 선거 때에는 당선을 위해 수단과 방법을 가리지 않고, 당선 후에는 권력을 활용하여 사적 이익을 도모하려는 경향도 농후하다. 물론 모든 정치인이 다 그런 것은 아니다. 그러나 상당수 그러한 경향이 농후하다는 것 자체가 정치인들의 퇴행적인 무의식의 단면을 보여준다고 할 수 있다.

넷째로는 '완장병'이다. 완장이란 어떤 임무가 주어진 사람의 팔에 채워진 표시를 말한다. 그런데 그런 표식을 찬 사람은 그 역할에 충실해야 함에도 그것을 권력이라고 착각하여 과대하게 거들먹거리는 것을 나는 완장병이라고 정의하고 있다. 선거에 나오기 전에는 갖은 말로 국민의 심부름꾼이 되겠다고 외친다. 그런데 당선이 된 후에는 큰 권력이라도 얻은 것으로 착각하여 국민을 무시한다. 우리의 정치인들은 민주주의 하에서 권력의 참의미를 아직도 잘 깨닫지 못하고 있는 것 같아 안타깝다.

2) 유권자들의 정치적 무의식

유권자들의 정치적 무의식에 있어서 그 퇴행적 요소는 크게 진영 논리와 자신의 이해관계 그리고 동시성적 자아의 모습으로 요약할 수 있다. 첫째로 한국의 유권자들은 지역과 이념이 결합된 진영 논리에 휩싸여 투표를 한다. 앞서도 언급했지만 다수의 전라도 사람들은 진보 진영에 표를 던지고, 다수의 경상도 사람들은 보수 진영에 표를 던진다. 단순히 이러한 행위를 퇴행적으로 말할 수는 없다. 그런데 진정한 보수도 진정한 진보도 없는 우리 사회의 경우 보수와 진보라는 거짓 이름표 밑에 감성적으로 투표한다는 것은 분명 퇴행적 행위라고 볼 수 있다. 그리고 더 무서운 것은 자신의 진영이 아닌 세력을 적으로 규정하는 편집증까지를 보이고 있다는 점이다.

둘째로는 평소에는 정책에 대해 많은 이야기를 하면서도 막상 선거 때에는 정책에는 관심이 없고 진영 논리와 자신과 후보자와의 사적 관계에 따라 투표를 한다는 것이다. 선거 때마다 후보자들의 선거 공보가 각 가정에 배달된다. 그런데 그 속에 적혀 있는 후보의 정책에는 전혀 관심이 없다 그 공보를 읽은 사람도 거의 없다. 읽은 사람이 있다면 정책을 보는 것이 아니라 공보의 디자인이나 입후보자의 사진 등만을 가지고 후보자의 이미지 혹은 관상 그리고 공보물의 디자인에 대한 논평만 한다. 그리고 결국에는 누가 당선되는 것이 자신의 사적 이익에 도움이 될 것인가에만 초점을 둔다. 사회나 공동체 그리고 국가에 대한 개념은 매우 약하다. 그러면서도 평소에는 애국심을 강조한다.

셋째로는 정치와 권력에 대한 양면적 생각을 하고 있다. 누구에게 물어봐도 유권자 대부분은 한국정치가 개선되어야 한다고 강조한다. 그런데 깊이 따져들어 가면 한국정치의 퇴행성을 부추기는 사람들이 바로 유권자들이다. 그 중심에는 이들이 보는 정치와 권력에 대한 양면적 태도이다. 우리 유권자들은 정치가 바로 서야 한다고 주장한다. 그리고 권력은 국가와 국민을 위하여 사용되어야 한다고 강조한다. 그런데 막상 선거 때에는 상당수의 사람들은 사적 이해에 따라 투표를 하고, 권력의 부패를 부정하면서도 스스로 부패한 권력에 줄을 대려고 하는 양면성을 보인다. 그리고 비교적 합리적 사고를 가진 사람들은 아예 정치를 도외시한다. 나서서 이를 고치려는 적극성을 보이지 않고 소극적으로 자신만 흙탕물에서 벗어나 있으려고만 한다.

넷째로는 앞서 소개한 한국인들의 무의식에 존재하는 동시성적 자아의 요소이다. 유권자의 퇴행적 행위는 본질적으로 소신의 결여에서부터 출발하기 때문이다. 한국의 유권자들은 확고한 소신이 결여되어 있기 때문에 때에 따라 자신에게 유리한 후보의 손을 들어 준다는 것이다. 이 세상에는 어떠한 행동에도 이를 합리화할 수 있는 논리는 있기 마련이다. 그래서 인간은 자아의 상처를 달래기 위해 방어기제를 사용하고 있는 것이다.

그런데 한국의 유권자들은 방어기제를 너무 자주 사용한다. 이 핑계 저 핑계로 자신의 행위에 대한 정당성을 찾으려 하지만 결국 그 속에는 자신은 사적 이해가 도사리고 있다는 말이다. 진영 논리에 휩싸이는 것도 정치와 권력에 대한 양면적 행위도 따지고 보면 동시성적 자아의 결과라고 볼 수도 있다. 특히 앞서 언급한 정체성에 대한 혼란도 결국은 우리 국민들이 미래 사회에 대한 확고한 소신을 갖고 있지 못한 데서 비롯된 것이라고 할 수 있다.

제9장

정신분석학적으로 본 여권운동

여성의 권익을 위한 여권운동Feminism은 그간 정치적, 법률적, 경제적, 혹은 기타 측면에서 다양하게 연구되어 왔다. 그런데 어떠한 이론이든 성적 불평들을 초래한 원인을 규명해야 그 해결책도 나오게 되어 있다. 그렇다면 현재 불평등하게 인식되고 있는 여성성과 남성성의 의미가 어디에서 유래되었는가를 찾아보아야 할 것이다. 이를 위해서는 당연히 무의식의 동적양상을 연구하는 정신분석학적 접근이 필요하다. 모든 상황들에 대해 우리가 의미하는 바는 바로 우리 무의식의 소산이기 때문이다. 따라서 이번에는 정신분석학적인 몇 가지 이론들을 기초로 여성성과 남성성이 형성되게 된 원인과 양성평등을 위한 대책에 대하여 간략하게 소개하려고 한다. 그리고 끝으로 현재 활기를 띠고 있는 한국의 여권운동에 대해서도 나름대로의 정신분석학적 논리를 제시할 것이다.

1. 정신분석학으로 본 남성성과 여성성 및 여권운동

정신분석학적 입장에서 여권운동을 바라보기 위해서는 무엇보다도 먼저 남성성과 여성성의 문제에 대한 논의가 선행되어야 한다. 그 핵심은 크게 두 가지 점에 초점이 맞추어질 수 있다. 하나는 남성성과 여성성을 규정하는 정신분석학 논리는 무엇인가이다. 그리고 다른 하나는 남성성과 여성성이 의미하는 불평등적 요인의 근원을 밝히는 일이다. 이러한 의문에 대한 답을 구하기 위해 그간 논의되어온 정신분석학적 논리들 중 핵심적인 요소를 설명하고자 한다. 물론 이와 함께 남녀평등을 위한 정신분석학적 처방에 대한 의견도 살펴볼 것이다.

1) 남성성과 여성성에 대한 프로이트의 핵심논리

프로이트는 여권을 강조한 사람은 아니다. 그의 정신분석학은 남성중심적이라고 해도 과언은 아니다. 그가 정신분석학적 입장에서 남성과 여성의 의미를 규정하는 것은 다분히 신체적 혹은 생물학적 조건에서 출발하고 있다. 그리고 조금 확대해서 말하자면 문화적 영향에 의한 구별도 시도하고 있는데, 이것도 깊이 따지고 보면 신체적 조건에 기인한 것이라고 말할 수 있다. 그의 논리 속에는 생물학적 조건이 남성중심 사회의 문화를 만들었다는 의미가 깔려 있기 때문이다.

생물학적 입장에서 여성과 남성에 대한 의미는 '남근 선호Penis Envy'라는 개념으로 설명될 수 있다. 그는 1924년 발표한 "오이디푸스 콤플렉스의 경과The Passing of the Oedipus Complex"에서 이 세상에 남성과 여성이 있다는 사실을 알 때쯤 여아는 자신의 음핵이 남성의 성기에 비해 무언가 부족하다는 느낌을 가지면서 열등감을 느끼게 된다고 했다.[1] 이러한 연유로 남아는 거세의 공포를 느끼지만 여아는 거세 자체를 기정사실로 받아들이는 경향이 있다는 것이다. 프로이트에 따르면 여아들이 가지는 성적인 열등감은 사춘기에 접어들면서 자신의 성적 욕구를 남아들보다 강하게 억압하려는 수동적 자세를 부추기는 원인이 되고 있다고 한다.[2]

이러한 해부학적인 차원에서 느끼는 남아와 여아의 심리는 프로이트가 주장한 문명적 차원에서의 성구별과도 연결성을 갖는다. 그가 발표한 『문명과 그 불만족*Civilization and Its Discontents*』에 따르면 남성은 주로 외적인 문명화 작업에 앞장서게 되고 여성은 내적인 가족문제에 관심을 가지게 되었다.[3] 이러한 그의 주장은 그가 사디즘Sadism과 마조히즘Masochism을 설명하면서부터 구체화되었는데 사디즘을 남성의 특질로 그리고 마조히즘을 여성의 특질로 설명하고 있기 때문이다.[4] 물론 프로이트는 남성도 여성성을 일부 가지고 있고, 여성도 남성성을 일부 가지고 있다고 보고 있다. 하지만 그는 대체로 남성을 능동적으로 그리고 여성을 수동적인 존재로 이해하고 있다고 볼 수 있다. 이는 프로이트 정신분석학이 결국은 가부장제도의 문화적 속성을 바탕에 깔고 구성되었기 때문이라고 이해할 수 있다.

1 Sigmund Freud, "The Passing of the Oedipus Complex" in *Sexuality and the Psychology of Love*, With an Introduction by Editor, Philip Rieff (New York: A Touchstone Book, published by Simon & Schuster Inc. 1997), pp.162~172, 참조.

2 김익두 · 이월영 옮김, 조세핀 도노번 지음, 『페미니즘 이론』 (서울: 문예출판사, 1994), pp.174~5 참조. 원저는 Josephine Donovan, *Feminist Theory* (New York and London: Bloomsbury Academic; 3rd edition, 2000), 참고.

3 Sigmund Freud, *Civilization and Its Discontents*, p.46, 참조.

4 김익두 · 이월영 옮김, 조세핀 도노번 지음, 『페미니즘 이론』, p.172, 참조

2) 문화적 패러다임 변화를 강조하는 정신분석학적 여권운동

프로이트의 남성과 여성에 대한 관점은 후일 정신분석학적인 측면에서도 많은 비판을 받게 된다. 앞서 논의한 대로 신프로이트학파들은 인간 무의식의 결정적 요인이 신체적인 본능에 기초한다기보다는 외부의 환경적 요인들로부터 많은 영향을 받는다고 보기 때문에 해부학적 입장에서의 프로이트 이론은 거부될 수밖에 없었다. 또한 대상관계이론에서도 무의식이란 자아와 외부 환경과의 내사와 투사의 과정을 통해 형성되기 때문에 여성과 남성의 정체성에 관한 문제는 꼭 해부학적인 면에 근거하는 것만은 아니라는 견해를 보이고 있다. 즉 남성과 여성의 불평등한 정체성에 관한 문제는 사회적 이념과 문화에서 비롯되었다는 논리가 강조되고 있다. 이러한 논리에 근거하여 현대 정신분석학은 남성과 여성의 평등성을 위해서는 지금까지의 문화적 양상을 지배해온 기본적인 이념 그 자체를 바꾸어야 한다는 논리가 대세를 이루고 있다.

사회적 이념과 문화의 변화를 요구하는 논리는 대표적으로 영국의 여류 정신분석학자로서 여권운동에 깊은 관심을 가진 미첼Juliet Mitchell, 1940~의 『정신분석학과 여권운동*Psychoanalysis and Feminism*』에 잘 표현되어 있다. 그는 무의식이란 바로 문화나 이념을 재생산하는 것이기에 외부 환경에 대한 투사에도 불구하고 문화적 영향에서 완전히 벗어나기 어렵다는 전제로부터 그녀의 이론을 전개하고 있다. 그녀는 해부학적으로 프로이트의 이론은 일부 이해할 만하지만 그 자체가 필연적으로 문화적 의미와 연결된다는 것에는 반대를 하고 있다. 해부학적으로 남녀의 차

Juliet Mitchell, 1940~

Dorothy Dinnerstein, 1923~1992

이가 있을 지라도 그것이 불가피하게 남성우위 문화를 만드는 근본이 되는 것은 아니라는 것이다. 이는 여성과 남성의 생물학적 차이란 본질적으로 우성과 열성 혹은 능동과 수동이라는 개념으로 분류될 수 없는 것이며, 결국은 부권제Patriarchy 문화가 남성의 우월성을 조장했다는 의미로 이해할 수 있다. 이러한 그의 이론에는 당연히 부권제란 남녀의 해부학적 차이에 기인한 것은 아니라는 의미가 함축되어 있다.

해부학적인 조건과 문화 간의 연결성에 관해서 보다 넓은 이해를 위해서는 미국의 여권운동가인 디너스타인Dorothy Dinnerstein, 1923~1992의 흥미 있는 정신분석학적 연구가 도움이 될 것이다. 그는 『인어와 인우*Mermaid and Minotaur*』에서 여성의 상징을 인어로 그리고 남성의 상징을 인우로 묘사하면서 이러한 상징을 가지게 된 이유를 밝히고 있다. 그리고 그 핵심을 누가 어린 아이를 돌보면서 양육Rearing하느냐는 문제에서 찾고 있다. 결론적으로 그는 여성에게 아이를 돌보는 일이 세계적으로 보편화되었다는 것이 바로 남성상과 여성상에 대한 상징성에 차이를 만들었다고 보고 있다.[5] 즉 어머니가 아이들을 돌보면서 여성차별Sexism의 의미가 주입되게 된다는 것이다. 이 말은 프로이트가 주장한 여성의 역할이 가정적인 것에 국한된다는 논리의 근거를 아이들을 양육하는 데서 찾고 있다고 볼 수 있다.

5 Dorothy Dinnerstein, *Mermaid and Minotaur: Sexual Arrangement and Human Malaise* (New York and London: Happer & Row, Publishers, 1976), p.26 & p.53, 참조.

따라서 디너스타인은 성차별의 해결책으로 남성과 여성이 동등하게 아이를 돌보아야 한다고 주장하고 있다.[6] 이 이론은 얼핏 문화적 영향에 따른 남성성과 여성성이 해부학적인 차이에서 유래된 것이 아니라는 것으로 보일 수도 있다. 단순히 여성이 아이를 키운다는 전통은 남성과 여성의 해부학적인 차이와 깊은 상관이 없기 때문이다. 그런데 한편으로 보면 여성만이 아이를 임신하고 출산할 수 있으며, 그에 따라 자연스럽게 아이를 돌보게 되었다는 점이 강조된다면 디너스타인의 주장이 해부학적인 의미와 완전히 떨어져 있는 것도 아니다. 이러한 문제를 여기에 첨가한 이유는 문화와 해부학적인 관련성을 정확히 규정하기는 상당히 애매하다는 점을 지적하기 위한 것이다.

그럼에도 불구하고 미첼은 해부학적 차이에 근거한 남성성과 여성성의 의미를 부정하고 문화적 의미로서 가부장적 제도에 초점을 두고 있다. 그는 부권중심사회의 문화 속에서 남성은 지배 계급적 지위로 나아가고 여성의 정체성은 "교환물로서 문화적 활용Cultural Utilization as Exchange-Objects"에 의해 결정되었다고 주장하고 있다.[7] 그렇다면 남녀의 성적 평등을 위해서는 현재 우리 무의식에 자리하고 있는 교환물로서 여성의 의미를 변화시켜야 할 것이다. 따라서 미첼은 여성들은 함께 뭉쳐서 인간 사회의 근본적인 이념의 변화를 위한 "문화적 혁명Cultural Revolution"을 향하여 나아가야 한다고 강조하고 있다.[8] 이러한 혁명이야

---

6 Dorothy Dinnerstein, *The Rocking of the Cradle and the Ruling of the World*. (London: Women's Press, 1987), p.26 and pp.33~34.참조.

7 Juliet Mitchell, *Psychoanalysis and Feminism* (New York: Vintage Books, 1974), pp.405~408.참조.

8 *Ibid.*, p.414.

말로 새로운 양성평등의 무의식을 형성시키는 근본적인 대책이라는 것이다.

따지고 보면 인류 역사도 기존 문화로부터의 내사 그리고 이에 저항하는 투사적 과정을 거쳐 변모하여 왔다. 우리의 무의식도 환경에 대한 새로운 도전적 반응으로 투사의 과정을 거쳐 새롭게 변할 것이다. 대상관계이론이 주장하는 자아와 외부 환경 간의 내사와 투사를 통한 무의식의 형성이란 바로 미첼이 주장하는 문화적 혁명에 관한 논리에도 그대로 적용된다고 볼 수 있다.

그런데 남성과 여성의 해부학적인 차이가 문화에 영향을 미치는 요소를 매우 강하게 제한할 수 있는 요소가 있다. 그것은 바로 과학기술의 발전이다. 과거에는 해부학적 차이를 넘어서 육체적인 힘에 있어서 남성과 여성의 차이가 남성 우위 문화를 만들었다는 가설을 세울 수도 있었다. 언제나 강자가 약자를 지배하기 때문이다. 또한 여성은 아이를 임신하고 출산할 때까지 10개월 간을 자유롭게 활동할 수 없다는 점이 가사를 도맡게 된 이유가 되었고, 태아와 어린아이를 보호하기 위하여 수동적인 성품이 강화되었다고 해석할 수도 있었다. 그러나 현대사회에서 과학기술의 발달은 남녀 간에 존재할 수도 있는 육체적 차이를 완전히 해소시켜주고 있다. 예를 들면 이제는 고성능무기의 개발로 여성이 남성보다 그 기술을 더 빨리 익힐 수도 있기에 군인으로서 남성에 비해 열등하다고할 수 없다는 것이다.

이러한 과학기술의 발달은 이제 물리적인 면에서 남성과 여성의 차이를 없애주고 있다는 점을 부정할 사람은 없을 것이다. 그렇다면 남은 문제는 남녀가 평등하다는 사회적 이념을 정립하고 문화를 형성하는 것이다. 따라서 나는 비록 미첼의 논리가 앞서 지적한 대로 해부학학적인 면과 문화의 상관관계를 분명히 밝히지는 않고 있지만 그의 결론에는 동의를 하고 있다.

이러한 문화혁명은 전혀 불가능한 일이 아닐 것이다. 지금은 남성들도 여권운동에 큰 거부감을 나타내고는 있지 않기 때문이다. 이것만 보아도 이미 사회적 이념이나 문화가 변하여 가고 있다는 점을 인식할 수 있다. 이러한 변화는 결국 따지고 보면 여권 운동가들의 노력에 기인한 것이라고 볼 수 있다. 그리고 앞으로 이러한 운동이 더욱 활기를 띤다면 머지않아 남성과 여성이 해부학적이 차이를 떠나 모든 면에서 평등한 위치를 가지게 될 것이다. 그리고 해부학적인 차이란 서로가 서로를 보완해주는 긍정적인 요소로 작용하게 될 것이다.

2. 한국 여권운동에 따른 성씨 변경에 대한 정신분석학적 조언

우리 사회에서도 여권운동은 활발히 진행되고 있다. 우선 여권향상을 위한 제도적인 변화도 나름대로 이루어지고 있다. 여권운동이란 남성과 여성의 정치적, 사회적, 경제적 평등을 의미할 뿐만 아니라 남성성과 여성성 그리고 그 역할 등에 대하여 우열로 구분하려는 문화적 양상을 해소하는 데 초점이 맞추어져야 한다. 남성과 여성은 서로 동등한 입장에 있으면서 보완적 의미를 가지고 있다. 남성 없는 세상도 혹은 여성 없는 세상도 존재할 수 없기 때문이다. 또한 남성은 여성을 필요로 하고 여성은 남성을 필요로 한다. 그런데도 불구하고 만약 여권운동이 남성이 여성을 지배해온 기존 문화를 파괴하고 이제는 여성이 남성을 지배해야 한다는 논리로 비약해서는 안 된다. 이러한 관점에서 이번에는 한국여권운동의 결과로 나타난 성씨 변경의 문제를 정신분석학적인 면에서 논의해보려고 한다.

1) 부모의 성씨를 함께 사용하는 문제

언제부터인가 우리 사회에는 어머니와 아버지의 성을 자기 이름 앞에 공동으로 사용하는 사람들이 나타났다. 아버지가 이 씨이고 어머니가 김 씨라면 '김이 아무개'라고 한다는 것이다. 이러한 사람들의 생각에는 왜 남성인 아버지의 성만을 따라야 하는가는 의문이 있다고 할 수 있다. 아버지의 성씨만을 따르는 것은 남녀불평등을 초래한 가부장제도의 폐해이기 때문에 어머니 성씨까지 함께 사용해야 한다는 것이다. 남녀평등의 시대에 매우 의미 있는 발상이라고 할 수 있다.

우리 사회에는 전통적으로 족보라는 것이 있다. 그런데 그 족보는 남성 중심으로 작성되고 여성은 단순히 누구의 아내라는 사실만이 기록될 뿐이다. 이는 분명히 남성 위주 사회의 전형적인 문화를 반영한 것이다. 그러니 족보는 여권운동 차원에서 비판받아 마땅하다. 그런데 족보를 남녀 공히 다 기록하게 되면 이 또한 새로운 문제가 발생한다. 부부의 출신 내력을 전부 기록하다보면 결국은 우리나라 전체의 호적 등본이 되고 말 것이기 때문이다. 그래서 남자 중심으로 족보를 만든 것은 물론 아니다. 다만 남녀모두를 기록하는 것은 물리적으로 불가능하다는 것을 말하는 것이다. 한마디로 족보는 가부장적인 사회의 유산이 분명하므로 나는 개인적으로 족보의 폐지를 강력히 주장하고 있다.

이러한 족보의 한계를 염두에 두고 부모의 성씨를 같이 쓰자는 주장을 살펴보면 이 또한 문제가 있다. '김이 아무개'가 '최박 아무개'와 혼인을 하면 그 자녀는 '김이최박 이무개'가 되고 이것이 대를 이어가면 이름 앞에 붙게 되는 성씨의 길이가 무한정으로 늘어나게 된다. 이러한 문제를 해소하기 위하여 어떤 이는 부모 성씨들 중 어느 하나만 자신이 선택하여 쓰면 된다는 주장을 한다. 그런데 이 또한 대를 이어가면 자신이 어느 성씨를 가진 부모를 가진 것인가가 애매하게 되고 만다. 이런 경우는 성씨의 의미가 무의미해진다. 따라서 오랜 동안 아버지 성씨를 따랐으므로 이제는 균형을 이룬다는 차원에서 어머니 성씨를 따르든지, 아니면 아예 성씨를 없애는 것이 보다 남녀평등 의미를 살리는 방안일 수도 있다.

성씨는 그동안 한 개인의 정체성을 확립하는 데 중요한 역할을 해왔다. 나의 아버지와 어머니가 누구인지를 안다는 것 자체가 바로 자신의 정체성을 확립시키는 기초가 되기 때문이다. 따라서 부모가 누구인지 알지 못하도록 이름만을 사용하는 것도 정신분석학적으로는 정체성 확립이란 차원에서 문제가 있다. 그러나 넓게 생각하면 문화의 변화에 따라 이름만을 사용하더라도 자신의 정체성을 확립할 수 있는 길은 무수히 많을 수 있다. 성씨가 사회적 계급을 대변했던 과거의 시대는 이미 지나갔다. 성은 이제 이름 중의 한 글자에 불과하다고까지 말할 수 있다. 따라서 나는 남성의 성씨만을 따르는 것이 남녀평등의 정신을 훼손한다면 이제는 성씨를 과감히 폐지해도 무방하다고 생각하고 있다.

2) 재혼녀의 자녀 성씨 변경 문제

2005년 3월 31일 공포된 민법 일부 개정 법률[9]에 따르면 우리나라 성씨에 대한 몇 가지 큰 변화들이 이루어졌다. 그것을 크게 보면 호주제 폐지, 성과 본의 변경 가능, 동성동본 혼인 금지 폐지, 재혼 금지 기간 폐지, 친양자 제도 신설 등으로 요약할 수 있다. 이러한 민법의 개정은 그간 남성 위주의 사회에서 고통 받았던 여성의 지위를 향상시키는 데 일정한 공헌을 하리라고 본다. 어떠한 경우라도 남성과 여성은 평등한 지위를 가져야 한다. 그런데 나는 현재 한국 사회에 여성의 권한이 확대되는 과정에서 특히 재혼녀가 전 남편과의 사이에서 태어난 자녀들의 성씨 변경의 문제에 초점을 두고 정체성과 관련된 정신분석학적 의견을 제시하고자 한다.

먼저 호주제의 폐지는 매우 합당한 일이다. 호주는 꼭 남자만 될 수 있는 것이 아니기 때문이다. 또한 동성동본 간의 혼인 금지 폐지나 재혼 금지 기간 폐지는 시대에 부응하는 개정이다. 나아가 성씨의 개정에 있어서도 꼭 아버지의 성씨만을 따르는 것이 아니라 어머니의 성씨를 따를 수 있도록 하는 점도 여성의 지위 향상에 큰 의미가 있다. 단 여기에서 지적하고 싶은 것은 재혼한 여성의 경우 전 남편과의 사이에서 출생한 자녀의 성을 새로운 남편의 성으로 바꾸는데 있어서 야기될 수 있는 문제이다.

일반적으로 재혼하면서 데리고 온 자녀가 새 아빠와 성이 다르면 동네에서 혹은 학교생활을 하는 데 지장을 받을 수 있다고 생각할 수 있다. 아직까지 우리 문화가 아버지와 성이 다른 어린이들에 대해 관대한 마음을 갖고 있지 못하기 때문이다. 또한 재혼한 어머니들은 대개의 경우

9 (민법)민법 일부개정법률(공포일자 2005년 3월 31일), https://dotard.blog.me/80011649891. 참조.

데리고 온 자식의 성씨를 통해 자신의 재혼 사실이 자명하게 들어나는 것을 꺼릴 수도 있다.

현대사회에서 개인의 신상에 관한 내용이 노출되는 것을 좋아할 사람은 없을 것이다. 이러한 이유 등으로 일부는 애를 써서 데리고 온 자녀들의 성씨를 새아빠의 성씨로 바꾸려고 하는 것 같다. 이러한 마음은 일부 이해가 된다. 그러나 이 경우 깊게 생각해야 할 일이 있다. 그것은 바로 성씨를 바꾸게 될 어린이의 정신적인 정체성에 관한 문제이다.

현대 개정된 법률에 따르면 아이의 성씨를 바꾸더라도 친부모와의 친족관계에 변동을 가져오는 것은 아니다. 성만 바뀌었지 그 친아버지가 그대로 아버지로 기록된다. 새 아빠를 진짜 아버지로 서류상 표기되게 하려면 새 아빠가 그 아이를 친양자로 입양을 하고, 친 아빠와 친족관계가 종료되게 하여야 한다. 이러한 조금은 복잡한 절차를 요구하고 있는 것은 법에서도 아이의 정체성에 관한 문제를 걱정하고 있다는 것을 의미한다.

따라서 아이의 성씨를 바꾸는데도 여러 가지 조건을 요구하고 있다. 예를 들면 자녀의 나이나 성숙도가 감안되고 친권, 즉 그 친아버지가 성씨 변경에 동의를 해야 한다. 또한 학교생활 등 대외적인 활동에서 성을 바꾸지 않음으로써 오는 불이익이 커야 한다. 나아가 그 아이와 실제적인 혈육들과의 유대관계 단절로 인한 불이익이 성을 바꿀 때 예상되는 문제보다 상대적으로 높지 않아야 한다.

이처럼 법적으로도 약간 까다로운 조건들은 말할 것도 없이 그 아이의 정체성에 관한 혼란을 막기 위한 최소한의 조치들이라고 볼 수 있다. 한 인간은 앞서도 언급했지만 성씨가 있는 한 성씨는 그 사람의 정체성을 확보하는 가장 기초적인 요소가 된다. 성씨가 없고 이름만이 통용되는 사회라면 아무 문제가 없다. 그러나 어떤 의미로든지 성씨가 있는 한 성씨의 변경이란 매우 중요한 일이 알 수 없다. 따라서 자녀들의 성씨 변경은 여러 가지 사항들을 고려하여 매우 신중하게 결정되어야 한다.

이혼은 누구나 할 수 있다. 서로 간에 마음이 안 맞으면 헤어지는 것이 두 사람의 행복을 위해 바람직하다고 할 수 있다. 그런데 그 사이에서 태어난 자녀들에게 자신들의 어머니와 아버지가 헤어진다는 것은 매우 가슴 아픈 일이 된다. 특히 아직 철이 덜 든 어린 아이에게는 심리적 상처가 더욱 크다고 할 수 있다. 우리는 여권도 중요하고 남권도 중요하다. 그런데 또 그에 못지않게 중요한 것은 어린이들의 권리이다.

따라서 미성년자라고 해서 그 부모들이 자녀들의 의사와 상반된 결정들을 마음대로 법이라는 이름으로 진행한다면 이 또한 미성년자 권리에 대한 심각한 침해가 될 것이다. 부모들 특히 재혼한 여성의 경우 데리고 온 자녀에 대한 새 아빠 성씨로의 변경은 그 자녀들의 심리적 상태를 잘 파악하여 결정해야 한다. 만약 자신의 처지만을 고려하여 자식의 성씨 변경을 추진한다면 이는 크게 잘못 된 결정이 될 것이다.

그러면 어린이들이 정체성에 상처를 얻지 않고도 새 아빠나 엄마와의 원활한 관계를 맺을 수 있는 길은 없는가? 이것 역시 사회적인 통념이나 문화의 변화를 요구한다. 따라서 우리나라 여권 운동은 이제는 제도보다는 사회적 이념이나 문화를 변화시키는 방향으로 그 기수를 돌려야 한다. 재혼한 여성이 그 자녀의 성이 새 아빠와 달라도 문제가 되지 않는 사회를 만들어야 한다. 또한 이혼이라는 사건이 자녀들에게 특히 어린 자녀들에게 심리적 상처가 되지 않도록 하는 배려 위에서 이루어져야 할 것이다.

어린이들은 지금은 어리지만 결국에는 이 사회를 짊어지고 나아가야 할 사람들이다. 그러한 사람들 중 마음에 상처가 깊은 사람들이 있다면 이것 또한 문제라고 아니할 수 없다. 인간은 밥만 먹고 사는 동물이 아니다. 밥보다 더 중요한 것은 건강한 심리 상태이다.

참고 문헌

| 한글 및 한문 서적 |

강영계 옮김 · 쿠르트 프리들라인(Curt Friedlein) 저, 『세계 철학사』, 서울: 서광사, 1985.

기대승, 『국역 고봉집』 I, I & III, 민족문화추진회 편, 고전국역총서 247, 서울: 민족문화추진회, 1989.

김신태 옮김 · 박사영 감역, 『왜 바보같은 역사는 반복하는가』, 서울: 매일경제신문사, 2014.

김용신, 『나는 누구인가: 일반인을 위한 정신분석학』, 서울: 살림, 2014(초판 2쇄).

_______, 『문명비판 1: 정치철학과 정신분석학의 만남』, 서울: 명상, 2000.

_______, 『문명비판 II: 한국인의 잠재의식과 정치병리』, 서울: 명상, 2000.

_______, 『보수와 진보의 정신분석』, 서울: 살림출판사, 2008.

_______, 『서의 미학』, 서울: 시담, 2010.

_______, 『성리학자 기대승 프로이트를 만나다』, 서울: 예문서원, 2002.

_______, 『심리학 한국인을 만나다』, 서울: 시담, 2010.

_______, 『예술의 정신분석학적 해석』, 서울: 나남출판사, 2009.

_______, 『우리는 왜 싸우는가』, 서울: NOSVOS, 2018.

_______, 『지도력의 허상』, 서울: 아카원 2017.

_______, 『한국 사회 빈부의식은 어떻게 변했는가: 부와 빈의 정신분석』, 서울: 살림출판사, 2015.

김익두 · 이월영 옮김 · 조세핀 도노번 지음, 『페미니즘 이론』, 서울: 문예출판사, 1994.

김인중 · 이찬룡, 『외환위기 10년: 한국금융의 변화와 전망』, 서울: 서울대학교

출판부, 2008.
김현, 「녹문철학의 사칠론적 문제의식」, 민족과 사상 연구회 편, 『四端七情論』, 서울: 서광사, 1992.
남경태 옮김 · 프레드 알포드 지음, 『한국인의 심리에 관한 보고서』, 서울: 그린비, 2000.
麥華三, 「中國書藝史」, 김응현 번역, 동방연서회 편, 『동방서예강좌』 제5권, 서울: 동방연서회, 1971.
미학대계간행회 편, 『미학의 역사(미학대계 제1권)』, 서울: 서울대학교 출판부, 2008.
_______, 『미학의 문제와 방법(미학대계 제2권)』, 서울: 서울대학교출판부, 2008.
_______, 『현대의 예술과 미학(미학대계 제3권)』, 서울: 서울대학교출판부, 2008.
백기수 역 · 토마스 먼로 저, 『동양미학』, 서울: 열화당, 1984.
백승영, 『니체, 디오니소스적 긍정의 철학』, 서울: 책세상, 2005.
신문수 옮김 · 잭 스펙터(Jack J. Spector) 저, 『프로이트 예술미학』, 서울: 서울 도서출판 풀빛, 1981.
우주형 번역 · 가시다 슈 저, 『게으름뱅이의 정신분석학』 1-2권, 서울: 도서출판 깊은 샘, 1995
유강은 번역 · 마이클 토마셀로 저, 『도덕의 기원』, 서울: 이데아, 2018.
劉熙載, 『書概』, 서울: 운림필방, 1977.
이규성, 『한국의 외환위기』, 서울: 박영사, 2006.
이승훈 옮김 · 수잔 K 랭거 저, 『예술이란 무엇인가』, 서울: 문예출판사, 1984.
이완재, 「退溪가 본 高峯」, 『傳統과 現實』 창간호, 광주: 고봉학원 1991.
이을호 번역, 「兩先生四七理氣往復書」, 『傳統과 現實』 창간호, 광주: 고봉학원 1991.

이종규, 『경제위기: 원인과 발생과정』, 서울: 한국은행 특별연구실, 2000.
이종욱 외, 『한국의 금융 · 외환위기와 IMF』, 서울: 서경문화사, 1998.
이진우 옮김 · 칼 마르크스 · 프레데릭 엥겔스 저, 『공산당 선언』, 서울: 책세상, 2018.
장석훈 역 · 골만 외 저, 『감성의 리더십』, 서울: 청림출판사, 2003.
장영덕 옮김 · 이강수 감수 · 토마 피케티 저, 『21세기 자본(Capital in the Twenty-First Century)』, 서울: 글항아리, 2014.
천이두, 『한의 구조 연구』, 서울: 문학과 지성사, 1993.
최완수 역 · 김정희 저, 『秋史集』, 서울: 현암사, 1976.
최영찬, 「朱子哲學에서 본 高峯의 四端七情論」, 『傳統과 現實』 창간호, 광주: 고봉학원 1991.
馮武 편, 『書法正傳』 上 과 下, 臺灣: 臺灣商務印書館, 중화민국 45년.
하영삼 · 김창경 번역 · 劉文英 저, 『꿈의 철학: 꿈의 미신, 꿈의 탐색』, 서울: 동문선, 1993.
한동승 옮김 · 야마기와 주이치 저, 『폭력은 어디서 왔나』, 서울: 곰출판, 2015.
한명희, 『우리가락 우리문화』, 서울: 조선일보사, 1994.
韓非木 · 高雲塍 편저, 『字學及書法』, 臺灣: 臺灣中華書局, 중화민국 46년.
허재성 · 유혜미, 『외환위기 이후 금융 및 기업 구조조정에 대한 평가와 향후과제』, 서울: 한국은행 2002.
홍사중 번역 · A. J. 토인비 저, 『역사의 연구』, 서울: 동서문화사, 2007.
홍연희 역 · Chris Abbott 저, 『세상을 뒤흔든 명연설 (*21 Speeches That Shaped Our World*)』, 서울: 에이지 21, 2011.
황의동, 「高峯의 性理學과 栗谷의 性理學」, 『高峯學論叢(傳統과 現實 제3호)』, 광주: 고봉학술원, 1993.
김현조 역 · Sigmund Freud 저, 『토템과 금기』, 서울: 경진사, 1993.

| 영문 서적 |

Alford, Fred. "Eros and Civilization After Thirty Years: A Reconsideration in Light of Recent Theories of Narcissism," *Theory and Society* (Sept. 1988).

_______. *Group Psychology and Political Theory*, New Haven and London: Yale University Press, 1994.

_______. *Narcissism: Socrates, the Frankfurt School, and Psychoanalystic Theory*, New Haven: Yale University Press, 1988.

_______. *Melanie Klein and Critical Social Theory*, New Haven: Yale University Press, 1989.

_______. *Self in Social Theory: A Psychoanalytic Account of Its Construction in Plato, Hobbes, Locke, Rawls, and Rousseau*, New Haven and London: Yale University Press, 1991.

_______. *Think No Evil: Korean Values in the Age of Globalization*, Ithaca, N.Y. ; London : Cornell University Press, 1999.

Allott, Kenneth, ed. *The Poem of Matthew Arnold*, London: Longmans, 1965.

Aristoteles. *Nicomachean Ethics*, Translated with an Introduction and Notes by Marin Ostwald, New York: Macmillan Publishing Co., 1962.

Bandura, Albert. *Aggression: A Social Learning Analysis*, NJ: Prentice-Hall, Inc., 1973.

Barber, James David. *Presidential Character: Predicting Performance in the White House*, New York: Prentice Hall, 1992.

Bell, Daniel. *The End of Ideology: On the Exhausion of Political Ideals in the Fifties*, New York: Free Press, A Division of Macmillan

Publishing Co., Inc., 1962.

Benjamin, Jessica. "The End of Internalization: Adorno's Social Psychology," in *Telas*, Vol. 32(1972).

Berdyaev, Nikolai. *The Origin of Russian Communism, Un* iversity of Michigan Press, 1959.

Berkowitz, Leonard. *Roots of Aggression,* New York: Atherton Press, 1969.

Berns, Laurence. "Thomas Hobbes," in *History of Political Philosophy,* Edited by Leo Strauss and Joseph Cropsey, Chicago: The University of Chicago Press, 1987.

Bernstein, Eduard. *Evolutionary Socialism,* Translated by Edith C. Harvey, New York: Schocken Books, 1961.

Bion, Wilfred. *Experiences in Group and Other Papers.* New York: Basic Books, 1961.

Bloch, Dorothy. "Fantasy and the Fear of Infanticide," *Psychoanalytic Review* LVI, 1974.

Brentano, Franz. *Psychology from an Empirical Standpoint,* Translated by Antos C. Rancurello, D.B. Terrel and Linda L. McAlister, Edited by Linda L. McAlister with a New Introduction by Peter Simons, London and New York: Routledge, 1974.

Brown, E. G. *Literacy History of Persia,* Cambridge: Cambridge University Press, 1956.

Burke, Edmund *Reflection on Revolution in France*, Edited by L. G. Mitchell, London: Oxford University Press, 2009 Reissue Edition..

Chasseguet-Smirgel, Janine. *The Ego Ideal,* New York: W. W. Norton & Co., 1975.

__________. "Some Thoughts on the Ego Ideal," *The Psychoanalytic Quarterly* (July 1976).

Chapman, A. H. and Chapman-Santana, Mirian. "The Influence of Nietzsche on Freud's Ideas," in *British Journal of Psychiatry*, Vol. 166, Issue 2(Feb. 1995).

Carr, E. H. *What is History,* New York: Penguin Books, 1970.

Chatterji, J. C. *The Wisdom of the Vedas,* Wheaton IL, U.S.A. and Chennai, India, 1992.

Damico, Alfonso, ed. *Liberals on Liberalism*, London: Rowman & Littlefield Publisher, 1986.

Dannhauser, Werner J. "Friedrich Nietzsche," in *History of Political Philosophy,* Chicago and London: The University of Chicago Press, 1987.

DeBeauvoir, Simone. *The Second Sex*, Translated and Edited by H. M. Pashley, New York: Vintage Books, A Division of Random House, Inc., 1989.

Deleuze, Gilles, Guattari, Felix, and Others, *Anti-Oedipus: Capitalism and Schizophrenia,* New York: Penguin Classics, 6th Printing Edition, 2009.

Dinnerstein, Dorothy. *Mermaid and Minotaur: Sexual Arrangement and Human Malaise,* New York and London: Happer & Row, Publishers, 1976.

________. *The Rocking of the Cradle and the Ruling of the World,* London: Women's Press, 1987.

Djilas, Milova. *New Class: An Analysis of the Communist System,* New York: Mariner Books, 1982.

Dollard, John, Doob, Leonard W., Miller, Neal E. O., Mowrer, H., Sears, Robert R. *Frustration and Aggression,* New Haven: Yale University Press, 1939.

Donovan, Josephine. *Feminist Theory,* New York and London: Bloomsbury Academic; 3rd edition, 2000.

Dostoevsky, Fyodor. *The Grand Inquisitor,* New York: Frederick Ungar Publishing Co., 1968.

Eigen, Michael *The Psychotic Core,* Northvale, NJ and London: Jason Aronson Inc., 1986.

Ellenberger, H. *The Discovery of the Unconscious: The History and Evolution of Dynamic Psychiatry,* New York: Basic Books, 1970.

Elliott, Anthony and Prager, Jeffrey, ed. *The Routledge Handbook of Psychoanalysis in the Social Sciences and Humanities,* London and New York: Routledge Taylor & Francis Group, 2016.

Fordham, Frieda. *An Introduction to Jung's Psychology,* Made and Printed in Great Britain by Richard Clay(The Chaucer Press) Ltd., 1975.

Fawcett, Bill. *Doomed to Repeat: The Lessons of History We've Failed to Learn,* New York: William Morrow Paperbacks, 2013.

Ferenczi, Sandor. *Thalassa, A Theory of Genitality,* New York: W. W. Norton and Co., 1967.

Feuerbach, Ludwig. *Towards a Critique of Hegel's Philosophy,* South Carolina: Createspace Independent Publishing Platform, 2013.

_______. *The Essence of Christianity,* Translated from the Original German by George Eliot, Mt. San Antonio College, Walnut, CA: the MSAC Philosophy Group, 2008.

Feyerabend, Paul. *Against Method,* Thetford, Norfolk and London: The Thetford Press, 1975.

Figes, Orlando. *A People's Tragedy: The Russian Revolution 1891-1924,* London: The Bodley Head, 2014.

Fleisher, Martin, ed. "A Passion for Politics, in *Machiavelli and the Nature of Political Thought,* New York: Macmillan Publishing Co., 1972.

Fodor, Nandor, ed. *Freud: Dictionary of Psychoanalysis,* Westport, Connecticut: Greenwood Press, 1975.

Foucault, Michel. *Madness and Civilization: A History of Insanity in the Age of Reason,* New York: Vintage Books Edition, Random House, Inc., 1973.

_______. *Discipline & Punish: The Birth of Prison,* New York: Vintage Books, A division of Random House, 1979.

Freud, Sigmund. "The Unconscious" in *The Standard Edition of the Complete Psychological Works of Sigmund Freud(SE),* Translated from German into English under the General Editorship of James Strachey, in Collaboration with Anna Freud, Assisted by Alix Strachey and Alan Tyson, London: Hogarth Press, 1953–74), Vol 14.

_______. "On Narcissism," *S.E,* Vol. 14.

_______. *The Unconscious*, Translated by Graham Frankland, New York: Penguin Classics, 2005.

_______. "The Introductory Lectures on Psycho-Analysis" In *SE,* Vol, 15–16.

_______. *Introductory Lectures on Psychoanalysis*, Translated by

James Strachey, New York: W. W. Norton & Co., 1966.

_______. *A General Introduction to Psychoanalysis*, Authorized English Translation of the Revised Edition by John Riviere, With a Preface by Ernest Jones, M.D., New York: Pocket Books, 1975: The 26th printing.

_______ and Breuer, Josef. "Studies on Hysteria," in *SE*. Vol. 2

_______. *Studies on Hysteria*, Translated and Edited by James Strachey, New York: Basic Books, 2000: Reissue Edition.

_______. "Beyond the Pleasure Principle," in *SE*, Vol 18.

_______. *Beyond the Pleasure Principle*, Translated by James Strachey, New York: W. W. Norton & Co., 1990.

_______. "Group Psychology and the Analysis of the Ego," *SE*, Vol. 18.

_______. *Group Psychology and the Analysis of the Ego*, Edited and Translated by James Strachey, New York: W. W. Norton & Co., 1959.

_______. *Leonardo da Vinci and a Memory of His Childhood*, With a Biographical Introduction by Peter Gay, New York: W. W. Norton & Company, 1961.

_______. *The Future of an Illusion*, Translated and Edited by James Strachey, New York: W. W. Norton & Company, 1961.

_______. "Civilization and Its Discontents," *SE*, Vol.21.

_______. *Civilization and Its Discontents*, Translated by James Strachey, New York: W. W. Norton & Co., 1961.

_______. "The Passing of the Oedipus Complex" in S*exuality and the Psychology of Love*, with an Introduction by Editor, Philip Rieff,

New York: A Touchstone Book, Published by Simon & Schuster Inc. 1997.

_______. "Three Essays on the Theory of Sexuality," in *SE*, Vol 7.

_______. *Three Essays on the Theory of Sexuality*, Translated and Revised by James Strachey with a New Introduction by Steven Marcus, New York: Basic Books, Inc., Publisher, 1962.

_______. *Dora: an Analysis of a Case of Hysteria*, With an Introduction by Philip Rieff, New York: Collier Books, Macmillan Publishing Company, 1963.

_______. "Why War?" in *The Dynamics of Aggression*, Edited by Edwin I. Megargee and Jack E. Hokanson, New York: Harper & Row, Publisher, 1973.

_______. "The Ego and The Id," *SE*, Vol. 19.

_______. "The Interpretation of Dreams," *SE*, Vol. 4.

_______. On Dreams, Translated by James Strachey. W. W. Norton & Company, 1952.

_______. *On Metapsychology: The Theory of Psychoanalysis : 'Beyond the Pleasure Principle,' 'The Ego and the Id' and Other Works*, Edited by Angela Richards, New York: Penguin Books, 1991.

_______. "On Narcissism," in A General Selection from the Works of Sigmund Freud, New York: Doubleday Anchor Books, 1989.

_______. "Totem and Taboo," *SE*, Vol. 13.

Fromm, Erich. *Escape from Freedom*, New York: Ferra & Rinehart Co., 1941.

_______. "The Oedipus Complex and the Oedipus Myth," in *The Family: Its Function and Destiny*, Edited by Ruth Nanda Anshen,

New York: Harper and Row, 1959.

Fukuyama, Francis. "The End of History?, *National Interest* (Summer 1989).

Gay Peter. Freud: *A Life for Our Time*. New York, London and Toronto: Anchor Books, Doubleday, 1989.

Gillespie, Michael Allen and Strong, Tracy B. ed. *Nietzsche's New Seas: Explorations in Philosophy, Aesthetics, and Politics*, Chicago and London: The University o of Chicago Press, 1988.

Glass, James. *Shattered Selves: Multiple Personality in a Post Modern World*, Ithaca and London: Cornell University Press, 1993.

_______. *Private Terror / Public Life: Psychosis and the Politics of Community*, Ithaca and London: Cornell University Press, 1989.

Goleman, Daniel, Boyatzis, Richard, and Mckee, Annie. *Primal Leadership: Realizing the Power of Emotional Intelligence*. Boston: Harvard Business School Press, 2002.

Greenberg, Jay R. and Mitchell, Stephen A. *Object Relations in Psychoanalytic Theory*. Cambridge, Massachusetts and London: Harvard University Press, 1983.

Gregory, Richard L., ed. *The Oxford Companion to the Mind*. London: Oxford University Press, 1987.

Grunberger, Bela. *Narcissism: Psychoanalytic Essays*, Translated by Joyce S. Diamanti, New York: International University Press, 1979.

Guntrip, Harry. *Personality Structure and Human Interaction.*, New York: International University Press, 1961.

_______. *Psychoanalytic Theory, Therapy and the Self*, New York:

Basic Books, Inc., Publisher, 1973.

Gurr, Ted R. *Why Men Rebel*, Princeton: Princeton University Press, 1970.

Hall, Calvin S. *A Primer of Freudian Psychology*, New York: The World Publishing Co., 1953.

Habermas, Jurgen. *Theory and Practice*, Translated by John Viertel, New York: Beacon Press, 1974.

Hanson, John H. "Nazi Culture: The Social Uses of Fantasy as Repression," in *Psychoanalytic Reflections on the Holocaust: Selected Essay*, Edited by Luel and Marcus. New York: Holocaust Awareness Institute, Center for Judaic Studies, University of Denver and Ktav Publishing House Inc. 1984.

Heidegger. Martin. *Being and Time: A Revised Edition of Stambaugh Translation*, SUNY Series in Contemporary Continental Philosophy, New York: State University of New York Press; Revised ed. Edition, 2010.

________. *Basic Writings*, Edited by David Farrell Krell, New York and London: Happer & Row, Publishers, 1977.

Hobbes, Thomas. *Leviathan*, Selected by Richard Peters and Edited by Michael Oakeshott, New York: Collier Books, Macmillan Publishing Company, 1962.

Horkheimer, Max. "Authority and Family Today," in *The Family: Its Functions and Destiny*, Edited by Ruth Nanda Anshen, New York: Harper and Brothers, 1949.

Immanuel Kant. *On History*, Translated by Lewis White Beck, Robert E. Anchor and Emill L. Fackenheim. Indianapolis: Boobs-Merrill

Educational Publishing, 1963.

Jung, Carl A. "The Structure of the Unconscious," in *The Collective Works of C. G Jung(CW)*, Vol 7.

_______. *The Undiscovered Self*, Translated by R. F. C Hull, New York: A Mentor Book, Published by The New American Library, 1961, the Third Printing.

_______. *Synchronicity: An Acausal Connecting Principle*, Princeton, NJ: Princeton University Press, 1973.

_______. *The Collective Works of C. G. Jung(CW)*, Edited and Translated by Gerhard Adler and R. F. C. Hull. Princeton: Princeton University Press, Retrieved, 2014.

_______. "The Structure of the Psyche," in *CW*, Vol. 8.

Kernberg, Otto. *Internal World and External Reality: Object Relation Theory Applied*, New York: J. Aronson, 1980

Kim, Yong Shin. *The Ego Ideal, Ideology, and Hallucination*, New York and London: University Press of America, 1992.

Klein, Melanie "The Origin of Transference," in *The Writings of Melanie Klein*, London: The Hogarth Press, 1975.

_______ and Riviere, Joan. *Love, Hate and Reparation*, New York and London: W. W. Norton & Company, 1964.

Knafo, Danielle. *Dancing with the Unconscious: The Art of Psychoanalysis and the Psychoanalysis of Art*, New York: Routledge, 2012.

Ko, Un. *The Second of My Wave*, 서울: 나남, 1996.

Krell, David Farrell, ed., *Martin Heidegger: Basic Writings*, New York and London: Harper & Row Publisher, 1977.

Kuhn, Thomas. *The Structure of Scientific Revolution,* Chicago: Chicago University Press, 1962.

Langer, Susanne. *Problems of Art: Ten Philosophical Lectures,* New York: Scribner's Sons, 1957.

______. *Feeling and Form: A Theory of Art,* New York: Charles Scribner's Sons, 1953.

Laplanche, Jean and Pontalis, Jean-Bertrand. *The language of Psycho-analysis* (Reprint, Revised Edition), New York: Worth Publishers, 1988.

Lasch, Christopher. *Culture of Narcissism,* New York: W. W. Norton & Company, 1979.

______. *Haven in a Heartless World,* New York: W. W. Norton & Co., 1977.

Lasswell, Harold C. *Psychopathology and Politics,* New York: The Viking Press, 1960.

Le Bong, Gustav. *Crowd: A Study of the Popular Mind,* Sunnyvale, CA: Loki's Publishing, 2016.

Lee, Eun-Joo and Kim, Yong-Shin. *Salpuri-Chum, A Korean Dance for Expelling Evil Spirits* (Lanham, Boulder, New York, Toronto, and Plymouth, UK: Hamilton Books, 2017.

Lenin, V. I. *What Is To Be Done?,* Peking: Foreign Languages Press, 1975.

Lichtheim, George. *George Lukacs,* New York: The Viking Press, 1970.

Lifton, Robert. *The Nazi Doctors: Medical Killing and the Psychology of Genocide,* New York: Basic Books, 1986.

Linden, Carl A. *The Soviet Party-State: The Politics of Ideocratic Despotism,* New York: Praeger Publishers, 1983.

Locke, John. *The Locke Reader: Selections from John Locke with a General Introduction and Commentary*, Edited by John W. Yolton, London and New York: Cambridge University Press,1977.

_______. *Questions Concerning the Law of Nature*, Translated by Robert Horwitz, Jenny S. Clay, and Diskin Clay, Ithaca, NY: Cornell University Press, 1990.

Lorenz, Konrad. *On Aggression,* New York: Harcourt, Brace, and World, 1966.

_______. *Aesthetic Dimension,* Boston: Beacon Press, 1978.

McDougall, William. *The Group Mind: A Sketch of the Principle of Collective Psychology,* Arno Press, 1973.

MacIntyre, Alasdair Chalmers. *After Virture,* Indiana: University of Notre Dame University Press, 1981.

Marcuse, Herbert. *Eros and Civilization*, Boston: Beacon Press, 1966.

_______. Aesthetic Dimension, Boston: Beacon Press, 1978.

Machiavelli, Nicolo. *The Prince and The Discourse,* Translated by Luigi Licci, Edited by E.R.P. Vincent, and Introduction by Max Lerner, New York: Random House, 1950.

Marx, Karl. "Theses on Feuerbach," in *Karl Marx and Frederick Engels: Selected Works,* New York: International Publishers, 1968.

_______. and Engels. *Marx-Engels Reader*, Edited by Robert C. Tucker, New York and London: W. W Norton & Company, 1972.

Maslow, Abraham H. *The Psychology of Science,* Chicago: Henry

Regnery Company, 1970.

Mitchell, Juliet, ed. *The Selected Melanie Klein*, New York: The Free Press, A Division of Macmillan, Inc., 1986.

Meyer-Dijkgrafe, Daniel. "Hamlet's Procrastination: A Parallel to the Bhagavad-Gita," in *Hamlet East-West*, Edited by Mart Gibinska and Jerzy Limon, Dansk, Poland: Theatrum Gedenese Foundation, 1998.

Mill, John Stuart. *On Liberty*, in *On Liberty in focus*, edited by John Gray &G. W. Smith, London: Routledge, 1991.

Mitchell, Juliet. *Psychoanalysis and Feminism*, New York: Vintage Books, 1974.

Mitscherlich, Alexander. *Society without the Father*, New York: A Hellen and Kurt Wolff Book, Harcourt, Brace & World, Inc., 1963.

More, Thomas. *Utopia*, Translated and Edited by H. V. S. Ogden, Arlington Heights, IL: AHM Publishing Corporation, 1949.

Muller, Edward N. *Aggressive Political Participation*, Princeton: Princeton University Press, 1979.

_______. "Psychology of Political Protest and Violence in *Handbook of Political Conflict*, Edited by Ted Gurr, New York: Free Press, 1980,

Murray, Christopher John. *Encyclopedia of the Romantic Era, 1760-1850*, England: Taylor & Francis, 2004.

Nietzsche, Friedrich. *Beyond Good and Evil*, Translated, with Commentary, by Walter Kaufmann, New York: Vintage Books, 1955.

_______. "The Birth of Tragedy," Translated by W. Kaufmann, in

Basic Writings of Nietzsche, Edited by W. Kaufmann, New York: Modern Library, 1968.

_______. *The Gay Science*, Translated by Ealter Kaufmann, New York: Vintage Books, 1974.

_______. *Thus Spoke Zarathustra,* Translated with an Introduction by R. J. Hollingdale, New York: Penguin Books, 1969.

_______. "Will to Power," in *The Complete Works of Nietzsche,* Vol. Translated by Anthony M. Ludovici, New York: Russel & Russel, 1964.

Platon, *The Great Dialogue of Plato*, Translated by W. H. D. Rous, New York: Mentor Book, 1956.

_______. *The Republic of Plato,* London and New York: Oxford University Press, 1980.

_______. *The Republic of Plato*, Translated with Introduction and Notes by Francis Macdonald Cornford, London and New York: Oxford University Press, 1980.

Popper, Karl. *Open Society and Its Enemies: Plato*, Vol. I, Princeton: Princeton University Press, 1966.

_______. *Open Society and Its Enemies: Hegel and Marx,* Vol II, London: Routledge & Kegan Paul, 1973.

_______. *Conjectures and Refutations: The Growth of Scientific Knowledge*, New York and London: Harper Touchbooks, Harper & Row, Publishers, 1963.

Riesman, David *The Lonely Crowd*. New Haven and London: Yale University Press, 1961.

Rousseau, Jean-Jacques. *The First and Second Discourses*, Edited by Roger D. Masters and Translated by Roger D. and Jusith R.

Masters, New York: St. Martin's Press, 1964.
Ruitenbeek, Hendrik M. ed. *Psychoanalysis and Existential Philosophy*, New York: E. P. Dutton & Co., Inc., 1962.
Rypka, Jan. *History of Iranian Literature*, Dordrecht, Holland: D. Reidal, 1968.
Sandal, Michael, ed. *Liberalism and Its Critics*, New York: New York University press, 1984.
Sartre Jean-Paul, *Being and Nothing*, Translated and with an Introduction by Hasel E. Barnes, Secausus, New Jersey: The Citadel Press, 1974.
Schultz, D. P. and Shultz, S. E. *A History of Modern Psychology*, Belmont, CA: Thomson and Wadsworth, 2004.
Segal, Hanna. "A Psycho-Analytical Approach to Aesthetics," in *New Directions in Psychoanalysis*, Edited by M. Klein, P. Heimann, and R. Money-Kyrle, London: Tavistock, 1955.
Sheleff, Leon S. *Generations Apart: Adult Hostility to Youth*, New York: McGraw Hill, 1981.
Spector, Jack J. *The Aesthetics of Freud: A Study in Psychoanalysis and Art*, New York: Penguin Books, 1972.
Strauss, Leo. *What is Political Philosophy? and Other Studies*, Chicago and London: The University of Chicago Press, 1988.
_______. "The Third Waves of Modernity," in *An Introduction to Political Philosophy*, Edited with an Introduction by Hilail Gildin, Detroit: Wayne State University Press, 1989.
Scott, A. C. *An Introduction to the Chinese Theater*, Singapore: Donald Moore, 1958.

Solomon, Richard. *Mao's Revolution and the Chinese Political Culture*, Berkeley, CA: Berkeley University of California Press, 1971.

Sophocles. *Oedipus the King*, Translated by Bernard M. W. Knox. New York: A Washington Square Press Publication of Pocket Book, 1959.

_______. *The Three Theban Plays: Antigone, Oedipus The King, Oedipus at Colonus*, Translated by Robert Fagles, New York: Penguin Books, 1988.

_______. *The Oedipus Plays of Sophocles*, Translated by Paul Roche, New York: A Mentor Book, New American Library, 1986.

Sullivan, Harry S. *The Internal Theory of Psychiatry*, New York: W. W. Norton & Co., 1953.

Storr, Anthony. *Jung*, Edited by Frank Kermode, Great Britain: William Collins Sons & Co., Ltd., 1973.

Taylor, Keith (Edited and Translated). *Henri de Saint Simon, 1760–1825: Selected Writings on Science, Industry and Social Organization*, New York: Holmes and Meier Publishers, Inc, 1975.

Terz, Abram. *On Socialist Realism*, New York: Pantheon Books, 1960.

Thilly, Frank. *A History of Philosophy*, New York: Henry Holt and Co., 1936.

Thompson, Willie. *The Left in History: Revolution and Reform in Twenty Century Politics*, Chicago: University of Chicago Press, Distributed for Pluto Press, 1997.

Trotter, Wilfred. *Instincts of the Herd in Peace and War*, London: Adelphi Terrace, 1916, First Published.

Tomasello, Michael. *A Natural History of Human Morality,* Cambridge, MA: Harvard University Press, 2016.

Toynbee, Arnold Joseph. *A Study of History*, 12 Volumes, Oxford, London: Oxford University Press, 6th printing edition, 1955.

Tucker, Robert C. eds. *Stalinism: Essays in Historical Interpretation,* New York and London: W. W. Norton & Company, 1977.

Volkan, Vamik D. *The Need to Have Enemies and Allies,* Northvale, NJ and London: Jason Aronson Inc., 1988.

Wellisch, Erich *Isaac and Oedipus: A Study in Biblical Psychology of the Sacrifice of Isaac,* London: Routledge, 1954.

White, Anne Terry, ed. *Myth and Legends.* London: Paul Mamlyn, 1964.

Wilhelm, Richard. *Secret of the Golden Flower: A Chinese Book of Life.* Eastford, CT: Martino Fine Books, 2014 (The First Edition, 1970).

Yohannan, John D. *A Treasury of Asian Literature,* New York: Mentor, 1956.

Yankelovich, Daniel and Barrett, William. *Ego and Instinct: The Psychoanalytic View of Huamn Nature-Revised,* New York: Vintage Books, Division of Random House, 1971.